国家"十二五"重点图书

国际共产主义运动历史文献

第50卷

主　编　王学东
副主编　戴隆斌（常务）童建挺

共产国际执行委员会第十次全会文献（2）

本卷主编　陈新明

《国际共产主义运动历史文献》顾问委员会

贾高建　俞可平　顾锦屏　高　放　张中云　殷叙彝　胡文建
宋洪训　顾家庆　洪肇龙　沈志华　杨光远　林勋建

《国际共产主义运动历史文献》编辑委员会

主　　编：王学东
副 主 编：戴隆斌（常务）　童建挺
编　　委：（以姓氏笔画为序）
　　　　　王　瑾　邢艳琦　许宝友　张文成　张文红　陈新明
　　　　　林德山　胡振良　姚　颖　彭萍萍　薛晓源

参加本卷译校工作的有
赵永穆　戴隆斌

参加本卷编辑出版工作的有
苗永姝　董　巍　薛晓源

丛书编务统筹
苗永姝　郑　锦　李媛媛　董　妍

总 序

国际共产主义运动，是由以马克思主义为指导的无产阶级政党领导的国际性的无产阶级革命运动，其宗旨是推翻资产阶级统治和一切剥削制度，建立和发展社会主义制度，进而最终实现人的彻底解放，建立共产主义社会。

国际共产主义运动迄今已有一百六十多年的历史。19世纪40年代，马克思、恩格斯在创立科学社会主义理论的同时，努力把它与当时西欧无产阶级的革命实践相结合，于1847年6月创建了第一个国际性的无产阶级政党——共产主义者同盟，亲自拟定并于1848年2月公开发表了同盟纲领《共产党宣言》。这标志着国际共产主义运动的兴起。

自从共产主义者同盟建立以来，历经第一国际（国际工人协会）、第二国际、第三国际（共产国际），国际共产主义运动由小到大、由弱到强，从西方推进到东方、从欧洲扩展到全球，终于突破资本主义链条上一个又一个薄弱环节，取得了社会主义由一国到多国的胜利。二战后社会主义阵营的建立、民族解放运动的胜利进军、社会主义国家革命与建设的重大成就，为国际共产主义运动史书写了辉煌的篇章。20世纪末，由于东欧剧变、苏联解体，国际共产主义运动遭遇了严重挫折。但是，历史并没有因此而终结。由《共产党宣言》奠基的国际共产主义运动仍在曲折中前进。各资本主义国家中的共产党、工人党仍在不断探索无产阶级取得解放的道路；中国等社会主义国家仍继续高举社会主义伟大旗帜，为完善社会主义、最终实现共产主义而不懈奋斗。

国际共产主义运动一百六十多年跌宕起伏的发展历程，积累了卷帙浩繁的文献档案，留下了丰富的历史遗产。深入发掘和充分利用这些文献档案，对于我们准确地了解和把握国际共产主义运动的发展进程及各个时期的特点，科学地研究和总结国际共产主义运动丰富且宝贵的经验教训，具有极其重要的意义。特别是无产阶级国际组织，作为国际共产主义运动的重要载体，其文献档案对于国际共产主义运动史研究更是具有特殊的重要意义。

早在1984年春，中国国际共产主义运动史学会就发起编辑出版《国际共产主义运动史文献》。当时由中共中央编译局、中国社会科学院马列主义毛泽东思想研究所和近代史研究所、中共中央党校和中国人民大学等单位共同组建了编辑委员会。编委会商定：这套文献主要收编共产主义者同盟、第一国际、第二国际、第三国际、共产党和工人党情报局这五个国际组织已发表的全部文献档案，包括历次代表大会、代表会议和其他重要会议的记录、决议和有关文件；收编材料力求齐全；凡外国有选编完整的版本者，根据外国版本翻译；凡文件散见于外国不同出版物者，尽力搜集完整，组织力量统一编译；文件完全按照原件翻译，译文力求准确，不作修改删节，以便读者根据完整、准确的第一手材料了解这些国际组织的历史。在当时代管全国哲学社会科学基金的中国社会科学院科研局的资助下，经过编辑委员会、编译工作者和中国人民大学出版社的共同努力，这套文献于1986年开始陆续出版，截至1997年共出版了21卷。

到上世纪末，文献的编辑出版工作遇到了巨大困难。首先是编委会发生了重大变故，主编林基洲、副主编王颖和校纪英相继谢世；其次是出版经费难以为继。为继续出版这套文集，中国国际共产主义运动史学会多方努力，组成以会长顾锦屏为主编的新编委会，从全国哲学社会科学规划办公室争取到一笔资助，于1999—2001年又出版了两卷。此后，因缺乏经费，编辑出版工作完全陷于停顿。

2010年，在中共中央编译局和中国国际共产主义运动史学会的鼎力支持下，中央编译出版社以这套文献申报国家出版基金项目，获得立项资助。中共中央编译局对此项目高度重视，在国家出版基金资助的基础上，给予了相应的资金支持，组建了新编委会，成立了专门机构负责文献整理和编辑工作，并将这套文献纳入"中央编译局文库"出版规划。

经新编委会研究决定，这套文献定名为《国际共产主义运动历史文献》，在其前身《国际共产主义运动史文献》的基础上重新编辑出版。通过进一步广泛搜集资料和适当改变编辑方式，新《文献》的资料更详尽、收文更齐全。例如，在原《文献》的某些卷次中，对已出版的马克思主义经典著作中译本只列目录，不收正文，而新《文献》则全部依据最新的中译本收录，以方便读者查阅。此外，《国际共产主义运动历史文献》扩大了文献资料的搜集和选材范围，采用开放式结构，规模暂定60卷，约2500万字。

中共中央编译局和中国国际共产主义运动史学会对这套文献的编辑出版工作给予了强有力的支持，中央编译出版社为这套文献的立项和出版做了大量艰苦细致的工作，文献的前两任编委会和编译工作者在十分困难的条件下为这套文献奠定了良好的基础，中国人民大学出版社为这套文献的重新编辑出版提供了帮助，在此一并表示衷心感谢。

《国际共产主义运动历史文献》
编辑委员会
2011年12月20日

编辑说明

共产国际执行委员会第十次全会于1929年7月3—19日在莫斯科举行。参加会议的有30个国家的108名代表。会议日程主要有三项：1. 库西宁和曼努伊尔斯基作《关于国际形势和共产国际的任务》的报告；2. 贝尔作《关于反对帝国主义战争的国际斗争日》的报告；3. 台尔曼和洛佐夫斯基作《关于经济斗争和共产党的任务》的报告。全会一共进行了21次会议，听取了报告人的报告，并且围绕报告内容展开讨论。全会发展并完善了共产国际第六次代表大会提出的"第三时期"理论的策略方针，认为"第三时期"新的革命高潮正在来临。要求把社会民主党尤其是"左派"作为主要打击对象。会议决定把布哈林、基特洛、塞拉、安贝尔-德罗、伊莱克、洛夫斯通、斯佩克特开除出共产国际执行委员会，并通过决议把8月1日定为国际反对帝国主义战争日。

共产国际执行委员会第十次全会文献，根据共产国际执行委员会第十次全会会议速记记录译出，1929年苏联国家出版社分四册出版。其中第一次会议、第二次会议、第五次会议、第六次会议、第七次会议、第八次会议、第九次会议、第十次会议、第十一次会议、第十二次会议，根据第一分册《国际形势与共产国际的任务》（X Пленум Исполкома Коминтерна, «Международное Положение И Задачи Коммунистического Интернационала», Выпуск Первый, Государственное Издательство 1929）译出编辑。第三次会议和第四次会议的内容，参阅第二分册《国际红色纪念日》（«О международном красном дне», выпуск второй），因为第二分册外文本未找到，所以本卷缺少这两次会议的内容。第十七次会议—第二十一次会议根据第三分册《经济斗争与共产党的任务》（«Экономическая борьба и задачи», выпуск третий）译出编辑。第四分册是《提纲、决议、决定》（«Тезисы резолюции постановления», выпуск четвертый），俄文原书亦未找到，所以，本次全会的提纲、决议、决定部分的内容，根据《共产国际文件集：共产国际代表大会、执行委员会全会决议、提纲、号召书（1919—1932）》（党的出版社1933年莫斯科版）（Коммунистическим Интернационал в документах: решения, тезисы и воззвания конгрессов коминтерна и пленумов ИККИ, 1919-1932. Партиввое Издательство, Москва, 1933）译出。

书中除译者加的译者注外，未注明的脚注为原书或者原作者加的注释，本卷主编加的注释标明为编者注。需要特别说明的是，本卷中的标题均为编者所加。本卷主编依据中共中央编译局编译马克思主义经典著作的标准重新进行了人名、地名、组织机构名、报刊名等专用名的统一，并对书中个别译文进行了重新校订。

2012年10月10日

目 录

共产国际执委会第十次全会会议记录

（1929年7月3—19日） ……………………………………… 1

第十三次会议（1929年7月10日上午） …………………… 3
  继续讨论库西宁和曼努伊尔斯基的报告 …………………… 3

第十四次会议（1929年7月10日晚） ……………………… 66
  继续讨论库西宁和曼努伊尔斯基的报告 …………………… 66

第十五次会议（1929年7月12日上午） …………………… 109
  曼努伊尔斯基的结束语 ……………………………………… 109

第十六次会议（1929年7月13日晚） ……………………… 144
  库西宁的结束语 ……………………………………………… 144

第十七次会议（1929年7月15日上午） …………………… 184
  台尔曼作《经济斗争与共产党的任务》的报告 …………… 184

第十八次会议（1929年7月15日晚） ……………………… 228
  洛佐夫斯基作《经济斗争与共产党的任务》的报告 ……… 228

第十九次会议（1929年7月16日上午） …………………… 303
  讨论台尔曼和洛佐夫斯基的报告 …………………………… 303

第二十次会议（1929年7月16日晚） …………………………… 341
 继续讨论台尔曼和洛佐夫斯基的报告 …………………………… 341
第二十一次会议（1929年7月19日） …………………………… 415
 洛佐夫斯基的结束语 …………………………… 415
 台尔曼同志的结束语 …………………………… 431
 主席埃尔科利致闭幕词 …………………………… 452
第二十一次会议的附件 …………………………… 456
 库恩·贝拉的声明 …………………………… 456
 柯拉罗夫的声明 …………………………… 457

共产国际执行委员会第十次全会提纲、决议和决定 …… 459
国际形势和共产国际的任务（提纲） …………………………… 461
 一、资本主义主要矛盾的尖锐化 …………………………… 461
 二、第二国际的各执政党 …………………………… 466
 三、革命的工人运动新高潮日益高涨 …………………………… 468
 四、共产国际和共产党当前的任务 …………………………… 471
经济斗争和共产党的任务（提纲） …………………………… 477
 一、现代阶级斗争的性质 …………………………… 477
 二、工人阶级向左转和改良主义的工会 …………………………… 482
 三、经济斗争和革命工会运动 …………………………… 484
 四、工会和斗争委员会 …………………………… 487
 五、工会和工厂委员会 …………………………… 490
 六、在什么条件下必须建立新工会 …………………………… 493
 七、关于在工会运动处于非法状态的国家中的工作 …………………………… 496
 八、殖民地和半殖民地各国的工作 …………………………… 497
 九、最重要的实际任务 …………………………… 498

反对帝国主义战争的国际斗争日 …………………………… 502
关于布哈林同志 ………………………………………………… 505
关于共产国际执行委员会委员杰伊·洛夫斯通反对将他开除出
　北美合众国共产党的上诉 …………………………………… 508
关于将伊莱克开除出共产国际执行委员会 …………………… 509
将斯佩克特开除出共产国际执行委员会 ……………………… 510

共产国际执委会第十次全会会议记录

(1929 年 7 月 3—19 日)

第十三次会议

（1929年7月10日上午）

继续讨论库西宁和曼努伊尔斯基的报告

米夫（苏联）：

过去的一年完全证实了共产国际第六次代表大会曾作出的这一论断，即殖民地是世界资本主义制度危机的因素，是帝国主义冲突和战争的根源，是群众革命运动摧毁不了的基地，它具有现实的和日益增长的意义。这种状况是由于资本主义国家的生产机构急剧发展从而与市场条件日益不相适应造成的。于是，争夺销售市场、争夺原料产地、争夺投资范围和争夺分割殖民地的疯狂斗争就不断产生。这种斗争目前在美国和英国之间进行得特别激烈。

现在，美国已开始向整个东方进攻。就拿美国商品对华输入来说，1913年它只占外国商品对华输入总额的6%，而到1926—1927年已占16.4%。显然，这一增长是以减少其他帝国主义大国的份额取得的。这样就造成了争夺销售市场的斗争。争夺原料产地的斗争也是如此，这从中国对美国输出商品上可以看出。1913年对美输出额占中国输出总额9.3%，而1926—1927年则占17.4%。就拿最近几年比如1927年来说，我们知道美国是对华贸易额增多的唯一的国家。1927年美国在对华贸易总额中，排挤掉了日本和英国，从第3位跃升到第1位。1928年它又巩固了自己的地位。根据初步资料统计,完全有把握事先断定,1929年美国还将进一步推进其对华贸易。

但是,美国资本对中国的这种经济侵略,不仅通过输入和输出来进行,而且通过投资来进行。目前,美国最大的银行库恩-罗比正在谈判向中国提供4亿—5亿美元铁路贷款。这对中国来说,无疑是一笔巨大的数目,如果注意到中国现有的整个铁路网,不算中东铁路,其总价值大约也就是这个数字。其次,美国银行集团以1亿中国元(其中有少量的英国资本)在上海赎买了一座电站。这个电站不仅是世界电力工业中的大型企业之一,而且它在中国经济中,首先是在上海这样一个工业中心,起着极为重大的作用。此外,美国资本目前在中国建立飞机制造厂、汽车制造厂、修筑道路和汽车场。在我们这里失掉了外高加索租让权落荒而去的哈里曼,现在又在中国得到这个特权。

在印度,情况大致相同,但发展速度较为缓慢。1913年输入印度的美国商品额相当于2.5%,而1926—1927年度输入的商品额已增加到8%。印度对美国的出口额从1913年的8.9%增加到1926—1927年的11.2%。我们没有1928—1929年度的精确资料,但是如果各家资产阶级报纸的报道可信的话,则应该得出如下的结论:在1928年,特别是1929年上半年,美国商品充斥印度市场。此外,以通用汽车公司为代表的美国资本表现最为积极,它在印度建立了拥有1000万卢布资本的汽车装配厂。

在其他东方国家也是同样的情况,在印度尼西亚,今年美国人把早先属于英国资本的苏门答腊租让石油企业转到了自己手中。

在土耳其,福特获得了在君士坦丁堡(带自由区)建立拥有3000名工人的汽车装配厂的租让权。

在吉赞,美国人克兰得到了销售汽车的特权。

在波斯,美国资本与德国资本联合建立横贯波斯的铁路。

我们看到，现在美国资本正在表现出强有力的攻势，它是如何针对所有东方国家的所有部门，而首先是针对英国的势力范围。美国的这种经济侵略必然带来相应的对外政策。在中国，美国第一个承认了南京政府，并表示同意关税自主。美国人现在把自己的顾问塞满了中国的所有政权机关。美国政府向印度提出抗议，反对由英国代表印度来签订凯洛格公约。美国外交委员会主席波特对英国人在国联鸦片委员会中代表印度表示怀疑。最后，美国为了充分照顾印度工商界的利益，故作姿态不提高今年的黄麻进口税。

美国对其他东方国家也执行同样的路线。比如，美国背着英国而建议埃及政府参加凯洛格公约。美国人把埃及看做是独立的国家，认为无须事先同英国商量。同时，美国人——这是很明显的——向民族主义者暗送秋波，巧妙地利用他们为自己的利益服务。

面对所有这些事实，英国的态度又是怎样的呢？当然，英国千方百计地抵制美国的进攻。它利用原来攫取的地盘，以及庞大的殖民领地，拼命要保住、巩固甚至要在某种程度上扩大自己的势力范围。英国懂得，为了保持和扩大自己的殖民领地，必须使生产合理化。但是，对英国来说，要解决和实现这个问题，不仅要靠牺牲工人阶级的利益，而且要靠对殖民地的超限度的剥削。这样做就只能陷入某种没有出路的窘境。英国为了维持、巩固和扩大它在殖民地的势力，就要使本国的生产机构合理化。另一方面，对英国来说由于许多部门的生产机构大大落后于现代科学水平，因此，它们的合理化本身只能靠加大对其殖民地更加残酷的压榨和剥削来实现。

根据这一系列事实，我们可以说明，英国目前为此而对殖民地进行的疯狂压榨。英国正在为输出资本想方设法。现在英国的输出资本以货币计算差不多已达到战前的水平。它在贸易方面正加紧进行活动。最近，英国通过日本同中国进行贸易而获得了某种好处。此外，它在埃及和苏丹修建新的铁路以便为英国资本利益效劳。在计划修筑的1500公里铁路中已经铺设了250公里。它在巴勒斯坦建设战略上极为重要的海法港，以此联结摩苏尔和巴格达，铺设摩苏尔—海法石油管道。英国终于同埃及达成分配水源和建设灌溉设施的协议。这些设施用来灌溉英国靠剥削埃及农民劳动力在苏丹开办的种植场。而在埃及本土，由于这个协议，分配水源以及调节这个极为重要的经济因素的权力都落入英国人的手中。英国在埃及驱散议会，依靠封建买办分子。

在印度，英国力求大大扩大其资本的地位。现在，它已开始铺设长度为12000英里的新铁路网。目前，英国在南非、东非和西非也在进行大规模的铁路建设。

如果初步总结一下，就可以毫不迟疑地看出，英国和美国之间的竞争在形式上是极其尖锐的。其次，应该强调指出的是，帝国主义列强正在按照既定的、深远的计划变本加厉地准备新的世界大战。最后，还应当得出下面的结论，即对殖民地日益加紧的压榨，加强了殖民地和半殖民地国家在经济上和政治上的依附性。

从这个观点出发就可以断定，过去的一年证明，任何关于非殖民化的议论完全是一派胡言。过去的一年揭露了这种论调的资产阶级本质，暴露了国际帝国主义在主要帝国主义列强激烈竞争背景下所推行的殖民制度的实质。外国资本不仅没有把自己的阵地交出来让给当地的资产阶级，反而靠牺牲民族资本的利益来扩大自己的地盘。

请允许我只列举若干事实来说明这一状况。就拿中国的煤炭工业来说，1923年，这个部门有54%归外国资本所有，而到1928年已有72%为外国资本所操纵。在中国纺织工业中，1922年属于中国资本所有的纺织机为13000台，属于外国资本所有的仅8000台。而现在属于外国资本所有的整整增加了1倍，即16000台。再拿当时中国的冶金工业来说，外国资本份额从1923年的70%增加到1928年的90%。外国资本在中国扩大阵地的情况就是如此。在印度，我们也掌握一些非掌重要的指标，大致能说明同样的情况。很典型的是，当地工业的骄傲，塔塔炼铁厂最近越来越依附于英国银行。同样纺织工业也越来多地为英国资本所把持。在印度的煤炭工业中，我们也看到同样的情况。

所有这些事实都证明，对殖民地经济上的奴役越来越严重。当然，这种奴役并不排斥这些国家的工业得到某种发展。但是，这种发展是非常片面的、畸形的。而这种附属于殖民地宗主国利益的工业发展，无论如何也不证明殖民地和附属国生产力得到全面的、独立的发展。

众所周知，主张非殖民化的人企图凭借由于资本输出所产生的一些现象来说明他们的结论。即便我们看到了对殖民地国家资本输出增加的事实——何况在许多国家我们没有看到这些事实——那也无论如何不能证明非殖民化理论是正确的，因为资本输出既没有缓和，也没有减轻对殖民地的奴役，反而加重了这种奴役，巩固了外国资本的地位，加强了外国资本对殖民地经济的控制。

为什么非要谈谈这个非殖民化理论不可呢？不仅因为这个理论是考茨基超帝国主义论的新的翻版，不仅因为这种思想是彻头彻尾的孟什维克思想，也不仅因为这个理论散布什么资本主义发展不平衡势头减弱和殖民地可能逐步地、和平地从帝国主义桎梏下获得解放等种种幻想，也不仅因为这个理论违背了列宁关于"帝国主义是金融资本和垄断组织的时代，金融资本和垄断组织到处都带有统治的趋向而不是自由的趋向"①的教导。不仅仅就是这些原因，而且还因为非殖民化理论从经济上为现在的罗易和过去其他几位共产主义活动家所支持的错误的策略提出根据。罗易现在所宣扬的同资产阶级结成战斗联盟的这一口号就是根据他的这一经济理论直接提出的。非殖民化理论必然得出如下结论：殖

---

① 《列宁选集》中文第3版第2卷第681页。——编者注

民地的民族资本不断发展，当地资产阶级成长壮大，越来越生气勃勃，越来越感到脚跟坚实。由此，拥护这一理论的人得出结论说，当地资产阶级在其发展中越来越多地碰到为外国资本所占有的特权，因此，当地资产阶级被迫积极反对帝国主义在它进一步发展道路上设置的重重障碍。

我认为，当这个非殖民化理论把第二国际布鲁塞尔代表大会关于殖民地问题的决议作为它的基础以后，共产国际就应该在更大程度上和更公开地对这个理论说明自己的观点。这里还需要指出，英国共产党代表大会同意共产国际对问题的提法并驳斥英国代表团在共产国际第六次代表大会上的立场，这样做是完全正确的。

我刚刚所说的一切都已证明，一小撮资本主义垄断寡头与殖民地和附属国最广大的劳动人民群众之间矛盾的尖锐化。但是，如果说帝国主义侵略必然引起殖民地和附属国家所有阶级的反抗，那就错了。在错综复杂的阶级相互关系中会出现一些有深远意义的过程。这些过程触及当地的资产阶级和小资产阶级上层。当地资产阶级在本国工人运动的影响下，特别考虑到中国的经验，在国际帝国主义的压力下越来越听命于外国资本。

现在，在许多东方国家由于得到当地资产阶级的完全赞同（如果说不是举双手的话），压制一切民主迹象的法西斯专政不断加强。叙利亚和埃及的议会被解散。工人和农民革命群众性反帝运动遭到惨无人道的镇压，工人阶级的阶级组织被取缔，反过来，那些地地道道的法西斯工会以及完全看统治阶级眼色行事和屈从统治集团指挥棒的其他组织则比比皆是。各国都施行强制性的仲裁制度。

如果对这些事实的看法是正确的，那就不能不承认，当地资产阶级正越来越明显转向国际帝国主义阵营。这种状况不能不在当地民族资产阶级的思想意识中得到反应。民族改良主义现在越来越变为民族法西斯主义。殖民地和附属国的民族资产阶级的思想也在发生这种变化。在中国，这个变化过程最为显著，但是，这个变化过程在其他国家也有所表现。印度也开始出现这种动向。诚然，对印度资产阶级和中国资产阶级应该有所区别。印度不同于中国，印度的资产阶级还没有直接充当杀害工人阶级的刽子手。它目前是在间接扮演这种角色。但是不管怎样，当我们谈论殖民地阶级关系发生的变化时，绝不能不指出当地民族资产阶级阵营中法西斯主义趋势有所发展的这一事实。诚然，民族改良主义目前的变化不会完全放弃社会煽动手段。资产阶级还企图以冠冕堂皇的语言来掩盖其反动行径。但是，越来越虚伪的改良主义说教常常是同赤裸裸的法西斯勾当兼施并用的。

小资产阶级的情况怎样呢？这些国家的小资产阶级在不断分化。虽然小资产阶级的基本群众，即被剥削的农民群众、手工业者、手艺人和城市贫民越来越多地转向革命，但是小资产阶级上层，即土地占有者、外国大农场的代理人以及通过农场同外国资本有关系的人，今年都明显地凑到一起迫不及待地跑到右边去了。

只有工人阶级，不顾极为困难的条件，同被剥削的农民群众一起展开激烈的斗争，反对自己的阶级敌人，反对国际帝国主义。

所以，如果总结过去一年"东方的"经验，必然得出如下结论：第一，帝国主义的侵略不断扩大，帝国主义列强间的矛盾首先是美国和英国之间的矛盾在增长；第二，帝国主义者对殖民地和附属国的残酷压榨有增无减；第三，当地资产阶级营垒中民族法西斯倾向在发展，小资产阶级上层向右转化；第四，在殖民地国家，与农民运动高涨的同时，无产阶级反帝罢工斗争日益发展。

这些结论都不难在许多东方国家中得到证实。

首先需要谈一谈中国，原因如下：在中国，帝国主义列强之间首先是英美资本之间的矛盾现在比任何地方都表现得更突出、更明显。虽然中国革命失败了，但直到现在，中国仍然是国际帝国主义在殖民地世界中一个最薄弱的环节。这必须从下面的意义来理解，即一些帝国主义列强之间在中国的矛盾不仅没有消失，不仅没有缓和，而且相反地加剧了，并变得特别尖锐。中国仍然是这些帝国主义矛盾最有可能爆发为新的帝国主义世界大战的地方。

请注意，只要从这个角度来观察帝国主义列强的对外政策，就必然得出结论：两类帝国主义心怀鬼胎的斗争表现得愈加激烈。

一方面，英国和日本采取的方针是：瓜分中国，保持和扩大自己的势力范围，加强作为英日资本军事代理人的某些军阀集团的统治。

美国采取的方针是，使中国在南京国民党政权控制之下达到形式上的统一，条件当然是要南京的国民党成为美国资本控制的唯命是从、俯首帖耳的傀儡。美国在中国没有势力范围，而美国资本却有巨大的经济实力，这就促使美国专门盘算如何在财政经济上、相应地在政治上使**整个中国服从于美国资本的利益**。

美国在中国及时抢占了一些相当重要的地盘。但这样一来它同英日资本利益之间发生愈来愈大的矛盾。这些矛盾有可能在不久的将来爆发成太平洋战争，继而是帝国主义的世界大战。因此，我想提请你们注意，库西宁同志报告提纲中有一处地方说得非常正确。在那里他说，殖民地和半殖民地国家进行的"小规模战争"（例如中国的蒋桂冯混战）的背后，都隐藏着日益激化的英美竞争，是英美之间为争夺世界霸权进行大战的先兆。

与此同时，民族资产阶级大大增加了自己在政权中的比重，这也是绝对无可争辩的。但如果因此而把事情说成是，地主从政权中被排挤出去，资产阶级经过战斗打掉了地主阶级手中的权力之后建立了自己的政权，这样说就是错误的。我认为，我们曾经也错误地想把比如蒋桂战争解释为中国资产阶级与地主之间的武装斗争。中国共产党不久前发布的第 30 号通告就是按这个精神写成的。这个通告把南京与桂系之间的战争分析为："资产阶级想打击封建政权，改善农民的状况，逼退帝国主义列强和实行关税自立；因此，在资产阶级与地主之间存在着不可调和的根本矛盾。"据我看，这个分析是完全错误的。桂系不是清一色的地主，同样，南京集团也并不单纯地依靠资产阶级分子。无论是这个集团，或是那个集团，他们都代表在中国与土地所有权相联系的资产阶级的利益。但是，桂系集团的基础在很大程度上是同英国资本勾结的老的商业买办资产阶级，而南京集团则首先是得到以美国资本为靠山的比较年轻的民族工业资产阶级的支持。南京政府过去不打算、现在也不打算消灭土地所有权。由此可见，现有的制度根本不可能解决历史上必然引起中国资产阶级民主革命的基本矛盾。只要国家的经济分散状态没有彻底结束，只要产生中国军阀主义的半封建关系没有连根铲除和彻底消灭，只要为了自己的利益在中国支持并利用国家的分裂、封建残余和各个军阀集团的帝国主义统治没有被摧毁，那么，国家的真正统一，军阀集团统治的消灭都是不可能的。中国资产阶级民主革命的所有这些基本任务是相互交织在一起的，是彼此相关联的，它们只有在工农革命取得胜利之后，才能得到解决。由此可见，提出新的高潮必然到来的问题，是顺乎规律的。现在我们已经看到这个高潮的征兆。

因此，我想给大家援引一些关于中国罢工运动高涨的材料。根据国民党社会调查局公布的资料统计，在 1928 年头 9 个月里，仅上海一地就发生了 175 起罢工，有 233000 名工人参加。从下面的材料中，可以判断出这些罢工的积极意义：有 48 起罢工是反迫害、反虐待，有 18 起要求提高工资。1928 年的后几个月，罢工运动有了更进一步的发展。天津和青岛的罢工风起云涌。东北发生了 9 次规模最大的罢工，香港发生了 16 次由共产党人领导的罢工。

如果总结一下 1928 年的罢工总成果，那么计算起来，参加罢工的应有30万—40万人，而且我认为后一个数字比较接近事实。这是一个巨大的数字，如果把不久前革命遭到的失败以及对具有阶级性的工人运动的空前血腥的镇压情况考虑进去，那这个数字就具有特别意味深长的意义。

在工人运动蓬勃发展的同时，农民运动相应地也日益增长起来。如果谈论最近时期的农民运动，那么我们可以引证甘肃的回族农民暴动；可以举出"红枪会"和"小刀会"再次兴起的积极活动。其次，还可以谈谈共产党人毛泽东和朱德领导的游击队运动。尽管反动当局采取一切手段对付他们，但他们还是保存了自己的干部，并在福建省取得了某些胜利。最后，还可以举出今年3月浙江宁波的农民暴动，卷入的农民达到7万人。还可以提到今年4月丰顺县（广东）的农民起义，结果有9个村镇建立了苏维埃政权。最后还可以举出不久前在上海市郊发生的农民骚动。

诚然，根据这些事实绝不可得出结论说，现在中国已经出现了蓬勃发展的革命高潮，但是这些事实可以证明，现在正在创造这个高潮的前提。

顺便，再对中国共产党讲几句话。为了更加认真地开展群众工作，中国党必须克服目前党内出现的右倾性质的动摇。这种右倾动摇是从哪里发展来的呢？个别党员中这种右倾动摇的根源是来自纯粹取消派的结论，即他们认为新高潮到来已经没有希望，中国有和平解放和资本主义发展的可能。为什么会出现这种情况呢？这是因为对革命的失败和反动派的胜利这一事实估计过分，对反动势力的强大和国家形式上的统一评价过高等。对局部经济繁荣估计过高；对帝国主义列强许诺中国民族独立和关税自主的要求看得过于认真。由此便得出革命失败已无法挽回的结论。基于这点，个别共产党人走向了取消主义，对革命前途悲观失望。诚然，这种现象在中国共产党内很不普遍，但这并不是说党不需要同这种情绪进行严肃的斗争。

由于这种取消主义观点的存在,合法主义也就泛滥起来。个别人要求降低我们的政治口号,还有人贬低地下共产党组织的作用。在这方面还必须提出,个别共产党人对国民党采取尾巴主义态度的做法,他们要求制定另外某种对国民党的策略,并提出"不应动摇国民党的口号"。

中国共产党一方面要克服这种来势汹汹的右倾危险,同时还应注意自己的农村策略,注意明确规定自己对待中国农村各社会阶层的态度。党应当抵制一切错误的理论,即认为党应当在农村采取一条联合富农的总路线。提出这种理论的同志歪曲了中国党最近一次代表大会的决定,因为大会指出,总路线要求必须依靠贫农并联合中农。有人主张"联合富农"这个口号,完全忽略了中国富农的社会属性,完全忽视了他们是农村封建关系的代表,实质上他们是半地主、他们一般都站在反革命一边并帮助国民党镇压被剥削的农民群众的真正革命运动。所有这些"右"的错误和倾向的根源,无疑就是没有摆脱资产阶级民族改良主义的影响。但是,必须强调指出,党就其整体来说是健康的。它现在有一个坚强团结的领导,执行着共产国际在中国问题上的路线。

关于印度,再讲几句话。目前印度的罢工运动在蓬勃有力地发展。但是,如果把印度和中国加以比较,可以指出下列几点。

第一,印度没有中国所存在的那种帝国主义列强之间的尖锐斗争。在印度英国资本独占统治,英国资本用带刺的铁丝网把印度同世界的其他地方隔绝开来,使印度在很大程度上孤立于国际工人运动和殖民地运动之外。

第二,印度同世界社会主义策源地——苏联没有直接的联系,而由于中国同苏联的领土相邻,这就使苏联对中国产生了极为巨大的革命影响。

第三,在印度没有军阀集团之间的相互混战,这种混战能削弱中国的反动势力而有利中国工农革命斗争向前蓬勃发展。相反，印度的国家机器组织得很严密，并受到周密部署在全国枢纽要地的非常可靠的武装警察和军队的保护。

第四，显然，最为重要的是，在印度，共产党的发展比在中国缓慢。这种情况越来越严重。

最后，为了彻底解决印度群众运动发动工作中的困难条件，还应当指出，印度的群众运动是继中国革命之后开展起来的，这就是说，不仅印度工人阶级可以吸取中国无产阶级斗争的教训，而且帝国主义和当地资产阶级也从中国事件中吸取相应的经验。比如在印度，就不可能实行民族统一阵线的策略。在中国，不论这个策略实行得如何不好，但是这个策略在中国仍然起到了它的历史作用。它在解放运动的最初几个阶段，有助于使中国工人阶级和中国农民很快地发动起来。

除了存在上面这些困难条件外，印度也还有一个巨大的优越性。这就是工人阶级人数比中国多，它目前正在经受更为实际的阶级斗争锻炼。

1927年，印度发生了129次罢工，参加人数有13.1万；1928年发生了203次，参加人数有50.6万，总共损失3150万工作日。目前，英勇的孟买罢工逐渐转变为政治性罢工，这也是一次具有特别重大意义的罢工。

为此，请允许我读一下列宁根据我国1905年革命经验论述罢工斗争意义的一段精彩的、依我看简直是天才的讲话。列宁就是这样描述群众罢工的：

"俄国革命的特点就在于：按其社会内容来说是**资产阶级民主革命**，按其斗争手段来说却是**无产阶级革命**。这次革命之所以是资产阶级民主革命，因为它直接追求的而且依靠自己的力量所能够直接达到的目的，是建立民主共和国、八小时工作制和没收大量的贵族大地产……""俄国革命同时也是无产阶级革命,不仅因为无产阶级是运动的领导力量和先锋队,而且还因为无产阶级特有的斗争手段即罢工,是发动群众的主要方法,是种种具有决定意义的事件波浪式前进中的最突出的现象。"①

请注意,如果我们谈论印度,那么,首先就需要强调这一点。而这一点使印度不同于中国。我不想贬低英勇的香港半无产阶级罢工的正确方面,我也不想贬低规模宏大的上海总罢工的意义,但是必须承认,在中国,这种罢工在一定程度上对北伐战争即对民主力量与反动势力之间的这种军事斗争发挥了从属作用。在印度,下列情况在这方面具有深刻意义:印度的罢工运动越来越具有群众性,这种罢工运动明显地变为一种政治斗争,而且参加罢工的人在罢工运动中表现出高度的觉悟,这种觉悟不仅表现为罢工参加者具有不屈不挠的精神,而且表现为排除了罢工领导中的改良主义分子,形成了自己独立的领导,迅速消除了资产阶级民族改良主义的影响。

这就是使人相信,日益发展的印度革命将沿着更稳定的、更坚实的道路前进。

我们掌握许多关于朝鲜工人冲突的材料,我们看到朝鲜的罢工运动不断高涨。1927年,不论在罢工次数上还是在参加者的质量上都已经打破了1919年的纪录。

这些罢工的结果怎样呢?罢工大致可划为三个相等部分:三分之一的罢工是工人取得胜利,三分之一是工人失败,他们的要求遭到拒绝,另外三分之一则双方以达成妥协性的协议而结束。

这里应该提一下著名的元山罢工,这次罢工延续了82天。参加这

---

① 《列宁全集》中文第2版第28卷第318页。——编者注

次罢工的共有5000名工人。但是，从整个朝鲜无产阶级对总罢工所给予的同情，就元山罢工者所得到的支持而言，实际上可以说，朝鲜这次总罢工是以一种独特的方式进行的罢工。

除这次工人冲突外，朝鲜农业中的混乱状况也有所发展。

最近8年来，朝鲜共发生了456起农民骚动，有33000多名佃农参加。

为什么我要如此详细地介绍朝鲜的情况呢？因为在第六次代表大会后不久，我们对待朝鲜党本来就应当直接采取非常严厉的措施、真正能很快使人清醒过来的措施。你们知道，朝鲜党在第六次代表大会上加入了共产国际。过了几个月以后，共产国际主席团不得不作出决定，中止同朝鲜党领导机关的关系。作出这个决定的原因是，朝鲜共产党内发生了由日本警察调唆起来的无休止的派别斗争。

实际上，根据我所列举的事实可以看出，工人阶级和朝鲜农民为朝鲜共产党人进行工作创造了多么有利的形势。正因为如此，共产国际不得不暂时中断同朝鲜党的联系，并建议全体共产党人下到基层工作，到企业中去工作，到生产部门中去经受这个考验和锻炼，这样，朝鲜党通过群众工作的考验，才会彻底改变自己的工作计划和工作方法，停止派别斗争，才能重新在组织上加入共产国际的行列。

关于**土耳其**再说两句。土耳其给我们提供了一个样板，那就是当前在资产阶级统治下要使落后的民族在经济上和政治上获得独立的发展，从历史上来看是不可能的；其次，土耳其的例子证明经济上对大国的依附越来越严重。最后，土耳其的例子之所以值得注意，还在于它提供的板样说明，曾经有个时候对国际帝国主义采取过革命态度的资产阶级政权——凯末尔政府已经蜕化变质。

通过目前政策中的不同方面，可以仔细观察到凯末尔主义社会基础的蜕变情况。同港口资产阶级和解；把没收的土地还给封建主；凯末尔分子本身成为最大的土地所有者。外交部长特菲克·鲁志-别伊的言行是有代表性的。他在1929年国联裁军筹备委员会上反对李维诺夫，而赞成意大利的观点。在内政方面，实行残酷剥削劳动群众的政策，加重税收，甚至规定了工资税，一再拖延对劳动法案的审议，破坏阶级性的工人组织。

就在这个时候，土耳其的劳动群众，首先是土耳其无产阶级，迅速向左转，共产党的工人成分占大多数。暂时的同路人被清洗出党。这是一个特别令人高兴的事实。目前正在对35名共产党人进行审讯；在被告、被捕以及目前正在法庭受审的人当中，有80%是土耳其工人。

鉴于目前土耳其的情况，我们必须修正我们原来对凯末尔主义所持的观点。

关于波斯。勒扎-沙赫及其集团越来越露骨地奉行受国际帝国主义首先是英国资本操纵的政策。在这方面比较突出的是，泰穆尔-塔沙的英国之行，以及延长对沙宁沙赫银行的租让期。其次，伊拉克问题的解决对英国有利。此外，英国帝国主义现在有权在波斯境内建立空军基地、营房、军需库等。现在英国人在波斯南部铺设战略性铁路和公路。现在用英国的资金——这一点十分重要——加强、改组和重新装备波斯军队。这同英国包围苏联的计划有直接关系。最后，勒扎-沙赫政府侵占部分阿富汗领土的兼并企图首先是受英国资本怂恿的。

勒扎-沙赫政府这种投降政策，成为越来越反民族主义的政策了，并引起劳动群众的日益不满和反抗。波斯南部的英伊石油公司各企业在政治口号鼓舞下举行了五一罢工，并同波斯和英国警察发生了公开的武装冲突。英伊石油公司的这次五一罢工也反映了另一方面的情况。在罢工事件中，勒扎-沙赫军队和英国人之间狼狈为奸，共同对付罢工工人。波斯警察看来已无力单独对付这次运动了。

至于谈到波斯党，我们同样相信，它完全能在当前的政治形势中把握住方向，它已经改正了自己以前错误的策略路线，它现在能够领导日益发展的群众运动。

关于菲律宾。在菲律宾，各鞋厂、烟草企业以及森林业罢工进行得比较顺利。我之所以要强调这些事实，是因为在这个东方国家破天荒第一次掀起罢工浪潮，这个国家的工人阶级破天荒第一次加入国际共产主义工人运动的行列。此外，不久前在菲律宾的马尼拉，有6000名工人和农民在五一前举行了游行示威，抗议流放和监禁被逮捕的农民。必须强调指出，菲律宾多次五一游行示威，都是在保卫苏联以及菲律宾工人同中国工人团结起来的口号下进行的。目前在菲律宾，工会在发展。拥护红色工会国际的人越来越多；破天荒第一次有了共产党的组织。

蒙古是一个小国，总共有70万人口。但是它具有特殊的意义，并有着极为巨大的作用。

第六次代表大会前，蒙古经历了非常严重的政治危机。这是因为蒙古革命消灭了封建主义的政治制度，但是没有摧毁代表神权和宗教界的封建主的经济势力。

在蒙古人民革命党内，代表商业资产阶级利益的右派分子占了上风。这个右派领导集团没有努力争取改善贫苦群众的经济状况，相反，它的整个政策集中于谋取个人财富和私有财富的积累。这个右派领导对霍顿反对派采取高压手段。霍顿反对派是蒙古名副其实的真正左派贫民分子。

中国革命的失败加速了右派领导的这些过程。

现在我归纳一下一年来共产国际在东方的工作情况。

（1）我们在罢工运动方面，特别是在印度，取得了巨大的成就，这预示着工农革命在酝酿之中。

（2）我们看到中国共产党的地位得到了巩固。中国工人运动在高涨，它证明工人阶级中的消沉情绪开始消除，证明失败的最低点已经过去，工人阶级又开始大显身手了。

（3）我们看到在所有主要的东方国家中，群众运动在发展，共产国际影响在增长。

（4）我们已经通过蒙古人民革命党的例子，检验了共产国际在东方国家劳动群众中的威信。

实际上，现在我们必须把我们的一切愿望和指示化为具体的语言，说明共产国际各支部对殖民地国家共产主义运动和工农运动的援助。我们应该给自己提出具体的任务。共产国际的每一个支部都应该寻求各种途径同东方建立联系。共产国际的每一个支部都应该在帮助东方各国的工农运动的工作中发挥出最大的主动性。

为什么德国党不能为印度共产党人开办几所学校？为什么德国支部或者其他支部不能通过相应的组织同印度、同印度工会运动建立直接的联系？到目前为止有3000名印度尼西亚共产党人被流放，他们必然会被折磨致死。在世界各个角落成千上万的工人正处在资本主义的牢笼之中。对此如果我们的支部不发出任何一个号召，不提任何一个口号，无论在西方或是在美国，也不举行任何一次游行，这种状况难道能容忍吗？共产国际各支部应该对东方的革命运动给予切实的帮助；世界无产阶级应该通过自己的共产主义先锋队发挥出自己的组织作用，应该领导已经起来参加革命斗争的人类的大多数，同他们一起走向世界革命的全面胜利。

米茨凯维奇-卡普苏卡斯（立陶宛）：

芬兰、爱沙尼亚、拉脱维亚、立陶宛等支部代表同意向全会提出的提纲，但也同意那些同志提出的建议，即对以下几个问题再稍加阐述：第一，阐明资产阶级国家法西斯化的过程；第二，说明社会法西斯主义的特征，特别是说明麦克唐纳政府的特征；第三，谈谈农民运动中的新因素；第四，多少也谈谈其他党的右倾错误，不要只限于一些大党；第五，是拿出更多的篇幅来论述主要的组织问题以及如何使非法工作同合法工作相结合的问题。

资本主义稳定化，在一些边境缓冲国家①和其他国家相比，表现出更多的腐朽特征。至于一些小国的工业，如爱沙尼亚和拉脱维亚，当时的工业已十分发达，现在却由于缺少销售市场，由于脱离了苏联，工业已远远落后于战前的水平，而最近一个时期则因为国内市场缩小，工业甚至多少有些倒退。

这些国家已变成了农业国。但是即使是农业，现在也出现越来越多的危机迹象。最近一年，这些国家整片整片地区遭到真正的饥荒。饥荒在许多地方持续，甚至一直延续至今。这当然也要影响到这些国家的整个经济生活。这就引起工业缩减，不仅农村而且城市的失业人数增加，因为饥荒使本来就不大的一些销售市场更加缩小。

瓦尔加同志在这里谈了关于工人实际工资增加的问题。用我们国家做例子，或许比用其他国家做例子，更能证明这些观点是有严重错误的。根据我们所掌握的大量材料说明，我们这里的工资大大降低了。近两三年来，有些国家的工资降低达30％，甚至更多。首当其冲的就是法西斯立陶宛。至于芬兰，那里的形势到目前为止一直比其他国家要好一些，我们掌握有官方的价格指数以及工会提供的有关工资材料。这些材料充分证明工资的增长落后于物价指数的上升。此外，莫伊罗娃同志曾在这里十分正确地提到过一个事实，它在芬兰得到特别明显的证实，那就是，技术熟练工人即拿高工资的工人正在大量地和越来越多地被劳动报酬比较低的非熟练工人——妇女、童工所代替。

在饥荒地区，大多数农业工人流落街头，工资极低。在这样的情况

---

① 指帝俄边区革命后成立的国家。——译者注

下，这些国家的农村阶级矛盾空前尖锐化。有这样的事实，富农请求政府允许他们自由配带武器，以便防备饥饿的农业工人和佃农。我们还发现贫农和中农的情况也严重恶化。总而言之，这些国家的城乡阶级矛盾十分尖锐化。去年冬天，这些国家的失业人数，在帝国主义大战后，从来没有达到过这样巨大的数字。

因此，城乡广大劳动群众的不满情绪愈加强烈。群众日益向左转，他们的积极性不断提高。我们发现，近几年这些国家中的罢工次数和参加罢工的人数增加得十分迅速。我们没有掌握所有国家的罢工次数及其参加人数增加的准确资料，但是，毫无疑问，最近几年来，各国的罢工人次都在上升。我们有芬兰方面的精确数字。1925年芬兰参加的罢工人数是2900人（工业），1926年是10000人，1927年是13000人，1928年是37000人。顺便说一下，码头工人、装卸工人（12000人）的罢工持续了整整10个月。由此可见，这里同其他许多较大的资本主义国家一样，也在进行着顽强的斗争。这无疑证明了工人群众向左转的程度和积极性的提高。最近一年中一些国家在选举地方自治机关或是在选举议会时都投票赞成左派名单，这些事实也证明工人群众的向左转的情况。

我们在波兰农村看到一个极为重要的事实。最近几年以来，我们也亲眼看到了广泛而深刻的农民革命运动。但这个运动涉及了波兰占领地区，即西白俄罗斯和西乌克兰。

目前，波兰本土也发生了深刻的革命运动。在波兰出现一个叫做"自助"的群众组织，最近几个月中，这个组织的成员从6000人增加到16000人，而目前人数可能还要多。5月1日，波兰本土的大约30000名波兰农民，不顾警察森严密布，不顾警察的追捕和屠杀，在革命旗帜下、在我们的口号下举行了游行示威。农民群众冲破了警察的警戒线，同工人群众和工人游行队伍会合在一起。毫无疑问，这是波兰农村巨大进步的证明,是农民巨大进步的证明。我应该告诉的是,在我上面提到的其他几个国家中,也有一些小地方举行了游行示威。比如在立陶宛的一些小地方,由于闹饥荒,挨饥受饿的雇农在我们口号的指引下举行了游行示威。在拉脱维亚,遭受饥荒的雇农和劳动农民也举行大规模的游行示威。因此,我认为,在向全会提出的提纲中,必须重视这些新的动向,即农村出现的这些十分重要的动向。

顺便,我想就柯拉罗夫同志发言中谈到保加利亚农民运动的那部分发言谈几句。我认为,柯拉罗夫同志的发言对我们认为已经彻底弄清楚的问题可能又会造成严重的模糊认识。柯拉罗夫同志说,在巴尔干我们已经掌握了"在劳动群众反对资产阶级和资本主义总斗争中对农民的领导权"。这里所讲的是斯坦博利斯基时期的保加利亚的情况。柯拉罗夫同志说,农民联盟曾尝试过进行反对大资本的斗争。农民联盟是"反对大资本斗争中的领导者",是无产阶级的领导者。柯拉罗夫同志在这里解释这一点作为对茨维申鲁夫的回答。我认为,柯拉罗夫同志发言中的这个地方,只要不给予应有的反驳,就会造成很大的混乱。斯坦博利斯基政府是在1919年革命运动最高潮的时刻上台执政的。这个政府是资产阶级为了从革命中挽救资产阶级制度免遭覆灭而请上台的,就如同在1919年其他国家为了扑灭日益发展的无产阶级革命把社会民主党政府请上台是一样的。当然,在这个时刻,为了要阻碍群众参加革命,斯坦博利斯基政府必然要作出某些让步,必然要通过某种途径来破坏日益发展的运动,并以此引诱部分农民群众脱离革命运动。

为了达到这个目的,确实颁布了一些法令,对革命群众作了某种让步。但是,当时无论是社会民主党还是别的清一色的资产阶级政党也都这样做了。在柯拉罗夫同志的眼里,斯坦博利斯基政府是反对大资本的战士。然而,斯坦博利斯基政府代表的主要是富农。柯拉罗夫同志把整个农民看做是一支反对资本斗争的独立的革命力量,它甚至可以率领无产阶级跟着自己走。以富农为支柱的斯坦博利斯基政府能真正进行反对大资本的斗争吗？当然不能。它主要反对的不是大资本，而是由共产党领导的工人阶级。

巴尔干的劳动农民无疑是革命的因素，但是，只能在共产党为领导的无产阶级领导之下才是革命的因素，否则它就必然落在资产阶级控制之下。而柯拉罗夫同志的结论是，它现在就可以发挥独立的革命作用，尽管罗马尼亚和南斯拉夫的事实已经很清楚地驳斥了这一点。

我认为，由于出现了这种观点，提纲尤其需要对农民问题特别是农民运动中的新因素给予关注。

我们看到，不仅在资本主义大国工人群众在向左转，他们的积极性不断加强，他们已开始从防御转向反攻（至少在某些国家是这样）。在我发言里提到的一些国家中，我们同样也看到这种情况。不过应该说明，即使在我说到的那些国家里，共产党、共产党组织落后于向左转的群众的情况太常见了。甚至在像波兰这样的国家中，虽然在那里无疑有一个优秀的共产党，在那里党同群众的联系比其他许多国家都密切，尽管它处于非法状态，但共产党仍然跟不上去。我们在这里已经听到波兰五一游行的情况。这次五一游行无疑是波兰无产阶级和劳动农民革命的标志。但是，除这些事实外，还有一些事实证实共产党组织落后于正在向左转的工人阶级。在波兰，很多地方举行的五一游行中没有打我们的党旗，没有党的演说人。曾经发生过这样的事——诚然，直至现在我们知道的只有这一件事——那就是，我们的党员反对唱《国际歌》，按照他们的说法，不要因此赶跑群众和招致更严重的迫害。一些地方的同志解释自己这样做的理由时，好像是说，工人群众将不会参加举着共产党党旗行进的游行队伍，因此，必须放弃举党旗。然而，我们了解到，在一些地方党旗一出现，就得到群众最热情的欢迎，而且经常受到非党群众的保护，使党旗不受警察的攻击。共产党和共青团的演说人常常受到更加热情的接待。我们在波兰的一些地方（在帕比亚尼采）已经看到了街垒。5月1日，在许多地方，游行队伍同警察发生了激烈冲突。问题很清楚，同志们提出什么党旗会吓跑群众的这种解释，只能证明一些组织落后于日益向左转化的工人和农民群众。

芬兰也举行了大规模的五一游行，但没有一次打出地下党的旗帜。共产党没有派演讲人。

在爱沙尼亚，左派工会在雷瓦尔①组织了五一大游行，与这次游行相比，社会民主党人搞的游行就太相形见绌了。然而即使在那里，在尽管具有革命传统的爱沙尼亚，我们也看不到党旗，看不到党的演说人。这证明一个极为可悲的事实。就是在这些国家里，群众也比他们的领袖们更要向左转。赫尔辛福斯②的例子最明显不过地说明了这一点。由于阴雨天气，关于这一点瑞典同志在这里说过，赫尔辛福斯的左派工会运动领袖也提出放弃游行。与此相反，工人们则提出要高举大旗上街游行。结果举行了有8000人参加的游行。原本打算单独举行游行的社会民主党人，则根本没有组织游行。

我们这些国家有一个影响很深的主要错误，这就是合法主义，而首先是工会合法主义。工会合法主义在共产国际的一些决议中、在共产国际执行委员会关于罗兹罢工的决议中已受到批判。但是，这种合法主义不仅在对待工会上层改良主义分子的态度上，也不仅在罗兹，而且在其他很多地方都发生过。很遗憾，合法主义直到现在芬兰工会中始终还普遍存在。合法主义在拉脱维亚共产党中同样也存在。

第二类错误就是对社会法西斯主义的态度问题。这个错误不仅对某一个国家，而几乎对我说到的所有国家，都仍然是值得引起重视的。在

---

① 雷瓦尔：塔林的旧称。——译者注
② 即赫尔辛基。——译者注

波兰，有很多地方在对待社会法西斯问题上表现出了右倾错误。我认为，波兰社会法西斯主义的明显征兆丝毫不亚于德国的社会法西斯主义。波兰社会法西斯主义分子直接地、积极地抬举法西斯上台执政，而且一直在协助它掌政。可是现在，不仅公开的法西斯主义分子，而且波兰社会党官员，都咬定说波兰其实不存在任何法西斯主义；波兰社会党组织对共产党人和左派工人的进攻已经有好几年了。他们效仿策吉贝尔，早在去年五一就对左派工人进行屠杀。似乎波兰社会法西斯主义的面目比任何地方的都清楚。尽管如此，仍然可以发现，他们在最近一个时期开始特别卖力地玩弄"左"的词句，并以此欺骗了许多工人，因而很多地方组织和地方组织的共产党员在对待波兰社会法西斯主义问题上犯了错误。其实，只要党的领导机关及时纠正这些错误，这也就算不了什么。遗憾的是，这些错误不但没有及时加以纠正，而且波兰共产党的某些领导同志在这些错误中越陷越深。

关于这一点，连斯基同志在这里已经说过了，由于时间不够，我不能再谈了。我只想指出一点，对待社会民主党以及对待社会法西斯主义态度上的这些错误，在芬兰也发生过。如果我有时间，我可以给你们援引一个法西斯主义头子的话，听听他是怎样称道不久前上台掌权的芬兰社会民主党的。他称芬兰社会民主党不是法西斯主义的敌人，他称它是一个能实际上协助法西斯主义进行工作、对舒茨科尔这个芬兰法西斯武装组织能给予具体帮助的党。他说，芬兰社会民主党人公开而直接地维护舒茨科尔组织已经为时不远了。无疑这是对的。尽管如此，芬兰左派，甚至在工会工作中的共产党员，在对待社会民主党人首先是在工会工作方面，仍然犯了许多错误。最近几年来，芬兰工会大多数在左派控制之下。在今年5月召开的最近一次工会代表大会上，社会民主党人只占全体代表的20%。虽然如此，这20%的代表实际上左右着这次代表大会。这20%的代表实际上向包括共产党人在内的左派发号施令。由于这20%

代表的压力，由于左派和共产党人对他们让步，致使挪威、芬兰和苏联三国工会友好合作条约没有被批准。由于左派向社会民主党人投降，我们看到这样的事实：工会代表大会没有从国联劳工局召回自己的代表。由于左派的这种投降主义，我们看到这样的事实：社会法西斯主义的行动、社会民主党的分裂行为以及其他许多事情，都没有揭露出来。

"右"的错误表现在对待局部要求、在对待议会和地方自治机关的某些方面。这里顺便说一下，在拉脱维亚议会工农党团的行动纲领中，在爱沙尼亚左派选举纲领中，在芬兰选举地方自治机关期间左派的行动纲领传单中及其他方面等，"右"的错误也有所表现。

第三类错误是党由于党组织脱离群众、党组织的消极态度以及由于共产党落后于工人运动的发展所造成的。这首先发生在这样一些国家，那里没有大工业中心，小资产阶级对工人阶级的影响很深，白色恐怖猖獗（拉脱维亚、立陶宛、爱沙尼亚），优秀的同志被关进监狱或流亡侨居国外。这主要发生在那些领导机关未能消除这些错误的地方组织，中央委员会远没有普遍进行充分的斗争来反对这样的错误。

提纲说，波兰共产党内存在着无原则的派别斗争。提纲拿波兰共产党内的状况同美国共产党内不久前的状况进行比较。我觉得，这样的比较无论如何是不能接受的。这样的比较是错误的。我们不止一次地对波兰共产党进行了很多的批评。我们曾多次反对、大概将来还要反对直到最近仍在波兰共产党内进行的派别斗争。但是，我觉得拿波兰共产党的状况来同美国共产党的状况来比较，无论如何是不行的。

确实，在波兰共产党内曾有过极其剧烈的派别斗争，它无疑给波兰共产党带来了许多害处。但这场斗争是针对一些主要问题进行的。这场斗争是在波兰共产党及其整个领导在1926年五月政变期间犯了严重错误以后开始和加强的。在发生了这样严重的错误之后，党内原本应当发起这一内部斗争，这是完全顺乎自然的。

共产国际执行委员会的公开信坚决禁止继续进行派别斗争，要求解散各个派别。各组织都很好地接受了这封信。开始公开信使派别斗争有了很大的缓和。但是最近一段时期，大约自3月以来，我们亲眼看到波兰共产党内的派别斗争又十分激烈起来。但是应该说，这次尖锐的派别斗争同我们以前看到的情况有很大不同。现在，除了原先残余的派别斗争外，我们还发现一个极为重要的、无疑加剧了这一斗争的新情况。我们发现一部分波兰领导同志在一个主要问题上犯有错误，这个问题不仅对波兰共产党而且对共产国际来说都是极其重要的，这就是对待波兰社会党问题上的错误。关于这个问题，连斯基同志在这里已经谈到过，因此，由于时间不够，我不能更详细地谈它了。但是，我应该说明，现在我们看到，波兰共产党有了一定的进步。现在，在波兰共产党中央委员会最近一次全会以后，我们有理由希望，波兰共产党将真正开始团结起来，在共产国际路线的周围团结起来，在波共党中央最近一次全会所通过的决议的基础上团结起来。波共中央最近一次全会坚决批判了波共领导中某些同志所犯的错误，首先是在对待波兰社会党态度上的错误。全会指出了这些错误的根源。在这次对错误进行批判时，波兰共产党中央委员会原多数派的一部分同志，赞成原少数派和中间派同志对这些错误的批判。这是过去拥护多数派中的那部分优秀同志。这样一来，就对最近似乎暂时停止的派别分裂活动给予了沉重打击。我认为，尽管科斯切娃同志和斯特凡斯基同志的大部分过去政治上的朋友，因为他们的错误在最近的全会上受到批判，很遗憾，他们，尤其是科斯切娃同志，至今仍未放弃错误，但他们一定会在自己身上找到足够的勇气，真正地、不是在口头上而是在行动上站到他们投票赞成过的全会决议的观点上来。我们希望，他们一定会找到足够的勇气去贯彻这个决议。如果能真正做到这一点，那么，无疑波兰共产党就一定会有所进步。

鉴于波兰今后的事业，波兰共产党应当团结一致。我认为，我们的全会也应该在提纲中就这方面讲几句话。对波兰共产党现在取得的进步，在第十次全会的提纲篇幅中也应该有所表达。

加兰迪（意大利）①：

请允许我在探讨法西斯主义这一极为重要的问题上，提出自己的一部分意见，其他同志已经注意到了这个问题。

在资本主义的世界性、最后危机时期（也不仅仅是第三时期）和日益扩大的无产阶级革命面前，资本主义开始**恢复民主**，企图用这种办法来维护自己，实现自己的"稳定"，进而达到某种程度的稳固。

政治上解散民主的这种做法，是生产关系中的平衡遭到战争破坏的一种外部反映，后来这种破坏不断发展，并且成为当前时期特别突出和尖锐的特点。解散民主也是社会结构发生变化的反映，这种变化是在生产过程中发生的，并且有一种趋向，它使资产阶级和广大无产阶级群众之间联系减少，使整个现代资本主义民主赖以操纵大量无产阶级群众的基础缩小。我这里指的是工人贵族阶层。如果从这个角度来看这个问题，就可以清楚地看到，现代资本主义最反动的形式不是别的，而是资本主义在具体历史条件下拿来监督和统治广大群众的新方法。在我们讲对广大群众的监督时，我们不可能单指国家机关对群众实行的一般监督，单指加强这个机关等。这种形式的国家监督，即使在现代资本主义国家机器现在已经发生了变化而且为了更好地为资本主义统治服务而继续进行改造和加强（达到巨大规模）的这种情况下，它也不是现代反动派的突出特点。

现代资本主义对群众实行政治监督，有一个很有趣的特点是：资本主义不可能没有群众基础，它要千方百计设法为自己建立同群众的有机

---

① 意共领导人卢·格列科的化名。——编者注

联系，以便更好地统治他们，它需要制定**对付群众**的办法。

根据这一观点我认为，南斯拉夫的专政是最不稳定的专政之一。在南斯拉夫，不可能建立一个一统天下的而民族矛盾又不会在其中发展起来的反动组织。

我们把这种类型的反动派，这种对广大群众实行监督的形式，称做法西斯主义。法西斯主义从民主主义继承了一个条件，这个条件就是，资本主义不得不依靠一批数量有限的群众来统治广大的群众。回忆这一点，不是没有益处的。在这里，我不可能深刻地分析现代资本主义国家的这个主要问题，也就是资本主义必须依靠相当大的群众基础进行管理的问题。如果意大利法西斯分子不时地甚至在他们谴责和嘲笑民主以后还咬定说，法西斯主义"正在实现真正民主的假设（原则）"，那就是以此表示，整个资本主义，当然也包括意大利资本主义，都需要群众基础。意大利法西斯主义的历史，自1922年甚至自1919年开始，从改变法西斯主义的基础这一点来看，也反映了一种努力不断寻求群众基础的巨大兴趣。

曼努伊尔斯基同志说得对，法西斯主义在资本主义世界最薄弱的环节表现出来。

只有一点必须进一步说明，薄弱环节不仅仅就是这样一些环节，即它们的弱点源自于资本主义固有的虚弱性，而且也是我已经指出过的那些环节，即它们的弱点就是资本主义经济甚至是资本主义人国经济**平衡**遭受破坏的反映。就其本质而言，这种平衡的破坏，乃是垂死资本主义的自然特性。

因此，**民主向反动蜕化**同资本主义经济走向反动是**同时发生的**。

在指出了资本主义政治制度向反动蜕化的一般特点后，还必须再分析，这种蜕化是怎样出现的。就像政治势力集团和一些阶级之间的分裂深度一样，资本主义发展程度在每个国家不都是一样的。按照这种观点，我们说，**意大利法西斯主义**乃是典型的意大利反动派，**不可能**在其他国家翻版复制。

人们把意大利法西斯称做**古典**法西斯，并不是因为意大利的一切都应该是古典的，而是因为意大利**在本质上虚弱的资本主义基础上**实现了从外部激化阶级矛盾的**全部条件**。意大利资本主义固有的虚弱性阻碍其扶植一个人数众多的工人贵族，缩小了资产阶级民主的基础。所有这一切说明，为什么意大利在建立统一的国家以后的历史中，一直不断地发生阶级流血冲突，而这些冲突使我国劳动群众获得了早期的政治经验。所有这一切说明，为什么意大利改良主义不能执行独立的政策，为什么**整个**意大利社会党表示反对战争（虽然它的立场也是**中派**分子的立场，而不是一贯革命的政党的立场）。所有这一切说明，为什么意大利社会党出席了昆塔尔和齐美尔瓦尔德会议，为什么它在战后没有分裂，使改良主义分子得以参加政府。改良主义分子没有足够数量的工人贵族来支持自己。他们懂得，没有自己的党，参加政府对他们来说无异就是自取灭亡。但是另一方面，上面所说的一切都说明，为什么意大利最早的法西斯集团能制定一个急进的和煽动性的纲领。这些集团想把社会党影响之下的城乡小资产阶级挖到自己这方面来。它们同样想把满嘴革命词句而实际上无所作为的社会党搞掉。初期的法西斯主义就其集团成员来讲，不同于1925—1926年的法西斯，也不同于现在的法西斯。

如果我们的分析只限于意大利的经验，那就必须说，法西斯主义产生和成功的条件是：（1）客观的革命形势，在这种形势下，资产阶级国家的民主形式正在经历危机；（2）存在着为数众多的小资产阶级，他们同资本主义没有牢固的联系，他们相信自己能在政治生活中发挥**独立的**作用，并能解决正在进行各自历史性斗争的两个阶级之间的竞争；（3）存在着小农阶层和农业职员，后者是在战争中发了财并反对土地纲领和意大利社会党社会化纲领；（4）存在着一个独立的群众性小资产阶级组织，这个组织拥有**武装队伍**，随时准备投入斗争；(5) 存在一种**民族主义的**、已达到极端地步的"反民主"思想，这种思想否定阶级斗争，并自诩它将反对资本主义和反对无产阶级等；(6) 通过**国家政变**来夺取政权。

必须补充的是，对于意大利存在的所有这些条件，小资产阶级中的某些阶层有一种特别满意的情绪，这种情绪是凡尔赛条约引起的，这个条约使意大利这些阶层的居民产生了一种想法：意大利被一些大国看成是一个二流国家，可以不把它放在眼里，也可以在分赃时不计算它的一份。这种情绪目前也成了法西斯政策的基础。因此，法西斯主义支持在世界大战中战败国的某些要求，并在自己的对外政策中采取重新审查和平条约的方针。

但是，能否由此得出结论说，其他国家必须具备上述所有条件，才能说明它们国内存在法西斯主义呢？**绝对不能！**在西班牙，我们看到了另一种建立法西斯的过程。在这个国家，**武装暴动**的国家政变（宫廷政变）本来就是军事政变。普里莫·德里韦拉只是在他上台执政经过一段时间后才组织了独立的群众性"爱国"运动，并利用西班牙社会民主党来实现自己的独裁。

波兰只是在发生政变几年以后，才开始暴露出某些类似墨索里尼法西斯主义的特征。在罗马尼亚，我们经常谈论关于布勒蒂亚努的法西斯主义，然而仅仅在现在，即在马纽发动政变之后，我们才发现罗马尼亚法西斯主义的某些特点。

因此我们看到，这个过程各有差异，并且变得复杂化了。这个过程通过在一些重要的政治运动中发生的变化，通过各政党的基础的变化，通过新的政治力量的对比表现出来。

国家政变不是资产阶级民主蜕化变质为法西斯主义的唯一特点。世界大战以后，几乎到处都发生了政变。**可以说，战后的政治生活是通过**

政变向前发展的。但是，这些政变并没有到处都使法西斯上台掌权。1924年法国议会选举后，政变使埃里奥的民主制掌握了政权。1926年的法国政变使彭加勒政府掌了权，它也不是法西斯政府。**法西斯主义的特点是，摧毁旧的民主制度，反动地利用群众运动以反对无产阶级、反对无产阶级革命，最彻底地维护资本主义国家制度。**

既然这是法西斯主义的特点，也就是现代旧式民主的反动蜕化的特点。显然，资产阶级为达到反动目的，就要利用社会民主党的组织。这在许多小的国家已经实现了。但在一些拥有强大无产阶级的大工业国家，那里的社会民主党将成为反动的群众组织的核心。我们已经看到，社会民主党是如何完成法西斯化这一过程的。绝不能局限于表面上的相同就认为，在意大利发生的事也一定会在其他国家发生。现实生活已经不止一次地否定了同意大利法西斯主义相提并论的做法。总之，即使在意大利社会民主党内，法西斯化过程也还在发展。显然，意大利法西斯化这一过程的形式，不同于其他国家这一过程的形式。意大利社会民主党的一些"主要干部"最近几年纷纷转向法西斯，在失去大量干部后，社会民主党于1927年底发生了分裂。里戈拉、达拉贡纳集团及其同伙都转到法西斯制度方面去了，变成了法西斯的工具，这种工具的职能就是扩大法西斯同劳动群众之间的联系。

因此，当国际工会联合会（阿姆斯特丹工会国际）必须在博西集团的改良主义侨民承认的劳动总同盟（它的继续存在受到革命工人的保障）和里戈拉公开的法西斯集团之间作出选择时，它极力想调和博西和里戈拉的立场，并经墨索里尼批准，派了西特林和查辛巴赫到意大利去同里戈拉集团建立联系。可以说，里戈拉集团是墨索里尼企图借以争取已经出现裂痕的社会民主党侨民领导集团的一条渠道。不能预见，意大利社会民主党法西斯化的过程究竟如何完成；这个过程也许将在革命危机到来之前或就在危机时刻，通过社会民主党领袖与法西斯之间达成某些妥协表现出来；也许在或远或近的将来，社会民主党将作为"新的法西斯"也就是作为意大利资本主义国家中新的反动组织登上舞台。

如果我们像考察社会民主党的法西斯化过程一样来考察法西斯的历史本质，而且不限于分析两种现象的表面特点，那么，我们就会看到，资本主义制度蜕化变质为法西斯主义，引起资本集中特别是金融资本集中的深刻过程，引起某种程度的经济同政治相融合的成熟现象，也就是国家资本主义的现象。但这些现象与苏拉时代或第三帝国没有关系。这些现象在1919年的德国，甚至也不像现在那么清楚。当我们的德国同志说，社会法西斯是垄断金融资本统治的一种形式时，可能他们走得太远了，但是，他们正确地强调指出了社会民主党法西斯化过程的一个主要特点。不妨更准确些说，社会法西斯**变成**垄断金融资本统治的**形式之一**，是变成形式之一，而不是变成唯一的形式。如果一口咬定，社会法西斯是垄断金融资本进行政治统治的唯一形式，那么就可能得出一个虚假的结论，一个这样的结论，而意大利法西斯已经是资本主义进行政治统治的形式，它至少是社会法西斯类型之一，因此，再要说德国社会民主党已成为垄断金融资本统治的唯一形式，那就不正确了。

因此，法西斯主义和社会法西斯主义之间是有差别的。库恩·贝拉同志指责意大利同志过去和现在一直坚持说民主制和法西斯之间存在差别。库恩·贝拉同志认为，民主制和法西斯是没有区别的。按照这个虚假的分析方法，可以得出一系列等式。比如可以说，民主主义＝法西斯主义，民主主义＝社会民主主义，社会民主主义＝法西斯主义，等等。这种方法很像博尔迪加以前采取的方法，他把民主主义和法西斯主义的历史趋向同完成这个过程所经历的复杂的发展阶段混为一谈，得出了过于简单的分析。他的结论是，在意大利仅仅只存在资本主义和自然是在共产党领导下的无产阶级及其同盟军。不幸的是，情况实际上并不如此，因为党派并没有被三段论法所消灭。那时候我们犯了一些错误，我们不愿重犯这些错误。

民主主义和法西斯之间没有——在这方面我们之间没有争论——原则的斗争，但是我已指出，它们是重新配置和监督群众的各种手段。民主主义和法西斯主义的阶级内容是一样的，而每种形式借以联合群众的方法是不同的。

但是，即使在可以称做"古典的"、战前的老式民主制和战后民主制、现代民主制之间，它们也是有差别的。民主思想（由于思想变化过程缓慢）的变化，要比民主政治制度的变化慢些。但是，如果把现代民主制的状况和战前民主制的状况加以比较，则民主制的形态有了很大的变化。法国发生的情况就是这方面的典型例子。法兰西的民主制走向法西斯，是通过左派党及它们社会基础的复杂的蜕化过程进行的。不能否定会出现成立一个臭名昭著的中央党的这种可能性，即它是塔迪厄梦寐以求的新的反动派别、由急进派残余伙同法国劳动总同盟和法国社会民主党中的工团主义构成。在一些最先进的民主国家里，法西斯反动派将会从"左派"营垒中走出来。如果我们说，民主正在变为法西斯，这样我们同时也就可以说，民主制不是法西斯。民主制正在**演变为**法西斯。这意味着，它正在**成为**法西斯。

还可以根据更多的理由断言，社会民主党不是法西斯。社会民主党日渐**法西斯化**，它将成为法西斯。社会民主党和法西斯之间的区别在于，社会民主党和法西斯形成的历史过程。"古典"法西斯在它的发展过程中，建立大批的组织，以反对无产阶级和劳动农民的传统阶级组织。社会法西斯在它的发展过程中，所利用的组织则是阶级斗争中的传统组织。"古典"法西斯把破坏旧的工人组织的基础作为它的政治目标。社会民主党与此相反，它支持自己的工人社会基础。从不同问题的角度看这个差别是重要的，因为这些问题是在不同的形势下和以不同的方式提出的，而争取工人阶级的大多数，又是在不同的情况下通过这些问题来实现的。比方说，如果我们在意大利提出"法西斯工会滚开！砸烂法西斯工会！"这样的口号，那么德国同志就要提另外的口号："大家都来加入改良主义工会！争取改良主义工会！"

十分明显的是，社会民主党的法西斯化过程，是通过社会民主党的危机发展的。

法西斯化的社会民主党不再是社会民主党，就像现在的社会民主党不像过去的社会民主党一样。甚至现今组成社会民主党基础的阶层，也都为其他阶层所代替，因此，社会民主党法西斯化引起群众左倾化的过程。群众左倾化的过程发展得越广泛，社会民主党工会和社会民主党组织蜕变成反动的就越多越快。

甚至还必须注意，在社会民主党蜕化为法西斯的过程中，同时并存着**两种法西斯**。那种以为**法西斯都应该像在意大利那样到处垄断政治生活**的想法是令人惊奇的。我们在奥地利已经看到，一方面是存在着典型的意大利法西斯，它甚至受到墨索里尼的支持；另一方面是存在着社会民主党，它同法西斯进行竞争并打算和最反动的集团联合起来**与法西斯斗争**。但是，奥地利社会民主党要在自己的政治活动中获得胜利，就要逐步放弃自己的许多政治原则。奥地利社会民主党搞**法西斯化**，目的是反对法西斯主义。如果它战胜法西斯，那么这将意味着，**它本身就将变成奥地利的法西斯**。不久前，我们甚至在德国听到社会民主党领袖们亲口说，如果将来必须在德国建立专政，那么将由社会民主党来建立。这不是向德国法西斯党发出**挑战**并在完成了反动使命时决心取代它们，又是什么呢？显然，在德国和奥地利出现的形势，同其他类似的形势一样，对于资本主义来说，承认社会民主党的**法西斯方针**，要比重新建立不依靠无产阶级大众的法西斯组织更加有利。对于德国和奥地利资产阶级来说，依靠有组织的工人基础，着手对制度进行反动变革更为有利。

曾经提出过法西斯和社会民主党之间发生冲突的假设。不能排除这种冲突的可能性。我们相信，社会民主党和法西斯之间在进行钩心斗角的斗争，这种冲突是存在的。**但是这种冲突对形势不具有决定意义的性质。在今后的形势发展中，我们预料社会民主党和法西斯之间不会发生武装冲突**。在将来的发展过程中，共产党领导的革命无产阶级将作为一种主要的决定性因素进行活动。从一般观点看，如果我们提出社会民主党和法西斯之间会有武装冲突的假设，那么，我们就必然会因此而忽视革命无产阶级和共产党的作用，而它们的有力行动和不倦的斗争可以使社会民主党法西斯化的过程加快，使社会民主党和法西斯之间冲突的可能性减少。

如果说奥地利存在有促使社会民主党和法西斯之间发生冲突的原因，那么，这些原因必须从革命运动的软弱性中去寻找，从这个国家里我们党的弱点中去寻找。即使在意大利，只要共产党领导的意大利无产阶级在起义的最初时刻不能站在**劳动居民的前列**，社会民主党残余和法西斯之间武装冲突的前景就是可能的。但是，即使在这种情况下，社会民主党对法西斯的胜利就等于是革命的失败，就意味着社会民主党高度法西斯化，而**不意味是民主对反动的胜利**。可以说，**社会民主党正在法西斯化，并使自己同"古典"法西斯对立起来**，因为这时它还没有同"古典"法西斯有机地或在政治上融成一体。

但是，在法西斯和**社会民主党**之间也还有另一种差别。这种差别在法西斯化过程中起着很大的作用。这就是**它们的意识形态**。虽然意大利法西斯的意识形态在法西斯的发展中没有起**决定性**作用，但仍然发挥了重要的作用，而且现在它也在发挥作用。的确，在**法西斯夺取政权的斗争**时期，在意大利资本主义稳定时期发生作用的"**法西斯意识形态的数量**"，随着意大利资本主义经济地位的"巩固"而减少了。这种思想因素的**数量**的减少，同我国法西斯分子队伍中穷人和中产阶级分子的**政治**势力愈益削弱是一致的，因此，也是符合法西斯内部的力量对比和阶级关系变化的。但是，如果认为意大利资本主义要抛弃或准备抛弃法西斯思想这块无用的破布，那就大错特错了。

库恩·贝拉同志提到了1916年的法西斯纲领，这个纲领曾谈到立宪会议，谈到解散上议院，还谈到工人监督等。我已经说过，法西斯为什么要给自己搞一个这样"左"的纲领。墨索里尼1919年的纲领具有社会民主党纲领的性质，但是这个纲领依据的是：达到了极端的民族主义，要求更优惠地瓜分战利品，反对国际主义和对同盟国进行复仇。意大利社会党过去曾经反对过战争，是个国际主义中派党，它具有完全另一种意识形态。在其他一些国家，特别是在战败国，如德国，也出现了墨索里尼式的**国家社会主义**的法西斯主义。1920—1921年墨索里尼和希特勒之间建立起的联系后来就保持下来了，这种联系构成了两个疯狂的小资产阶级集团之间的某种思想联盟。这两个小资产阶级狂人给自己寻找群众基础，以便用战争中的"战士后代"的名义"反对那些对和约后果承担责任的人"，实现自己的复仇愿望。这两个集团提出了**国家利益**的口号，完全符合这种需要。国家利益，这就是在经济生活和政治生活中为自己谋求优越地位的小资产阶级的动机。但是，社会主义国际主义运动不是围绕这个思想发展起来的。因此，当社会民主党1914年8月4日出卖工人阶级之后，它不得不从所谓**保护民主应对反动**方面去寻找**意识形态上的理由**，以便欺骗工人阶级，保住自己的社会基础。

法西斯主义意识形态即使有所变化，也仍然保留着自己的若干基本原则。同样，社会民主党的意识形态也在变化，但同时也保留着自己的若干基本原则。社会民主党的意识形态和法西斯主义的意识形态发生的变化使二者相互接近，但是，它们还保留着各自意识形态的特殊的特点。这些特点源自于社会民主党和法西斯所代表的不同的群众帮派，源自于历史形成的特征以及保留各自主要基础的必要性。

这并不妨碍两个流派——社会民主党和法西斯——的共同点在数量

上日益增加，并变得越来越明显。库恩·贝拉同志指出了其中许多相同的特点。还有另外一些很值得注意的特点。我只强调指出国际劳工局日内瓦年会上发生的一件事。所谓阿姆斯特丹派的"工人"代表团始终反对承认也叫"工人"代表的法西斯代表的代表资格。但是，这种甚至不以可靠的法律论证为依据的例行公事，同所讨论的具体问题上的某种分歧是不一致的。顺便不妨说明一下，每当讨论具体问题时，法西斯分子就挖苦"国联的社会党人"说，法西斯已经把其他国家，甚至社会党人还不能实现的东西，列入了自己的立法。意大利法西斯分子们在蛊惑人心的宣传把戏中善于捍卫自己的立场。他们要求批准八小时工作日协定（但是在意大利有好几类农业工人甚至工作12—14个小时）。法西斯代表以友好联盟（政府的代表、企业主的代表和"工人"的代表）的身份反对殖民地的强迫劳动。他们提出关于集体合同的问题，关于规定合同定额问题。最后，他们对进入国际劳动局的社会党人说："不能脱离经济事实来谈社会事实"，社会立法应该考虑到每个国家的经济状况。

面对为本国帝国主义效劳的阿姆斯特丹分子营垒中来的"工人"代表，法西斯分子首先赞美了法西斯的法律，说这些法律应该是其他国家的样板，接着提出了有扩张野心的意大利帝国主义的要求。在法西斯"法律"方面，阿姆斯特丹分子仅仅用几句话就可以搪塞过去。实质上，法西斯意识形态和社会民主党人之间的共同点是很多的。阶级合作、对工会的法律承认、规定集体合同标准、强制仲裁、强大的超阶级国家、必须采用一切手段反对无产阶级革命等——所有这一切都是社会民主党和法西斯之间极为重要的吻合点。分析一下工会自由问题，看看在这个问题上，法西斯和社会民主党之间究竟有多少相同的地方，那是非常重要的。全世界都清楚地知道，社会民主党为了对抗法西斯而坚持维护工会自由，是一种欺骗和蛊惑人心的勾当。

的确，法西斯主义本身运用到法律方面的纲领性意识形态结构，根本不符合法西斯意识形态所提出的阶级关系的变化。法西斯法律的对称结构，仅仅是充当现代意大利主宰者的几个狭小集团的最可耻最粗暴的统治工具。可以说，从来还没有一个专政像意大利法西斯专政这样横蛮无礼、厚颜无耻。当你们听到关于组合国家以及这类蠢事的谈话时，你们不要相信，意大利已经通过阶级关系的有机变化、阶级和国家关系的有机变化开始了勇敢的合作试验。根本没有的事！组合国家是不存在的。况且！如果组合国家存在的话，它对这个制度就是一种威胁。因为必须同意实行某些组合民主制。可以结束这一个问题了，再重复一下一个法西斯组织家在法西斯工会代表大会上的讲话："意大利的阶级斗争消灭了，但仅仅是对工人而言。"

作为法西斯国家法律这架复杂机器的作用的真正含义就是这样。但是，难道社会民主党目前的整个方针及其所维护的法律，不会造成上述那位法西斯组织家在谈到法西斯试验时所指出的那种结果？这是毫无疑问的。

法西斯主义的意识形态已经破产。但是，尽管如此，它仍然在建立小资产阶级和资本主义之间联系、在维持法西斯机构统一的事业中起着很大的作用。正如我们已经看到，法西斯意识形态把帝国主义扩张问题提到首位，因为它是保证完成法西斯纲领和实现组合国家的条件。

与法西斯意识形态相比，社会民主党的意识形态具有模棱两可的优越性，不过它早该破产了。但是，尽管如此，社会民主党的意识形态仍然继续存在，而且用来掩盖某种毁灭革命和劳动阶级的政治手段。

我本想谈一下，在资本主义政治制度蜕变为反动的过程中改组国家机构的问题，但是，由于供我支配的时间不够，我就不再讲了。

所以，我下面谈谈结论。法西斯和社会民主党的法西斯化（社会法西斯主义）对我们提出各种不同的任务和问题。在这个或是那个国家，我们应该争取的工人在哪里？农业工人在哪里？劳动农民在哪里？由于他们所处政治状况的差别,需要采取不同的组织办法,提出不同的政治问题,并规定不同的宣传内容。我已经说过,争取改良主义工会中有组织的工人,同争取被迫留在法西斯工会中的工人,采用的办法是不同的。但是,在政治工作的其他方面,我们也看到有一些差别。广大的劳动群众没有被"古典"法西斯争取过去,而且任何时候也不会被争取过去,但是,他们现在还在社会民主党组织内,并受到社会民主党在思想上和政治上的影响。自下而上的统一战线策略应该成为我们群众工作的中心。

在意大利,法西斯主义来自农村,而在一切国家,法西斯要么会来自农村,要么就力图在农村寻找自己的基础。社会民主党向反动的蜕化,随之必然要争取农村的广大阶层。我们则还在轻视对农民的工作。如果我们在对待农村劳动者的态度上还要坚持这种中间立场,或者还停留在口头上、议会中和笔头上的支持,我们就很可悲了。法西斯仍在寻找自己在农村最巩固的基础。

发展的趋势是如此迅猛,以致一些最出乎意外的事件可能瞬息就出现在我们面前。正因为如此,我们整个组织工作和政治工作都应该加强。当我们分析当代经济、政治和社会生活现象的时候,当我们强调区别对待资本主义制度种种反动形式并要求对一些提法的意思作出准确说明的时候,我们这样做,是因为我们力求通过共同的探索,找到最好的途径,展开反对敌人的最后斗争,为无产阶级创造夺取胜利的最好条件。因此,我们在这里对法西斯和社会法西斯的形式问题所作的分析,可能是有益的。

沃尔夫(匈牙利):

我们党度过1926—1927年曲折发展的最低潮之后,现在进入开展工作的新阶段。到目前为止,它一直在做奠定组织基础的工作。但是现在,在党已经逐步解决了这项任务之后,便开始积极参加匈牙利无产阶级日常的政治斗争和经济斗争。党仍然很少能站在这些斗争的前头。不过，它已经在为夺取领导权而斗争。在最近几个月里，它已经进行了一系列斗争，这些斗争不是没有成效的，尽管党也犯了许多错误。

（报告人接着报告了党在各种工会里的工作情况，在最近选举保险基金会的工作情况，然后又谈到8月1日准备工作的情况。）

我听说，有些同志对我党的行动纲领不满意。那又有什么关系！同志们，我们不想搞那些庞大而又完成不了的计划。我们应当考虑到我们力量的状况，何况，许多同志已经被捕而且还会被捕。我们还应该进一步考虑到我们党十年来将第一次公开地打出自己的口号上街游行的这种情况。我们当然不应该幻想，我们的准备工作可以同波兰同志的筹备工作相媲美。非常状况不是在一切国家都是一样的，因此，也就不是到处都可以同样地开展工作。当然，我们根本不想推卸自己的责任。

党的领导内部正在进行关于战略问题的辩论。党揭露了在战略方面的一系列机会主义的错误，这些错误就是，多年以来，民主专政一直或隐或现地被描述成党的战略目的。党目前正力图根除这种错误的观念。在我们中间也有右倾分子和调和分子。但是我们希望，我们能够把这些人清除出党，并得到共产国际的支持。在我们这里进行这项工作将不会发生震动，因为右倾分子和调和分子在党内没有任何基础。他们在党中央是反对派，并且已经是少数派，他们相互依靠，还依靠一部分侨民。

决不能千篇一律地对待社会法西斯主义问题。法西斯主义在每一个国家里，由于特殊的条件而采取不同的形式，也并不是常常都表现为社会法西斯主义。毫无疑问，法西斯化过程在整个资本主义世界都有所表现。是什么迫使资产阶级转向法西斯呢？首先是日益加深的资本主义危机。这引起资产阶级的神经过敏，使它害怕本国的无产阶级革命。根据第六次世界代表大会对第三时期所作的正确评价，革命力量随着资本主义危机加剧而不断发展。这种发展在我们那里也能看到，因此，资产阶级以疯狂的紧张以着手建立公开的法西斯组织，同时和社会法西斯党、和匈牙利社会党勾结在一起。

为了阻止资本主义危机的发展，哪怕是暂时地，资产阶级不得不大力施展玩弄花招的本领，使用各种手段和方法——它不得不常常变换斗争的手段和方法。暴力或者民主都不足以维护资本主义。在革命和反革命的斗争经常不断发生危机的过程中，资产阶级的力量不断被粉碎，因此，它不得不再三聚集力量。随着革命力量的增长，老一套的方法越来越不适用，必须寻找适应斗争条件的新的特殊的方法。法西斯化就是组织力量、维护资本主义的新形式。

形势的变化，新的矛盾的产生，要求越来越新的适应法西斯化的方法。因此，对待这个问题不能死搬硬套。在我们的匈牙利，正在建立法西斯组织，除此之外，官僚化的社会民主党的法西斯化过程也正在发展，与此同时，政府推行社会法西斯主义的政策，按照法西斯方式建立并实行社会立法。

公开建立法西斯组织，就是要用武力镇压起来斗争的革命无产阶级。与此同时，这些组织被用来恫吓那些政府乐于对其进行讹诈的社会民主党的官僚。建立这种法西斯组织，首先是因为企图——这种企图也是社会民主党所欢迎的——建立一支阶级队伍，或者至少建立一个可靠的反革命核心，使之成为一支反苏的力量。

必须指出，为了达到这个目的，在我们那里正在建立一些非常特别的组织。目前，我国还有一个正在消亡的专门充当工贼即对付内部敌人的法西斯组织。现在，这里企图建立一个更广泛的法西斯组织，这个组织暂时之所以还不会被当做工贼使用，显然是为了缓和来自下层的反抗。这个组织提出修改特里亚农和约作为主要口号。这当然是彻头彻尾的谎言和蛊惑宣传。这个组织取名叫做"修改联盟"。社会民主党甚至连表面上也不进行反对它的斗争，就像它对待工贼组织所做的那样。社会民主党人把"修改联盟"只是看做"竞争的企业",而在原则上他们同意联盟的活动。

不要一提到社会法西斯有时部分地代替公开的法西斯,就抱一种幻想。一切形式的法西斯主义,对共产党来说,都意味着非法状态或者面临非法状态的威胁,而且十之八九那些直到现在仍在进行合法工作的共产党也将被赶入地下。有一点是无可怀疑的,一切形式的法西斯化都只表示一个意思:动员资产阶级全部后备力量反对革命。

工人阶级怎样对待法西斯化过程和法西斯主义呢?

在匈牙利,工人阶级的大多数也反对一切形式的法西斯化。诚然,也有一些工人集团跟着社会法西斯分子跑,或者跟着公开的法西斯跑。但是,我们那里和共产党处于非法地位的国家相比,情况有所不同。目前,要把工人吸引到公开的法西斯那边去,还不那么容易,因为资产阶级用以镇压工人阶级而继续推行的恐怖政策,推动了工人群众向左转。在外地,在某种程度上还可以公开宣传法西斯主义,并且在大多数场合对社会法西斯实行消极抵抗。工人避免加入任何组织,他们也很少会做得太过分,以至于要公开地并从组织上同社会法西斯组织断绝关系,建立阶级斗争的新的左派组织。

革命宣传工作中的特殊困难,使公开的法西斯能够对没有组织的群众施加影响。这一点具有促使上述那种由社会法西斯取代公开的法西斯的趋势。我们党的右倾危险也在于,右倾分子对社会法西斯估计不足,或者把向左转的没有组织的群众看做是法西斯的后备力量。匈牙利共产党的经验特别明显地说明,错误地千篇一律地看待法西斯,可能导致机会主义的政治路线。

阿梅里科·莱多(拉丁美洲):

我只列举最近一个时期在拉丁美洲发生的一些重大事件。这些事件完全证实,第六次代表大会关于殖民地和半殖民地国家状况的论断是正确的,同样,提交给这次全体会议讨论的提纲草案的路线也是正确的。

这些事件的中心就是墨西哥的反革命叛乱,这次叛乱同时产生了两种现象:工人阶级在共产党领导下为夺取整个革命运动的领导权而斗争;所谓工人政府彻底倒向北美帝国主义庇护下的反革命阵营。

北美帝国主义的攻势越来越强大,它轻而易举地占领了英帝国主义的老地盘。

这样,我们亲眼看到了这两个钩心斗角的帝国主义大国之间急剧的对抗,同时也亲眼见到了整个被压迫国家和压迫它们的帝国主义之间矛盾的增长。

由于这两个大国垂涎于北查科石油产地而挑起的巴拉圭和玻利维亚之间的冲突,在这方面是非常值得注意的。其他这类事实还可以看到一些。例如,"和平"解决几十年来造成秘鲁和智利争端的塔克纳和阿里卡的老问题;围绕租让哥伦比亚的巴尔科和委内瑞拉的苏利亚州而制造的阴谋,其目的是想用委内瑞拉和哥伦比亚的这两块地方建立新的"独立的"巴拿马。

智利的硝石出口垄断权也为北美帝国主义所控制。在巴西,尤其是美国人在橡胶种植区获得了给福特公司的租让权,在铁矿开采区——格拉耶斯矿山,获得了给伊塔比夫企业的租让权。所有这些租让权在对付英国帝国主义和在准备战争中都具有重大的意义。我们也可以把胡佛总统的拉丁美洲之行看做是这样一类的事实,因为他这次拉美之行是为了对拉丁美洲被压迫国家表示"良好的意愿",不过,他是乘坐一艘强调这种"良好意愿"的威力强大的战斗舰完成这次访问的。

在墨西哥,北美帝国主义在拉丁美洲取得这些胜利的象征是,取消墨西哥革命在石油立法和分配大地产立法方面违背美国资本主义利益的那些胜利成果。

我们可以断言，严重的经济危机和财政危机就是帝国主义对拉丁美洲各国压榨的后果之一。这一点巴西表现得非常突出。巴西政府实行的所谓"通货稳定"政策，实际上不过是稳定帝国主义在巴西的统治的政策。在哥伦比亚，公共工程停止了。在乌拉圭，资产阶级曾为自己的货币"稳定"洋洋得意，可是现在通货波动极为严重。在墨西哥和巴西，失业现象也日趋严重，特别是在纺织工业部门。

同上述所有这些情况有着直接联系的，是劳动群众向左转的过程，阶级斗争的加强，革命的无产阶级运动和反帝运动的蓬勃发展。在这方面我们看到，墨西哥农民组织怎样在共产党领导下，依靠自己的组织力量和武装力量独立地进行反对反动军官和教权派叛乱的斗争。

在拉丁美洲各国工人运动中，我们可以发现，几乎到处都在发生一系列经济性罢工，而这些罢工很快就变成了政治性的罢工。这里特别包括空前残酷地淹没在血泊中的哥伦比亚的香蕉园的大规模罢工。

在巴西，3个月前，在圣保罗爆发的具有代表性的印刷工业的罢工仍在进行。罢工工人在国内工人运动的支持下，经过3个月后现在继续斗争，但这场斗争已经不仅仅是为了争取实现自己的经济要求，而且也是为了争取政治权利。政府的镇压使这场运动（开始是纯经济的），变成了政治性的运动，这就是说工人们现在进行的斗争，与其说是争取罢工开始时提出的经济要求，倒不如说是争取罢工和上街游行的基本权利。

在胡佛到我们拉美国家访问期间，在墨西哥、阿根廷和乌拉圭发生了反对胡佛的街头示威游行，这些国家的工人群众在共产党领导下用口哨和叫喊声迎接胡佛，并高呼"桑地诺万岁！"和"从尼加拉瓜滚出去！"的口号。最近举行的五一游行，也反映出我们革命运动高潮的情况。我应当特别提一提古巴的五一游行，因为在古巴共产党处在绝对秘密条件之下，而统治这里的是对工人阶级和革命分子实行镇压的最血腥的恐怖制度。

不久前，在蒙得维的亚召开了两次代表大会：一次在 2 月，一次在 5 月。我谈谈反对战争危险的工会代表大会和大陆工会大会，在这次大会上成立了拉丁美洲工会联合会。这两次工人代表大会的胜利召开，是我们各国工人群众向左转的明显证明。

但是，拉丁美洲目前最具有代表性的特点是什么呢？

第一，是为帝国主义效劳的本国政府的法西斯化，因为帝国主义需要"秩序和平静"。在墨西哥，我们看到这种法西斯化的最典型的例子，墨西哥政府标榜自己是反对帝国主义的先进战士。

第二，是革命运动和反帝运动的领导权转到或趋向转到由共产党领导的工人手中。

我还应当就我们拉丁美洲各国共产党的状况再说几句。关于我们拉美各国党的成立和发展迟缓、关于我们党落后于拉美客观革命形势迅速发展的速度等问题的论述，这是完全正确的。但是，无论在加强对群众的影响方面，还是在我们各国党的组织工作方面，仍然取得了一些成绩。

比如，在厄瓜多尔和秘鲁，这里过去没有甚至连现在也还没有共产党这样的组织，但是，这里有劳动群众的革命组织，共产主义小组在这些组织核心中的团结是毫无疑义的。在已经存在好几年的共产党里，也就是在墨西哥和巴西的共产党里，最近几个月内，党员和党组织的数量有了很大的发展，对广大工人的政治影响也有所增长。但是，在这方面特别重要的是什么呢？这就是党在罢工和整个工人运动期间的领导作用，而我们在乌拉圭和巴西所特别看到的也正是这一点。这两个党直接而确有成效地领导了最近的罢工运动。共产党的刊物发展也很顺利。我举两个例子：一是墨西哥党的机关报《大刀》，它的印数达 15000 份，拥有差不多 400 名工人通讯员和农民通讯员；一是巴西党的机关报《工人阶级》，也出版15000份，而且在工人中有很大的影响。不久前，在布宜诺斯艾利斯召开的大陆共产党会议，也是政治上和组织上发展的见证，这次会议应该载入我们党的功劳史册。

在谈到第六次代表大会时有人说，共产国际已经了解拉丁美洲了。我认为，目前对拉丁美洲已经相当了解了，因此不应该局限于确认对它的了解这个事实，或者局限于有一纸高明的决议。必须坚决贯彻这些决议，也就是共产国际必须更加经常地注意拉丁美洲，共产国际必须在这里进行更加顽强的组织工作，并给予我们更加有力的政治上的支持。我们也有权希望，美国和英国两个兄弟党支持我们反对这两个帝国主义的斗争。

如果我们的这些愿望能够实现，那么，在完成我们的任务——争取工人阶级并成为拉丁美洲整个反帝革命运动的领导——的道路上，必将取得真正巨大的成就。

舒宾（印度）：

现在最重要的是对印度工作做出实际结论。而且，在这里散发的关于印度问题的材料上所确定的形势，以及在这里没有引起争论的形势，可以为这些实际结论提供足够的根据。

材料中所阐述的形势似可以归结为以下两点：（1）印度的客观革命形势已经成熟；（2）令人焦虑的问题是，印度的主观因素大大落后于客观形势所规定的极其重要的任务。

我们谈起印度时，常常把它同中国革命相提并论。当然，在安排印度的工作时，可以而且应该考虑中国革命的教训。关于资产阶级的背叛作用问题，关于小资产阶级必然动摇的问题，关于小资产阶级上层必然临阵脱逃的问题，关于坚决开展土地革命的决定性意义问题，关于共产党在理论上、政治上和组织上独立的必要性问题，关于必须教育工业无产阶级和农业无产阶级使他们只相信自己的党、自己的力量和自己的武装等,所有这一切用重大代价换来的中国教训,应该成为所有殖民地革命首先是印度革命的财富。

但是,当我们谈到印度时,也还应该记住另一个教训,即关于印度尼西亚的沉痛教训。1926—1927年印度尼西亚的状况是怎样的呢?鉴于印尼同志提出的问题,共产国际的指示没有下达到这个国家,未能影响事态的进程,未能防止由于错误地分析阶级力量而产生的严重的政治错误,未能防止由于党的年轻和经验不足而完全不可避免产生的严重组织错误。结果爆发了政治上和技术上没有准备、没有得到全面罢工支持的运动,从而产生了我们大家都知道的一切。

当我们谈到印度革命运动的时候,我们应当记住,印度革命和中国革命不同,它是不拿武器的斗争。印度革命即便到现在也仍然手无寸铁。其次,它与中国革命不同,没有同国际革命事件发生联系,也没有同国际革命建立极为重要的具有特殊性质的联系,而中国则建立了这种联系,这些我这里不谈了。印度革命是孤立的。在印度工作的同志们常常要冒着恐怖和危险,并在极端复杂和快速多变的形势下开展工作。这也就是在印度革命形势成熟条件下,现在局势面临的危险、最严重危险之所在。

我不认为,洛佐夫斯基对形势的分析是特别正确的,比如他说,现在印度瞩目的中心问题,是反对共产主义,或者例如,他接着强调说的"最近一年印度是打着反对共产主义的旗帜度过的"。同意这种分析就意味着,过分地、十分过分地过高估计共产主义目前在印度民族革命运动中所占的地位。当然,既然洛佐夫斯基愿意说什么,印度革命高潮已经到来,革命运动已转向较高的发展阶段,民族革命的领导权正在转向有组织的无产阶级,资产阶级在同工人运动和农民运动的斗争中作为一种反革命因素越来越明确,与此相应,一切反对工人阶级及其先锋队的反革命力量正在联合起来，——既然他愿意这样说，他总是有道理的。但是，我认为自己有责任发出警告，不要过高估计共产党和共产主义在印度已经占有的比重。

当然，也可以像洛佐夫斯基所做的那样，从某家印度报纸特别是从那些明目张胆地把对英帝国主义的形形色色的抗议甚至是一般的不满都宣布为共产主义的帝国主义报刊上摘引几段话。有这样一件事，某家《印度时报》想恐吓一下资产阶级知识分子、并想给它制造难堪，于是煞有介事地说，它是"共产主义"知识分子。当然，这个事实间接地反映出无产阶级作为革命的独立因素的影响在增长。然而，由此就得出结论说，反对共产主义确实成为印度借以开展运动的幌子，那就未免太言过其实了。

洛佐夫斯基同志说，"在那里（印度）就这个问题（也就是反对共产主义的问题），土生土长的改良主义分子和各种派别的民族资产阶级之间形成了一个统一战线"。他这样说不见得就那么准确。如果洛佐夫斯基想强调指出的是，民族资产阶级把自己看做是反革命力量这一点的话，那么，他应该得到一切支持。但是，遗憾的是，他用来说明这个反共统一战线特点的公式，指出了改良主义分子，也指出了民族资产阶级——这当然是完全正确的——但却没有提到……帝国主义分子，即这个阵线中反革命核心的组织力量和领导力量。当然，不能说洛佐夫斯基同志没有提到过帝国主义，即印度的大象。他"放过了"它，这当然只是一种偶然现象。但是，恐怕不能把这种偶然现象称之为是幸运的，因为正是这种偶然性在后来却给洛佐夫斯基得出的某些实际结论打下特殊的标志。

我们举例，就拿最主要的任务之一——揭露资产阶级的背叛作用来说吧。现在，当我们向印度同志谈及民族资产阶级的反革命作用时（我们应该坚决地、毫无保留和毫不缓和地说这一点），是不是可以不加下面这句话：尽管资产阶级民族主义玩弄背叛的把戏，但仍然必须利用帝国主义和民族资产阶级之间、封建主和资产阶级之间、当地各派资产阶级之间以及帝国主义本身等之间所有一切冲突。这个问题，现在无疑具有实际的意义。再举一个关于抵制外国纺织品运动的例子，自治运动派企图在这个运动中束缚群众的积极性，把整个运动的命脉掌握在自己手中，目的是利用帝国主义施舍的小恩小惠来扼杀这个运动。在青年学生召开的一次会议上，好像在普纳，当表决自治运动派关于抵制运动的方式的决议时，一个参加会议的人说："这是资产阶级的骗局和资产阶级的投降。"会场顿时一片喧哗。人们向他喊叫道："你为什么要跟英帝国主义跑？"这位同志不慌不忙地答道："你们愿意抵制英国纺织品，好极了！那就让我们把这个抵制运动组织好，使它对帝国主义造成真正的危险。好吧，让我们把码头工人和水兵组织起来，由他们选出纠察队、警卫队，由他们通过自己的群众组织来组织检查英国的进出口货物。"会议没有通过他的建议，因为会议始终是在能言善辩的年轻的尼赫鲁派的"左派"控制之下。但是，这样一来，在他提出这种抵制办法以后，会议出现了分化，他在自己周围集合了一批人，并准备把一部分能够进行真正革命斗争的小资产阶级拉出去同帝国主义进行这一斗争。我们能否绝对地说，资产阶级民族主义背叛策略将来就会排除这种利用的可能性？当然不能这么说。完全不能排除这种可能性：尽管革命运动在发展，可能就在这种发展的影响下，资产阶级的民族主义有朝一日就会"折腾"起来，特别是如果国际形势复杂化，使它感到自己背后可能得到美帝国主义支持的时候。只有当印度革命在无产阶级及其政党领导下得到发展、只有当印度革命建立起自己独立的组织不用指靠资产阶级民族主义并且不屑看它们眼色行事的时候，那么，当然，只有在这种情况下，印度革命才能对资产阶级和帝国主义的这种"折腾"加以利用。

其次，我再谈一下洛佐夫斯基同志的"不妥当的"说法，以便使他的那些在我看来无疑是正确的提法更加明确。况且，根据现有的材料可以断定，印度共产党人一定会坚决支持这种说法。洛佐夫斯基同志逐字地说了下面的话："无论是我们，也无论是共产国际，无论是红色工会国际，也无论是所有各国党，对于帮助印度共产党的发展做得极少。"在速记记录中记下了会场的喊声："正确！"印度共产党人在这里也会喊——正确！做得不只是少，用洛佐夫斯基的话来说是"极少"。一眼看去就能发现，这可以说是千篇一律的套话：在许多其他问题上同样可以说做得少了，需要多做些。但是，只要你们考虑一下对印度局势总的评价，而且在这里谁也没有对这种评价提出异议——在印度共产党的力量软弱得令人担忧的情况下，革命形势成熟了——那么，这种提法就已成为一种警告。所以纠正洛佐夫斯基指出的工作中的弱点就变得非常重要和十分迫切了。

为什么这么多年来对印度共产党的建设做得这么少，按照印度共产党人的看法（我几乎一字不差地引用他们的原话），其原因之一就是存在罗易的"垄断代表制"，罗易不但没有使印度共产党人同共产国际联合起来，相反，他把他们同共产国际分开了。应该说，当罗易的机会主义言论在报刊公开发表之前，印度共产党人并没有很看重他的活动。在第六次全体会议期间，罗易把自己装成一副可怜相，给印度共产党人写信，说共产国际委屈他，因此他请求支持。但是，得到的回答无疑是不予支持。在工农党（甚至是工农党！）的会议上，罗易关于加入独立联盟的计划一张票都没有捞到，虽然应该说，这个计划在加入独立联盟问题上，使印度共产主义小组产生了一些的动摇（印度《前进报》乐于提供版面宣传罗易在这个问题上的观点）。可以斩钉截铁地说，如果谁支持今天罗易在殖民问题上的右倾立场（"同资产阶级的战斗联盟"，自治派运动是一个独立的党，等等)，谁就不是印度共产党人，而是那一部分小资产阶级知识分子，即当他们预感到迫害的浪潮袭来时，甚至从工农党开小差逃之夭夭。

现在我谈谈要克服洛佐夫斯基同志所说的印度工作中的弱点，需要具备哪些起码的条件。条件之一就是，各支部负责同志不妨留心留心印度事态的发展。现在，这一点根本谈不上。我们的报纸报道得很少，就是报道，也都是十分肤浅地甚至介绍一些全都了解的材料。甚至共产国际执行委员会关于印度革命的号召书，也只有很少几份报纸全文刊登。

在这种不了解情况的条件下，同志们谈起印度的时候，常常只局限于最一般的情况，而看不到迅速发展的最重要的革命过程所包含的内容，这是很难免的。请把各国支部（大概英国支部除外）对于印度革命运动至今所表现的淡淡兴趣，同资本主义国家各支部必须、刻不容缓地必须向印度派出工作人员一事对照一下吧。各支部能够推迟、逾期或拖延解决这项任务。这仅仅意味着，他们一定会派出工作人员，但要拖到最后一分钟，急急忙忙，毫无准备。但他们必须派人——生活、革命要求这样做。

供我支配的时间很少了，我只好讲一个问题，关于工农党和取消工农党的途径问题。既然洛佐夫斯基同志说，取消工农党的工作在印度比应该进行的要慢，那他一定是有道理的。那么，这里的问题在哪里呢？必须记住，建立一个工农党是比较容易的，但是取消现有的工农党，成立共产党及其影响下的群众性革命工人组织和群众性革命农民组织，即纠正成立两种成分党的错误，是困难的。工农党的特点是，虽然它们停止了活动，但还想永远存在下去，它们抱住这块牌子不放，阻碍健康的组织形式的发展。日本党的代表田中同志在这方面也许能讲出许多有教益的情况。日本共产党比印度共产党强大得多，它有无比丰富的实践经验、更高的理论修养，受过更多的锻炼和考验；同时，由于日本有着一支规模宏大、不断发展的工业无产阶级队伍，因此，一个党内要存在两个阶级甚至找不到冠冕堂皇的理由。但是要取消这种形式，即使在日本进展也还是很缓慢的。日本共产党人建立了一个劳动农民党，但现在，当他们完全有理由放弃这个"无产阶级"政党时，他们也很难用其他正确建立起来的群众组织去代替它。抱住工农党不放，抑或有可能恢复这个组织（特别是在殖民地和半殖民地），其原因之一，就在于虽然它是个畸形的组织，但它能解决殖民地共产党人为自己提出的任务，也就是组织工农联盟的任务。也许以为采用工农党的形式容易实现工农联盟，因此，这种看法就成了组织工农党时的主要吸引力，并为取消这些工农党造成困难。其次，在秘密工作条件下，工农党在斗争的某些阶段上似乎可以掩护共产党人的工作。当然，这个优点也仅仅是虚构的和靠不住的。任何地方的经验都不像印度那样明显地表明，工农党的形式和构成大大阻扰和妨碍着秘密机关的建立。然而，这种虚构的"特殊方便"，使得取消工农党变得更困难，特别是如果给自己提出目标的话——不言而喻，这是必须的——即利用这个党为今后工作而同群众建立联系。

众所周知，在第六次代表大会关于殖民地问题的提纲中写道："把分散在全国的所有共产主义小组和单个的共产党人团结起来形成一个统一的、独立和集中的地下党，是印度共产党人的首要任务。共产党人在摒弃以两个阶级为基础的建党原则的时候，应该利用现有的工农党同劳动群众的联系以加强自己的党……"但是，另一方面，这些提纲涉及一系列其他十分重要的和各种各样的问题，这些问题是相当广泛的；存在一种危险，那就是在这些提纲中将不"提出"恰恰是当地同志认为是有分歧的即实质上是最需要的指示。顺便我提一下，为殖民地国家制定的文件，除了要考虑秘密工作的条件，还应该写得尽可能简短，问题要提得尽可能简明扼要，不妨舍弃一些，例如不要在一个文件中把所有的问题都提出来，也不要把问题可能进一步发展的各种变化情况等都摆出来。自然，印度共产党人不会没看到提纲中所讲的取消工农党的问题。但是，在贯彻这个指示时产生了动摇。诚然，对这个问题上的彻底转变，群众尽管有积极性，但还没有普遍形成这种转变。库西宁同志在这里说过，印度的领袖是同群众一起成长的。这无疑是对的。还可以补充一句，他们是在群众的压力下成长的，印度同志们直到最近还是群众革命运动的尾巴。而在以真正的阶级组织实际取代工农党的问题上，孟买工人掌握着主动权。这是什么意思呢？这意思是，他们建立群众性左派工会，显示了利用工农党在工人群众中的影响达到取消工农党的最有效的形式。

同样，取消工农党也极尖锐地提出一项任务：通过对农民日常斗争进行革命领导的办法以建立群众性的农民组织。在农村工作中，工农党的形式根本要不得，它们不是帮助，而始终是阻碍共产党人接近农民的大多数。连最活跃的共产主义小组也仅仅是最近才实际提出了农村工作问题，而且是决定建立党组织时顺便提出来的。

第十次全体会议应当最明确地提出共产国际各支部对进一步发展印度革命所承担的责任问题。如果一旦在印度工作中犯下错误，要在事态发展的情况下纠正错误将是不容易的。能不能及时指导采取措施来防止这些错误。

片山潜（日本）：

田中同志昨天已经指出，尽管日本是个大帝国主义国家，但是在这里的报告中根本没有提到这个国家。

日本在领土上是个不大的国家，它的面积为147000平方英里，可耕土地仅占国土面积的13%。日本人口大约达到6500万。日本是一个实行义务兵役制的地地道道的军国主义国家，每年通过体格检查应征入伍的日本青年有几十万。常规军有20个师。在战争期间，常规军可扩展到2000万人。中学也都实行军事化。学校实行义务军训制。至于海军,你们知道,日本舰队的数量与美国和英国的海军舰队数量之比是3:5。日本拥有90万吨级的各类军舰。最近30年间,日本进行了3次战争。日本是苏联的邻国,也是对苏维埃共和国的一大威胁。日本是苏联和中国革命最凶恶和最大的敌人。

关于日本的经济条件,特别是关于日本国内各种矛盾尖锐化问题,稍微讲几句。

日本社会生活中有目共睹的矛盾,是智力劳动供求之间的矛盾。日本拥有从小学到大学的各类学校4.5万所,计有教师和教授28.1万人,学生1150万人。由于教育上的这种进步,在日本的知识分子中出现严重的失业现象。在大学、学院以及中学的一些高年级中几乎每天都有反对学校当局的闹事、骚乱、罢课和游行发生。

1881年我第一次到东京的时候,全日本只有20英里的铁道线。现在日本有11000英里的铁路。1887年实付股份资本共计2500万日元,而在1928年,仅仅一家银行的资本就达19.61亿日元。

由于国家工业化的迅速发展,使日本无产阶级遭到最骇人听闻的剥削。日本各部门有960.8万工人,其中产业工人为550万。而在这些产业工人中有200万是工厂工人。参加工会的工人只有30万。

1928年日本对外贸易额达41.71亿日元。蒸汽船和机帆船的吨位为400万—500万吨。中日战争前,国家预算为2.8亿日元。而今年国家预算达17.53亿日元,其中35%以上用于军事目的。

日本的国债为600亿日元。

预算和债务最终都是一个沉重的包袱压在工人身上。

在日本,每户耕地不到2.5英亩的农户有380万。住在农村的560万户家庭中,有380万户是佃农。这些佃农生活极其贫困,并受到残酷的剥削。不言而喻,日本首先需要进行土地革命。

资本主义在日本极其迅速地发展起来了，从而加剧了经济和社会生活各个领域的矛盾，加剧了剥削者和被剥削者之间、剥削者本身之间的矛盾。相当庞大的武装，沉重的捐税，工人和农民的极端贫困，工业的合理化和业已增长的失业现象，所有这一切，一方面引起尖锐的阶级搏斗，另一方面则引起压迫、恐怖和法西斯。日本已经经历了1920年、1923年和1927年的几次经济危机。资本主义总危机在日本具有十分尖锐的形式，国家经受沉重的财政危机，这表现在继续禁止还在世界大战时规定的黄金外流。日本资本主义危机还表现在经济部门的生产能力的增长，消费减少，价格上涨和出口减少。整个这一切现象又促进了总危机的发生。自第六次世界代表大会开始，田中政府对中国的政策遭到了全面破产，从而导致了田中内阁的垮台和新政府的成立。

所有这些事件表明，第六次世界代表大会对日本所作的分析是正确的。

下面我想谈谈工人和农民反对资本主义和反对政府的革命斗争尖锐化问题。政府首先残酷地迫害共产党人。1928年3月15日，对共产党人发动突然袭击，有1000名共产党积极分子和左翼拥护者被逮捕。1928年4月10日，取缔了三个左翼革命组织。田中政府进行大规模逮捕、迫害和屠杀。去年11月，政府借口举行加冕典礼，并为保证平静和安宁地进行这一庆典，就在加冕的前夕，逮捕了数以万计的同志和左派工人和农民。去年7月29日，政府为了取缔共产主义运动，相应地修改了"维持治安法"（根据这个法律，对共产党员积极分子最高可判10年监禁），并实行了死刑。今年4月16日，政府又在全国范围内搜捕共产党人，并逮捕了2000名积极开展工作的共产党人。5月底，有300多名共产党人和同情者移交法院判处。从去年10月起，就发生过同样的警察迫害和屠杀。已经有8名同志被害或终身监禁。3月5日，议会中的无产阶级代表山本同志被一个前警察、法西斯分子杀害。白色恐怖和对共产党人的残酷迫害在最近一个时期不断升级和加强。这从上面的事实中可以看得出来。

但是，工人和农民群众不顾日益强化的迫害和压迫，没有丧失丝毫勇气，继续向左靠拢，不断加强自己的反抗，并使之成为进攻统治阶级的战斗。有许多象征说明工人农民高涨的革命热潮。我举几个例子。1928年12月15日，宫崎市游行一开始就发生了骚乱，参加这次游行的公民有3000人。这是一次反对县政府的游行。游行队伍越来越多，席卷了全城。参加游行的人袭击了一座建筑物，因为县政府委员在这里讨论一项决议引起居民的不满。这次活动最大的特点，是有城市消防队参加，他们把强大的水龙头对准县政府成员以及县知事和最高警官的官邸。

其次，1929年1月8日—11日在岐阜县发生了大规模的农民起义。起义席卷了7个乡村和2万多人口。农民们起先打算通过举行群众游行和全体群众向知事请愿的办法，迫使当局修改涉及这7个乡村的行政措施。但是，当局出动警察、宪兵、军队镇压起义。于是农民奋起反抗警察和宪兵，因而伤亡60人。村政府站在农民一边。他们离开自己的岗位参加了游行。宫崎暴动最后失败了，没有达到自己的目的。但是，继后又发生了岐阜暴动。两次起义都带有政治性质。目标都是针对政府，以及政友会和民政党这两个机会主义党。全国发生了许多起农民起义和工人发动，警察和罢工者之间的流血冲突，当局则实行大屠杀。我再举几个事实。

1月27日，新泻县5个乡村的200名农民冲破警察的警戒线来到知事的住所，要求知事取消一系列约束他们的条件。接着崎玉县7个乡村的1.3万名农民找到知事，要求他取消一系列负担和压迫。农民们安营扎寨并宣布，知事不满足他们的要求，他们决不撤离，最后警察和请愿的农民终于发生了冲突。深夜有390名农民袭击了村的一个大土地占有者，要求停止把租给他们的土地转租给其他佃户。鹿儿岛县的1000名农民攻下了村自治会大楼，当时村自治会正在开会。进攻者毁坏了所有只要能毁坏的一切，对村自治机关的许多代表都动了武。

日本出现社会法西斯主义的征兆。例如和歌山市一个工会分会的书记被杀害，而且杀人凶手就是左派社会民主党的成员山中。

3月15日，为山本和渡边举行了葬礼以纪念政府围剿共产党人一周年。因此，许多城市组织了游行，许多企业想方设法停止了几分钟的工作。在横滨的船坞上，3500名工人还在头天晚上就已经宣布罢工。警察的残忍和法西斯暴力一天比一天加强，工人们在许多地方成立起红色保卫组织。

对共产党人的四月围剿不仅没有削弱无产阶级的斗争，而且大大加强了工人对政府压迫和迫害的反抗。工人们罢工、怠工甚至公开暴动同政府对抗。资产阶级报刊报道了工人和农民袭击警察岗哨的许多事例。资产阶级报刊还报道了工人和农民营救被捕共产党人出狱的情况。

日本革命运动出现了加强的征兆，因此，可以预见，工人和统治阶级之间大规模冲突将加速到来。日本工人和农民在革命运动方面不会落后于先进的西方国家。在日本，阶级斗争和资本矛盾的尖锐化反映了第三时期的特点。

柯拉罗夫（保加利亚）：

我再次发言是为了答复对我上次发言提出的一些批评意见。首先，我要回答瓦尔加同志，我曾经批评过他的关于资本主义战后危机第三时期工人生活水平有所提高的理论，于是他说我的批评是机会主义的甚至是社会法西斯主义的。我想对您解释一下，这里问题指的是什么。瓦尔加同志建议，以书面形式把议事日程第一项提纲草案中论述关于资本主义合理化，"把它的全部负担压在工人阶级身上，从而降低了工人阶级的生活水平"这段话中的"降低了工人阶级的生活水平"一语删掉，改写上资本主义合理化"降低了工人阶级在自己的产品中所占的份额"。这就是问题的所在。瓦尔加同志在第一次发言中说，工人阶级的生活水平不仅没有降低，而且相反地有所提高。他又举例说，在德国，根据工资合同，工资的增长大于生活费用上涨指数；在英国，确实这里的工资是降低了，但同时，生活费用上涨指数下降得还要多。所以，按瓦尔加同志的说法，在一些最主要国家，如德国和英国，工人阶级的生活水平不但没有降低，相反，他们的生活水平还有所提高。

正是瓦尔加同志的这个建议和这些解释，我才认为是企图修正共产主义纲领中一个基本论点。请允许我提醒您，在 90 年代，德国的伯恩施坦及其臭味相投的一伙专门指责马克思《资本论》中的一个论点，这指的是"贫困、劳动折磨、受奴役、无知、粗野和道德堕落的积累"。在《资本论》俄译本第 1 卷第 571 页写道："在一极是财富的积累，同时在另一极，即在把自己的产品作为资本来生产的阶级方面，是贫困、劳动折磨、受奴役、无知、粗野和道德堕落的积累。"① 于是伯恩施坦便攻击关于"贫困的积累"这一点，即工人阶级和劳动群众生活水平的降低，一种既是体力方面又是社会方面的降低。马克思《资本论》中的这个论点究竟具有什么意义，请您读读列宁的著作。在第 2 卷的《我们党的纲领草案》中，列宁同志写道："我们认为必须把'贫困、压迫、奴役、屈辱、剥削的程度不断加深'这句话加到纲领中去，理由是：第一，这句话十分中肯地说明了资本主义基本的和重大的特性，说明了我们眼前发生的过程，也就是说明了产生俄国工人运动和社会主义的主要条件之一；第二，它概括了工人群众最难忍受和最为愤慨的许多现象（失业、微薄的工资、吃不饱、挨饿、资本的严酷纪律、卖

---

① 《马克思恩格斯文集》第 5 卷第 743—744 页。——编者注

淫、奴仆的增加等等，等等），为鼓动工作提供了大量材料；第三，由于这样确切地说明了资本主义的极有害的后果以及工人愤慨的必然性，我们就能够同动摇不定的分子划清界限，这些人虽然'同情'无产阶级，要求实行有利于无产阶级的'改良'，但是力图在无产阶级和资产阶级之间，在专制政府和革命者之间采取'中庸之道'。"①

现在，在战后资本主义危机的第三时期，即我们在我们的决议中确认群众具有巨大的热情，无产阶级及其他阶层的居民更加向左转的时期，即我们确认正在发生大规模的阶级战斗和面临更大、更尖锐的阶级战斗的时候，在这样一个关键时刻，要求共产国际从它的政治形势决议中删掉关于资本主义合理化对工人阶级生存条件发动进攻和"降低工人阶级生活水平"的论述，——这意味着从根本上取消我们在即将到来的阶级战斗中的阶级斗争的观点。这不折不扣地意味着使各国共产党在制定今后斗争的方针时失去一切经济基础。

正是我的这个批评，这个得到了在这个讲坛上就该问题发言的大多数人同意的批评，瓦尔加同志却认为是"机会主义的"和"社会法西斯的"。为什么要把这个批评称做是"社会法西斯的"和"机会主义的"呢？瓦尔加同志是针对我关于危机问题的那部分发言而说的。您知道，我不是理论家，我也不认为自己是经济学家。因此，在我的发言中，在表达某种意思方面，当然能找到某些不完全正确的东西。这是可能的。我丝毫不反对，甚至可以按照瓦尔加同志的建议，检查检查我的发言。但是，我提请过全会注意的以及我一直坚持的主要东西是，作为日益尖锐的危机的基础，作为我们要去进行的阶级战斗的基础，是工人阶级生活水平的降低，而不是工人阶级状况的好转。

瓦尔加同志在反驳发言中，还批评我谈到的关于国际金融资本对巴

---

① 《列宁全集》中文第2版第4卷第190—191页。——编者注

尔干国家进行半殖民地剥削方法的那一点。在这里，他又发现了"机会主义的"罪恶。我要援引一些实际材料。假如有一个巴尔干国家，例如保加利亚，金融资本达到以下几点：第一，国家银行由国家机关变为在国际金融资本代表监督下的私人股份银行；其次，设立了享有特权的抵押放款银行，这个银行掌握在外国资本手中，具有掌握所有抵押贷款的特权，并由国家保证：这个银行的资本利润任何时候都不得低于8%（恰恰现在这个银行的利润只有1.5%），国家必须从国家预算中拨付不足8%的差额。假如金融资本控制了对铁路的监督，做到使他的代理人可以不要进行公开的交易、不要很优惠的条件也不要任何贸易机构就能向法国资产阶级提供路轨、车厢和机车；假如外国金融资本在保加利亚大量获得森林、矿山、土地等的租让，那么，这究竟意味着什么呢？难道这不是殖民地的剥削方法？那又是什么方法呢？难道这是资本通常的剥削方法吗？我把这种方法叫做半殖民地的剥削方法，而实际上这些方法是殖民地的剥削方法。

为什么瓦尔加同志不愿谈这些方面呢？因为由此可能得出结论：巴尔干各国党不应该在战争问题上反对本国的资产阶级。

所有巴尔干国家的资产阶级都是国际资本的同谋和伙伴，它和国际资本一道为非作歹，同国际资本一起享有巴尔干国家政府被迫让给外国资本的同样的特权。巴尔干国家的资产阶级是国际资本的工具。我们应当说明这一点，以便我们真正能够进行斗争去反对巴尔干的战争危险。南斯拉夫的资产阶级以及保加利亚的资产阶级都声称，他们不要战争：他们说，为什么南斯拉夫和保加利亚同苏联打仗呢？他们同苏联打仗，能从中直接期望和得到什么呢？如果我们支持南斯拉夫和保加利亚资产阶级这种独立的见解，那么，就很难在南斯拉夫和保加利亚开展群众性的斗争去反对反苏联战争的危险性。而只要我们把国际金融资本控制巴尔干国家经济和政治的情况阐述明白，那么，反苏战争的危险究竟有多大、多严重，就会变得一清二楚了。保加利亚、南斯拉夫和希腊的资产阶级都是帝国主义者的工具，是国际金融资本炮灰的供应者。正是这个观点使我们，巴尔干的共产党人，有可能在实际上进行严正而有效的斗争，以反对巴尔干的战争危险。我们的这一斗争还包括以下方面，即巴尔干国家的资产阶级在巴尔干执行国际帝国主义的政策，充当这个政策的工具，同时还追逐它自身的侵略目的。因此，我们应该向它进攻，并向人民群众解释，战争危险来自哪里。

最后，我对米茨凯维奇同志说两句。我不知道，米茨凯维奇同志在我发言中的哪个地方找到了"农民的独立作用"这几个字。恰恰相反，我想表明，根据经验，根据我亲身体验，巴尔干的农民确信自己没有能力进行独立的斗争。因此，必须寻找同盟军和以无产阶级为代表的领导者。斯坦博利斯基政府证实了这种所谓"农民的独立作用"的彻底破产。在南斯拉夫，过去两年的事态表明了拉迪奇农民党的破产，证明它无力为农民利益而斗争。在罗马尼亚，民族自由农民党的上台执政，彻底暴露了这个党保护农民利益是假，充当资本的工具是真。现在越来越清楚，这个党不能够执行农民政策。这就是说，经验告诉农民，必须有无产阶级的领导。另一方面，现在这个经验在无产阶级的实际斗争中开创了一个新的阶段。巴尔干无产阶级立足于已有的经验，就能够掌握对农民的领导权，并在反对巴尔干资产阶级的斗争中发挥领导作用。如果我提到过农民领导权，那也只是相对而言。农民没有领导权，但是农民已经起来斗争。在保加利亚，农民早在 1919 年就举行了起义。在罗马尼亚，农民去年采取了革命行动（我说的是农民，而不是农民党）；革命的农民发动起来了，他们曾想向布加勒斯特进发。在南斯拉夫，农民的行动过去和现在都是革命的。即使在希腊，像在克里特岛所发生的一样，农民的行动也是革命的。总之，所有巴尔干国家的农民的行动都是革命的。但是现在，我肯定我们已经进入了巴尔干发展的新时期，在这里，无产阶级应该而且必将领导农民群众进行阶级斗争已经是客观事实了。无产阶级已经起到了领导作用，他正在进行着直接的斗争并率领其他劳动群众前进。

班德拉斯（农民国际共产党党团）：

拉丁美洲共产党右倾危险的主要表现是，在实际工作中存在一种所谓"广泛性的政党"。我们知道，这个孟什维克的口号在世界各地特别是在拉丁美洲流行得相当普遍。这种广泛性政党的最典型的例子，就是不久前和直到现在，在中央委员之下的党委员会，在五人组成的党的委员会中，有四个人不是党员，而是左翼自由派集团的代表，只有一个委员是社会革命党党员。听起来好像是海外奇谈，然而这却是事实，进入党的领导机构的甚至不是党员，而是左派资产阶级集团的成员。

如果谈到墨西哥党，那么，那里倒是没有这样的事实，但却有另外一种情况，即加入这个党并占据领导岗位的，都是一些思想上同共产主义思想意识毫无共同之处的人，他们来自两个营垒，要么来自无政府辛迪加营垒，要么来自左派小资产阶级。之所以存在打算控制整个工人运动和农民运动的广泛性的党，之所以出现成立这种党的趋势，其原因是工人运动软弱无力，左派小资产阶级和其他"革命"集团在许多地方对共产党施加强大的压力。这种左派小资产阶级思想也形成一种建立包括形形色色分子参加的广泛性政党的趋势。现在，在墨西哥，谁也不坚持建立这种广泛党的主张，但是这个国家存在工农联盟，这个工农联盟有变成某种独立的政治力量的趋势。

我们在共产党控制的各类组织的号召书和宣言中，发现有主张农民领导权的思想。比如在工农联盟给韦拉克鲁斯州农民的号召书中写道："韦拉克鲁斯的农民是无产阶级革命的先锋队和最强大的支持，毫无疑问，它必将继续领导韦拉克鲁斯州的革命斗争。"正如你们看到的，这个号召书把农民说成是无产阶级革命的先锋队和最强大的支持。这种思想在很多地方、在许多场合、在墨西哥共产党各级组织中都占统治地位。然而需要指出,墨西哥在拉丁美洲占有一个最重要地位,墨西哥共产党是一个最强大、最具有共产主义精神的党。最近一个时期,墨西哥共产党关于农民的分化问题,关于由此而产生的对农民运动(由于农民分化而引起的)造成的危险问题几乎什么也没有谈过。只是在最近,墨西哥共产党才开始谈到,关于存在富农危险的问题和农民的分化问题,因为最近在韦拉克鲁斯州的两个地方和杜兰戈州里,至今还有一些在墨西哥共产党领导下的最左翼的农民组织,而这些组织的领导权已经转到右派的手中。在上述地方曾举行过两次农民会议,右派叛党分子仍然把持着这些农民组织的领导权,所以仅仅是因为这一点,在墨西哥共产党中央机关内才有人开始谈到,农民中的右倾危险由于农民内部的分化而有所增长。的确,迟迟说明农民运动中这种右倾危险,在很大程度上是因为墨西哥农民中发生的分化,直到现在依然是极不明显的。然而这是一个错误,它的根源,就是来自曼努伊尔斯基同志所指出过的、在拉丁美洲党内占优势的面向农民的方针,这个方针的基础在于,农民是社会主义革命的主要动力和领导力量。

在这个问题上,墨西哥共产党内也存在相当严重的混乱,在如何把当前迫切要求和最高要求相结合上,也是糊里糊涂弄不清。

在墨西哥共产党的五月宣言中,我们发现有一处地方提出了这样一个温文尔雅的要求:资本家们应当援助失业者并免收他们的房租;紧接着提出最高要求:工厂是工人阶级的。这种把最高要求和最低的迫切要求混为一谈的情况是屡见不鲜。这只能说明,共产党还没有摆脱对小资产阶级运动革命性的幻想,没有摆脱对小资产阶级党的革命性的幻想。

针对反动派发动的进攻,墨西哥党目前的任务是什么呢?要知道,墨西哥政府不仅由于同教会签订了协议从而放弃了自由党人同天主教徒之间绵延几个世纪的斗争，而且在土地改革方面也后退了。最近，公布了墨西哥总统正式候选人奥蒂斯-鲁比奥的宣言。他在宣言中说：墨西哥政府不仅要继续进行土地改革，而且它要考虑到地主享有生存的权利和大地主所有权享有得到政府支持的权利。墨西哥政府的这种急剧向右转，清楚地说明一切小资产阶级思潮和民族主义思潮的彻底反动性，而对于这些思潮，在墨西哥共产党人和农民组织中至今还存在幻想。这种急剧的反动转变，无疑将使墨西哥党不仅清除掉这些幻想，而且还将清除掉直到现在仍在阻碍共产党发展的一切因素。

因此，无论是墨西哥党，也无论是拉丁美洲各国党，都要记住最迫切的任务，首先是为贫农和中农制订直接要求的纲领，并把这些要求同工农革命的前途、同争取社会主义革命斗争进一步发展的前景结合起来。

其次，是成立单独的农业工人联合会，因为直到现在，在整个农民阵营中，在农民共同目标中，关于众多农业工人这样一个极为重要的问题，一直处于次要地位。现在，由于农民内部的分化，由于部分农民集团走向反动，因此，关于成立单独的农业工人联合会这个问题，应该在农村工作中占首要地位。党将继续清洗一切阻碍共产党进行正确斗争的小资产阶级分子和无政府辛迪加分子。当然，反动派也搞了清洗，但是在拉丁美洲许多地方，党这次清洗异己分子已经提上日程。最后，是建立一支能够真正实行党的领导的积极分子的队伍。要知道，墨西哥共产党和拉丁美洲其他各国党现在的主要弱点，也就是能够领导工业中心组织和能够领导农业运动的积极分子队伍的弱点。加强积极分子队伍的工作，现在就应当提上日程。

（闭会）

第十四次会议

(1929 年 7 月 10 日晚)

继续讨论库西宁和曼努伊尔斯基的报告

佩尔松(瑞典):

瑞典党在这里理所当然地成了注意的目标——远不是一个受赞誉的引人注目的目标,所以,当如果你也是反对派的一员时,就像我一样,你也会不好意思开口谈这个问题。因为反对派不会自吹自擂说,它在一切问题上的这种做法,都像它应做的一样。

现在,我们党内就我们中央委员会的一些现象正在展开争论,的确,这是不久前才产生的,但是类似的情况过去也曾出现过,而导致产生所有这些现象的党的方针绝不是新东西。1924 年以后在许多问题上就犯了错误。虽然一些同志在各种问题上不止一次地批评过党的工作,但是这种批评难得么有力,因而对党不会产生有益的效果。中央委员会的多数派常常用一些煽动性语言来恫吓提意见的同志。有人说反对派是出于自私动机而"长期不满"、"消极"和"采取非同志式态度"等。

弗利格同志说,我们的党是真正无产阶级的党和积极的党,它的党员干部队伍是健康的。这在某种程度上是对的。新党员是由于政治上表现积极和反对社会民主党人才被吸收进来,这个说法同样也是对的。当然,我们争取过来的工人把我们的党称做唯一的工人政党,也是对的。

但是，所有这一切还不意味着，我们的政治活动就非常有力，就具有非常明确的共产主义的性质，也不意味着，我们的活动都是十分明显而激烈地针对社会民主党人的。这也还不能证明，工人没有把我们看成是急进的社会民主党。但是，关于这个问题，我回头还要说。

1924年，在反对霍格伦斗争之后，我们党剩下了大约7000名党员。其中许多人不是共产国际的积极成员，而仅仅是对它的态度比较忠诚的人。党的新领导以值得称道的努力着手抓了吸收新党员的工作，因而到1927年党代表大会前夕，党员人数已超过15000名。在这次代表大会上，有一部分现在已是党内反对派的同志发了言，特别是林德罗特同志，他们警告说，既不要过于片面追求党在数量上的增长，同时也不要忘记必须提高党的质量。这种不言而喻的观点，在现在属于右派集团的同志那里引起的热情是很小的。人们故意错误地指责反对派的同志，说他们反对党在数量上的增长。

除了我们进行的确有成效的政治运动，例如所谓的舰队运动外，党的所有活动都过于片面地注重征集党员的工作。太不重视提高党员的**政治**积极性和对党员进行教育。弗利格同志说得非常对，我们不想成为一个纯粹的职业政治家的派别，而是想成为一个群众性的党。但是，还应该补充一下他的讲话，一个能够称做群众性的党所应具备的前提条件之一是，它应当成为工人阶级斗争中的领袖，党员群众应当最广泛而又明确地认识党的任务，并随时准备为实现这些任务去斗争和牺牲。我们应该竭尽全力增加党员的数量，并千方百计地加强我们的组织阵地，但是，我们不应该践踏党和加入党的工人，而忘记必须在斗争中教育他们去斗争。此外，大家都应该明白，对党员进行教育不仅靠书本和党校，也不仅靠报纸和我们终于建立起来的宣传部，而首先在于，每个支部都要参加政治生活，所有的党员都要满怀感情地参加党的政治生活。要达到这点，就要使所有党员群众都习惯于对正确的政治路线进行讨论，而不单单由领导同志去讨论。

积极参加党的工作的党员只占很小的百分比。政治上自觉的和积极的党员，百分比还要小。党的理论水平非常低。如果根据讨论裁军时的几个发言来判断，那么，从1924年开始在整个五年中，党的全部活动明显地已经使一些负责同志都忽视了理论修养。领导同志大部分都远没有担负起自己的任务，即领导革命党斗争的任务。是避而不谈这些事实，还是确认这些事实——于是围绕这个问题展开了一场斗争。

反对社会民主党人的斗争过去是不是十分坚决，这一斗争是不是具有坚定的共产主义性质？我们认为没有。的确，对社会民主人讲话时言词激烈尖刻无可挑剔，但是对社会民主党的作用常常缺乏足够的分析。如果领导同志的观点不够明确，那么，就不能使广大党员明确认识社会民主党的作用，这同样又会影响在企业同事中进行宣传，影响市政府机关的政策。瑞典社会民主党不是用别的泥土塑成的——这正好可以借助基尔布姆同志和萨穆埃尔松同志的文章来说明，这个党与共产国际称做社会法西斯的所有其他社会民主党没有什么不同，共产国际的分析百分之百地运用于瑞典社会民主党。

说到这里，就举行五一游行的事稍讲几句。关于这个问题，弗利格说中央委员会接到外地打来的许多电话电报，要求允许取消游行，但是中央没有同意。我对这些电话有些怀疑。我知道，不论怎样，虽然天气不好，外地到处都举行了游行。单单只有斯德哥尔摩取消了游行，而在这个斯德哥尔摩，用弗利格的话来说，那个不许外地同志们停止游行的中央委员会，虽然本应有足够的条件采取权威行动。弗利格说，正是工人们要求推迟游行。但这究竟是一些什么样的工人呢？当然是我们党的同志！他们中有些人的确到了集合点，但是，也有这样一些党员，他们被雨吓住了，干脆就待在家里。为什么他们希望停止游行？当然，他们的理由头头是道，说什么由于气候恶劣参加游行的人一定少，而从出售纪念品和报纸来说，效果会很不好。应不应该为此责备同志们呢？不应该，这是党的工作造成的结果，这项工作是整个党，尤其是在斯德哥尔摩干的。其实，这是惯用的机会主义方法——嫁祸于工人。

据弗利格说，斯德哥尔摩党组织书记奥尔森同志没有跑去找社会民主党人同他们就五一游行问题做交易，但是弗利格承认，奥尔塞给他们打了电话。我不认为，妥协的方法和形式能起什么样的作用。重要得多的是，弗利格同志同意奥尔森的声明，奥尔森说，他的确和社会民主党中央委员会通了电话。"**但是，如果他们出动，那我们就也上街游行。**"如此可以肯定，第一，游行停止了；第二，这是在同社会民主党人谈判后发生的；第三，共产党举行游行要看社会民主党人是不是怕雨。社会民主党的工人贵族害怕弄脏了自己的春装，所以，共产党人的游行也因此取消了。这绝对不是一个可以把一半责任推卸给企业普通工人的没有危害的机会主义错误，而是一个严重的机会主义错误，它像闪电一样清楚地说明，为了实现由阶级斗争加剧的第三时期所赋予我们——工人阶级先锋队——的任务，在瑞典共产党完全成熟之前，它仍然还有好多工作要做。如果弗利格同志不懂得这一点，那么，就只能以此证实，党内反右倾的斗争是眼前迫切的任务，在实现这个任务中我们不应该表现出任何动摇，如果想使我们党成为战斗的共产党的话。

顺便说一下，我们应该坦率地承认，在这个问题上反对派表现得不够有力。弗利格同志十分正确地指出，在我们党内一些相当负责的同志中存在**另外一些思潮**，比如，有的主张中断瑞典矿工同俄国矿工的联系，在工会工作中，要求不要在公开的集会上把没有组织起来的工人同有组织的工人联合起来，在公社自治委员会机关里同社会民主党人结成联盟。

此外，还应该加上中央委员会全体会议上那股强大的思潮，它们主张解散统一委员会或者赞成以某种别的形式对工会运动中的分裂者作出让步。一个参加右倾集团的同志提出一个问题,谁会把工作交给那些由于被工会开除而将成为失业者的人,而另外一个同志则扬言,他自己丝毫不想牺牲自己。关于结成联盟的问题,弗利格同志说,中央委员会禁止这种结盟,因此结盟中止了。可能这个禁令已经发出去了,但只发给了一个或几个州。不过无须怀疑,结盟还没有中止,直到最近,党还完全让共产党党团在市政府自行其是。当然,所有的领导同志对此确实要负责任。

瑞典党目前争论的主要问题是,瑞典是不是属于帝国主义国家。右倾集团断言,虽然瑞典资本主义也有帝国主义的意向,走帝国主义发展的道路等,但是这个问题还需要进一步弄清楚,可是,反对派的同志们说,瑞典资本主义具有帝国主义性质。不仅重工业而且轻工业在很大程度上都已垄断化。还有几个托拉斯,它们都在为占领世界市场展开争夺。比如说克莱格尔的康采恩、瑞典各滚珠轴承厂、鲁克斯电力厂、埃里克松工厂、格伦格斯巴尔克股份公司等。生产和资本急剧集中。四家大银行掌握着瑞典三分之二的银行资本。其次,瑞典在最近几年来开始输出资本。资产阶级经济学家阿伦塔里乌斯计算,自1924年起资本输出量为4.939亿瑞典克朗。右倾集团提出了与这个帝国主义国家所有这些特征相对立的两条主要论据。第一,瑞典资本主义不拥有某种世界垄断组织。看来他们要求瑞典资本主义在整个世界市场占统治地位。惟其如此,他们才同意把瑞典称做帝国主义国家。他们的第二个论据是,瑞典没有殖民地,这倒是说对了。然而,德国也没有殖民地,可是,谁也不会在这里硬说德国不是帝国主义国家。

我们也反对无用的说法。因此,我们认为,如果右倾集团将来被迫逐步承认瑞典是帝国主义国家,如果他们一味拒绝使党的政策去适应已经确定的激化了的形势,如果他们今后还千方百计地寻求摆脱困境的手段,以便引开对反战运动准备不力这一不能容许的事实的注意力,那么，我们也不会从中赢得任何好处。不过也产生一种印象，即弗利格同志和萨穆埃尔松担心战争危险的问题，因为他们两人无论在全会上或是在委员会上，谁都没有就这个问题讲过一句话。但是，我们理解他们，因为党内无论对哪方面的工作都不像对反战运动那样的忽视。反战工作完全交给了共青团。在1927年形势紧张的时候，随时都可能发生战争，这时候，实际上没有采取任何步骤去动员工人们起来反对帝国主义战争。是不是为了掩盖在这方面什么也没有做这样一个事实呢？因为党和工团主义分子、无政府主义分子以及一些改良主义工会一起，在1927年发表了一个所谓反战宣言。这个宣言充满资产阶级和平主义和社会民主主义气味，我们并不感到那么惊奇，因为我们在看到宣言上签名的，与其说是共产党不如说是社会民主党。这个宣言提到战争危险这个迫切问题的内容不超过两行，可见这个宣言是桩丑闻。过后不见，这个可耻的宣言受到袒护，原因是形势非常紧张，很可能在最近两周内要发生战争，必须把群众动员起来。按照这种论调，原来形势激化也可以成为制造进一步混乱的口实，而无论如何群众是要动员起来的，至于为什么要把他们动员起来，那完全是次要的问题。

我想，我的发言在一定程度上能够证明，我们党既有巨大的功绩，同时也暴露了很大的弱点，甚至对当前来说是极其危险的缺点；因此，现在的主要问题是，同一切右倾和一切企图掩盖这种右倾的人进行不调和的斗争，为党的进一步布尔什维克化而斗争。我们的党，就其社会成分来说是个好的党。中央委员会少数派无论在老党员或是新党员中，都没有发现弗利格同志在这里试图证明的那种危险。相反，我们完全信赖党的优秀无产阶级分子，并且坚信，他们对党的任务的理解将比像弗利格同志这样的领袖要强一百倍。所以，瑞典中央委员会少数派没有悲观地看待瑞典党的形势。我们将在共产国际领导下自觉地和有的放矢地工作，克服我们的弱点和缺点，一定把瑞典共产党建成一个真正的群众性的布尔什维克党。

斯克雷普尼克（乌克兰苏维埃社会主义共和国）：

农民国际共产党党团代表特奥多罗维奇同志在这里发言时说，虽然他代表农民国际执行委员会感谢我提到必须在农民中开展工作的发言，但同时他又认为我的建议是绝对不能令人满意的。原因是什么呢？——我问。我在发言中说过，我们各国党不要欺骗自己。我们缺乏同你们一起尽一切努力和关心去**争取**工人阶级的大多数，使他们相信无产阶级革命的胜利。我们应当争取工人阶级的大多数。这是我们的主要任务。没有这一点就没有一切。问题的根源就在于此。

我们应当把争取工人阶级大多数的任务作为自己一切活动的主题。

但是，如果以为**只要**我们拥有工人阶级的大多数，我们就能夺取无产阶级政权，就能取得无产阶级的胜利，那将是自己欺骗自己。我们应该摆脱这种行会式封闭的心理。我们应该懂得，无产阶级面临的任务，伟大的历史任务，就是成为一切劳动群众的领导者，因此不管怎样，在无产阶级革命取得胜利之前的最近时期，我们面临一项不可避免的任务，就是取得同情，——即使得不到劳动农民群众的积极支持，那么，也要使他们中立。特奥多罗维奇恰恰就反对我发言中的这些话，他说，我这个思想有明显的缺点，是不能令人满意的。

从哪方面讲这个思想有缺点呢？特奥多罗维奇认为，我的思想有哪些不能令人满意呢？

很遗憾，根据特奥多罗维奇同志没有发挥出来的思想，可以推测有两个方面。第一，特奥多罗维奇同志认为，错误在于，我说要使农民中立。特奥多罗维奇同志说，我"由于提出使整个农民中立而把自己的发言搞坏了"，而"使整个农民中立这个提法早已束之高阁了"。

我记得，我一句也未讲过关于使**整个**农民中立的话。关于使整个农民中立的观点是卢森堡提出来的,这个观点是错误的、过时的,我们早已不用了,早已被共产国际抛弃。它也不是我们在农民中进行工作的理论基础。我说过,在资本主义国家,在所有先进的资本主义国家,无产阶级取得胜利的条件,不仅是争取无产阶级的大多数,而且除此以外还要争取农民的同情和中立。

特奥多罗维奇同志说,我讲让农民中立是错误的,因为按照他的说法,应当说使中农中立。但是,我查阅了共产国际纲领——共产国际第六次代表大会刚刚全体一致同意通过的文件——并找到其中准确而清楚谈及这个问题的段落。

纲领在谈到共产党在争取建立无产阶级专政时所要完成的任务以及关于通过政权把以前地主的土地交给农民的时候,它直接而明确地指出:"把一部分土地交给农民是由经济合理性决定的,也是使**农民中立**并把**农民**争取到无产阶级方面来的必要性所决定的"。特奥多罗维奇同志不能形式主义地对待纲领。不能强制要求,每次一谈到农民、一谈到使农民中立和争取农民时,我们就非得谈到无产阶级、半无产阶级、中农和富农不可,就非得谈到农民的四个基本集团不可。有时完全可以而且这个纲领使我们完全有权谈论整个农民,不过,我们当然应该记住,我们所说的农民就是指农民中的中农和半无产阶级。

现在使我感兴趣的是另一件事,而我要谈的也正是这一件事。我曾谈过关于无产阶级和农民之间的关系问题,但指的不是一般的政治形势中的关系,也不是无产阶级革命过程中一般的阶级关系,而是指阶级的策略和战略关系,也就是说,是指无产阶级在未来的革命中取得胜利的条件。曼努伊尔斯基同志说得完全正确。作为无产阶级在未来革命中取得胜利最必要的条件,就是通过共产党去争取无产阶级的大多数。这是对的。我们正是应该用这个条件来对待其余问题和衡量一切。只要我们能争取到工人阶级的大多数,我们随之也就能在每个国家争取到农民的大多数。白俄罗斯西部和乌克兰西部以及其他中欧国家的例子明显地向我们表明和暗示了这一点：为了争取对农民运动的领导权，共产党应该为自己争取稳固和坚实的基础——本国的无产阶级运动中的多数。

但是，特奥多罗维奇同志提出另外的条件。他是这样说的：对于我们共产党人来说，列宁的教导是，只有同农民这个后备力量在一起，只有用农民战争补充无产阶级革命，无产阶级才能保证自己的胜利。

如果特奥多罗维奇这么说，就意味着认为：作为无产阶级革命胜利的**条件**，不仅要争取工人阶级的大多数，而且要争取农民的大多数，那么，我们无论如何也不能同意特奥多罗维奇同志的这种观点。

请看我面前摆着的共产国际第二次大会的决议。这个决议直截了当和明白无误地说，"资产阶级民主偏见和议会制偏见"由于不了解"已经被马克思主义理论充分证明而且又被俄国无产阶级革命经验完全证实的真理：除了现在已经站到革命一边来的农业工人之外，上述三类分散的、受压制、受摧残的、在一切最先进的国家中必然过着半野蛮生活的农民，虽然在经济上、社会上和文化上会从社会主义胜利得到利益，但是只有**在**无产阶级夺得政权**以后**，只有在无产阶级坚决镇压大土地占有者和资本家以后，才能坚决地支持革命的无产阶级"。

应该记住，共产国际第二次大会的这一论点是在列宁的直接参加和领导下提出来的。

我们不同意那种论点，似乎**主要资本主义国家**无产阶级革命的**先决条件**，不仅是争取工人阶级大多数，而且是争取农民大多数。在这方面，曼努伊尔斯基同志完全对，他指出，正是无产阶级夺取政权，才是我们争取工人阶级大多数的条件。

为了使我的意思不致被曲解，我现在声明，我完完全全同意柯拉罗夫同志的意见，他指出——正如我在自己发言中所谈的这点一样——在第二类国家，也就是封建残余和农奴制残余相当严重、革命的民族解放运动相当发展的国家以及在资本主义经济有一定发展的国家里，我们面临的任务不仅是资本主义国家所面临的任务——使农民中立，而且还有另一项任务，即争取农民运动和民族革命运动中无产阶级的领导权。不应该片面地、绝对地、毫无辩证地对待农民运动。在农民方面，我们面临多种多样的、复杂的辩证任务。在高度发达的资本主义国家，凡是无产阶级形成主要力量并占居民大部分的地方，凡是解放时期的主要运动是通过无产阶级大多数表现出来的地方，我们的任务就是争取无产阶级的大多数，争取主要劳动群众首先是农民的同情、支持至少是中立。

不懂得这一点，我们无论如何就不会打开自己的大门，打开共产党夺取无产阶级革命胜利的策略大门。农民国际共产党党团的观点至少是由特奥多罗维奇同志发言规定的，他说："如果除了争取无产阶级大多数这个任务之外，我们不给自己提出争取农民大多数的任务，我们共产党就别想在先进的资本主义国家夺取无产阶级的胜利。"特奥多罗维奇同志说，这个任务我们只能在夺取政权之后，在争取工人阶级大多数并进行无产阶级革命之后才能向自己提出来。而在其余国家，即在半资本主义国家、不够发达的资本主义国家和殖民地，——在那里我们目前直接面临的任务，就是在农民运动中和在民族革命解放运动中争取同情和领导权。

特奥多罗维奇（农民国际共产党党团）：

斯克雷普尼克同志硬说"中立农民"是共产国际纲领第 55 页使用的提法。援引这一页说明，斯克雷普尼克同志显然只是在读到这个文件的标题时发现"农业"这个词以后才翻到了那里，即第 55 页。但是，斯克雷普尼克同志自己惹了祸还没有发现，对于我们现在直接感兴趣的问题，纲领完全是在另一个标题即在第 110 页的"共产党策略和战略的基本任务"标题下加以阐述的。斯克雷普尼克同志，请你拿出文件并翻到第110—111页。(斯克雷普尼克:"因为这是我的说法,就是不拿引文我也知道这种说法。")

请看,直到现在所有人都认为这是列宁的"说法"。我来读一下:

"共产党应该事先得到农村中最接近于无产阶级的阶层,即农业工人和农村贫民的**完全支持**。为此需要成立雇农阶级的单独组织,必须千方百计地支持它同农村资产阶级进行斗争,并在极小农和小农中大力开展工作。对待中间阶层的农民,共产党应当实行使他们中立的政策。"

斯克雷普尼克同志,您真的不明白吗?那现在就请您听听结尾:

"无产阶级作为全体人民利益的体现者和最广大人民群众反对金融资本压迫的领导者,由它来解决所有这些任务是共产主义革命获得胜利的**必要前提**。"

斯克雷普尼克同志不喜欢我的这句话:"只有用农民战争来补充无产阶级革命,无产阶级才能保证自己的胜利。"可是在称做《共产国际纲领》的这个文件里,正如我们所看到,也是这样说的,把极小农和小农争取到自己这方面来是**共产主义革命获得胜利的必要前提**。斯克雷普尼克同志,您听见这句话了吗?

你们大家都知道,在第二次代表大会上,列宁提出了一个论点:如果无产阶级局限于狭隘的行会利益和狭隘的职业利益,而且忘记它是劳动人民的领导者和领袖,那么,它就不能完成自己的历史任务。列宁的这个思想完全在我们的纲领中表述出来了,当然,这不是偶然的。现在,斯克雷普尼克同志弦外有音,似乎有谁迷失了方向,似乎共产国际纲领由于提出"中立农民"代替"中立中农"的口号,因而纲领在列宁主义一些主要问题上不能自圆其说。我认为,对于整个"中立农民"这个复杂的问题,可以提出好多合乎逻辑的解释,恰恰是斯克雷普尼克同志根本没有理解第55页上关于"中立农民"的说法。他像所有陷入困境的人一样，没有掌握整个全段内容，整个全段是这么叙述的："中立农民并**把它争取到无产阶级方面来**"。在纲领第 110 页上，我们清楚地看到"中立"是指中等农民，即中农，而"**争取到自己这方面来**"是指小农和极小农。而即使是第 55 页上，那句把斯克雷普尼克同志弄得晕头转向的话，同样一开始就阐述了共产主义一向明确区别的两个战略任务。第一个任务是，争取极小农和小农同农业工人一起构成像列宁所说的农村人口的大多数，把它们整个吸引到无产阶级方面来。而第二个任务是，在一定时期、在一定的条件下（列宁直截了当地说——在各个资本主义国家，在无产阶级专政的初期）中立中农。这样，纲领的第 55 页和 110 页之间根本不存在任何矛盾。

怎样理解斯克雷普尼克同志的疏忽呢？我认为，这个疏忽说明，斯克雷普尼克同志除了勤奋地进行有关"斯巴达克同盟"和罗莎·卢森堡的历史调查外，他显然没有闲暇时间去认真地研究我们国际的纲领。

台尔曼（德国）：

为了顺利地在资本主义国家和殖民地国家实行我们的革命政策，各国党都应该记住斗争的经验和教训，懂得运用新战略的具体方法，弄清党内问题的是非曲直。我问问共产国际执行委员会第十次全体会议的全体代表：如果德国党在同自己队伍中的机会主义进行斗争时表现动摇和犹豫，它还能不能像在当前条件下必须做的那样去执行自己的政策呢？无论如何不行！仅仅是由于同自己队伍中的机会主义进行了无情的、不可调和的斗争，我们才得以使党内对我们在第六次代表大会以后制定的新策略、实行的组织和政治转变所出现的对抗减少到最低限度。除了被开除的取消派分子和调和分子以外，在多数派队伍中也有动摇分子。在第六次世界代表大会上还有一些同志——许多代表团的成员——虽然投票同意了大会的决议，但实际上采取了动摇的立场。甚至在埃森代表大会和韦丁代表大会期间，我们德国党在执行党内方针上也犯了错误，但是，我们很快就从这些错误中汲取了应有的教训。

我指出集中问题来作为例子。在埃森代表大会上，我们提出集中问题是正确的，当时我们吸收了迈耶尔同志及其朋友参加对党的政治领导。但是由于从第二时期转向第三时期，这种集中就不完全正确了，因为这些同志在政治上落后了。我们在一些问题上犯了一些错误，例如，塔尔海默和布兰德勒问题，执行第九次全体会议决议规定的党内方针问题，等等。通过这些错误我们学会了而且我们懂得了自我批评不应该成为目的的本身，而应该把它同党的脉搏跳动和阶级斗争的发展联系起来。

我可以指出，在第六次世界代表大会上，许多党都极力反对大会的决议，虽说不是代表团公开表态反对代表大会的决议，但是在各委员会和代表团讨论各种问题时，已经反映出一定的倾向。这种带倾向性的现象过去已经有过，在共产国际特别是在联共（布）、德国党、捷克斯洛伐克党等党内斗争过程中逐渐加强，并常常激烈地暴露出来。在第六次世界代表大会上，许多代表不理解德国代表团多数派的不可调和的严厉态度和反对以埃韦特为首的调和分子的斗争。在第六次世界代表大会全体会议上还有人说过，只要埃韦特今后遵守纪律，和党同心同德一起贯彻代表大会的决议，谁也不打算把他开除出政治局。埃尔科利同志当时认为德国代表团多数派的论据是不能令人信服的。

埃尔科利在这个问题上是不对的。埃韦特早在第六次代表大会上就持有完全不同的政治观点，而且发表宣言反对各国代表团，在此以后，我们对他就不再抱任何幻想。关于同埃韦特继续合作的问题，**只是在最迅速地向广大党员说明这位中央委员发展成为胆小的机会主义分子这一情况后**才加以考虑的。埃韦特同志当时完全错误地理解了德国党及其领导的发展情况。

请看埃尔科利同志在第六次世界代表大会上关于德国问题所说的一段话：

"至于说到政治局内的各种不同的思潮，那么，我们认为，有一些问题上的分歧，可以认为它们是完全正常的，这些分歧可以在党的中央领导机构存在，因为它们不会引起内部小集团斗争和派别斗争。如果由于这些分歧在德国党内爆发了小集团的斗争，或者政治局的多数派开始采取组织措施反对少数派，这将是有害的，因为这将意味着使党中央的基础变得狭窄，可能使党内的政治生活和党内民主受到限制。"

无疑，在这次全会上，埃尔科利同志将不得不承认他对共产国际和德国党发展的这种评价是错误的。（喊声："对！"）难道德国共产党的政治生活现在受到什么压制了吗？恰恰相反。在我们已着手同共产国际一道毫不犹豫地贯彻第六次世界代表大会决议以后，难道还可以同埃韦特在党中央继续合作吗？埃尔科利错误地认为，党的中央委员会存在分歧，可以认为是正常的，而且还说这些分歧今后也可以存在。第九次全会上提出的问题，党的埃森代表大会后在政治问题特别是个人问题上常常发生的分歧，以及第六次代表大会上的公开分歧，就是这种观点的证明。顺便说一下，埃尔科利同志在这次全会上说：

"在评价形势中各种因素及其相对意义时犯一个极小的错误都会产生极为严重的后果，因为这种错误必然导致对所处时代的整个性质的不理解或错误理解。"

那时我们所遇到的可不是小错误。在这里，德国代表团的两种政治观点互相对立：埃韦特及其朋友们在某些问题上，与德国代表团多数派相反，同公开的叛徒一唱一和。埃尔科利发言谈到的第二个问题是：

"党内的这一斗争教会我们从细微的事物中发现大问题，教会我们从对某种事实或对许多事实的解释中识别不同观点,党内斗争还教会我们看到政治分歧的根源,而这些分歧在事态进一步发展过程中将是不可克服的,因为它们同公开地或隐蔽地转到敌人营垒是一样的。"

对于像埃尔科利这样一些同志,应该要求他们在处理问题时,不仅要考虑到同取消派和那些倒向敌人营垒的人的斗争,而且要考虑到同共产国际中充当右倾分子角色的那些小集团——调和分子的斗争。如果我们不同调和分子进行最严峻的斗争,那么,到第十一次全会时我们将会失去很多东西,而且也不会产生我们绝对需要的坚强领导。不妨拿意大利党的塞拉同志的事情来说一说。塞拉同志的著名文件在一些主要问题上同共产国际的基本路线是有分歧的。关于稳定的问题,塞拉同志说:

"德国同志说,德国资产阶级的稳定开始崩溃。这就等于你可能不知不觉地置身于真正发展**之外**。"

塞拉不懂得,他本身已经不知不觉地处于革命发展之外了。接着他说:

"斯大林同志说,工人阶级当前的斗争破坏并动摇着资本主义的稳定;这就等于使共产党看不清发展的前景和发展的阶段。"

这样评价第三时期同样是错误的。

与共产国际的**纲领**相反,塞拉在同一个文件中继续写道:

"如果工厂委员会运动具有重要性质,两个口号即'监督生产和工厂委员会'就应该不可分割地彼此结合在一起。"

然而,工厂委员会运动已经具有重要的性质。既然这样,按照塞拉的说法,就该提出监督生产的口号!

关于共产国际执行委员会，塞拉同志说：

"共产国际的领导层起初动摇不定，后来他们的行动越来越坚决，使局势不可收拾，从而加深了裂痕。"

因此，这一次和往常一样，他又采取最恶劣的歪曲手段，反对执行布尔什维克的正确方针。

最后，在联共（布）党的策略问题及其工作和严厉镇压一切资本主义分子等问题上，塞拉同志同样坚持与党的路线相对立的观点。在这个文件里他还写道：

"存在着富农的危险，但是在现有的情况下，这种危险还不到生命攸关的程度。"

只有脱离生活的人，或者在评价阶级力量发展时有意进行歪曲的人，才能说出这种话。

当领导同志提出这种纲领时，应当把问题提出来，但应与意大利共产党政治局已经提出的问题不同。意共提出"因为塞拉同志保证在任何情况下不宣传自己的主张……""自己的主张"这是什么意思？这里已经不是什么主张了，而是一个与共产国际纲领分庭抗礼的新纲领。

这就等于共产国际有人提出宗教社会主义的口号，或者要求在苏联确立资产阶级民主。问题已经不仅仅是关系到某个派别小集团。由于党已经进入更加成熟的发展阶段，因此，必须同坚持反对共产国际基本路线的同志作更加严厉的组织斗争。或者至少应当在决议中提出以下问题：（1）塞拉要不要保证积极贯彻第六次世界代表大会和意大利党中央的决定，（2）他是否准备立即收回他的政治文件。

关于国际范围内的调和分子问题，再谈几点意见。在国际范围内，调和分子的观点可以说是在以下三个主要问题上与共产国际观点有分歧。第一，对总的国际形势的评价；第二，在实施新策略问题上存在巨大的分歧；第三，他们在党内生活各个方面提出的要求，如调整各支部直至共产国际领导层的专职工作人员。当然，在各国党同意之后，共产国际将建立一个绝对保证执行我们革命路线的各国党的领导班子。

在党内一系列问题中，我着重谈一谈调和分子就德国共产党最近一次代表大会发表的声明。事实本身是，尽管在代表大会的筹备阶段，充分发扬了民主，（诺伊曼在座位上喊："对!"）但调和分子在韦丁代表大会上总共只有一个代表——这一事实本身就已证明，他们已经是无兵之将了。可是他们不顾这一事实，仍然敢于代表少数派发表声明。他们还自称"少数派"，实在荒唐可笑，因为任何少数派都已不存在。他们在党内到处遭到失败。前不久，他们在一个州（哈雷—梅泽堡）委会中还拥有4个重要席位，现在，他们在17人的代表团中，只有1名代表。调和分子在自己的派别文件中声称：

> "我们同党中央的分歧，部分也是同共产国际执行委员会的分歧，纯属策略性的分歧。我们对目前形势的估计不同于多数派（特别是在第六次世界代表大会之后），正是因为我们是站在第六次世界代表大会立场上的。我们不同意党在群众政策方面的策略，我们反对党内的现行方针，党作出的决定同我们的意见背道而驰。我们坚信这个决定是错误的，我们相信，历史将证实这一点，随着历史的不断发展，革命斗争的条件会对今天的错误政策作出修正。"

我引用的这段话，仅仅是约11页的文件中的一部分。我们讨论过这个文件，党代表大会向调和分子提出了三点要求：（1）放弃半孟什维克观点，承认他们向党代表大会提出的纲领是派别纲领；（2）立即解散派别和所有的小集团；（3）有纪律地贯彻和捍卫代表大会的各项决议和中央发布的各项指示。

代表大会一致通过的这项决定，迫使调和分子作出选择——拥护党还是反对党。在后两个问题上他们投降了。至于由 9 名同志签署的行动纲领，我们要求他们承认这是一个反动的行动纲领，应予收回，他们没有作出满意的答复。无疑，一部分调和分子（早在代表大会期间就有 1 人倒向了取消派）会背叛党，还有一部分或许会回到党的路线上来。但是大部分调和分子将不顾党和共产国际的路线，继续搞派别活动。

德国党面临的党内问题，也是资本主义国家和殖民地国家其他政党当前面临的问题。我们知道，德国的调和分子是共产国际当中的国际机会主义的一个组成部分。他们在代表大会上提出的行动纲领中，强调他们和共产国际执委会存在着分歧。这正好证明，他们是共产国际中的一个国际性集团。而在共产国际执行委员会第十次全体会议上，我们就应该明白，调和分子和右倾分子是受俄国机会主义分子操纵的。这在国际运动中算得上是新鲜事吗？算不上。这就像联共（布）在共产国际中对其他国家共产党的发展和布尔什维克化起着领导作用一样，就像联共（布）在同我们自己队伍中的机会主义进行的斗争中，首先是最积极地帮助各个支部、为它们树立好榜样一样，联共（布）中的所有机会主义集团像吸铁石一样把共产国际中的腐朽蜕化变质分子通通拉了过去。（喊声："对！"）几年以前，托洛茨基主义在共产国际中就起过这样的破坏和分裂作用。现在，这个集团连同各国的极左分子一起已被击溃和粉碎。然而，联共（布）党内的右倾分子今天又扮演着当初托洛茨基分子扮演的角色。第六次世界代表大会分析了右倾危险，确认右倾危险是共产国际中的主要危险，并责成全体领导同志和联共（布）一起在各支部中同右倾观点进行坚决的斗争。右倾分子反对共产国际的列宁主义路线，并阻碍这一路线的贯彻。

可以肯定地说，同卖弄"左"的词句的机会主义的斗争，要比同当前的右倾反对派的斗争困难得多。为什么这种斗争更加困难呢？首先，这种反对派是以"左"的面貌出现的。其次，同右倾反对派的斗争之所以比较容易和简单，是因为我们已经学会了许多东西，我们在同托洛茨基主义和极左分子的斗争中成长起来了。在列宁的领导下，布尔什维克党在同机会主义和"左"的取消派进行不调和的斗争中壮大起来并经受了锻炼。联共（布）、德国支部、法国共产党和其他共产党的发展，是实现我们重大革命任务的极其重要的条件。当然，德国党的发展过程中，党内也暴露出一些严重的缺点和问题。在贯彻党内**集中制**时犯了许多错误，我们还犯了一些其他错误。难道我们不是经常地、迟迟断定不了资产阶级的转变以及它的政治方针的改变吗？在党的韦丁代表大会上，我们曾指出过，在基尔召开的社会民主党代表大会期间，当希法亭提示要"更靠近国家"这一著名的论点时，党就没有立即理解社会民主党实行的这一重大的政策转变，这种转变是社会民主党走上当代社会法西斯主义道路的决定性步骤；党在当时没有觉察出这种转变，因而迟迟没有改变自己的政治方针。

第二时期的策略手段和组织方法，已经不能满足第三时期的要求。无论是其他许多党还是德国党，都需要进行政治改组。必须层层更换领导干部直至党的基层组织，以便能适应第三时期提出的要求。我们可以郑重地说，我们的队伍中有时还保留一些"僵化"分子。他们并不都是公然拥护调和分子或右倾分子的，但是，那些落后于革命发展进程的领导同志，是不能担负适应当前形势要求的任务的。

下面我谈几个值得特别注意的问题。

还有一些现在还不清楚但需要加以澄清的问题；有些方面我们还不能十分明确地肯定或预见它们的发展。就拿德国的弥勒—斯特来斯曼政府和英国的麦克唐纳政府来说吧，我们对社会民主党向社会法西斯主义方向发展的估计完全正确。在这个问题上，我们的队伍中还存在着某些策略上的分歧，但基本路线是统一的。

有一些国家，它们实行种种法西斯的和社会法西斯的统治方法和统治形式。一是所谓"资产阶级民主制"国家，这些国家试图借助新的独裁手段和法西斯手段来镇压工人阶级。这样的国家有德国和英国，在这些国家里社会法西斯主义已成为新的统治形式。再就是我们大家都知道的意大利法西斯统治手段。

在马格德堡代表大会上，德国社会民主党向社会法西斯主义的发展，对于工人阶级有着巨大的意义。最近，魏斯和泽韦林关于"民主专政"等问题的声明，阐明并强调了这一发展方向。资产阶级民主制破产了。资产阶级正在寻求政治上压迫和镇压工人阶级的新方法；而社会法西斯分子则积极支持资产阶级的这一做法。因此，在这种情况下，我们要警惕有可能出现新形式的军国主义化，例如，社会法西斯分子领导下的工会军国主义化，"国旗队"的军国主义化，对这一点普鲁士内务部长在美因河畔法兰克福就曾暗示过。这里，我不再涉及经济斗争发展成为政治斗争的革命问题、罢工和群众罢工委员会问题以及罢工委员会的合法与不合法问题：这些问题都在工会报告中阐述了；我也不再涉及有关尽快从组织上加强我们在广大群众中的基础问题和革命的代表团问题：这些问题也在工会报告中提到并讨论过了。最最重要的问题，是我们各国党在一切革命工作中的军事和政治工作问题。其次是建立自卫机关保卫游行示威和罢工工人、保卫我们的积极分子大会和我们的演说家等不受警察袭击的问题，这在柏林的五一游行示威中，曾经是非常必要的。

最后一个问题即关系到党内方针而且应当在第十次全会上加以说明的问题，就是我们的支部如何能够向无产阶级群众宣传和贯彻第六次世界代表大会的决议问题。在宣传第六次世界代表大会决议方面：（1）党本身要运用这些决议，（2）正确确定我们报刊的宣传方针，（3）设立专门的班子详细研究第六次世界代表大会和大会上提出的问题，（4）向党外群众进行教育，向他们介绍世界革命运动的情况和我们的任务，

(5) 在劳动群众中开展普遍的政治工作，(6) 运用和宣传红色工会国际第四次代表大会的决议。

我们有**一个能够切实宣传这些决议的党。这就是联共（布）**。它通过讨论、散发各种材料和专门报告宣传这些决议。这不仅仅是个内部成熟的问题，也是加强我们队伍中的**国际主义**问题。在第六次世界代表大会上，占首要地位的是帝国主义国家工人的斗争问题、殖民地人民的斗争问题、苏联无产阶级和农民无条件声援世界一切被压迫人民的问题。虽说这方面还存在着薄弱环节，但是进展是很大的。在同我们的阶级敌人斗争的过程中，我们在思想上逐渐成熟和成长起来，与取消派和调和分子的断言相反，在同我们自己队伍中形形色色的机会主义进行的斗争中，我们绝不会被削弱。

我们可以说，第三时期无论在资本主义国家还是在苏联，都是社会极大进步的时期。**在资本主义国家，第三时期标志着资本主义稳定的各种矛盾急剧地尖锐化、标志着资本主义稳定的动摇和工人阶级转入对资产阶级反攻，同时也标志着共产主义和社会法西斯主义之间为争夺工人阶级大多数而进行的极其残酷的斗争。在苏联，第三时期则标志着恢复时期向改造时期的过渡**，标志着社会主义向资本主义分子的猛烈进攻和各种集体经济形式的蓬勃发展。如果我们这样来评价第三时期，那么，对包括联共（布）在内的各国共产党提出的要求，将异常艰巨，以至所有的党都面临清洗共产党队伍中的机会主义累赘这项重要任务。在这里，在第十次全体会议上我要说的是，在共产国际执行委员会下一次全会以前，还需要从共产国际中清除一些变节分子。这是整个发展进程的需要，因为阶级敌人正在步步向我们紧逼，我们的党应当更加积极果敢地行动起来，因为历史发展如此之快，甚至有时领导同志也跟不上它的脚步。各个政党内部冲突的加剧，正是由此而来的。在这个时期，也就是在我们应该更坚决、更革命地进行斗争以反对资本主义国家、反对改良主义、反对法西斯主义和社会法西斯专政的时候，在无产阶级应该在所有局部斗争中时刻准备进行政治斗争的时候，在我们应该通过宣传把我们的局部要求同建立无产阶级专政的斗争结合起来的时候，我们必须开动一切宣传机器，利用我们能够例举的全部事实材料，利用在苏联这个大规模改造时期出现的社会主义建设新高潮。

在苏联进行的伟大改造事业中，我们应当在宣传工作中着重强调哪些重要方面呢？在苏联，我们看到了无产阶级专政发展的新形式，看到了我们在几年前还无法预见的各种形式和各种可能性。社会主义工业化的发展速度如此迅猛，正像莫洛托夫同志昨天所说的，就连最近的周计划或月计划也时常被事实突破。在这种形势下，我们所有大的支部的头等重要任务是什么呢？那就是，动员群众，使他们坚定地向资本主义经济进攻，向资本主义国家进攻；那就是，要把群众争取到社会主义经济制度一边来，争取到推翻暴力制度、推翻本国的资本主义一边来。我们应当指出，苏联自俄国革命胜利后11年来在无产阶级专政条件下所实现的发展。苏联在种种困难条件下取得今天空前成功的发展，使得我们有足够充分的理由这样来提出这项任务、提出主要的问题；比如说，在资本主义世界里，所谓资本主义合理化是指它剥削的社会方式不断花样翻新，手段更加残酷；而在苏联，社会主义合理化则是指提高工资、在最重要工业部门实行七小时工作日和无产阶级文化自由这种新的发展方式。

社会主义计划经济原则不仅适用于工业，同样适用于农业。可以说，这种发展揭开了人类历史的新篇章。随着宏伟的社会主义建设、农村的工业化和农民经济的集体化，旧社会世世代代的城乡矛盾在不断克服。在新的社会主义的基础上，国家的整个经济在有计划地改造。以无产阶级为领导的无产阶级同劳动农民群众的联盟问题，通过农村的工业化和机器拖拉机站的建立而逐渐成为生产联合的基础。

这种发展不是靠和平方式实现的,就像右倾分子断言的那样靠富农长入社会主义实现的,而是靠同富农和国内一切资本主义分子展开无情的阶级斗争实现的。现在,我只想提一下右倾分子在社会主义建设的一些起决定作用的迫切问题上所坚持的错误观点。他们对工业化问题的看法如何呢?他们叫嚷工业化速度太快了,他们提出要放慢重工业的步子以利于轻工业的发展。他们对党的这种提问和要求意味着什么呢?其结果只能是苏维埃经济对世界资本主义经济的依赖性愈来愈大。在工农的相互关系问题上,他们指责中央对农民实行的是"封建制度"。他们提出要保证"整个农村经济力量的自由发展",因而也要保证富农的自由发展。他们反对建设社会主义经济成分的政策,反对推广国营农场和集体农庄。他们叫嚷农业退化了。然而,事实充分驳斥了所有这些观点,莫洛托夫同志在这次全会上令人信服地指出了这一点。

而在无产阶级专政条件下阶级斗争的重要问题上,右倾分子一再证明资本主义分子在和平长入社会主义,阶级斗争在日益消失,在这个问题上,我们看到他们和列宁之间有着截然对立的矛盾。列宁在谈到过渡问题时说:

"消灭阶级要经过长期的、艰难的、顽强的**阶级斗争**。在推翻资本权力**以后**……在建立无产阶级专政**以后**,阶级斗争**并不是消失**(如旧社会主义和旧社会民主党中的庸人所想象的那样),而只是改变它的形式,在许多方面变得更加残酷。"①

这种忽视阶级斗争的倾向在弗鲁姆金身上表现得尤为突出。他断言,对无产阶级专政来说,从哪儿弄到粮食是完全无所谓的。弗鲁姆金在自己的信中谈道:

---

① 《列宁选集》中文第3版第3卷第836页。——编者注

"不管人们怎样骂我，我还是要重申，在当前条件下，在农产品不足的情况下，每一百万普特粮食，不管它来自哪个集团，都可以加强无产阶级专政和工业化，而每失掉一普特粮食都会削弱我们自己。"

这里，我们看到一种错误思想，即利用同资产阶级分子首先是同富农分子的斗争激化问题而直接向党进行挑衅。这些都不过是联共（布）党内的右倾分子和调和分子想用自己的策略诱使我们背离列宁主义路线，同时也削弱共产国际和世界无产阶级对世界资产阶级的斗争的几个事例而已。

就拿五年计划的发展情况来说，因为我们都已知道这种情况，我们取得了辉煌的成就，我们大踏步前进了，这一点就连联共（布）的领导同志也曾难以置信。最出色的是，当前各大企业开展的竞赛，这种竞赛不是像在资本主义国家那样仅仅为了增加工资或承认企业主的某些特权的那种竞赛，它所表现的是一种崇高、严肃的自信心，一种首创精神和集体不惜余力的紧张劳动，其目的是推进和积极支持社会主义建设。我所指的并不是某些个别企业的发展情况，绝不是，这种发展就像电流一般带动了在大企业工作的几百万无产者，当前的社会主义建设正在发展。

而这一新策略中最突出的是农业的社会化和农村的社会主义建设方针。在这里，我们可以肯定，这一发展速度之快，恐怕连五年计划数字也难以赶上它。当然，在执行这一宏伟计划过程中，还会遇到更大的困难和设想不到的问题：形形色色的资产阶级专家和工程师不断地暗中破坏，我们的一些同志缺乏技术科学知识，缺少能够立即迅速实行这一伟大技术变革的熟练专家，等等。尽管如此，我们的事业仍在大步前进。

这是因为人们对联共（布）领导的日益信赖，是千百万非党工人和农民对这一政策和无产阶级这项巨大工作的信赖。如果把这个问题提到国际范围来看，我们就可以说，**谁破坏群众对联共（布）的信赖，谁企图阻挠和推迟这一发展，他就必将破坏共产国际的威信，破坏世界革命无产阶级对它的信赖**。（喊声："对！"）因此，反对派对这个问题所持的观点有很大意义。反对派既看不见新的革命高潮，看不见资本主义稳定的动摇，也看不见工人阶级在转入反攻。同时它也看不见清洗共产国际中的机会主义分子的必要性。

当然，这个集团的党内方针，同样具有普遍的政治意义，它不是今天也不是昨天才提出的。早在第六次代表大会上，俄国代表团内就存在着分歧。众所周知，俄国代表国的多数派强烈要求对资本主义稳定的各种矛盾作出比原提纲草案更加尖锐的分析。大家还知道，关于苏联改造时期的意义问题，提纲草案中根本没有提及。就连在左派社会民主党问题上，此外还有在国际调和分子集团问题上，还是俄国代表团多数派和德国代表团一起把新的建议和指示写进提纲草案的。这难道是偶然的吗？我们看到，现在，右倾分子对资本主义稳定的评价又进了一步。

现在又有一种新的论调，照这种论调，市场、价格、竞争和危机问题日益成为世界性经济问题，而在个别国家这些问题则被组织问题所取代。

右倾分子有意抹杀各国的内部矛盾，这就必然导致抹杀因资本主义合理化而变得更加尖锐的阶级矛盾并陷入把革命只作为战争后果的宿命论观点。右倾分子的论点，完全排除了由于资本主义内部矛盾激化而在战前就会出现紧张的革命形势这一可能性。

右倾分子在共产国际的通篇发言都渗透了对革命战争新高潮到来的悲观失望情绪。

另一个具有国际意义的事实是，右倾分子在他们的全部发言和文件中一再强调"共产国际的解体"。在这个问题上，他们实际是为全世界的机会主义分子的观点辩护。

联共（布）党内的右倾分子，不理睬对他们的多次提醒，对布兰德勒和塔尔海默始终不作公开表态。

斯大林同志在谈到这个问题时说：

"这是布尔什维克的政策吗？你们在哪里看到过这种害怕自己影子的布尔什维克？难道这样能贯彻第六次代表大会的决议吗？他们想把开除右派的责任推到我们身上。那么好吧，我们准备承担这个责任，而且只要我活着，我就是要投票反对共产国际各支部中的右倾分子，并同他们进行斗争。"

联共（布）党内的右派集团，此时成了共产国际中一切调和分子和右派集团的执行委员会。各国支部的任务，就是要尽快地铲除这一机会主义中心。我们要无情地粉碎这个机会主义中心，如果它不转变自己的政治立场，我们就要对它采取共产国际历史上人所共知的政治措施和党内措施。这种不可调和的斗争，迫切要求我们通过思想教育和说服的办法，把各国党里面的这些集团头头从追随他们的正直的工人中孤立出来。但是，在机会主义分子已经形成集团并同我们公开挑起派别斗争的地方，仅仅同他们进行斗争是不够的。绝对不够！首先我们应当提出这个问题，即克服我们自己队伍中的各种机会主义的动摇和社会民主党的传统问题。这种动摇和摇摆会表现在以下方面，即在运用新的策略和革命政策方面，在组织和政策转变及党内生活方面，尤其是在发挥主动性和党内新生活方面的大转变问题上。

在**德国党**的生活中就有过这样的例子。在德国共产党第十二次代表大会上，调和分子对党来说已经不是能够给我们带来很大损害或以种种方式破坏党内团结的大敌了，但是在党内多数派中我们有一些同志，虽说他们也赞同党的决议，但在运用和实现新的策略方针问题上，依然表现出明显的动摇和"怀疑"。这些担心和动摇，我们只能靠实行新的罢工策略所取得的巨大成绩来克服它们。我们还有一些同志，他们把工会的合法性置于革命运动需要之上。我们也有这样一些动摇分子，他们在对敌斗争的困难面前退缩不前。暗中破坏新策略的实施，这样的事实也屡见不鲜。这些动摇和担心有时危害极大，而且同它们的斗争也极其艰难。这类事实，在德国党内生活中是存在的。

再看看其他一些党，例如**瑞典党**。瑞典的一些领导同志，就连在全会上表示一下领导的错误带有机会主义性质、应当受到谴责的这点勇气都没有。如果瑞典党的代表自己都没有勇气在共产国际执行委员会上表示一下放弃五一示威游行是个严重错误的话，它还怎么能成功地进行反对改良主义的斗争呢。

我再谈一点瑞士党的情况，这个党不久前还是由社会民主党分子把持的。这些人对整个中央都产生影响，例如，他们不发动工人阶级的革命力量，相反，却阻挠这种力量的发展，在巴塞尔举行红色日的时候就暴露出了这一点。

我还想对**波兰党**扼要地谈几点意见。波兰党是在局势极其严重的情况下、在法西斯往往采用比沙皇的血腥手段还要残酷的法西斯主义条件下进行斗争的，因而这个党内存在着错误估计波兰形势的右的思潮，也存在着波兰社会党的左翼。一旦对苏宣战，波兰共产党将会起很大的作用。但是，如果说部分领导同志犯下了一系列严重右倾错误而且还坚持这些错误、背离了布尔什维克党的路线而向右转的话，那就是说波兰共产党所面临的危险是严重的。

必须使全体波兰同志认真注意这个问题。如果事态如此发展下去，那么，波兰经济危机激化的形势就不是被我们利用，而是被我们的阶级敌人所利用。

在**捷克斯洛伐克党**内，当然，我们消灭了取消派，但是同调和分子的斗争还没有结束。捷克斯洛伐克党还没有充分地和在各个方面展开工作（不仅在政治方面，而且在党的工作方面）。令人不能满意的是，领导并没有同取消分子和调和分子划清界限。最重要的是——要明确这些主要任务并积极执行这些主要任务。最近得知，在捷克斯洛伐克大约有10种报纸被查禁，而且面临着党被赶入地下的危险。如果我们现在不利用合法条件来团结全党，我们就会失掉几个月的时间，而为此我们以后将要付出很大的代价。

或许在欧洲没有像**英国**这样的国家，工人们的头脑中有那么强烈的民主主义幻想。因此，英国共产党同工党的斗争，应当比以往的斗争更加坚决。第九次全会通过的"阶级反对阶级"的策略，在党内，特别在工人群众和党的地方机关中，没有充分加以阐明。我们的党在英国具备许多良好的发展条件，而麦克唐纳政府实行的又是各方面都推行鲍德温保守政府政策的路线，在这种情况下，英国党直至它的上层领导在思想上需要具备钢铁般的坚强性和鲜明的态度。全会现在就应当提出改组领导和吸收新的无产阶级分子的问题。

我们不否认**意大利党**在残酷的法西斯条件下担负的繁重工作，空前繁重的工作。我们应当欢迎意大利党今年在全国各地区的企业和工会中争得新阵地的事实，但是对待这样一个党，我们不能只限于一般性要求。意大利党不仅积累了在上述条件下工作的经验，它的领导又是一些同共产国际一道走完相当一段路程的同志，共产国际对这样一个党的要求，应当比对其他党的要求更高一些。首先，共产国际可以要求它正确提出反对阶级敌人斗争的基本问题。从这一观点出发，我们便向这次全会提出了意大利党的问题，并希望从组织上巩固党所取得的新成绩。同时，我们也不应当忘记坚决抨击那些阻碍意大利党发展的人们。

在**美国共产党**内，洛夫斯通集团为我们设置了而且还将设置更多的困难。党越是尽快地战胜这些变节分子，越是更坚决地采取措施，把新的朝气蓬勃的无产阶级干部吸收到领导岗位和党内来，党将会更快地康复和发展起来。

现在，我再谈一点党内的其他任务。第六次代表大会以后我们在政治上的全面转变和贯彻第十次全会决议问题，都要求同时彻底改变党内各方面的方针。我认为，这方面正是包括德国共产党在内的各国共产党存在的一大薄弱环节。

我们看到各国都存在着由于资本主义合理化过程而引起的工人阶级内部力量重新配置的情况。就拿下面的事实为例，在德国，当前吸收参加生产过程的妇女就比1913年多300万。我不知道其他国家相应的数字，但我认为那些国家也发生了这种情形，我们还看到，青年遭受的剥削比过去成年人遭受的剥削还要残酷。在这方面，党的发展依然十分保守。在这次全会上，几乎只字未提党应当怎样狠下决心，在这方面着手努力来一个根本性转变。必须使党加强自己的女工干部，特别是在一些重要岗位上的工业女工干部。只要详细了解一下这次全会的构成情况，就足以说明我们应当来一个大转变。在我们的共青团中我们也可以看到在吸收青年女工问题上存在着同样的保守情况。因此，在这个问题上，我们应当把全部注意力放到更加积极地争取青年女工方面。

为了实现我们党内的各项任务，还必须进一步发扬党内民主和各个党的独立自主精神。自我批评不应仅仅是为了批评，而应是为了把党提到更高的水平，发挥自下而上的主动性。我们应当抛弃一切资产阶级的温情脉脉的作风和任何一种"自尊"。我们应当在整个舆论面前批判并克服我们的错误，以便和群众一道纠正这些错误，和群众一道实现我们的革命任务。

实现党内这些任务的斗争，不仅仅是我们队伍内部的斗争；在德国，近几个月来到处都可以看到，没有组织的群众和非党群众在反对工会和群众组织中的取消派的斗争中完全站在我们一边，并积极协助我们把取消派从革命运动中驱逐出去。

今后的一个重要问题是纪律问题，不能把这个问题同党内的一般工作割裂开。我想说的是，在纪律问题上，我们大家还有许多东西可以而且应当向联共（布）学习。当然，我们在这方面是有成绩的。在五月斗争时，即在党号召停止斗争的时刻，群众服从了革命纪律。带领群众去战斗是困难的，而把群众从战场上撤下来就更加困难。各国党都要加强革命纪律，要有坚强的战斗纪律，特别是在我们的党被赶入地下的时候。在一切重大战斗中，纪律将起着巨大作用。少数服从多数，尤其是在一些非法党内，纪律是它们积极从事革命工作的重要前提。只有依靠更加出色的组织工作，依靠我们队伍和工人群众中的高度自觉性而形成的更加强有力的机器，我们才能打碎拥有强大的组织的资产阶级国家机器。

我还想再强调指出一种**国际性**的思想。德国党和所有其他党的任务，不仅要发动新的经济斗争，也不仅要发动提高工资的运动，而且要懂得使这些经济斗争发展成为政治发动、发展成为反对资产阶级的国家政权、反对社会法西斯主义的战斗的必要性。这是我们当前面临的一个最重要的问题。因此，我们要让无产阶级群众了解我们的顽强、不懈反对帝国主义战争危险和保卫苏联的斗争，而这就意味着组织一场反对本国帝国主义国家的斗争。

我们要在国际范围内、在更高的革命水平上实现我们的任务，对群众进行革命动员，反对资产阶级专政，争取无产阶级专政。为此，我们要在自己队伍中大力发扬真正的国际主义。俄国工人的国际主义团结精神是众所周知的。请大家回忆一下，我们在中国革命伟大事件中在发扬国际主义方面的不足，再回忆一下，英国矿工罢工的情况。在当前这一时期，即在国际斗争和革命团结有着极大意义、我们应当比以往更加断然地考虑到帝国主义战争危险的时候，我们更必须无条件地开展声势更加浩大的声援运动，继而发起国际性的行动。

在任何地方，我们都要提出这样的任务，即把经济斗争同政治斗争结合起来，同时要从组织上巩固我们在群众中的思想阵地，把企业变成共产主义的革命堡垒。只要我们坚定地团结我们的队伍，只要我们唤起千百万男女工人认识自己的力量，只要我们有义无反顾的决心贯彻我们的革命路线，那么，无论是资产阶级、社会法西斯主义，还是其他阶级敌人，都阻止不了我们的胜利进军。

迈纳（美国）：

美国资产阶级攫取世界资本主义霸权地位以后，现在正急于争夺世界市场。这最终只能导致一场战争，而且是一场大家公认的同主要对手大不列颠的战争，是一场争夺垄断地位的战争。华尔街的一些主要报刊报道说，美国是从世界其他各地收缴贡品的"新罗马帝国"。

美国资本主义在为未来战争做好其他准备的同时，还在发起一场范围广泛的、有利于美国帝国主义的思想运动和文化运动。这些运动反映着美国资本主义总进攻的政策。许多资本主义刊物此时也大做起文章来，说什么：革命威胁着美国**以外**的整个世界；贫困正在摧残着无数国家，但却没有威胁到美国；所有其他国家的工人阶级都在被迫起来斗争，只有美国除外。

在这场思想运动中，美国被描绘成永恒的对抗革命的国家、永远取消了无产阶级运动的国家。与此同时，由于美国资产阶级需要竭力保证在世界范围内同其他资本主义各国竞争，它就势必向工人阶级的生活水平发起猛烈进攻，从而也就必然引起美国社会结构的巨大变革。我们在美国到处可以看到无产阶级群众向左转的进程，近几个月来这一进程表现得尤为明显。在这方面，每一场冲突都是十分有代表性的，因为实际上每一场战斗都是反对资本主义合理化的战斗。资本主义合理化迅速地驱使美国群众向左转，其速度，我认为，会使一向把美国视为无产阶级落后国家的许多欧洲同志们大吃一惊的。我还想补充一句，这一进程曾使我们当中的许多美国工作人员感到震惊，而我们没有看到它的全部意义这一点，却使我们犯下一系列极其严重的错误。

每一次罢工都是一次反对资本主义合理化的罢工。而罢工的另一特点是，每一次罢工都为共产党提供了广泛参与罢工并发挥杰出作用的可能性。近来几乎在每一次重大的罢工中，共产党都得以发挥领导作用。两年多来每一次重大罢工情况都是如此。

党的中央委员会懂得，南部纺织地区的罢工不是孤立的事件，而是在我国这一整个重要地区掀起巨大斗争浪潮的前奏。在这种情况下，南部年轻的无产阶级要经历许多个发展阶段，至少要经历整个美国无产阶级通常经历的几个发展阶段。加斯托尼亚州及附近城市纺织工人的罢工已经持续数月，现在还在继续。事态已经发展到工人同警察及工厂武装警卫队的流血冲突。在最近的一次冲突中，纺织工人拿起了武器同雇主的走狗和警察展开了搏斗。

在这个新兴工业化的南部地区，保卫纺织工人的运动有可能把斗争推向更高的阶段。这场斗争的结果，使得北卡罗来纳已具备条件而提出工人有权拿起武器自卫以反对资产阶级进攻的口号。我们在制鞋工人中掀起广泛的罢工运动。我们也曾在大城市缝纫工人中举行过重大罢工。现在我们又在食品业工人中掀起罢工，总之，这些罢工带有极大的战斗性。在煤矿地区，共产党已被公认是为工人阶级而斗争的唯一力量。建立新工会的运动也有了基础，这表明了红色工会国际第四次代表大会的策略运用到美国也是绝对正确的。但是，新工会运动从组织情况来看，很难把预计的一切可能性都包括进去。例如，矿工自发地组织地方工会就是如此，他们甚至不知道党已经在进行这项工作。这表明，由于我们力量有限，当然也由于党内派别斗争，我们没有能力充分深入群众以利用一切可能的条件。

请允许我谈一谈，我刚刚称之为资产阶级文化运动这一现象的后果，即这一现象对工人阶级的影响。我们看到，美国劳工联合会副主席马修·沃尔正在成为美国工人阶级具有免疫性理论的最积极、不懈的和不遗余力的宣传者。该理论认为美国无产阶级在世界革命中起不了任何作用。沃尔的论述没有采用社会改良主义的用语，而是使用了华尔街银行家的术语。他是以美国劳工联合会的名义讲话的，这个联合会的官僚们已经彻底成了受雇佣的杀人犯的组织者，这些杀人犯的任务就是同罢工作斗争。美国劳工联合会的官僚们在矿工的罢工中，在缝纫工人的罢工中，在纺织工人的罢工中，以及在所有其他场合，只要有可能，它都扮演这个角色。社会党则十分愚笨地企图在思想方面修正马克思的学说。例如，它的主要机关报犹太社会党《前进报》编辑阿伯拉罕·卡根先生就曾声明说，马克思的学说必须予以修正，尤其是在有着"例外"条件的美国。诺尔曼·托马斯神父不久前发现一条重要的科学"真理"。他作为社会党的首领正在建立一种特殊的哲学思想，这在某种程度上类似中欧某个时期前发生的与马赫的名字紧紧连在一起的运动。列宁在他的著作《唯物主义和经验批判主义》中对这一哲学进行了专门的分析。诺尔曼·托马斯神父把"现代科学的教训"应用于马克思的学说。他修正马克思的学说，使之适合于被这位绅士称之为"现代科学"的东西，而且利用根据马克思的学说和"现代科学"编造出来的东西以创造一种玄虚的混合物，这里面大部分内容都是他本人的老行当，也就是神学。

我们处处可以看到，人们试图肯定这样一个事实，即美国应当有**独特**的哲学理论、特殊的发展过程和在世界历史上的特殊作用。现在，我们可以说，这种"例外论"已在很大程度上渗透到合众国共产党内，这种情况造成极其危险的后果。这种"例外论"的实质是什么呢？"例外论"在它的初级阶段是直接通向资产阶级爱国主义道路的起点。这一论据是资产阶级的帝国主义思想对工人阶级产生影响的直接结果。这种影响渗入了我们党内。据我所知，这种思想渗入我们党内时最初的一些迹象，或许就表现在我们共产党对共产国际执行委员会第九次全体会议决议的反应上。第九次全体会议以后，洛夫斯通和佩珀就扮演起预言家的角色，他们力图向美国共产党证实（很抱歉，我应当说，他们已经取得了某些成绩），第九次全体会议决议无论怎样也不完全适用于合众国。红色工会国际第四次代表大会对世界各国来说都称得上是一次极其成功的代表大会，"只有合众国除外"。然而，不管是谁，只要他采用"本国"情况例外这一理论，哪怕只尝试一次，请各位相信，他就会沿着这条道路越走越远。我们党召开最近一次代表大会的时候，在我们党的多数派提纲中一个字也没有提及第三时期，这种现象并不是偶然的（不，洛佐夫斯基同志，偶然的事是不存在的），而那个提纲实际上是由洛夫斯通和佩珀起草的（不过我们大家都曾同意这个提纲，因此我们也都有责任）。造成这种情况的原因（现在已十分清楚），直截了当地说，是佩珀和洛夫斯通编造了一种理论，似乎第三时期是一个对全世界来说都绝妙的概念，唯独**美国除外**。

我还想就下面的事实谈一点看法，即多数派内部对多数派提纲问题的看法并不完全绝对一致。但是，我们掩盖了多数派中存在的分歧，这是我们对共产主义原则严重的践踏。对这些分歧，我们曾有过几次争论，我曾想把大段吹嘘美帝国主义的地方拿给一些同志看看，这些段落，在提纲完成以前就被我们从佩珀—洛夫斯通的初稿中删去了。在提纲送交政治局以前，我们没有坚持对提纲进行全面讨论，这是丧失原则的。

在多数派起草的提纲中，某种程度上也是少数派起草的提纲中，右倾危险多多少少还是作为一个抽象的概念提出来的。

关于托洛茨基主义问题。为什么托洛茨基主义是最露骨的右倾危险表现呢？这种情况的发生是因为（我们现在才认识到这一点）佩珀和洛夫斯通认为右倾危险对美国党来说不过是一种抽象概念而已（当然，对于这种错误，我们在某种程度上也要负一部分责任）。佩珀奉行马基雅弗利的策略，他认为有必要发表一个形式上的声明来反对右倾危险。对他来说，把右倾危险同托洛茨基危险相提并论，从而作出一副反对右倾危险的姿态，这对他是不利的，他同洛夫斯通一起很快就成了右倾危险最突出的代表。

我应当指出的是，对党的第六次代表大会，共产国际没有犯任何错误，当时，共产国际采取了承认第六次代表大会的立场。代表大会的代表都是不错的。相反，这是以往在美国召开的一次最无产阶级化的代表大会。在这次代表大会上，我们党的一些最优秀、最无产阶级化的支部都有足够的代表。不利的因素并不是这次代表大会的组成，而是糟糕的派别领导和错误的方针，那是因为我们没有使这次无产阶级的代表大会自然而然地找到它应当采取的方针。因此，在最近几个星期，在党内进行解释工作的过程中，原来的少数派成员就指责我对少数派批评得不够。为了避免类似的指责，我认为有必要对少数派提几点批评意见。

少数派整个地陷入了派别情绪。他们的错误根源，无疑同我们一样，都来自"例外论"。少数派的错误是右倾错误，而不是像当他们的错误受到批判时他们傲慢地声称的那种"左"的错误。对党不幸的是，正像共产国际在给我党的最近一封信中指出的那样，少数派中的某些同志在第六次代表大会期间未能作为党内一支联合力量而发挥作用。不过，我不应当过分强调这一点，因为我应当声明的是，多数派对此负有很大一部分责任。

在收到共产国际的包含有若干组织措施的建议信时，我们曾当即声明：

"这些组织措施的建议，其目的是要把党交给少数派领导，因而我们反对这些建议。"

少数派则说:"是的,这些组织措施的建议意味着共产国际要把党的领导权交给我们,我们同意这样做。"其实,在整个代表大会上,谁也没有理解共产国际并没有建议把党的领导权交给某一派,而是希望消除一切派别情绪,把我们的共产党变成一个内部统一的共产国际支部。**少数派**的一些同志很快就提出一项建议,要求建立由少数派中最顽固的派别分子组成的政治局,而且这些人要在政治局中居多数。这就足以证明他们没有理解共产国际的这封信。当然,我们的错误应当受到比少数派的错误更加严厉的批评。我认为,代表共产国际出席代表大会的同志并不了解大会上多数派代表的全部分歧(当然,我承认我们应当在行动上表现出这种分歧来)。共产国际的代表同志们只是在多数派与少数派之间简单地划了一条明显的界线,其实我们自己的派别情绪又是何等的根深蒂固,对共产国际的代表同志们采取了很不可取的态度,使得他们无法发现我们多数派内部本身也存在着分歧。

洛夫斯通向共产国际执行委员会宣称:"党已经掌握在我的手中;这是我们的党。"然而,洛夫斯通还应当凭经验懂得,党并不掌握在他手里,党不是他的党,这个党在各个方面都属于共产国际。

佩珀终于堕落成国际右翼的走卒并当上了他们的使者,他企图把美国党拉到国际右翼一边,共同在共产国际中反对列宁主义思想。

佩珀的冒险行为,自然使当时在合众国的部分党的领导的政治观点受到很大震动。

我想向你们说明的是,柏林出版的有名的反革命报纸《舵轮报》在这一点上是赞同洛夫斯通的。《舵轮报》刊登了一篇文章,谈到美国代表团在莫斯科的问题,文中说道:

"美国人在莫斯科被捕。不久前抵达苏维埃俄国的 19 名美国共产党人在莫斯科被苏联国家政治保安总局逮捕。原因是这些美国人抵达苏维埃俄国后不久便了解到苏联一些情况,他们对此提出尖锐批评,并不慎流露出回国后将要揭露苏联政府,因此便被逮捕。"

请大家再听一听下面的话:"其中一个美国人得以逃脱",这个"得以逃脱"的美国人原来就是洛夫斯通。这一切不正表明洛夫斯通和佩珀的反共产主义观点发展的实质吗?

所以,我们接到共产国际的决定时所遇到的情况并不完全是偶然的。确实是出现过一些情况,这些情况促进了迅速作出有利于共产国际呼吁的决定。我只想指出一件我个人引以为自豪的事实,那就是占党内85%的多数派(也可能不满85%,但按我们多数派的看法来说确是占85%的多数派)在一连几天之内都发言反对洛夫斯通。这是一件很有益的工作,而因为我个人本来就很少有值得自豪的事,所以,我想同志们会允许我哪怕是只为这一点而自豪。

现在,洛夫斯通反对派,这个反共产国际的反对派,是有它自己的纲领。这是个什么纲领呢?这个纲领的宗旨就是要捍卫共产国际在美国党内所反对的一切。这究竟具体指的是什么呢?洛夫斯通纲领的基础和它所捍卫的正是"例外论"。洛夫斯通还照搬了德国共产党迈耶尔同志著作中整整一页的话。洛夫斯通声称:"我捍卫共产国际第六次代表大会,而共产国际执行委员会却背离第六次代表大会。"洛夫斯通所持的立场,是指出"共产国际的蜕化变质"。他和他的同伙正大肆鼓动人们起来反对被他们称之为共产国际的不能容忍的办法,他说是不能容忍的办法!同志们,请允许我向你们说明一点,我们根据切身的经验体会到共产国际执行委员会在这种情况下对美国共产党采用的办法,这是在当前条件下才能够采用的最好的也是最必要的办法,这些办法都是行之有效的。共产国际执行委员会的同志们,你们不应当在采用这些对我们有益的办法问题上表现出动摇。你们可以放心,这些办法是个很好的先例。

洛夫斯通纲领无疑是右派纲领。他们已经找到同布兰德勒和塔尔海默的许多共同点了。拥护这个纲领的人已经在利用布兰德勒和塔尔海默的名义来鼓动反对共产国际。他们问道:"如果我们退出共产国际,我们向何处去呢?能否从布兰德勒和塔尔海默那里找到一点好的东西呢?"据悉他们目前正在通过吉特洛鼓动反对德国同志的5月1日行动,同时,他们还散布一种观点,说德国5月1日行动是一种盲动行为,说共产国际企图利用这一点来掩盖自己的错误和倾向。换句话说,最近几个星期以来,在原来的某些领导人当中,明显地掀起一股社会民主党的反动势力。右倾机会主义已经大摇大摆地出笼了。

洛夫斯通回合众国去了,他和他的同伙在那里搞起了组建合众国反共产国际政党的运动。通知洛夫斯通和吉特洛参加书记处会议,他们也没有到会。第二次通知他们来开会,他们仍然没有来。沃尔夫来到了政治局,并在政治局会议上作了发言,这个发言使我们非常震惊。

目前,我们面临的形势已经明朗化了,我们会获得党内拥护共产国际的绝大多数。然而,我也要提醒大家不要过乐观。我们能够在几天之内推动每一个州执行局、每一个宣传局、政治局和州的组织家拥护共产国际的情况,不应使我们忽视这样一个事实:美帝国主义善于从思想上毒化工人阶级,而且这种毒素还会渗透到我们党内的蜕化变质分子中来。我们应当指出的事实是,这是拥护共产国际的初次动员,不论动员工作多么顺利,总是有可能被误解的。还有一种情况是,反对派什么时候不就那么一个州的组织家吗!我离开美国的时候也就有他这么一个人。

反对派势力怎么样呢?反对派主要由州里的少数职员组成。我们发现一位州的组织秘书、纽约州的二级职员伯特·米勒,他企图组织全国性的代表大会来对抗共产国际的各项决定。我们撤销了他的工作。在费城，还发现了同等级别的另一个职员企图支持洛夫斯通反对共产国际。青年妇女联盟中央委员会的两名委员，因反对撤销洛夫斯通的职务而被开除出了中央委员会。

我们也有一些其他不足的方面。例如，在工会职员中我们一些好同志、忠实的同志也往往迷失方向。在其他一些场合下，我们不得不狠心一些。当我们遇到某些人表示，我们应当"挽救洛夫斯通"或者必须"挽救"其他某个人这种立场的时候，我们不应当表现动摇。

当前，我们所面对的形势是洛夫斯通在大肆宣传，而且他是得到沃尔夫支持的。他的鼓动和宣传充分反映了美国党右翼的形成过程——右翼的最终形成。反共产国际的宣传的实质就是断言，说什么共产国际正在取消各国共产党的领导，特别是取消美国共产党的领导，说共产国际"正在通过书记处操纵各国共产党"以取代政治局对各国共产党的领导。沃尔夫声称：美国党中央委员会，几周以前还被称为中央委员会，这个委员会不可能有右翼委员会的性质。而"现在共产国际却说中央委员会是右翼委员会"。我们对沃尔夫的回答是："不，掌权的是代表大会选出的中央委员会。共产国际承认这个中央委员会！"

过去派别斗争掩盖了美国党内的右倾危险。现在少数派中仍存在着这种危险，而且它是当前党内的主要危险。

我认为，右倾危险在北美合众国黑人问题上表现得尤为突出。我们到处可以看到这样一种倾向，即把黑人问题看做次要问题。当然，大家口头上都说黑人问题"应当得到解决"，然而同时它又总是处于次要地位。例如，在芝加哥，在黑人中间工作，在相当一段时间内受到抵制，就连州的组织者也在抵制。在南部斗争的所有问题上，黑人问题一向是识别党内机会主义倾向的试金石。南部纺织区发生的斗争，是对我们这方面的最大、最严重的考验，在那里黑人工人和白人工人并肩战斗，反对企业主，坚定地团结起来同他们进行斗争。必须指出，我们党内的黑人同志，比起党内其他同志，对这类问题更加敏感。特别值得提出的是，黑人同志一直趋向于反对中央委员会，而不问是由哪个中央委员会掌权。是当前的多数派的中央掌权，还是今天的少数派的中央掌权，我们的黑人同志都趋向于对中央持反对立场。为什么呢？因为整个党都成了机会主义的党，或在黑人问题上表现出机会主义倾向。同志们本能地感觉到，党在最重要的黑人问题上还没有站到正确的革命立场上来，而且不管是哪一派在位，中央在这种情况下始终是有过错的。

在南部地区，我们还遇到过这种情况：在诺福克（弗吉尼亚）这个城市的全部地方党组织都拒绝接受黑人为党员。（可耻！）简直不可思议，共产党组织竟然如此公然表现出反共产主义情绪。面对这个问题我们应该怎么办？我们派了黑人奥托·霍尔同志（政治局委员）去到诺福克，他带去政治局的指示，要求改组这个支部，把所有的白人先开除出党组织并建立一个新的党组织，把已经在党内的或者同情党的所有黑人工人统统吸收到党内作为骨干力量，然后再把所有够条件的白人工人吸收到这个组织中来。当斗争在加斯托尼亚兴起时，我们发现党内一些同志存在着一种倾向（他们引证对这一论点负责的洛佐夫斯基同志的话，而洛佐夫斯基当然是要驳斥这种诽谤的），他们的立场表现在：南部地区的斗争很尖锐，对黑人的偏见很深，以致我们不应当试图建立由白人和黑人共同组成的联合工会，"如果黑人工人本身也赞同这一意见"，认为白人不能公正地对待黑人，那么，就必须为黑人建立单独的工会。而且这些同志还借口说是红色工会国际和洛佐夫斯基同志似乎已经声称要建立单独的黑人工会的。在这种情况下，我们便一再向我们的同志指出，这种声明是对红色工会国际和洛佐夫斯基同志的恶意攻击。红色工会国际只是在反对旧官僚以及反对受他们控制的工会时，才号召建立单独的黑人工会。只有当我们没有条件吸收黑人参加任何一个工会组织的时候，我们才在黑人中组织新工会以对抗旧官僚。此外，我们还作出规定，凡是在我们领导下在新区建立起革命的新工会的地方，我们在任何情况下都不同意建立单独的黑人工会组织。但是，我们也要对那些表示不可能组织这种工会的同志们说，我们正在南部这块处女地首次开展这项工作，我们正确地解决这个问题，这对我们来说要比在某个地方建立地方工会组织重要得多。

在伊利诺斯的南部矿区，我们发现一股明显的反党倾向，这股倾向在党内得到了以肯楠为首的蜕化变质的托洛茨基分子势力的支持。目前，托洛茨基分子的立场正在转向界于矿工工会中的刘易斯官僚和共产党所领导的新工会之间的立场。

美国共产党内右倾危险的种种表现，在洛夫斯通的领导下集中反映在反党、反共产国际方面。我们面对着一场斗争，在这点上我们不能欺骗自己，形势并没有缓和。但是我们能够争取到党内99%的普通群众站到共产国际及其决议一边来。

我认为，有必要提一下党内右倾危险的另一种表现。关于这一点，我现在已经有权发言了，我指的是我们忽视了农民问题。这种情况，不客气地说，是由于党内派别斗争引起的，它使我们很难在这方面进行任何一项认真的工作。只要两派在争吵，像农业工作这类的事情必然受到损失。不久前，我们还制定了召开农业代表会议的计划。胡佛在农业问题上玩弄的欺骗手段，为我们提供了开展农业工作的良好时机。我们为什么没有做到这一点呢？你们可以责备我们，我们无可辩驳。我们之所以没有认真注意这个问题，是由于我们只顾搞派别斗争了。我们的同志中，只有少数人胜任这项工作。我们正在拟定召开一个范围广泛的农业代表会议。我们至少有一个懂得这个问题的同志，他可以抓这项工作，我们希望在不久之后就取得一些成绩。

我该结束我的发言了。那么，反对派的实质是什么呢？答案是："我们面对的是**右倾反对派**"。有没有这样一个领域可以让右翼在那里作为脱离党的独立集团而进行活动呢？当然有。洛夫斯通和他的右派集团打算向何处去呢？我们无法准确地预告这一点。甚至可以设想洛夫斯通和肯楠的关系会密切起来。共产国际已经向我们正确地表示，在美国，也像在其他地方一样，托洛茨基分子（在假面具的掩饰下）十分猖狂，作为十足的机会主义分子。完全有可能，洛夫斯通与托洛茨基分子勾结起来。请允许我提醒大家，在美国的托洛茨基分子首领洛尔已经同坎通的纽约派、同所谓左派社会党人的布鲁克伍德工人集团亲密无间地打成一伙了。我们可以预料到，洛夫斯通极力通过他尊敬的马斯特神父同洛尔接近，马斯特神父作为左派社会党人在坎通（纽约）的这个所谓工人团体里担任一点儿工作。这里有着广阔的活动余地，可以被洛夫斯通及其同伙占领。我们的任务就是要制止我们党的任何一个无产阶级成员卷入这个集团。我们已经采取组织措施，我们还将进一步采取组织措施。开除洛夫斯通之后就会出现一个斗争发展的新时期，我们必须果断地对某些人采取行动。当然，我们要对我们党的无产阶级成员采取一种措施，而对职员，特别是小资产阶级出身的职员，采取另一种措施。有人说，党内的每一个博士、每一个法学家和每一个医生都会倒向洛夫斯通，这话有一定的道理。（喊声："这对党可是件大好事呀！"）这对党是件好事，但是我们不应当欺骗自己，也不应当认为我们不会因此而失掉一些无产阶级分子。我们必须谨慎从事。

政治局的情况又怎么样呢？我们认为，共产国际对美国共产党的要求在各方面都是正确的，这项要求是共产国际第六次代表大会路线的进一步发展。它同前一段时间致代表大会的公开信的精神是一致的。它符合俄国党中央委员会的明确路线，也是共产国际对美国党采取的一项最健全的使它恢复活力的措施。

共产国际的要求是什么呢？我们很清楚，共产国际就是要求做到它所说的：消灭派别情绪，我们正在共同工作并已经在消除派别情绪，留下的一点残余也即将克服。共产国际找到了一条正确的道路，并已经走上了这条正确的道路。美国党也将遵循共产国际的这条道路。我们会在合众国建立起一个拥有广泛群众的共产党。在实行共产国际的各种措施之后，一个优秀的、更加坚强的党必将建立起来。

我们的前景对共产党来说是极其灿烂的。我们面对着日益高涨的战斗浪潮，工人阶级正在急速地向左转。阶级斗争的发展进程证明，共产国际对群众向左转的前景的估计是正确的。当然，与此同时也出现一股反动倾向，工人阶级中的资本家代理人向我们党加紧进攻，但是，我们在每一次罢工中都能够显示出我们党的强大威力。只要我们克服了派别情绪，我们就能够领导这些罢工，并把斗争推向更高的水平。失业现象在美国达到空前严重的地步，把失业工人组织起来将是我们工作中的一个极其重要方面。工会宣传联盟中的新工会和将于8月底召开的联盟代表大会，将成为美国阶级斗争史上的新篇章。新工会已经在发挥巨大作用。随着新的中心的建立，新工会的作用将进一步扩大，共产党将开创一个新的历史时期。

这一切都证明，共产国际的路线和红色工会国际的路线是正确的，它表明共产国际把美国党从极其危险的处境中拯救了出来，并使它走上通向胜利的在美国建立一个有广泛群众基础的共产党的道路，这个党决不会在下一次会议上再给会议带来新的"美国问题"了。

（闭会）

第十五次会议

(1929 年 7 月 12 日上午)

曼努伊尔斯基的结束语

一、联共(布)和共产国际中的各种动摇与倾向

1. 资本主义的稳定和我们的五年计划

我在结束语中,主要涉及几个策略问题。我想首先谈一谈俄国问题,顺便也谈一谈布哈林同志的问题。所以要这样做,是因为布哈林同志多年来一直是共产国际领导人之一,他最近的几次发言在党内受到极大的谴责。对于布哈林同志的问题,我们党的中央委员会已经作出撤销他在共产国际中的职务的决定。布哈林同志在最近一次中央委员会全会上指责我们的中央委员会说,中央已经陷入托洛茨基主义立场了,他的这种做法就像德国的右派和调和分子指责德国共产党中央委员会已经滚到鲁特·费舍路线上去了一样。这些指责,众所周知,是毫无根据的。布哈林同志在第六次代表大会期间就已同老托洛茨基分子加米涅夫同志一起参加了关于建立反中央委员会集团的谈判。共产国际执行委员会全

会只好讨论联共（布）中央关于撤销布哈林同志在共产国际中的领导职务的决定。这不是说形式上批准联共（布）中央的决定就行了。共产国际执行委员会全会在分析研究右倾倾向时，不能回避在它的一个最重要的支部联共（布）内所存在的这些倾向。

右倾倾向——这在我们的党执政已达十年之久的国家里并不是一件小事。在这个执政党内混进不少敌视无产阶级思想的同路人。小资产阶级环境的影响使一些不坚定的党员士气沮丧。我们中的右倾倾向有毁灭无产阶级专政的危险。我们的分歧是阶级"分歧"。我们党内的这场斗争吸引着我国数百万的群众。可以说，事实上在我们的实际生活中，全国都投入了关于"新经济政策"、"富农阶级"、"工业化速度"等问题的争论。在我们那里，右倾倾向是同正在疯狂反对无产阶级对城乡资本主义分子进攻的没落阶级向我们党的个别阶层施加压力相联系的。我们中间还有没见过资本主义，而是在新经济政策条件下成长起来的青年一代。围着布哈林同志转的那个小流派就是这样的一代。我只要引用一个文件，就可以使我们清楚地了解这个流派的性质，例如，这个流派是怎样估计富农和租让资本在我国经济发展中的作用的：

"我国的农民合作社组织的基本网络，将由一些不是富农式的、而是'劳动'式的合作社细胞构成，这些细胞将长入我们的全部国家机关的体系中去，因而成为社会主义经济的单一链条中的环节。另一方面，富农的合作社巢窝也会同样经过银行等等长入这个体系中去；但它们在某种程度上是异类，例如像租让企业那样。"①

这就是布哈林同志写的。你们看见了吗？这个流派在我们这里宣传的就是这样一种思想方针。富农的合作社巢窝和租让企业甚至也能作为

---

① 参见《布哈林文选》人民出版社1981年版上册第428页。——编者注

异体长入社会主义了。

如果我们采纳了这种政策，或许我们会使苏联的富农站到我们一边来，但是，无疑，我们就会遭到世界无产阶级先锋队的反对。遵循这种方针，我们就会毁掉共产国际。

联共（布）内的右倾，不是什么没有摆脱类似资本主义国家的思潮问题，它是同共产国际其他支部右派的整个路线有机地联系在一起的。这里有必要首先谈一谈这种内在联系问题。

就拿资本主义稳定这个问题来说吧。不能把世界资本主义经济的稳定，在除去它的极大破坏性因素之外，同我们的社会主义成就相提并论。这些社会主义的成就对于资本主义经济稳定的破坏程度，不亚于那些资本主义国家的无产阶级革命运动与殖民地革命运动。但是，谁要是低估了社会主义建设成就，他就必然过高估计资本主义在世界范围的成就。那些夸大资本主义经济稳定作用的分子，就必然会在我国散布对社会主义成就的悲观情绪。

托洛茨基主义不懂得这种内在的联系，每当它论及我们的蜕化变质，谈论热月政变，谈起我们的所谓资本主义复辟，以及讨论整个资本主义制度的不稳定和革命前景短暂的话题时，它都无法自圆其说。

那个指责我国秋播面积不足的人，他必然会叫嚷共产国际中现在也存在什么"播种面积不足"的问题。如果说资本主义国家的无产阶级是利用资本主义的内部矛盾来破坏资本主义稳定和加快革命运动速度的话，那么，苏联的无产阶级则是靠巩固和扩大社会主义经济成分来动摇资本主义稳定的。资本主义国家的无产阶级以自身的革命运动支援着我们，这种支援首先表现在减轻世界资本对苏联施加的压力。而我们支援资本主义国家无产阶级的方式，则是为外国革命运动的发展创造有利的主客观条件以动摇资本主义稳定的基础。

我们的五年计划是破坏资本主义稳定的五年计划；德国或印度的革

命运动，则仿佛是我国五年计划**完成的保证**。

为了减轻资本主义国家的革命任务，我们在苏联向城乡资本主义分子发起了猛烈进攻。而另一方面，为了保证苏联无产阶级沿着社会主义道路胜利前进，阻碍世界资本主义同苏联资本主义成分的结合，外国无产阶级也向本国的资产阶级发起了进攻。

当前，谁阻挠外国无产阶级执行向资本主义进攻的任务，谁就是苏联的敌人，谁就是我国正在建设的社会主义的敌人，另一方面，谁阻挠同苏联资本主义分子的斗争，谁也就是外国无产阶级革命的敌人。国际性的机会主义，这是个两面派的人，他一面朝着资本主义以图挽救他自己，另一面朝着社会主义和革命却又竭力阻挠这一事业。这种状况：即世界无产阶级在转为进攻而苏联却处于防御，是不可能存在的。相反的是，苏联不前进，不及时号召提高国际无产阶级的战斗积极性，这种状况也是不可思议的。

正因为如此，我们今天要把我们的五年计划作为发展和加强你们的革命运动的基础。

2. 关于新经济政策和统一战线策略

证明革命的阶级斗争具有普遍性的这种内在联系，贯穿在共产国际的整个策略路线中。就拿统一战线策略问题来说，我们从来不把统一战线策略作为各个时期和各个民族一成不变的固定公式。我们经历过同第二国际和第二半国际谈判的时期，我们还经历过与总理事会和佩塞尔谈判的时期。现在我们变得更强大了，我们进而采取更带有进攻性的斗争方式来争取工人阶级大多数。在新经济政策的战略计划中，我们同样可以看到这一点。新经济政策也同属统一战线策略，它拥有数百万个个体农户。但是，新经济政策并非永远是以市场关系为基础和无产阶级与农民相结合的一种固定形式。这是一场谁战胜谁的阶级斗争，是一场反对那些企图使广大贫农和中农群众脱离无产阶级的富农和资本主义分子的斗争。新经济政策内部阶级力量对比的变化，正在改变这一政策的性质，而新经济政策的消亡，将不是依照法令而是在无产阶级朝着社会主义胜利前进的过程中发生的。谁要是像塞拉同志那样要求我们必须以新经济政策为基础，他就是要叫我们倒退，倒退到1922年的新经济政策，即倒退到当初建立的那种初期关系上去。今天的新经济政策，不是1922年的那个新经济政策。今天的共产国际统一战线策略，不是1921年的那个策略。谁要我们采取共产国际第三次代表大会前的统一战线策略形式，谁就必然会把我们拉回到1922年的新经济政策上去。而当我们的党向社会民主党发起进攻时，那个束缚党的手脚的人，他就会叫嚷："缓和一点儿吧，不要向富农进攻吧，不要这样急转弯嘛"。那个要求对富农保留一切革命法制形式的人，他必然鼓吹要忠实于工会官僚。那些想让资本主义在苏联复辟的人们，就不会不支持那些通过资本主义保留其在资本主义国家的阵地的分子。这就是阶级斗争的内在逻辑，它是回避不了的，也不是几句轻描淡写的话就能抹杀的。

  我再谈一点关于争取工人阶级大多数的问题。我们的全会十分重视这个问题。也许，这个问题现在不正是以另一种形式摆在苏联面前吗？在无产阶级专政取得胜利的国家里，我们现在面临的不是争取工人阶级大多数的问题，这个任务我们已经完成了；在这方面，我们所面临的问题，是要把数百万农户纳入社会主义经济体系来争取劳动人民大多数。如果我们能够争取到数百万农户，使它们成为整个社会主义经济体系的一部分，使它们不仅仅要进行像1917年10月发生的反对资产阶级和地主的武装起义，而且还要**巩固和建设**我国的**社会主义**（这一点我们是能够做到的），那么，我们就不仅能够为资本主义国家的无产阶级革命建立起一个强大坚实的堡垒，而且可以极力减轻这些国家的共产党在进行无产阶级革命前争取工人阶级大多数的任务。

同时，资本主义国家的共产党争取了工人阶级大多数，也便于苏联共产党利用新的结合形式解决把大多数基本农民群众争取到社会主义一边来这个任务。因此，谁阻挠在苏联实行新的结合形式，阻碍农业集体化事业，竭力使党后退，使党脱离国营农场和集体农庄，而去壮大个体农民经济，他同时也就在阻挠资本主义国家共产党去完成争取工人阶级大多数的任务。相反的是，如果国外的右派阻挠实行统一战线策略的新形式，他们同时也就在破坏苏联无产阶级和农民按生产原则结合的形式。

3. 反对右派、调和分子和某些"沉默派"

布哈林同志最近在《真理报》上发表的关于"有组织的资本主义"问题的文章，难道是偶然的吗？这不过是他对资本主义稳定问题所持的观点在逻辑上的进一步推论罢了。

在同安贝尔-德罗同志论战时，我们就曾预言，右倾分子在对资本主义稳定问题稍加修改以后，就会逐渐陷入希法亭的资本主义普遍健全论的观点中去。现在我们已经发现这种演变。

布哈林同志的情况同战争时期的某些"左派马克思主义者"的情况一样。他们从分析帝国主义开始，就接受资产阶级经济学家的帝国主义哲学思想影响，并倾向库诺的观点了。布哈林同志在提到桑巴特、施马伦巴赫和本特时如此善意，以致他的共产主义面貌往往被他们的论据所掩盖。布哈林同志本人却没有察觉到，他也在使用他们的语言，并用他们的思想来说服读者了。在布哈林同志的眼里，某些国家垄断组织之间的斗争已不复存在，剩下的只是一幅"有组织的资本主义"的田园般的诗画。可以举出无数的例子，来说明垄断组织之间的斗争还十分激烈与疯狂，它们从根本上驳斥了这种错误的论断，例如美国福特公司和通用汽车公司的斗争，英国、德国和其他资本主义国家的铁路运输公司和汽车运输公司的竞争，煤气公司和煤炭工业部门之间的斗争，等等。我们同样可以看到垄断组织（德国的费班德钢管厂）内部各个集团之间的斗争。从哪里可以找到布哈林同志借施马伦巴赫分子走运的手给我们带来的这种和谐呢？

在布哈林同志眼里，垄断同自由竞争因素的斗争也不存在了。列宁写道："从自由竞争中生长起来的垄断并不消除自由竞争，而是凌驾于这种竞争之上，与之并存，因而产生许多特别尖锐特别剧烈的矛盾、摩擦和冲突。"① 垄断同自由竞争之间的斗争不能消除资本主义社会的无政府状态，却是加深这种无政府状态。而布哈林同志认为，资本主义虽然不好，但它毕竟在克服这种无政府状态，他认为，似乎某些国家存在着的资本主义社会的无政府状态，只是自由竞争时期引起的。他还认为，资本主义社会的无政府状态只是停留在国际场所，而在某些国家资本主义是能够克服自己内部矛盾的。如果希法亭以及和他一起的整个社会民主党在国际托拉斯、卡特尔和国际联盟中看到资本主义在国际关系方面的"组织"原则的话，那么，布哈林同志即使在外部矛盾作用问题上同他们有分歧，也会在资本主义内部矛盾问题上向他们让步。

早在第六次世界代表大会上，布哈林同志就在他的结束语中宣称，外部矛盾重于内部矛盾。他的论据是，例如，英国阶级斗争激化是同英国资本主义在世界市场的垄断作用下降密切相关的，又如，德国阶级斗争激化是由于规定双重剥削压迫的道威斯计划引起的，等等。当然，在帝国主义时代，在世界经济和世界政治时代，否认外部矛盾的作用是不明智的。世界革命只有一个前景，可以说是一个最可靠的前景，就是新

---

① 《列宁选集》中文第 3 版第 2 卷第 650 页。——编者注

的帝国主义世界大战引起的震荡所产生的那种革命。只是这里距离布哈林同志在《真理报》刊登的文章中阐述的布哈林同志的新观点还差得很远。

文章的读者得出的结论却是,资本主义内部矛盾在"有组织的资本主义"制度中不知跑到哪里去了,表面上只剩下那些因世界资本主义争夺市场引起的矛盾。比如,布哈林同志在批评赫尔曼·本特时声明:

"本特那里不存在世界经济矛盾,不存在帝国主义问题,也不存在战争问题。因此,怎么会预料到他那里还会有革命问题呢?"①

然而本特那里,就连导致革命的资本主义内部矛盾也不存在了。

每一个不带偏见的人读了布哈林同志的文章后都会产生一种印象:这个"有组织的资本主义"无法靠无产阶级革命力量从内部攻破,只有利用唯一能引起深刻革命危机的国际战争才能够使其动摇。

布哈林同志的这个论点十分接近塞拉同志的观点,它是在这里引证过的一个文件中曾加以发挥。根据塞拉的看法,资本主义在很大程度上已经能够克服自身的内部矛盾,只是随着国际资本主义矛盾的激化才会出现威胁资本主义的危险。

塞拉同志把资本主义外部矛盾同内部矛盾截然分开的观点,是由意大利的特殊条件决定的,它迎合了机会主义的消极情绪,迎合了意大利共产党内的一些特殊阶层,它们把推翻法西斯单纯地同战争前景联系在一起。而布哈林同志的错误之所以危险得多,就因为它集中反映了塞拉同志受意大利共产主义运动的软弱性制约的机会主义观点,而且把这些观点强加给共产国际所有的党。

对于现代资本主义的国家资本主义倾向,将它过高地估计成为调整

---

① 1929 年 6 月 30 日《真理报》第 147 号。

资本主义经济生产关系无政府状态的因素，就使得布哈林同志惯用资产阶级和社会民主党理论家的所谓"有组织的资本主义"一语，而我们的理论家则使用的是"国家资本主义"这一术语，并力图使其具有计划的属性以组织原则替代经济上的自发势力。

如果社会民主党夸大国家资本主义倾向，这也是完全可以理解的（它是有意识这样做的），因为它向群众兜售的是垄断资本主义，并以此冒充纯真的社会主义。事实上，国家资本主义倾向不仅消除不了内部矛盾，削弱不了阶级冲突，而且，相反的是，这种倾向只会导致阶级矛盾极度的紧张化。"有组织的资本主义"是法西斯主义产生和发展的经济基础。资产阶级对无产阶级群众施用暴力的国家机器的集中化，也是资本的高度集中化，而作为有组织的资本主义上层建筑的法西斯主义，则是资产阶级反对无产阶级群众这一阶级斗争的最最凶残的表现形式。有组织的法西斯国家是"有组织的"资本主义的政治形式。照布哈林和本特的看法，如果承认有组织的资本主义是清除内部矛盾的先决条件是符合逻辑的话，那么，法西斯国家岂不就成了消灭阶级斗争的先决条件了吗？

塞拉及其同伙的论调，实际是在抹杀资本主义国家内部阶级斗争的某些因素，夸大资产阶级阵营在国际范围内的冲突因素。无产阶级——正像塞拉认为的那样——不是无产阶级革命的承担者，而是资产阶级阵营内部因争夺市场而变得日益激烈的冲突的产物，以及由于大战而必然导致无产阶级革命冲突的产物。在这个问题上，我们获得的不是无产阶级的战斗积极性，而是历史宿命论的替代物。有谁能够百分之百地担保一些大国的无产阶级群众不会早在资本主义发动帝国主义战争（包括反苏战争）之前就推翻资本主义呢？而且这些国家的无产阶级群众在推翻"有组织的"资本主义之后，必将进行革命斗争，反对那些正在成为"有组织的"资本主义和世界反革命堡垒的国家。我们的八一行动就是我们采用积极的反战斗争对抗以这类理论为基础的战争宿命论的一次尝试。

如果说把战争危险推到第二位而在无产阶级群众中散布和平主义幻想来松懈无产阶级警惕性是极其有害的话，那么，企图使无产阶级面对国内"有组织的资本主义"软弱无力，而且使其全部希望寄托于外部冲突和战争的"理论"，岂不是更加有害吗？

不能把阶级斗争的一切表现仅仅同外部矛盾因素联系在一起。就拿法西斯主义这种表现来说吧，的确，法西斯主义是战时资产阶级后方的保障，但是，这只能说是它的派生职能，它的根本职能则是保证资产阶级免遭当今的罢工和阶级冲突的威胁。或者可以说，是布哈林同志在第六次代表大会上所谈的工业和平。它不仅仅是能够保证资产阶级战时进行阶级合作的形式，也是首先能够破坏当前无产阶级阶级阵线的形式。再拿资本主义合理化问题来说，当然，资本主义合理化是激烈的争夺市场的斗争引起的，这种外部矛盾对资本主义合理化的影响很大。但资本主义合理化又会引起内部深刻的阶级冲突，工人阶级感受到的资本主义合理化后果不是争夺市场的斗争，也不是未来战争问题，工人阶级首先感受到的是资本主义合理化对本阶级物质利益的冲击。

布哈林同志在第六次代表大会上对战争问题的看法，表面上似乎是很革命的。其实，他的这种看法早在萌芽时期就抹杀资本主义内部矛盾，而且利用无产阶级面对"有组织的资本主义"软弱无力的论调，利用低估无产阶级力量的绝望、悲观的论调，以此否定在世界大战之前就存在着冲破资本主义阵线的可能性。这种论调绝不代表共产国际的看法。对于这种论调，我们给以最坚决的驳斥。

很可能会产生这样一个问题：为什么国外的右派现在都不在共产国际队伍中，而我们这里的右派却在党内依然占据显著地位呢？

同志们，你们应当了解联共（布）所处地位的特点。在你们国家里，资本主义压力比起我们要大得多。我们拥有帮助我们铲除右倾影响的无产阶级专政。我们掌握着国家政权，这是我们反对敌对阶级、反对它们的意识形态、反对它们侵蚀我们党的薄弱环节的异常重要的武器。

如果说博尔迪加过去曾指责联共（布），说它同反对派斗争时使用了国家暴力手段，那么，这只能说明博尔迪加式的人们还不懂得无产阶级专政的基本原理。博尔迪加本人也不懂得，在任何一种倾向不可避免地转化为阶级冲突的国家里，无产阶级的幸福就在于它掌握着无产阶级专政这样一种武器。我曾听到一些同志在谈论共产国际的制度问题时说，联共（布）采用的斗争手段不都适合西欧共产党。我认为，这种观点是非常错误的。正是在共产党身受敌对势力包围的资产阶级国家里，那里整个资产阶级统治机构都在向劳动群众施加腐朽的影响，那里的学校、出版物、教堂都在为统治阶级服务，因而反对来自共产党的倾向的斗争在任何情况下都不会比联共（布）党内更加积极顽强。关于这个问题，埃尔科利同志曾说过，联共（布）的最大功绩就在于它善于透过微小事物辨别一些重大分歧中的基本阶级路线。这是对的，而且不只是我们党的特点，也是每个优秀的布尔什维克的才能。就拿德国共产党来说，它对自己队伍中的每一个小小的"动向"都十分警惕。我觉得，意大利共产党的缺点，就在于意大利共产党在处理一些原则问题时总是拖拖拉拉，一拖就是几个月。意大利同志对托洛茨基主义是如此，对我们的右倾问题也是如此。我赞成埃尔科利同志的声明。我认为，这个声明证明意大利中央将进一步警惕今后各种倾向的表现，警惕种种背离共产国际路线行为的坚强意志。

现在我们中间有一些同志，他们在一系列主要问题上都保持死一般的沉默，就好像是一些受难者、苦命人、沉默寡言的人。全会很想让这些同志讲话。共产国际执行委员会全会始终焦急地等待安贝尔-德罗同志发言。几年来，安贝尔-德罗同志在共产国际中一直占据重要席位。

安贝尔-德罗同志是共产主义运动的出色人物。他是一个极其出众的同志，因此，共产国际执行委员会全会有权等待安贝尔-德罗同志对我们近几个月展开的国际争论和俄国党争论的全部问题谈谈自己的看法。

安贝尔-德罗同志选择了另一条道路。他给瑞士共产党中央发了一封信，并把信的副本寄给了共产国际执行委员会主席团。这份文件的实质是什么呢？安贝尔-德罗同志没有承认他对资本主义合理化问题、涉及德国共产党的问题以及组织不得力等问题犯有任何错误。

其次，安贝尔-德罗同志对共产国际路线、对这次全会的路线也不作任何表态。而全会有权了解安贝尔-德罗同志对此的看法。这不是我们多余的好奇心，了解安贝尔-德罗同志属于哪个阵营，这是我们的责任。

第三，安贝尔-德罗同志理应对在这里引证过的、出自他的同伙塞拉同志笔下的那些新文件谈一谈自己的看法。近几个月来，安贝尔-德罗同志一次也没有反对过右倾变节分子。安贝尔-德罗同志所反对的不过是那些在第六次代表大会上捍卫像德国共产党这样的党的路线的人。

我认为，共产国际执行委员会全会不是在玩沉默游戏，共产国际执行委员会全会应当做出结论。我们对德国调和分子做出的决议中所包含的那些条件，也应当对安贝尔-德罗同志提出来。全会将等待着安贝尔-德罗同志对这些主要问题作出答复。

二、关于社会法西斯主义

1. 关于社会法西斯主义问题的意义

下面我谈一谈关于社会法西斯主义问题。

莫洛托夫同志说得对，这个问题我们只是作了抽象的理论上的阐述，应当谈得实际一些。这个问题目前对于共产国际各支部有着极其重要的实际意义，它决不是个单纯的理论问题。

首先，我们很大一部分支部是在法西斯制度条件下生活和工作的。资本主义世界在走向革命，但是它在灭亡之前正在经历着法西斯主义阶段。社会法西斯主义问题，目前在德国共产党内极其突出。近几个月来党内的全部分歧都将围绕着德国的社会法西斯主义问题。就连小小的奥地利也在受到法西斯政变的威胁。从投降走向投降的势力最大的社会民主党把奥地利工人阶级引向了法西斯反革命。它阻止奥地利无产阶级群众进行革命，并以匈牙利和意大利将出面干涉来恐吓他们。然而事实上，社会民主党已经为四面受意大利、匈牙利、南斯拉夫和波兰法西斯夹击的奥地利的法西斯政变准备好了一切条件。小小的奥地利给我们提出一系列问题。海姆弗和社会民主党之间那种显得十分激烈的表面斗争意味着什么呢？奥地利社会民主党反对海姆弗的这场虚假的斗争，谈不上是阶级斗争，这不过是法西斯阵营内部理论与实践两个微小差异的斗争，就如同在英国的资产阶级统治范围内部的自由派和保守派的斗争一样。奥地利还向我们提出一个非常有趣的问题：像奥地利社会民主党这样的党的势力发展到什么地步，这股势力就会变成法西斯，从量变到质变呢？

此外，从第六次世界代表大会以来，我们还见过打着与反对派斗争的旗号而实行政变的一种"民主主义"，是如何在罗马尼亚演变成彻头彻尾的法西斯主义。从第六次世界代表大会以来，我们成了南斯拉夫法西斯政变的见证人。在世界资本的支持下，法西斯政变恢复了君主专制。在北美合众国，至今我们还看到罢工工人不仅同政府警察日益频繁地发生流血冲突，而且也同由法西斯分子从城市居民社会渣滓搜罗来的武装工贼匪徒发生流血冲突。形形色色的南美独裁者飞快地学会了旧日

"文明的"资本主义世界法西斯匪徒的生意经验。这一切都说明,这个问题决不是在决议中用三言两语就能一笔带过的,也说明阶级斗争的激化越来越尖锐地向共产国际各支部提出法西斯主义及其社会法西斯主义变种的问题了。

我们的辩论又表明了什么呢?我们关于社会法西斯主义的这场辩论,使得这个问题更加复杂了。在这方面我们听到过一些同志的看法,有些同志提出一种新法西斯主义——"农业法西斯主义",还有一些同志谈到殖民地法西斯主义。库恩·贝拉同志的发言是这次全会最有趣的一个发言,他提出要把法西斯主义列入战后资本主义发展的第三时期。我认为,这个问题需要谈得详细一些,目的在于,如果不能圆满地解答这个问题,那么,至少也要尽可能提醒共产国际各支部重视这一问题。

关于作为一种政治制度的法西斯主义是垄断资本主义时代的产物问题,这里已经谈过。在一些高度发达的资本主义国家,法西斯主义将是资本主义面临社会革命的最后阶段。我认为,不能说处于资产阶级民主革命前夜的是殖民地法西斯主义。在那里,虽说也存在着一些新型的资本主义企业,但是占统治地位的仍然是前资本主义的关系;这种关系是殖民地比较典型的关系,而不是高度发达的垄断资本主义。在中国,则是残暴的封建资产阶级反革命,而不是法西斯主义。这里不存在国家暴力机关的集中化。政治制度还仍然停留在尚未消灭封建残余的国家所特有的、由地方官吏享有无限权力的制度上。

在殖民地,资产阶级反革命发展为法西斯的过程,由于国际法西斯的包围,其发展速度会更快一些。这并不排除国民党分子竭力运用法西斯手段,也不排除智利的任何一个独裁者例如伊巴涅斯将军企图效仿墨索里尼的事实。然而,像国民党建立黄色工会的事实,完全不说明中国工人阶级上层在同国民党式的法西斯国家勾结,更正确地说,是由于工人阶级本身发生了小小分化的结果。

你们还记得，德国工会运动在它同资产阶级自由派脱离关系之前的发展情形吧。你们回想一下，英国工联在其成为当代资产阶级国家机器的走狗之前又是怎样在几年之内就充当了自由派的走狗吧。因此我认为，现在还不能提像一些中国同志提出的殖民地法西斯主义问题。

关于第二类国家。一些同志谈到了农业法西斯主义问题。显然，柯拉罗夫同志的发言是指法西斯主义最初产生于像意大利、波兰、南斯拉夫等这样的国家，即拥有幅员广阔的农业地区的国家。有一些国家，例如南斯拉夫这种法西斯主义带有独特的半封建君主专制的性质。

怎样解释法西斯主义首先产生在一些农业国这种情况呢？我认为这里应当考虑到三个主要方面：

1. 法西斯主义一般都产生在由于革命的冲击而政治和经济受到极大震动的资本主义国家的一些最薄弱的环节。在这里，法西斯是以先发制人的反革命面目出现的。

2. 问题不在于波兰或南斯拉夫的垄断组织不够发达，而在于这些国家是与影响其内外政策的国际资本垄断联合组织勾结一起的。资产阶级民主革命在波兰是不可能出现的。

3. 在意大利、波兰和南斯拉夫这样一些国家，法西斯主义很容易披上政治外衣。由于经济基础薄弱，那里没有供社会蛊惑者煽动的地盘，或者说这类地盘要比德国小得多。这里掌权的不是社会法西斯主义，而是彻头彻尾的法西斯主义。

2. 关于社会法西斯主义的演变

库恩·贝拉同志在这里正确地阐明了表面上几乎发现不了的所谓"民主主义"演变为法西斯主义的有机过程。这种民主主义有机地演变成为法西斯主义的过程，特别表现在被引以为荣地称之为"法西斯革命"的法西斯政变,不必经过同民主主义的流血斗争,"民主主义"往往便自愿让位于法西斯主义。例如,"黑衫"党对罗马的进攻,毕苏茨基政变,南斯拉夫政变,就是如此。其次,库恩·贝拉同志指出原有的阶级合作形式、社会民主主义形式和当今的社会法西斯形式之间存在着根本区别,这是正确的。社会法西斯——这不是同旧有的改良主义式的资本的简单合作,当今的社会法西斯是把垄断资本主义冒充为自己的制度、冒充为"民主社会主义"。这就是两种合作形式的主要区别。但是,有些同志把社会法西斯列为战后资本主义发展第三时期的看法,这是不正确的。社会法西斯主义的因素,一般说来,是在战后时期出现的。我们这里往往有个习惯,一开全体会议就想对已经分析过的问题重新加以分析。遗憾的是,可惜大家都忘记了共产国际决议都说了些什么。我们的纲领中论述的社会法西斯主义的特征(当然是描绘式的),我就不去说它了。那么,共产国际决议案对社会法西斯问题都说了些什么呢?决议是把社会法西斯主义列入第三时期了吗?下面我读一段第五次世界代表大会有关法西斯主义问题的论述:

"在资产阶级社会日益土崩瓦解的形势下,一切资产阶级政党,特别是社会民主党,都带有不同程度的法西斯性质,它们寻求法西斯方法同无产阶级较量,以此来加紧破坏现存的社会秩序,保存他们预想的社会秩序。法西斯和社会民主党是铸成大资本专政的同一把刺刀上的两面锋刃。"

其次,共产国际内部有关这一问题的辩论也不是第一次了。

德国党内当前出现的德国共产党调和分子和多数派路线拥护者之间的这场论战,在很大程度上是我们在1923年失败以后同拉狄克就法西斯主义问题的论战的重演。拉狄克当时把社会民主党同法西斯主义对立起来,于是他提出"法西斯战胜了社会民主党"这一公式。

第五次世界代表大会对此是怎样回答的呢?

"社会民主党早已经历从工人运动的右翼变为资产阶级左翼的过程，有些方面则已变为法西斯一翼了。这便是为什么法西斯战胜了社会民主党的说法，历来就是错误的。"

正是因为一些同志把法西斯主义的出现列入第三时期，他们才会有这种奇怪的论调，结果是诺斯克也成了纯粹民主主义的代表。而在共产国际的所有文件中，诺斯克一直被视为赤裸裸的社会法西斯分子的典型。

是什么使得这些同志感到不安呢？我认为，使他们不安的是高度的紧张：在这个问题上他们差一点儿站到了布兰德勒的同一立场上去了。使他们不安的情况还有，如果诺斯克是社会法西斯分子，那就是说社会民主党在8月4日以后没有任何发展。这里我们是否又站到布兰德勒的立场上去了呢？当然不是。是要考虑到社会民主党在战后时期的发展。但是，诺斯克也好，策吉贝尔也好，他们都是社会法西斯分子，只不过他们在社会法西斯主义的发展中充当不同阶段和不同事件中的人物罢了。社会民主党从诺斯克到策吉贝尔的演变也就是朝着社会法西斯主义方向的演变，从国内战争朝着所谓"正常的"资本主义时期的演变。

德国调和分子和右派不能理解的这种演变表现在哪里呢？这种演变首先表现在社会民主党同资本主义国家的结合，不只是上层的结合（8月4日）。这种结合是自上而下的全面结合。在劳工部、警察局、保险银行和市政府就职的数以千计的社会民主党官员都成了法西斯国家机关人员。其次，现在的社会法西斯主义的社会民主党不同于8月4日的社会民主党，那时的社会民主党应了战，投票同意预算拨款，却没有准备战争。而现在的垄断资本主义时代的社会民主党，则是备战的要素。第三，在1918—1919年时，社会民主党借诺斯克之手镇压工人，同时又借希法亭和奥托·鲍威尔之手抛出"社会主义化"方案。那个时期，社会民主党还不敢废除八小时工作日或提出强制仲裁法令,也不敢反对无产阶级的经济要求。现在的社会民主党却敢于冒险了,这种情况在鲁尔可以看得清清楚楚。今天的社会民主党企图使国际工人运动倒退几十年,企图一笔勾销工人阶级多年顽强斗争赢得的全部成果。为资本主义国家增添淫威而扼杀工人阶级的一整套手段,已经达到登峰造极的地步。这就是根本区别之所在。这就是我们为什么不害怕承认诺斯克是社会法西斯分子,不怕陷入布兰德勒的包围。诺斯克也罢,策吉贝尔也罢,都是社会法西斯分子,只不过是社会民主主义演变的不同类型和不同时期的社会法西斯分子罢了。

三、关于英国共产党和瑞典共产党

1. 英国党和议会选举结果

下面我想谈一谈共产国际目前面临的一个最重要的问题,关于我们的英国共产党问题。英国同志不要以为,共产国际今天比较重视英国共产党的路线,就意味着共产国际要把它列入共产国际最软弱的支部之列。情况不是这样,我们没有另眼看待英国共产党,而是把它看做目前条件下面临着最繁重复杂的任务的党。

对英国问题的发言有两种人。

一种是严厉的批评者,希塔罗夫同志的讲话是这类批评者中的代表性发言。希塔罗夫同志在发言中指出,如何不该批评英国共产党。而英国同志坎贝尔、霍纳特别是贝尔同志的发言则强调,如何不该袒护英国共产党。

我们先从希塔罗夫同志的发言说起吧。希塔罗夫同志在批评英国同志时说:"如果说在世界大战之后,在汲取了这段时间的重大政治教训和总罢工的教训之后,以及在党领导了赢得上百万工人参加的英国少数派运动之后,英国共产党只获得5万张选票的话,那么,这就是值得认真思考的结果。"

这里,我想纠正一下有些同志的看法,他们认为希塔罗夫同志谈的是失败问题。希塔罗夫同志远远没有谈到这一点,他只是对英国的选举问题提出要认真思考。

我不准备拿英国共产党同今天的联共(布)比较。然而,当时我们的党也是不大的,而且同英国共产党的处境相仿。在1917年5—6月间,我们才有了世界上最优秀的布尔什维克党。4年帝国主义大战之后的情况是,群众仍然处于战斗状态,他们疲惫不堪,备受煎熬。在5—6月时,我们经历的不是总罢工后的日子,而是推翻了君主制的工人和士兵起义的日子。我们在5—6月就有了苏维埃,有了直接革命的形势,然而在4月和5月,我们在苏维埃中属于少数派,孟什维克和社会革命党人占优势。谁也不会想到对布尔什维克党的指责是它属于少数派,因为群众切身经历了一场大的政治锻炼。由于不具备直接的革命形势,英国群众现在要经历这样的锻炼就会缓慢得多。

我们不应当责备英国共产党只获得5万张选票,应当支持它,不要在党内散布这种失败情绪。要像铜墙铁壁一样团结在它的周围,回击国际社会民主党和还在诋毁英国共产党的一切叛徒。

请看看叛徒罗易是怎样评论我们英国共产党的,他写道:

"如果党遵照共产国际第六次代表大会和工会国际第四次代表大会的决议行事,它就会更加脱离群众。建立新工会的策略,对任何一个老牌资本主义国家都是极其危险的。然而,这一策略在任何地方也不会造成像在英国那样直接的危险后果。"

布兰德勒的机关报《反潮流》又是怎样评论这次选举结果的呢？

"共产国际执行委员会对形势的估计是完全错误的。多数英国工人心目中的工党，既没有因 1924 年加入过政府，也没有因矿工罢工时有过叛变行为而被'揭露'。相反的是，工人们帮助工党获得了更为可观的多数，从而使它能够继续 1924 年开创的、很快又被中断的事业。"

《前进报》报道说，英国共产党在选举之后已不再作为阶级斗争的因素存在了。

整个资产阶级报刊现在都活跃起来，并为我们英国共产党跳起了死亡之舞。在这种情况下，字字句句都要严格地斟酌。

然而，希塔罗夫同志对英国共产党的过火批评倒并不那么可怕，可怕的是一些英国同志错误地袒护英国共产党。我们向英国同志提出一个很简单的问题：那些首先捍卫"阶级对阶级"策略的人们却被排除出英国共产党领导机构，这又是怎么回事呢？英国同志如何回答这个问题的呢？最先回答这个问题的是坎贝尔同志。他说，把党分为山羊和绵羊，分为谁捍卫党的路线，谁没有捍卫党的路线，这种做法不符合英国共产党的传统，并说他们全体党员热切地希望团结一致贯彻党的总路线。他认为，这种划分方法，一方面赞扬了一些同志，另一方面也侮辱了一些同志。我不了解英国的风俗习惯，很可能就是这么回事。但是，我要问一问英国朋友：英国同志们，你们要革命就会掉脑袋的，莫非你们认为我们今天还会顾惜你们的自尊心吗？可现在我仍然认为，这种似乎使你们受到侮辱的说法，只能说明英国同志们过于有礼貌了，说明他们要摆脱这种或许是生活习惯中的良好品德，还必须等待到直接的革命形势的到来。

我们不是只讲礼节的人。我们只是用布尔什维克式的语言说出我们的疑虑而已。

2. 英国工人运动低落的因素和激进的过程

英国共产党软弱的原因何在？我认为，拉斯特同志的发言，总的来说，对英国共产党提出了正确的批评。英国同志们，你们的首要错误，就在于你们没有顶住 1926 年总罢工以后出现的低落情绪，你们没有坚定地逆流而上。英国工党和总理事会背叛了英国的总罢工，尔后又散布所谓士气"低落"，提出"never again"（"再也不干"）的口号。这不过是一种阶级战略，即第一步先在总罢工中，尔后在矿工罢工中打乱无产阶级队伍，再各个击破，然后散布低落情绪，把失败的责任推到工人身上。这就是阶级敌人的战略。我认为，英国同志与这些士气低落的因素作斗争很不得力。

在这方面，坎贝尔同志的发言突出地暴露了这种残留的低落情绪。坎贝尔同志都说了些什么呢？他声明说太好了，共产国际第一次承认我们在英国过去和现在一直都是在逆流而上。

对不起，同志们，共产国际不仅承认这一点，而且也不是第一次承认这一点。我们考虑到你们斗争的各种困难，同时又不认为你们那里只存在着低落，不认为你们完全是逆流而上。你们的工人运动过去无疑有过明显低落的因素，但是你们那里的群众也在前进。你们那里的情况比起单纯的低落或激进要复杂得多。你们在 1926 年罢工以后是处于低落，同时在资本主义合理化基础上也出现群众的激进化。而你们没有为我们提供把低落和激进的因素结合起来的分析。正是低落和激进这两种因素的结合，才有我们在英国见到的那种群众向左转的独特进程。在英国，过渡不是直接的，不是由支持保守党和自由党直接转向支持共产主义的，英国的工人运动是通过英国工党这个中间"站"的独特方式发展的。

同志们，我们并不因此而责备你们。我们深知，我们的群众在1917年直接的革命形势下也没有直接走向共产党，而是经历社会革命党这个阶段的。他们也走过这条弯路。我们也知道，你们通过这一中间站的过渡期限，在不具备直接的革命形势下，会与我们在1917年时的过渡期限不一样的。

我认为，英国工人阶级群众激进的速度之所以缓慢，在很大程度上也是由于合理化在英国的进展缓慢造成的，这次全会上的发言人也都提到这一点。但是，如果麦克唐纳政府确实属于资本主义合理化的政府，那么现在，英国同志们，我们就要求你们兑现你们的诺言。也正是现在，我们要求你们要在群众对英国工党大失所望的情况下成为英国工人阶级群众性的政党。我们准备及早采取措施以免你们的党事后再遭受打击。我们现在就要使我们的共产党发挥它应有的巨大作用，这就是这次全会对英国共产党表现出莫大兴趣的原因所在。

你们的第二个错误表现在哪里呢？它表现在，你们党内还有相当一部分同志不是凭着信念而是凭着纪律在"阶级反对阶级"的口号下投入战斗，你们是个有纪律的党，我们表示欢迎，但信念是不能模仿的。群众可以靠信念相互感染，缺乏信念会使群众兴致索然。在实施新的路线时，你们不是去动员群众，而是把许多宝贵的时间浪费在这种消极的甘地主义之上。你们已经作了长时间的考虑。例如，早在1927年英国同志就支持工党政府的口号。这样，你们就为工党提供了极为有力的武器在选举时来反对你们。你们捍卫当时路线的发言和文章也都被英国工党引证了。

此外，你们对自己路线的正确性缺乏信任，你们生搬硬套地照抄共产国际的路线。我还记得，中央委员会向最近一次党的非常代表大会提出的第一个纲领草案。那里面既提到第三时期，也提到反对右派和调和分子的斗争。虽说提得很少，但都提到了。然而，在当时我们无论如何也不能理解这个第三时期在英国条件下是怎样反映出来的。这个第三时期在英国形势下都有哪些具体表现呢？这不过是字面上把第三时期搬入了决议，完全是一种表面文章，而不是对英国第三时期的具体条件所作的分析。帕姆·杜德和佩奇·阿诺特的文章是正确的，他们谈到"阶级对阶级"的新路线不能只作为选举运动时提出的路线，这条路线应当贯穿在党的各个部门工作中，但是他们的文章在你们的队伍中没有得到多大的同情。

英国共产党的第三个错误，是你们对梅克斯通和库克的态度，从当时对待梅克斯通和库克的态度就已察觉到你们并没有改变原来的立场。你们口头上可以任意发誓说你们是拥护新路线的，但是从对待梅克斯通和库克的态度，从对待左翼社会民主党的态度上可以看出，你们还在犹犹豫豫，你们还没有克服恶魔般地折磨你们的怀疑。对梅克斯通和库克的态度可以说是最后的障碍，越过这一障碍便能证明你们不是口头上而是真正相信新策略是正确的。

我现在想问一问英国共产党，它是否已越过这一障碍呢？不，同志们，它还没有越过。使我们惊讶不已的是，现在，就在库克在选举中极力宣传拥护工党和疯狂反对共产党之后，我们的英国党却对他如此温文尔雅，竟然还邀请他参加声援印度革命殉难者委员会。

揭露库克意味着揭露工党，揭露麦克唐纳政府。谁不揭露库克，谁就放松对麦克唐纳政府的批判。

你们的第四个错误，就是你们陷入"荒岛般的"孤立。共产国际的一切重大问题怎么会与我们兄弟般的英国共产党无关呢？不是说英国共产党没有采纳决议，没有对一些重大问题作出反应。不是的，它对这些问题都有所反应。但是，尽管如此仍然感觉不到它与世界工人运动的一切问题有什么内在的有机联系。所有这些问题似乎都是被迫列入英国共产党活动的。这几年来，我们处处可以看到范围广泛的政治争论。例如，有多少问题在德国共产党内进行了热烈的讨论。德国同志们对任何人的一句话都严格地推敲。他们不允许任何偏离路线的倾向存在，而且不顾情面地打击每一个微小的倾向。在波兰共产党内我们也看到这样一些大的争论。英国共产党内存在着一种特殊状况，这种状况可以说成是：党是一切志同道合者的团体。

例如，在英国共产党最近一次代表大会上，像坎贝尔这样一位有身份的同志宣读了一份报告。就在我们对德国共产党的生产监督问题展开一系列斗争之后，坎贝尔同志在这份报告中不知为什么又搬出了工人监督的口号。

（坎贝尔："这不是事实！"）

坎贝尔同志，如果这不是事实，那就更好了，我就做个撒谎者来庆祝英国共产党的布尔什维克化吧。

在英国共产党内，有关左右倾的一些根本问题一次也没有被揭露过。贝尔同志曾作了一次发言，他对我们说，在这里，在共产国际中，有一些可恨的下级军官——他们是一些随时搜集各种倾向的能手。我不知道贝尔同志指的是谁。我一定记住共产国际中使贝尔同志不安的这些恶神的姓名和住址。就拿我们青年共产国际的青年来说吧，我们有一批最近提拔到共产国际的年轻工作人员，他们对共产国际中的每一点分歧都十分敏感。这是好还是不好呢？当然是好，这种警觉性是党的布尔什维克化的要素。而贝尔同志所说的，是保守主义分子，对此应予驳斥和斗争，以便我们的共产党不致停留在已经认识到的真理的水平上。

3. 英国共产党的任务

同志们，出路在哪儿呢？现在就要使我们的党做好思想准备，迎接它所面临的重要任务。出路首先在于要对党的各方面工作作出大胆、公开的布尔什维克式的自我批评，不要怕得罪人，不要怕刺别人的痛处，或不要怕伤别人的自尊心。友谊是友谊，公事是公事。

我们欢迎英国党中央委员会的紧密团结，但我认为，有时也需要使这种紧密的团结出现一点小小的裂痕，这不是因为我们想要分裂中央委员会，决不是，而是因为需要使中央委员会的活动活跃一些，提高它的思想水平，把它的注意力集中到一些重大问题上去。

第二项任务，英国共产党应当彻底改进党的整个工作方法。皮亚特尼茨基同志在这里作了一次中肯的发言。他的发言对我们说了些什么呢？我们只谈我们党的政策方针。皮亚特尼茨基同志却把全会的注意力引向有组织地贯彻我们的各项决议。拿英国党来说，在这里，我们看到的是工厂支部的数量在下降，或者更确切地说，根本就没有工厂支部。出现这种现象的原因就在于，我们的英国共产党认为只有通过工会机关才能进行党的工作。这固然有其积极的一面。英国共产党是工会工作做得最好的一个党，但现在也有它极为不利的一面。实质上，这种做法是把工联主义传统的遗产强加给我们党。共产党员们应当打入企业，以工厂支部为基础在企业中扎根，这才是英国共产党当前的主要任务。

其次，（这个问题我简短地提一下，因为早已谈过了）现在必须设法开展经济斗争，以便在这一基础上揭露麦克唐纳政府，这是个好战的政府，是个资本主义合理化的政府，又是推行扼杀殖民地政策的政府。

下一个主要任务，即你们已经开始并有待继续完成的任务，就是要积极地援助印度革命。如果英国共产党现在不去援助那些分散的、无组织的印度共产党员，谁能去援助他们呢？共产国际没有其他办法能像英国共产党那样影响印度的革命运动。全会现在要求，英国共产党选派人员、开展宣传和采用其他一切办法积极援助印度革命和刚刚诞生的印度共产党。你们还是一个弱小的布尔什维克党，但是，你们凭着自己的经验是可以给予印度共产党一些援助的。你们已经经受了考验，而且考验得不错。你们是在英国总罢工中经受考验的。我们当时就断定，英国共产党在接到共产国际指示前就已经独自贯彻类似的决定。这证明英国共产党已经锻炼得十分成熟。

其次，英国共产党的领导班子也应当作一些调整。我们认为，应当把那些"有个性的"人吸收进领导班子，把那些没有性格的人派到地方去工作。

再次，我们当前的中心任务之一就是创办日报。如果党在当前条件下不善于把机关报作为集中和动员无产阶级群众的手段，党就不能真正完成自己的主要任务。你们回想一下，我们的《真理报》在反动年代曾起过什么样的作用。你们现在的情况毕竟更加有利。党应当把最广大的工人群众团结在这个机关报周围，建立工人记者网，深入企业，为你们的报纸打下牢固的基础。创办日报是使你们的党成为群众性党的起码条件。要知道，小小的比利时党都有自己的日报，而英国共产党，一个有着重要地位的党和注定要对世界革命的命运产生极大作用的党，至今还没有自己的机关报，没有能够同工人群众对话的喉舌，这是绝对不能理解的一种反常现象。

最后，我谈一谈，这次选举未获得成功之后，现在对英国共产党具有特殊意义的一个重要问题，即8月1日行动问题。从这次选举的前前后后你们应当懂得，在这种形势下八一行动对你们有着多么重要的意义。英国同志们应当让群众看到，在全世界即将飘起反战红旗的这一天，一个政党获得了5万张选票，按其分量来说，这要比跟着英国工党走的那几百万人大得多。一个投了英国工党票的工人就会从这次行动中看到你们，检验你们，而且会自言自语地说，可好，你看我却投给了获得800万张选票的那个党一票。令人奇怪的是，投票拥护这个党的还有鲍德温的儿子，伯爵和一些靠唱圣歌、做礼拜、向工人行善来消遣的文人雅士们。我也投了英国工党一票，可我并不觉得由于这个党获得800

万张选票就会有什么必然的结果。而拥护共产党的这5万个怪人都表现了这种强烈的反战的进步性，他们如此团结一致反对国王的麦克唐纳政府，这说明，他们确实比我们、比这800万张选票要强大得多。这个政党——一位投工党票的英国工人说，显然不是一个说大话的党。这是一些最实际的人，这个党理应得到信任。那个对国会逐渐丢掉幻想的英国工人，是会这样想和这样说的。所以，你们通过你们的八一行动会帮助他丢掉这些幻想的。这一次行动称得上是你们在麦克唐纳政府刚刚迈出头几步时向它发起的第一次指控行动，何况这个政府已经为揭露它的罪过而提供了许多材料。

英国工党政府早已作了表演。它迟迟不承认苏联，拒绝采矿业实行七小时工作日，向工人阶级开始发起资本进攻。在这种情况下，英国共产党能够把8月1日变成一次涉及你们国内政策一切问题的重要行动。这次行动本应成为一次抗议披着和平主义外衣的战争政策的行动，成为一次对印度革命工农的最坚决的声援。可是英国共产党，还有共产国际其他一些支部，却习惯于把8月1日看做多少会搅乱党的正常工作的运动，把它看做容易打乱正常工作计划并把党的力量引向工人阶级尚没有迫切感的反战宣传的运动。

4. 关于瑞典同志的错误

下面我接着谈一谈我们的薄弱环节——瑞典共产党。我不想在这里挖苦瑞典党。不，我们并不想一味指责瑞典党，而是想帮助它从机会主义泥潭中爬出来。弗利格同志在这里作了一次长篇发言，我就主要谈一谈弗利格同志的发言吧，这是一次有代表性的发言。弗利格同志一开始就指出，我们的瑞典党如何健康地成长：从霍格伦引起的危机之后，剩下的7000名党员发展到目前的18000名党员。弗利格同志，难道我们批评了你们这一点吗？瑞典共产党有许多好的方面，在这些方面，共产国际各支部都应向它学习，例如汇报制度。皮亚特尼茨基同志的发言稍稍敲打了一下那些纯政治家。他的发言正确地提出了一个问题：我们需要稍稍"组织"一下我们的政治家，使得我们的组织指导员有些政治头脑。

然而，我们的共产主义运动中确有这种类型的人，他们去到街垒要比写自己的工作报告容易得多，这就是那种革命的"超人"。但是，瑞典党有它突出的特点——它开展了汇报制工作。共产国际各支部应当学习这种汇报制度。的确，弗利格同志，我们愿意学习你们好的方面，但坏的东西我们也要抛弃它，首先要清除你们中央委员会的机会主义路线。你们犯了一些错误，我们也严厉批评了这些错误，错误是可以纠正的。倒不是瑞典共产党的错误本身是危险的。尽管这些错误是严重的，例如解除武装的方案或拒绝参加五一游行，危险的不是这些错误，而是坚持这些错误，我们从弗利格同志的发言中可以看到这些错误，弗利格同志的发言与全会的气氛很不协调。弗利格同志似乎在为中央委员会的措施辩护，实际上他是在重复我们所反对的机会主义的全部观点，这是因为弗利格同志不懂得机会主义错误的性质，这正是瑞典共产党领导的悲剧，也是它的最最薄弱的环节。瑞典共产党领导是不大喜欢承认自己的错误的。我再给瑞典同志举一个例子，在这次全会上迈纳同志发了言，他是同北美合众国共产党中央委员会多数派一起犯了一系列错误的同志。但是当迈纳同志诚恳、坦率地按布尔什维克方式讲述并承认所有这些错误时，整个全会都为他松了一口气。

如果弗利格同志不是在这里为自己的错误辩护，而是抛弃和承认自己的错误，他就会大大减轻共产国际瑞典委员会的工作负担。

关于瓦尔加同志这里已经谈得很多了，因此，我不再专门谈到他，但是瓦尔加同志在这里表示：要敢于说出自己的想法，甚至不怕被指责为机会主义。敢于说出自己的想法，这是值得称赞的，但我认为，瓦尔加同志，我们的支部现在怕的就是被指责为机会主义，这就是共产国际的成绩。

遗憾的是，在瑞典共产党队伍中还缺少这种在机会主义面前获救的恐惧感。

弗利格同志是怎样为取消五一示威游行辩护的呢？他完全是站在机会主义立场上为其辩护的。

大家想想当时的情况吧，800名工人在斯德哥尔摩大街上等待着，示威游行被正式取消后，他们还在大街上冒着倾盆大雨等待着自己党的宣传者的演说。虽说10点半就宣布取消预定2小时的示威游行，而工人们却仍然拥向街头，这时，负责此事的斯德哥尔摩组织书记就取消这次游行一事同社会民主党通了电话。我得知，共产国际的代表对斯德哥尔摩组织书记虽施加了压力，要他对这800名工人讲话，而得到的精彩回答是：这不妥当，因为这个问题已经同社会民主党达成协议。我们瑞典共产党的这些奉公守法的同志对社会民主党十分有礼貌。我们也希望当共产国际严厉批评他们的错误时，他们对共产国际也会这样忠诚守法才好。要知道，这一切都发生在第六次世界代表大会之后，发生在宣布了"阶级反对阶级"的策略之后。为什么我们写下了"阶级反对阶级"的策略的决议呢？就是为了让一个最大组织的书记来唾弃这些决议吗？哪里还有一点点对共产国际的忠诚呢？当再次对斯德哥尔摩组织书记施加压力时，他又提出新的理由：我们没有演说家。拒绝在5月1日对工人讲话，这样的中央委员会在其他党内是要被撤销的。后来斯德哥尔摩组织书记又强词夺理说，在场的800人中只有一部分党员。什么时候有过中央委员拒绝在5月1日向党的外围发表讲话的情况？弗利格同志还在裁军的方案问题上竭力抹杀错误的性质。这里不值得花费时间向瑞典同志们解释这一错误的机会主义性质与和平主义性质了，这一点我们将在委员会上去做。弗利格同志说，这是个错误，但既不是机会主义错误也不是和平主义错误。为什么呢？他说因为在议会党团中既没有社会主义分子，也没有和平主义分子。多么荒唐、不可思议的论据！这可是为议会党团不犯错误立下的一条新教规。教皇可以做十件错事，他却没有过错，瑞典共产党中的议会党团可以提出和平主义的极其庸俗的建议，他却仍然是真正革命的，就因为在这个党团中有弗利格同志和其他人坐镇。这条正确无误的新教规，就像贞洁受胎一样，纯属神话般的传说。

我们再谈一谈关于瑞典帝国主义的性质问题。如果我没弄错的话，弗利格同志向希塔罗夫同志表示：希塔罗夫同志那里好像有一些能够证明瑞典资本主义具有地地道道帝国主义性质的材料，如果这些材料能够交给瑞典中央委员会的话，他，弗利格同志将会十分感谢希塔罗夫同志，因为瑞典帝国主义问题在这个中央委员会尚处于研究阶段。奇怪，真是太奇怪了！共产国际已经建立11年之久，瑞典共产党中央却还在怀疑瑞典是否是帝国主义国家。其实，关于瑞典帝国主义性质问题，已经是瑞典党内早已解决的争议问题。这个问题关系到党在一系列重要问题上的策略方针，例如瑞典在未来战争中的作用问题，所谓"中立"理论，低估瑞典帝国主义侵略性，关于谁是主要敌人——外国资本还是瑞典资本的问题，对于"左翼"社会民主党的和平主义的问题，等等。所有这些问题，革命的布尔什维克都十分清楚，而且在共产国际所有其他党内早已得到解决。你们都发现了没有，弗利格同志的见解与推论同塞拉同志如此相近。塞拉同志说：总之，谁也没有对什么是富农的问题，提出正确的理论依据。弗利格同志直到共产国际第十一个年头还在探讨瑞典帝国主义的理论依据。我们当然不反对从理论上探讨这些问题，何况瑞典共产党在革命理论方面的工作还十分欠缺，只是我们担心，现在弗利格同志终于要研究起这个问题来了，最好不要太迟了，因为经历过战争的群众已经懂得了许多弗利格同志尚不了解的东西。我们准备通过共产国际帮助瑞典中央委员会研究这个问题，但是我们要求瑞典共产党补充一些材料：要它向我们说明一下，中央委员会多数派在8月1日那天打算如何进行反对瑞典帝国主义的斗争。这才是主要标志。

就拿基尔布姆同志关于党在反苏战争情况下的任务问题一文来说吧。基尔布姆同志认为，瑞典共产党的任务是要阻止瑞典加入反苏战争。仅仅就这么一点吗？我们认为，瑞典共产党的任务，不仅要阻止瑞典参与战争，而且要把反苏战争的一切企图变成无产阶级反对本国资产阶级的革命行动。这种观点不是偶然的，它关系到对瑞典帝国主义性质的评价问题。

其次是关于右倾危险问题，整个共产国际都在讨论右倾危险问题，久经锻炼的党也都面临着右倾危险。而在这里发言的瑞典共产党主要领导人，中央委员会主席，却只字不提党内的右倾危险。这就是说，到处都有右倾错误和偏差，只有一个国家，即瑞典，是个世外桃源。在那里，一切平安无事，在那里，"例外论"正在瑞典这块干涸的土地上生长起来。

弗利格在许多问题上是与共产国际执委会的意见一致的。他曾经说过，他完全赞同关于任何派别斗争都是有害的这一声明。是的，我们要说的是，我们将在我们所有的党内，例如在北美合众国，反对无原则的派别斗争。我们还反对波兰共产党内过去出现的那种不成体统的派别斗争形式。但是，弗利格同志，也常有这种情形，即派别是可以使得党健全的条件。你们还记得1922年后共产国际进行的那场斗争吧。在历史的屏幕上闪过了多少形形色色的派别。然而，并非所有这些派别都只带来坏处；有一些派别，而且为数不少，却使得我们的共产党布尔什维克化了。党的路线被歪曲，就必然出现派别。弗利格同志曾以党的团结为借口来为自己的立场辩护。是的，同志们，团结是我们的口号，但是团结的口号不是不惜任何代价的团结。在这方面，弗利格同志的想法同德国调和派分子的思想同出一辙，调和分子曾经说过：我们所要的是各派权利平等和共产国际对各派保持"中立"的党内团结。团结的口号，是指党要团结起来的口号，绝不是用来掩盖机会主义观点的幌子。

四、关于国际红色日

在自我批评的标志下

我在结束语中要谈的最后一点，就是8月1日问题。

在这里，一些同志指责我在报告中对我们共产党的批评不够充分。我应当说明，这不是偶然的，这种情况可以说是事先考虑到的。我们的几次全会都是怎么开的呢？报告人对个别党提出批评，报告之后通常是这几个党的代表发言，敷衍了事说上几句："我们代表团完全同意甲、乙、丙报告中总的评价。我们认为，现在需要的是最坚决地反对国际范围内的右派和调和分子等。至于我们的党，我们要声明的是，报告人在这里所谈的情况并不完全属实。首先，他对情况了解不够，其次，他没有肯定党内工作的正确一面……"这类的发言和声明充斥了我们整个全会。这些发言扭转了全会的注意力，忽视了我们面临的重要问题，而且是从狭隘的民族主义立场来提出问题。因此，我们只好选择别的办法。

我们宁愿让各个党自己来刻画自己的肖像。我们在国际红色日委员会中就试着这样做了。

我们委员会中开展的那种小型的自我批评揭露了哪些问题呢？应当说，这是个很有说服力的例证，它证实了皮亚特尼茨基同志谈到的我们各支部工作中的缺点。首先，我们看到的是，我们党同企业的关系确实坏极了。青年共产国际没有能够告诉我们它的支部是通过什么形式在企业中准备红色日运动的。其次，对街道支部的恢复和工厂支部数量的减少过程也揭露得很有说服力。我们在企业工会中的工作很不得力。我们党内的政治家多于组织家；在组织街道演说时，照章办事的风气还很盛行；我们的干部还十分软弱，这主要表现在对待8月1日问题上，防守情绪仍在党的干部中占上风。

委员会上还揭露出另外一些十分严重的问题。例如，我们大家一致赞成关于必须把当前的经济斗争转向更高一级的政治斗争的提纲，表决时意见完全一致，然而，我们许多人却并不理解国际红色日就是前进的第一步。当前必须把政治斗争置于全党关注的中心，把群众性的政治罢工问题切实地列入议事日程。群众性的政治罢工问题不仅要列入我们的讨论，也要列入我们的决议中。这是当前无产阶级斗争最具体的任务。战前是什么时候首次提出群众性的政治罢工问题的？那是无产阶级于1902年在比利时亲自运用了罢工运动这个武器之后，特别是1905年的俄国革命之后，工人阶级才把群众性的罢工提上日程，并把这一锐利的武器交给了整个国际无产阶级。社会民主党迫不及待地竭力抹杀群众性政治罢工的革命意义，它把这种罢工仅仅同争取普遍选举权的斗争联系在一起。在平斯克举行的党的全体代表大会上（社会民主党此时在这个问题上已经屈服于改良主义工会）发生的所有争论，在一定意义上成了1914年投降的发端。

绝大多数党对8月1日群众性政治罢工问题所抱的胆怯心理，表明我们当中并非所有的人都清楚地了解8月1日在这方面的意义。我们在宣传工作中，要利用群众大会和集会着重强调8月1日的这一面。

我们还需要在8月1日行动后总结一下我们第一次国际性行动的经验，大胆地检查我们在8月1日的准备工作和这一天的活动过程中暴露出的缺点和弱点。通过8月1日活动我们首先进行自我批评，再号召全面开展批评，在各方面展开严肃、认真的批评。共产国际，特别是我们的杂志编辑部，有必要总结一下我们的经验，使它成为我们每个支部的宝贵财富。

德国同志们的功绩是很大的。他们的功绩就在于，他们把群众性的政治罢工问题提上了共产国际的议事日程。然而，我们的德国党以及同它一起的法国党和波兰党，如果在8月1日用实际行动在街头辩论群众性政治罢工问题，它们就会像共产国际其他支部一样，对世界共产主义运动作出更大的贡献。这样，它们一定能够把世界共产主义运动提到更高的阶段，这是任何决议所做不到的事。

我们不怕我们会暴露弱点。至于资产阶级将发现我们面对革命斗争还很幼稚，因而会更加坚定不移地准备战争，这一论点是彻头彻尾的机会主义观点。各个阶级对自己的力量或自己的弱点不能靠编造神话来互相欺骗。各阶级都是在斗争中确定自己的力量的。不懂得这一点的人，他就会像小商人算计买主一样对待革命问题。布尔什维克的力量一向在于，他们敢于大胆暴露自己的弱点和不足。马克思曾经说过，无产阶级之所以强大，就在于它们作自我批评，从而不断地把运动推向更高阶段。

再就是，我们要防备出现这种危险：一旦8月1日这一天某些方面失利，失败情绪就会渗透到我们党的某些阶层中去。我们现在就已发现在我们队伍中散播悲观主义情绪的这种苗头。捷克斯洛伐克的伊莱克—海斯派就在疯狂地反对8月1日行动，他们把这次行动称之为叛乱。叛徒弗勒利希在自己的小册子里公开称8月1日为叛乱。德国调和分子也在发起同样的攻势。右派和调和分子都在利用这一情况同《前进报》和整个资产阶级报刊唱起一个调子。真是太好了！工人运动内部的分水岭就是这样清清楚楚地显露出来了。

我认为，这种表现是极不好的征兆。

我也不同意加兰迪同志的意见，他建议我们在号召做好8月1日准备工作时要表现出最大的谦虚。我不反对谦虚，但我担心，共产国际谦虚得过分，就难以保证我们的党不会更加谦虚了。我认为，莫洛托夫同志的发言，方针正确，他说，8月1日行动带有国际工人阶级反攻的因素。因此，我想问一问加兰迪同志，为什么我们不能公开、大声地向国际工人阶级宣告，而一定要照着意大利秘密工作守则细声细气、交头接耳地议论呢？

我们有许多不足，我们应当果敢、迅速地克服这些不足。我们的同志在离会时要坚信，8月1日将是我们力量的一次大检阅，8月1日将是对共产国际各支部战斗力的一次很好的考验。

总之，任务是艰巨的，但是，这次全会已经使党经受了一次政治锻炼，全会为各党提出了当前斗争的一系列重要问题，也为各党指出了如何在8月1日经受这场政治锻炼。

在8月1日点名时，不要有缺席者，也不要有迟到者。无论什么样的政治气候，无论资产阶级采取什么措施，都阻挡不了我们举行我们的8月1日战斗日。

（闭会）

第十六次会议

(1929 年 7 月 13 日晚)

库西宁的结束语

关于议事日程的第一项,这一次我们进行了大量的**集体**工作。而且,报告本身就是一项集体工作,这不仅是因为我们有两位报告人,而且因为讨论中间的一些发言都具有补充报告的性质,例如莫洛托夫同志、台尔曼同志和皮亚特尼茨基同志的发言。我在几次报告中没有进行全面阐述的一些问题,在辩论中得到了详细的讨论,首先是资本主义合理化和工人阶级的生活水平问题;我在报告中只能从理论角度提出这些问题,但是许多发言人都用工人群众生活中的事实材料对这些问题作了详细的说明。这证明我们许多支部的领导同志同无产阶级群众的生活有着极密切的联系。在这方面我想着重指出德国和英国代表团代表的发言以及塞马尔(法国)、迈纳(北美合众国)、泽格斯(荷兰)等同志的发言。因此,我请那些将要阅读记录的同志们注意一个情况,就是对于我在报告中提出的有关这些问题的看法应该参照讨论中提出的具体补充意见来评价。某些其他问题,例如社会法西斯主义问题和赔款问题,在辩论中已经讨论得相当详细,我就不在这里重复了。但是,我认为这些问题,特别是社会法西斯主义问题,还没有得到详尽阐述,大概在下一次全会上我们还不得不根据新的经验作某些补充。

或许我的看法不对，但是我总有这样一个印象，就是这次全会的辩论与过去相比，在更大的程度上反映出支部的代表们对共产党人的战略与策略的一般问题有了自觉、独立的见解。必须指出的是，我们的讨论更加国际化了。许多同志不仅谈到了本党和本国的情况，而且谈到了别国的问题和共产国际的一般问题。当然，在这方面还没有达到应有的程度，特别是因为这个问题涉及殖民地问题。在这方面，我们的国际主义表现得还很不够。但是，尽管如此，还是应肯定我们已前进了一步。

我现在就想强调，进一步发展我们的国际联系是十分重要的。在这方面，近来已经有了某些改进，首先是共产国际执行委员会各支部间的情报往来有了改进。我们通过西欧执行局取得的联系也大有可为。（喊声："对！"）这些联系要继续发展下去。迄今为止，各支部在协调行动方面做得还很差。我仅举一个例子：某些重大的群众斗争，如波兰、捷克斯洛伐克和法国的纺织工人的斗争，是同时爆发或者几乎同时爆发的，然而这些国家的共产党却没有试图同时组织国际支援运动。至于采取真正普遍性的国际行动，大家都知道，我们只是现在才认真着手准备。我们在成为真正的世界党的道路上还只是刚刚起步，但我们应当成为这样的党，也一定能够成为这样的党。

一、在运用经济概念方面为马克思主义准确性而斗争

1. 工人的生活水平与资产阶级的统计数字

在讨论中，大家在资本主义合理化的一般性质问题上意见是一致的，因而也一致认为有必要使原来的某些提法更确切一些。根据我们的一致认识，资本主义合理化仅仅是从资本主义剥削者的观点来看的，而

从工人角度来看，它则是掠夺与屠杀。但是，在这个问题上我们同瓦尔加同志的看法是有分歧的：由于资本主义合理化，工人阶级的生活水平究竟是绝对降低了还是相对降低了呢？关于这个问题，我在报告中提出了反驳瓦尔加同志的两点主要论据：第一，他忽略了失业工人；第二，他没有考虑到，即使为了单纯地补偿劳动强度提高后的消耗，也必须把工资提高到一定程度。库恩·贝拉同志和希塔罗夫同志在讨论中还在说，似乎我在这一问题上向瓦尔加同志作了让步。事实绝不是这样的。我的全部论据都是针对瓦尔加同志的论断的，他认为工人的生活水平似乎只是相对而不是绝对降低了。库恩同志把我的第一个论据拿过去，然后用它来"修正"我的观点。希塔罗夫同志则利用我的第二个论据来"修正"我的观点。这有什么办法呢？因为要全神贯注地从头到尾听完一个长篇报告，的确也是不容易的！

瓦尔加同志在全会上没再发表自己的意见（关于工人在总产品中的份额仅仅是相对削减的意见），但他却企图坚持自己的论断，反对提纲中关于工人阶级生活水平由于资本主义合理化而降低的提法。可他并不能减轻我们的反驳的分量。他不得不承认，他没有考虑到整个工人阶级的总的生活水平，尤其是没有考虑到同样属于工人阶级的失业者的生活水平。他也承认，他所应用的"实际工资"的概念中没有包括因资本主义合理化而提高的劳动强度的补偿费。与此同时，他又借口为自己辩护说，资产阶级统计机关"在公布的成千上万的文件中"到处使用的都是这个狭义的"实际工资"的概念。这样，瓦尔加同志不是在用论据的质量而是以论据的数量来攻击我们的提法。其实，他应当知道正是在思想产品方面，资本主义世界中正在大规模地实行标准化、定型化和定额化，因此，他想引用包含着虚假的和错误的论断的书籍报刊的大量存在作为论据，这是很少有说服力的。在资产阶级的统计资料中，甚至货币工资的统计数字也往往是不准确的、夸大了的；雷梅尔同志已经使我们注意到，大部分德国工人根本没有获得资产阶级统计资料中所说的"工资额"，至于货币工资与最低生活费之比，那它们的统计就更加不可靠了。瓦尔加反驳说，如果说资产阶级统计中的绝对数字不真实（这一点他也承认）的话，那么，实际工资的变动情况在这个统计数字中总还是得到正确反映的。他的这种反驳也不能认为是正确的。"实际工资"概念中的一些极其重要的组成部分，例如最低生活费指数，在资产阶级统计学中的解释过于狭义，所以它们的变动便不会符合工人阶级的最低生活费指数的实际变动。而有关工人阶级生活水平的另外一些重要方面则统统被忽略了。

瓦尔加同志最后还说，问题怎么提都是可以的，这要看怎样对我们的宣传更有利。不对，这里首先是要正确地肯定**事实**。所以，瓦尔加同志关于我们的提法似乎会"用一句错话给宣传鼓动工作造成混乱"的意见，是应予以坚决否定的。如果我们是根据确切的马克思主义概念来认识工人阶级的生活水平的，那就不应当像瓦尔加同志那样说我们是想同我们的论敌展开一场"用词上的争论"。这不过是瓦尔加同志的一个大胆的看法而已。这里绝不是什么用词问题，而是关系到一个重要问题。因此我坚信，如果我们在反对社会民主党的斗争中不去捍卫马克思主义的概念，不向工人们解释马克思主义的概念（做到这一点是完全可能的），那我们才会真正造成混乱呢！

2. 只见树木不见森林

瓦尔加同志说，我的报告涉及了各种各样有趣的问题，但这些问题并不属于"战斗的共产党人集会"感兴趣的最重要的问题。我认为这是十分严厉的谴责。的确有那么一些政治家，他们巧妙地撇开的正是一些最重要的问题，他们只见树木不见森林。我不愿意别人把我也归入这类政治家。要说瓦尔加同志进行这样的批评总有一些正当根据的话，那就是我在报告中只是从理论上提出了资本主义合理化和工人的生活水平问题，但是，也不能认为这都是些纯理论问题；在当前这都是些使每一个企业工人、每一个失业者，而首先是每一个积极的共产党人产生莫大兴趣的问题。这种情况我们在全会上也看得很清楚。在讨论中，瓦尔加同志的功劳只在于他后来勇敢地承认了他可能是过于脱离工人群众的实际生活了，因而看不到每个工人都十分清楚的严酷事实。

瓦尔加同志的优点在于他对局势的调查研究和对经济形势个别方面的论述。他在举例时所说的农业危机和当前的信贷危机，就可以成为对决议进行若干小补充的根据。而他的缺点又是表现在他所作的结论和总结中。在赔款问题上，他从一系列正确的事实材料中得出了完全错误的结论，这一点莫洛托夫同志和诺伊曼同志已经指出了。其次，他把活跃工人阶级群众斗争的问题同资本主义实际经济形势恶化完全机械地联系在一起了。其实，这个问题并不那么简单。这一点，例如我们现在在合众国就可以看到，尽管那里的经济形势空前大好，仍然不断出现大规模的罢工运动，其原因不能都归结到某些生产部门出现局部危机上去。难道可以把德国不久前发生的广泛的群众运动解释为局势不好造成的吗？如果我们必须用最扼要的形式来说明工人的力量同局势变化之间的关系的话，那么，比较正确的说法应该是：局势的急剧变化会为工人群众斗争的高涨创造最有利的环境。

按照瓦尔加同志的说法，我似乎断言过，对技术进步的过高评价是一种右倾倾向；对此他说："这一点我是不能理解的"。学术上存在着两个不同的部门——工艺学和经济学。我在报告中谈的只是经济学，而没有谈到工艺学。技术上的许多成就，其本身可能是极其有益的，所以我们并不反对个别同志作为个人对这些成就加以赞扬。但我在报告中丝毫没有涉及这个问题。我在报告里说的只是在以下两个事实中反映出的错误倾向：第一，任何一项技术发明都被无条件地视做资本主义经济上的一大进步；第二，忽视把技术成就应用于资本主义生产方面存在的经济上的限度和遏制因素，也就是受资本主义所有制关系制约首先是受资本主义所有制的垄断性发展制约造成的限度。这种倾向，我认为，不仅是类似其他一些倾向的一种很平常的右倾，而且，正像我所说的那样，它会直接导致对马克思主义原理的修正。为什么呢？因为资本主义必然崩溃的经济根据，按马克思的说法，就在于生产力（由于生产技术上的成就）的发展和与此同时发生的资本主义所有制关系的垄断性发展之间的矛盾激化。而声称"这一点我是不能理解"的人，他的这句话所证实的不是别的，正是他自己还不理解资本主义崩溃的经济必然性。我并不想断言，瓦尔加同志所指的正是这一点。但不管怎样，我想指出一点，那就是对于是否应该还在我的报告中引用马克思提出的早已众所周知的资本主义崩溃的规律这一点，我从前曾经有过某些怀疑，而现在我认识到还是不妨再提一下这个规律；因为凡是不懂得或是忘记了马克思这一规律的人，尤其是如果他是个有经济头脑的人，而且又是个革命者，他便不得不去寻找一些能够替代这一规律的代用品。我认为，瓦尔加同志在第六次代表大会前发表的小册中提出的规律，就是属于这一类小小的代用品。但是，我想首先说明几点附带的意见。

特奥多罗维奇同志在发言中谈到农业危机正在成熟，这一点为提纲作了十分正确的补充。我想，这个补充是可以接受的。但是，他的论证中有着某种片面性，因为他把自己的全部注意力都集中到资本主义"基本的核心矛盾"上去了，同时把这种矛盾理解为发达的工业与落后的农业之间的矛盾。当然，这是个矛盾，也是个极其重要的事实；但是，如果把它提到资本主义"基本的核心矛盾"这样的首位，我们就容易使整个问题的提法具有另一种味道，仿佛我们既不承认资本主义的其他矛盾具有决定意义，也不承认它们具有基本矛盾的性质（似乎它们只是派生的矛盾）。但是，试图把现时期帝国主义世界的各种决定性矛盾归结为这一种矛盾（即工业发展与农业之间的矛盾），这当然是错误的。企图抱住这种思想不放的人，必然会陷入资本主义逐渐衰亡的非马克思主义理论的轨道，这种情况甚至曾发生在伟大的革命者罗莎·卢森堡身上。布哈林同志的观点的倾向也正是朝着这个方向"发展"的，按照这种观点，资本主义生产的无政府状态在国内市场上将由资本主义组织所代替（而无政府状态将只存在于世界经济）。诺伊曼同志和曼努伊尔斯基同志对布哈林同志最近一篇论文都提出了批评。我还没有能够仔细研究这篇论文，但是我觉得，总的来说，批评是正确的。我只想建议，诺伊曼同志改变一下他发言中的两处提法：一是他说，似乎我认为"技术的发展会受到资本主义竞争的遏制（？）"，再就是他说"生产能力的提高和市场容量不足之间的冲突"是"基本矛盾"。当然，这后一种矛盾确是事实。但是，既然我们谈的是根本性的主要矛盾，所以最好尽可能正统地维持马克思的提法，最好走出分配领域，进而探求生产力发展与资本主义所有制关系——"资本垄断"的发展之间的基本矛盾。（诺伊曼："竞争就是它的表现。"）资本垄断是资本主义生产方式的主要障碍。这就是生产手段的集中化和劳动社会化不能与之相容的那个资本主义的外壳。当然，资本垄断消灭不了竞争，然而垄断却也束缚着自由竞争。资本主义矛盾自然是通过市场反映出来。但即使世界市场也已不是完全自由的市场了。世界被瓜分了，而在扩大各自的经济领域的斗争中，一国的帝国主义垄断资本必然会同另一帝国主义垄断资本相撞。

3. 工人数量减少的趋势

我前面提到瓦尔加的规律，瓦尔加同志本人并不承认他确定过什么规律，但是他写过关于工人数量减少的趋势的文章（瓦尔加：《关于生产资本领域中的工人人数的减少》)。瓦尔加同志在发言中表示,他是个凡夫俗子,8年的时间是不足以发现一条规律的,他说他只不过是引证了统计的事实材料而已。何必如此过谦呢?要知道瓦尔加同志在小册子里写的可是另一回事。小册子里是这样写的:

"……对最新发展的认真研究……表明,长期不断的大批失业的根源主要不在于这些破坏(即:大洋彼岸某些国家的工业化、欧洲的贫困化、农业危机。——库西宁),它是资本主义内在矛盾激化的不可避免的结果"。

这些话已经不是在单纯引证失业增加这一事实了。接着瓦尔加同志又根据对利润和剩余价值的相互关系的理论分析而得出了下面的一般性结论:

"个别的资本主义企业所关心的只是要保证它们自身在利润总额中取得更大的份额,为此它们用减少工资开支的办法来降低个别企业的生产费用,因此这是与整个资本家阶级的利益——要求全部资本都获得尽可能的高额利润——相抵触的。"(瓦尔加:《1928年稳定末期的资本主义经济》第20—21页)

接着瓦尔加同志又指出"资本主义的三种基本趋势",其中包括马克思的两条规律,即资本的有机构成提高的趋势和利润率降低的趋势;而第三种就是所谓"工人数量减少的趋势"。然后瓦尔加同志又引用了资本主义积累的一般规律,并以自己的下述提法对这一规律作了补充,即:战后时期发生了"生产领域中的工人人数的绝对减少(这一次不仅仅在农业上)"以及"裁减工人的趋势已经充分表现出来"。这就是瓦尔加规律。

这样,一个新生儿出世了,尽管他是个很小的新生儿。瓦尔加借用了一位美国人士 P. G. 泰古埃里这样一句话作为他这一章的题词:"我们已经形成一个十分明确的概念:雇主的任务就是裁减工人。"这就是那个新生儿。摆在我们面前的明明是资产阶级余孽,而瓦尔加同志不过是用"马克思主义的"漂亮词句的襁褓把他包裹起来而已。这是一条美国式理论,据我个人判断,是由两个组成部分构成的:第一,用瓦尔加同志的话说,单个的资本主义企业主所关心的是,"保证他们自身在利润总额中取得更大的份额,为此他们用减少工资开支的办法来降低个别企业的生产费用"。形成这个理论的第二个组成部分,我认为是资本家阶级或资本巨头阶级空想的要求,即它幻想摆脱对本国无产阶级的任何依赖,同时又能在这种条件下日益增加利润。这一切都是极其诱人的前景:既不冒任何革命风险,又不断减少工人人数,利润还愈来愈大。这可是资本主义的理想状态,这种状态只会在里夫耶拉和摩纳哥见到,那里工业工人为数极少,但却有足够的仆役。这或许就是考茨基可能称之为"少妇阶段"的资本主义(但是就连在摩纳哥不久前事态也发展到暴动地步,那里也不能绝对保证没有起义了)。

指出一些生产部门甚或整个国家的工人人数在减少是一回事,而认为工人数量日益减少是总趋势则是另一回事。我绝对不想在这里与瓦尔加同志争论他的相应引证。我为什么要在这里泛泛地引用来源美国的这一理论呢?又为什么要抨击这一理论呢?原因不外乎两条:

第一,因为我们已经不只一次看到,一些并非属于右翼的好同志在互相争论瓦尔加的规律。我认为,必须抛弃这一理论,免得这种混乱给我们造成损害。

第二,必须从这些过于经院式的议论中吸取重要的共同教训。

4. 严重的教训

我们应从这些理论性论断中汲取的严重教训,它提醒我们:在同资产阶级经济学家打交道时务必多加小心!我们能把资产阶级经济学看做真正的科学吗？不能。要知道，资产阶级经济学首先是对资本主义的**辩护**。我们任何时候都不应当忘记这一点。资产阶级经济学家无一例外地首先是资本主义的辩护士，其次才是学者。在这些人中，统计学家或许还不能算是最坏的。在一些知名的统计学家中还能够找到这样的一些人，他们试图在一定程度上对统计方法进行较大的批判性的改造，以使自己的部门摆脱卖身投靠者的处境。资产阶级经济学家中最恶劣的就是那些理论家。当然，我们是要利用资产阶级的统计数字的。马克思和列宁就曾在自己的著作中运用过它的统计数字。我们可以这样做，但是必须谨慎从事。每一次运用时都要精确地检验：统计数字实际证实的是什么，还有哪些是这些数字没有证实的。必须极其认真地注意，不要让自己受资产阶级经济学家的结论和总结的诱骗。特别是像瓦尔加同志这样的人，其职业本身就要求他经常同资产阶级经济学界打交道，因此，他更应当懂得，他的思想随时都有受污染的危险，有染上寄生虫的危险。只有像列宁这样的人具备的那种极高水平的马克思主义批判能力，才能绝对保障不受资产阶级经济学的污染。迈纳同志曾正确地强调指出，例如，在美国，资产阶级报刊和书籍对共产党人施加的思想压力是很大的；仅有这一点就可以向我们解释在这次党代表大会上多数领导人的论点都包含着明显的机会主义内容。如果不认认真真地遵守马克思的卫生措施，我们中的任何人都没有绝对的免疫力，去抵抗资产阶级经济学的寄生虫的侵袭。瓦尔加同志是个诚挚的研究者，他对一切事实的态度都是诚挚的，但是，他的研究方法并不全都是无可指责的，他所得出的结论也并不都具有无可指责的纯净。总之，我要再一次强调：同不讲卫生的资产阶级经济学界打交道的人一定要最严格地遵循科学的马克思主义的卫生学，尤其要保持头脑的纯净。

二、关于各国共产党的进一步布尔什维克化

对于当前时期的性质问题，全会的看法是完全一致的。决议草案中的表述没有遇到异议。如果我想简明扼要地阐述一下这个表述的意义，我可以说："第三时期"不是稳定时期，而是动摇资本主义稳定的时期，同时还可以进一步说，是酝酿新的革命高潮的时期。而从我们的革命实践观点来看，最重要的是，这是一个进行战斗准备的时期。莫洛托夫同志已经在发言中强调指出，当前时期的战斗是为未来的决定性战斗所做的准备。当前时期的历史意义就在于，加速并准备革命高潮的到来，在于促使广大群众的革命化，在于巩固革命工人运动的阵地，以便为无产阶级的胜利创造条件。整个运动趋势是向上的，是向更高级、更尖锐的斗争形势发展的，这是朝着政治总罢工发展的趋势，是朝着无产阶级的自觉性与打击力量蓬勃增长的趋势。

与此同时，我们应当警觉地注视我们的敌人对付革命运动的策略。他们的策略，一方面要转移无产者群众队伍中出现的革命化进程，另一方面则运用陷害、诽谤、离间、迫害、恐怖等手段分裂无产阶级斗争阵线，孤立和瓦解自觉的革命先锋队，从而破坏无产阶级斗争的群众性。我们的敌人使用这一策略的重要武器便是社会法西斯的"毒气"手段，以及多次使用的或许近期内还将更加频繁使用的挑衅行为，即挑动我们过早地采取行动以达到摧毁共产党的目的。

为了成功地反击这种挑衅，我们既不应当在斗争面前退缩，也不能让我们的敌人主宰我们的斗争形式和我们确定的斗争日期；我们在任何情况下也不能让敌人割断我们同群众的联系，不能让他们把我们同群众孤立出来，我们必须这样进行斗争，以便通过斗争把最广泛的群众动员起来。当前时期的这些战斗应该使我们更加坚强，给我们增添新的革命

力量。

难道我们近几年没有变得更加坚强吗？从战后第二时期以来，无疑我们已经获得新的革命战斗力。大家都记得，当初我们面临的威胁是各国共产党与广大群众隔绝的危险。那时社会民主党人把我们描绘成工人运动的分裂者和宗派主义者。统一战线的策略我们现在只是自下而上地贯彻，而在当时我们不仅仅自下而上同时也自上而下地贯彻。这个路线是否错了呢？没有错！依靠我们的统一战线策略，我们获得了广大工人群众的信任，我们的威信大大提高了。当时许多东西还都未被工人们领悟；他们之中的许多人常常不惜任何代价争取统一战线。他们处于防御状态，害怕工人战线出现任何分裂。当时我们以自己的策略在无产阶级群众运动中赢得牢固的阵地，我们的群众影响扩大了，这种群众影响的确不是任何时候都能从选举结果中直接反映出来的。由于局势的紧张化，例如在英国，不仅大部分小资产阶级分子，甚至相当一部分工人，半改良主义的工人，都表现出动摇，他们往往是起初倒向资产阶级一边，经过一段绝望的时间，在共产党实行正确策略的情况下，他们又转而信任我们。

在这次全会上，曾不止一次有人指出，我们的群众影响日益扩大与我们党组织的发展相对缓慢是很不相称的。在这个问题，我必须声明，这次全会几乎完全没有探讨关于确定我们党的合法与半合法状态同最广泛的群众工作之间的关系问题。组织部必须着手研讨这一问题，根据不同情况给各个党以不同的指导。当然，秘密状态会对各国共产党的直接影响造成某种天然的界限，虽然这些界限并不像我们的党今天在某些国家的影响那样狭窄。但是，在公开与半公开的环境下，我们的政治影响与组织影响之间的不协调就是一个缺点。我们不应忽视这一缺点，而且无疑应该克服这一缺点。

1. 政治工作与组织工作的脱节

皮亚特尼茨基同志在发言中强调了我们的组织任务的政治意义。大家都已经听到了,对这个问题的反应十分突出,比我们过去历次代表大会和全会上的反应都更加强烈。这就证明,我们的同志们懂得在当前阶段组织任务具有多么重要的政治意义。

列宁在第四次代表大会的最后一次讲话中指出了运用俄国经验的重要性。我想提醒同志们在俄国革命高潮的初期,1917年3月,当列宁在瑞士了解到二月革命时,他立即宣布:"目前的口号就是组织起来。"他写道:

"工人同志们!……你们如果不表现出**无产阶级组织的奇迹**,你们就不可能在这个下一次'真正的'革命中取得**巩固的胜利**!"①

这是1917年3月的事。而如果说列宁当时就说过"整个俄国资产阶级和整个资产阶级知识界都具有出色的组织",并且他认为应"使无产阶级具有同样出色的组织"来对付它的话,那么,今天我们就应当指出,现在在资本主义国家,在欧洲和美洲,资产阶级组织得比那时更加出色了。如果说当初列宁为俄国考虑的首先是建立工人代表苏维埃的话,那么,现在他的号召则应该适用于资本主义国家中各种形式的无产阶级战斗组织。一切资本主义国家的资产阶级反革命都企图全面完善他们的阶级斗争组织:为了达到这一目的他们采取的手段是,首先使整个资产阶级统治法西斯化,并借助社会法西斯把改良主义的工人组织拉进资产阶级的压迫机器。对此,我们的回答只有一个:竭尽全力分别巩固

---

① 《列宁全集》中文第2版第29卷第36页。——编者注

革命阵线的各个组织。在德国共产党第十二次代表大会上，台尔曼同志曾在报告中极力强调这一任务。我在这里也想这样做。

自从列宁在第四次世界代表大会上讲话以后，共产国际执行委员会的所有指示中都提到防止组织工作公式化的问题。这几年来，我们更加重视这项工作的政治内容。但是，在我们党的实践工作中仍然存在着政治工作与组织工作脱节的有害现象。有时政策和组织工作之间缺乏正确的联系、正确的结合。当然，并不是在各个支部中都同等程度地存在这一缺点；在某些支部和某些地区多半只能说存在着由于分工不好而造成的工作中的片面性。有些时候，这一缺点是由于对正确的政治路线或组织任务估计不足造成的。这种情况当然更糟糕一些。甚至还有这样一些支部，或者是整个党，它们的工作中总是以某种方式要么在这一方面要么在另一方面存在着片面性。

我想以我们的中国党作为例子。在我们致中国党的许多信件中，我们曾多次提请中国党一定要重视提高思想水平，这对中国党来说是一项十分重要的任务。但是，我必须说，在思想争论方面，中国人绝不是站在最后的。恰恰相反，如果你们读一读最近的几封信和政治局的记录，你们就会看到这方面的争论实在太多了。原则性的争论太多，实际工作太少。在这里你们会发现，在一些提法的措词细节上可以说是无休止地推敲，几乎是繁琐哲学似的推敲，给人的印象是无休止地追究一些倾向。这本身并不那么坏，只要它在实践中能够有力地配合工人中的组织工作。但遗憾的是，中国现在的情况并非如此。因此，我想非常坚定地、以十分负责的态度提请中国党的领导集体注意，它应当认认真真地抓一抓各个组织、支部和工会中的工作。这种实际工作同分析形势和确定政治路线是同样重要的。

瑞典党的情况则完全相反，只是更加尖锐而已。至少到今年为止，情况是这样。这个党在组织工作上是有贡献、有成绩的。当然，这并不是说这个党，哪怕只是在组织工作方面就可以称为优秀的布尔什维克党了。但不管怎么说，成绩总是成绩。经常征集党员和征集报纸订户的工作在瑞典进行得很顺利。每年定期举行的某些活动，特别是报刊运动，在瑞典都进行得相当好。有关某些国际类问题，党的活动甚至比有关瑞典国内问题还要组织得好，例如，芬兰问题在瑞典报刊上的反映十分活跃。对事务的管理、对出版报纸的指导，都组织得有条不紊。共产主义书籍的发行工作在瑞典也组织得很好。当然，大量发行坏书算不上成绩，但是，像瑞典大多数情况那样，成功地发行好书，应该是双重的功劳。工会组织工作也在逐步改进，组织得最好的是选举运动，至少在筹集资金和争取选票方面是如此。是的，同志们，曾经有过这么一个时期，即霍格伦时期，党甚至连这项工作也没有做过，它什么也没有做。而现在，我们可以说，党的积极性提高了。但是，在确定党的政治路线方面，在阐明共产主义战略和策略的基本问题方面，可以说，瑞典党内至今还存在着令人难以置信的表现上的印象主义（不是像霍格伦时期那样的社会民主主义），而且是最坏的一种机会主义的折中主义，我甚至可以说，这种对原则问题漫不经心的状态几乎近于完全盲目的状态。最近举行的一次中央委员会全会虽说是一个转折点，但是直到一月全会，情况仍然是令人难以置信的。对政治和经济形势不作分析，任何一点分析也没有；同志们认为，这甚至没有任何必要。如果我没有记错的话，弗利格同志曾说，他们无法进行这种分析，因为他们没有足够的资金建立科学研究所。而一月全会的几项决议是那么空洞，它们停留在什么样的水平上啊！这种政治上的盲目性会导致什么呢？它会使党陷入右倾危险。瑞典党的右倾危险很大。这一点在第六次代表大会上就已指出过，然而，瑞典党一月全会又是怎样看待这一问题的呢？只是顺便提了一下，说按照第六次代表大会意见，我们党内也有可能存在这种倾向。瑞典党中央委员会对于党内是否存在右倾危险这一问题，并没有明确看法。在最近一次中央委员会全会上，党的领导和议会党团的某些错误受到了批判。但是，与其说问题在于个别错误，不如说在于党的领导多数都在向右滑去，而且是在整个路线上，在工作的各个方面都如此。瑞典的五一示威游行未能举行，这件事很有象征意义。是的，假如瑞典共产党真的把工人阶级大多数争取到自己这方面来了，你们会认为无产阶级革命能在瑞典发生吗？我可不这样认为。它最多不过选一个非常好的天气，举行一下罢工了。（笑声）不过，我想告诉弗利格和萨穆埃尔松同志，在无产阶级夺取政权的时刻，天气永远不会是晴朗的，走上街头的工人们如果知道领袖们像瑞典 5 月 1 日发生的情况那样没有加入他们的行列的话，肯定是会愤怒的。因此，为了瑞典无产阶级革命的利益，瑞典共产党必须在政治上积极振作起来，必须革新，必须革命化。党终究还是应当认真地投入反对右倾危险的斗争。倘若不这样做，那么，日益迫近的革命斗争将会使瑞典无产阶级措手不及，瑞典无产阶级走上街头时会毫无准备，这会使它付出昂贵的代价。

2. 为完成进一步布尔什维克化的任务还要做些什么

怎样才能找到一种综合办法，能够在实践中把正确的政策同正确的组织工作结合起来呢？为了找到这种综合办法，我们不需要提出新的口号，几年来我们已经有了一条很好的口号来达到这一目的。这个口号——使我们的党进一步布尔什维克化。同往常一样，我们所指的布尔什维克化是最广义的布尔什维克化，就是使我们党的全部工作在政治上和组织上得到进一步发展，而且是遵循列宁主义精神，并参照俄国布尔什维克的经验。我还要补充一点，现在也在参照德国布尔什维克的经验。近几年来，我们各个党在布尔什维克化的道路上已经做出相当大的成绩，但是，各个党内都还有许多事情要做。因此，我们在向各党提出我们的要求时，正像台尔曼同志讲话中指出的，不要再搞"客套"了。这是个很中肯的意见。

布尔什维克化是正确的革命政策与相应的组织工作结合起来的。这次全会关于问题的政策方面谈得很多。我们这次所谈到的全部问题都涉及这一方面，例如：当前时期的性质，我们近期的政治任务，统一战线的策略，当前群众战斗的策略，争取共产党人在这些战斗中的领导作用，反对法西斯主义和社会法西斯主义的斗争，特别是反对社会法西斯左翼的斗争，反对右倾危险的斗争，等等。但是，其中任何一项任务都不应只看做是政治任务；与此同时，还必须依靠真正的布尔什维克式的**组织工作去执行这些任务**。

这是不言而喻的，因为这里所谈的都是开展群众的革命战斗、反对右倾危险的斗争等任务。但是，遵循正确的政治路线向来不只是政治任务，这同时也是组织任务。"路线"是指在一定时期或为一定的行动和我们的局部工作而有意识地确定我们的基本战略目标。我们的战略总目标是要加强我们的革命阵地或夺取新阵地。在制定具体路线时，我们必须确定我们试图通过巩固我们的革命阵地的办法所要达到的近期目标。而要达到这些目标，就不仅要求有正确的策略、正确的口号和正确的宣传与鼓动工作，同时也要有正确的组织措施。重要的是，要预先为各方面的工作以及重大运动和行动准确地制定局部的和分期的战略目标，以便事后有可能检查我们在制定路线时提出的目标是否正确，口号或策略是否存在错误，整个组织的所有螺丝钉是否都运转得很好，以及它在哪些方面还显示出无能，等等。因此，必须要求所提的战略目标尽可能的正确，而不是，举例说吧，在选举运动时期就只把目标对准搜集选票和当选证书上；因为我们的目标首先应该是工人群众的革命化。

正确的布尔什维克式的领导问题，共产党人在无产阶级阶级斗争的各个领域内实现进一步布尔什维克化的问题，都应当是这样。联共

（布）面对当前的运动往往运用确切的、准确的数字来表明它所希望达到的目标，以及运动之后它所达到的目标；在检查相应任务的完成情况时，比如说，完成80%，意味着完成得并不好，完成100%，即全部完成，或是指出任务完成得**很好**，比如说，如果完成预定任务的120%的话。当然，不是一切任务都能用数字表示的。但是，布尔什维克式的领导就是要时刻清楚地意识到：第一，它所希望达到的目标；第二，战略上达到什么目标和运用何种手段达到这一目标；第三，应当采取哪些措施切实地实现已经做出的决议。这最后一点，是我在谈到我们各党的进一步布尔什维克化时想要特别强调的一点。我们往往在政治问题上或在组织问题上做出很好的布尔什维克式的决议；但糟糕的是，这些决议都得不到贯彻。有时甚至很难断定，究竟谁应该对此**负责**。通告和指令一个接一个，一切都正常，可就是决议得不到贯彻，谁应对此负责呢？当然是**领导**！不仅仅是中央一级领导，州一级领导，地方领导核心也要对贯彻决议和监督执行决议而负起责任。如果各级领导集体没有去关心贯彻决议和监督执行决议，就像布尔什维克领导应当做的那样，就应理所当然地追究它们的责任。当然我们最好少做一些决议，多注重贯彻已经做出的决议！

如果我们保证不了我们的决议能够贯彻下去，我们又怎么去迎接夺取政权的决战呢！如果一个军队司令部的命令得不到执行，那么，这个司令部还有什么价值？即使在这个司令部里坐镇的是一些最好的战略家，军队也仍旧会被击溃的。这不单单是个纪律问题。当然，铁的纪律是需要的。在我们经历的这个时期，共产党应当显示出化学一般的纯洁，消除一切小资产阶级的"洛夫斯通主义"。我们的队伍中不能容忍那些不懂得任何一个罢工工人都懂得的道理的人们，这个道理就是少数服从多数、下级机关服从上级机关。当然，这还不是一切。各支部的领导都应当懂得，有目的地去组织贯彻决议和监督执行决议是有着多么深刻而重要的**政治**意义。在这个问题上,所有的共产党都要有所转变。在这个问题上,正像在采取某些斗争手段问题上一样,每一个独立支部都有其自身的弱点,要消除这些弱点,就要来个真正的转变。

就拿大批党员**流动**问题为例吧,看来,这好像是个纯粹的组织问题。难道克服党员流动问题不是一项必要的任务吗?错误究竟在哪里?错误不在于工人,而在于我们本身。加入我们组织的工人,除少数外,正是我们应当并能够组织他们来建设我们党的那些人,条件是,我们自己必须正确地理解我们的任务。但通常我们并不理解这一任务。我们一些党的领袖应当经常同企业工人们一起探讨这些问题,当然,并非一定什么时候都要按照他们的意见去做,但是,要听一听他们对流动原因的分析,听一听他们谈如何更好地开展党的工作,以便消除这种有害的流动性。

还有一个问题,就是工厂**支部**问题。或许这是一桩小事?一个布尔什维克式的、正确发挥作用的生产支部,首先是大企业中的支部,一个一直在开展活动但却不被敌人觉察的支部——难道这不是一件政治上的大事?不懂得这一点,就等于不懂得机枪连在战争中的重要作用。大企业中的工厂支部是反对法西斯主义、反对社会法西斯主义和反对右倾危险等斗争的重要基地,就是说,在我们斗争的一切重大方面它都是重要基地。如果我们在 5 个重要企业中拥有 5 个能够正确发挥作用的新的生产支部——当然,即使对一个很小的国家来说,这也是太少了——这总比那些既无人看也无人遵行的 5 公担通令要强得多吧!(皮亚特尼茨基在座位上说:"但是支部也得要工作呀!")我指的正是**很好地发挥作用的支部**。而且这一点应当尽可能地加以强调。

其次就是要全面改进分工,但不是实行部门专业化,而是对分工加以政治调整。要培养新干部,进一步开展军队中的工作,并建立专抓这项工作的有效机构。这就是我们各个党的布尔什维克化面临的迫切重大的任务。

3. 关于青年共产主义运动

前面我谈了关于进一步布尔什维克化的任务问题，现在我想举一些工作方面的例子来详细加以说明。共产党人对这方面工作的领导是极其出色的，但同时又是一项极其艰难的工作。我谈的是青年共产主义运动。青年共产主义运动在政治上的成熟性相当高，但同时它组织上的弱点也相当大。青年共产主义运动相对的高度成熟性，首先表现在共产主义组织和青年团参加全党的工作特别是参加党内的战斗、支持共产国际执委会的正确路线方面。这一点就能够说明很多问题。之所以出现这种情况，部分原因在于资本主义国家的共产主义青年远比一些老党员受到的社会民主主义传统影响要少得多。近5年来青年共产主义运动进行的最可贵的工作，就是它在反对托洛茨基分子的斗争中和当前的反右倾斗争中给予了我们各个党和共产国际以有效的支持。

青年共产主义运动的这项任务是否已经尽善尽美了呢？绝对不是！反对右倾危险的斗争是当前最最重要的任务。在支持共产党的这一斗争中，青年运动——尽管各国的程度不同——当前也起着重要作用。相当一部分党的领导干部，甚至一部分优秀的现中央委员，也都是通过青年共产主义运动输送到党内来的，然而，在德国这样的国家，即党的领导遵循着布尔什维克的正确路线的国家，青年共产主义运动的力量却没有显示出来；那里还存在着某种落后、尾巴主义和茫然若失的表现，即在这种情况下（也就是说，既然党的领导在执行正确的路线）他们不知道还应该做些什么。无疑，青年共产国际的领导有时受到不公正的批评，这多半是因为正是那些维护右倾倾向的党的领袖们认为共青团对党内事务的"干涉"是不合适的。这一点确实如此，但是，公正的批评又是另一回事了。我们对青年共产主义运动担负着责无旁贷的义务，就是要完全公开地批评它的缺点。不过，在开展批评时，我们还是建议一定要采取谨慎态度。我自己对这一点有特别的感受，因为在第七次全会上我有一次曾说过，我们在青年中的工作被挤进了过分狭窄的框框，为此青年共产国际执委会中的同志们对我很不满意。从那以后这项工作的框框并没有扩大，但是这方面的批评几乎每一次都遇到青年领导同志们板着面孔的回答："你们在说些什么呀，你们并不了解我们的运动和我们的工作嘛！"因此，这一次我想引证一段话，说这段话的人无论如何不能被说成是不了解青年共产主义运动的情况的。好吧，请看下面的引语：

"……青年团组织实质上是一些小党，是为青年人组织的党，它们几乎是完全执行党本身的任务的，因此它们所包括的只是青年工人中那些在政治上最成熟的分子。这些组织的错误就在于，在青年问题上**它们不善于贯彻正确的政治路线**，不善于把自己的无疑是很必要的一般政治工作同在青年中的日常工作结合起来。"

接着还有这样一段话：

"在目前形势下，在青年对于政治发展发生作用以及在群众尤其是青年工人群众的积极性和战斗决心不断增长的条件下，谈到青年共产主义运动的发展状况时，我们应该说：**它的发展是落后于形势的**。青年团组织没有执行它们作为劳动青年为自身利益进行斗争的组织者的任务，之所以没有执行，是因为它们在企业和群众组织中还没有取得足够巩固的地位，也还因为**它们的工作方法和领导方法还是落后的方法，在很大程度上是社会民主主义的方法**"。

这是很严厉的批评。它是不是夸大了呢？也许是有些夸大，但是总的来说是正确的。这种批评我是从**希塔罗夫**同志在最近一次全会上的最后一次发言中摘录的。正是一个不愿意低估青年共产主义运动的重大意义的人，他才应该坚决地强调改进这方面的工作。青年共产主义运动停滞不前，或者甚至可以说它的发展处于下降趋势——这一点皮亚特尼茨基同志曾用数字说明过，这都是事实。皮亚特尼茨基同志提出这样的看法也是正确的，即青年运动应该包括的人员范围，理应比我们各个党在征集党员的工作中所能包括的人员范围要大得多。在青年共产主义组织中不应该有什么特别的吸收成员的条件，至少在可以合法进行共产主义运动的那些国家中应该是这样；青年无产者应该毫无阻碍地被吸收到团组织中来。青年共产主义运动的领导，它的领导干部，应该是共产党员，但是，广大青年工人群众则应该尽可能广泛地被吸收进来。

薄弱环节在哪里呢？尽管我们往这个运动中吸收了足够数量的青年工人群众，而且许多青年工人还在不断地加入共青团，但也有许多人重又退出去。三年中所吸收的10万名工人团员中只有20%留在了组织内。在这种减员中，一部分是属于自然减员，因为青年团组织的团员总数中每年大约有10%—15%的人要进入共产党的队伍。但尽管如此，流动量还是很大。如果没有这种流动性，青年运动的年平均增长率至少可以达到30%。因此，我们的首要任务就是要研究并消除这种大量流动的原因。我对这种流动性原因的解释和我在这个问题上宣读的材料，都是不能令人满意的：例如，青年共产主义运动受到迫害，当然，这种迫害无疑是存在的，但是党也在受到迫害呀，而且其程度绝不亚于青年运动。错误的根源在于我们自身，在于我们的各个党和共产国际执委会，但也同样在于青年共产国际执委会和共青团的领导机关。如果用希塔罗夫同志的话说，是工作方法的话，那就是"它们的工作方法和领导方法还是落后的方法"。所以，这种方法必须**改变**。怎样改变它呢？

我只能提出三点小小的建议，但是，我希望即使这样的建议也会起到某种有益的作用。

第一，关于贯彻已经做出的各项决议。青年共产国际本身已经决定要在群众工作方面来一个转变，要采取最好的工作方法，要把辅助组织的"传动作用"发动起来。这些决议中所讲的许多话，的确是正确的。但糟糕的是，这些决议未能得到贯彻；既没有做好贯彻决议的组织工作，也没有对决议的贯彻实施监督。这一点应当尽快地补救起来。青年运动中的工作人员的分工也处于落后状态，有时比党内的状态还要落后。如果说党内许多工作人员由于分工不恰当而负担过重的话，那么，青年运动在这方面的模仿则更是做过了头。青年工作人员除了自己在共青团系统内的工作之外，还不得不承担全部党的工作等。

第二，我最初曾提到，领导青年运动是一项很艰巨的任务。为什么这样说呢？因为实现这项领导工作在政治和组织上都要求具备党组织的领导所具备的全部条件，而**在这之外还要求有某种别的条件**，也就是要有点"教育学的"嗅觉；当然，我并不是指中小学教育意义上使用的这个词，而是指对不成熟的青年人进行革命教育、进行布尔什维克式的教育工作。这方面的任务在苏联是比较简单的，它不像在资本主义国家那么复杂。苏联的整个社会环境有助于进行这种教育……（诺伊曼："环境本身就是客观的教育。"）同时也是主观的教育。在苏联这里，遵守教育原则在少先队运动中具有更加重要的意义。俄国的少先队员们，至少是同龄人中间比较先进的分子，他们在加入共青团时就进行过政治学习，这一点是不能忽视的。在资本主义国家里，十五六岁的青年工人还不是太成熟。如果在他们加入组织后立即对其提出过高的政治要求和组织要求，其结果是在大多数情况下只会大批退出组织。这种结果当然是令人失望的。必须提高团员的积极性，包括提高他们的政治积极性。但是，怎样才能做到这一点呢？这里的任务显然在于**培养**组织中青年成员们的共产主义积极性，而且是完整意义上的共产主义积极性。但是，假如立即全面地要求他们具有这种积极性，是不会有任何结果的。在组织各项工作时必须考虑到成员政治成熟的程度。我就是这样理解"教育学"的观点,即进行培养的观点。这样做是否意味着使青年运动"非政治化"呢?绝对不是!我要对青年共产国际执委会的同志们说,假如某些党内真的提出要使青年团"非政治化"的要求的话,那我会同你们一起去勇敢地反对这一要求。但是,青年工作中必须克服工作方法和领导方法上的落后状态。

青年共产国际执行委员会的同志们表示说,这个问题他们还要开会研究一下,他们将展开辩论并在秋季召开大会时讨论这些问题。这很好;不过我还想建议他们也同企业中有经验的革命老工人开会研究研究,不要把苏联青年运动中行之有效的方法全都照搬到其他国家的共青团中去,而是在一切地方都要按照真正的布尔什维克的方式进行工作。我举一个小小的例子。国际青年运动的领导者们曾经在服装样式问题上进行了多年不必要的抵制,最后他们还是让步了,而且甚至苏联列宁共产主义青年团也规定了制服。我们的青年组织成员组成情况是否因此变坏了呢?难道这就使他们非政治化了吗?(喊声:"恰恰相反!")如果说整个组织具有统一的制服具有如此巨大的吸引力,那我们为什么就不能利用它呢?

希塔罗夫同志发言中引用了列宁一封很有教育意义的信。列宁同志的信件都是有教育意义的,不过有的时候这些信件所证明的并不是引用人希望证明的东西。例如,希塔罗夫同志引用这封信的目的,是想说:对于那些仍然怀疑共青团参加政治工作的必要性的同志们,这封信就是很好的回答。在某些国家中,可能有一些同志还不了解这一点,因而需要把这一点教给他们。但是,想在我们讨论的这个问题上利用这封信那是困难的。因为列宁在这封信里谈的根本不是共产主义青年团参加政治工作的问题,他谈的完全是另外一回事,他谈的是必须把青年工人吸收到一般的工人战斗组织中来。但无论如何,在列宁的这封信里,据我看,确实有某种东西是不仅仅各个党组织而且各个青年组织都不妨好好学习学习的。列宁在信中写道：

"……只是必须更广泛和更大胆地、更大胆和更广泛地、再更广泛和再更大胆地吸收青年参加工作，**不要对青年不放心**。"①

我觉得，这也是我们的共青团应该加以考虑的。

第三，共产主义青年团在他们的最近一次大会上决定要实行向群众工作方面的转变，这是正确的，虽然这个决定来得晚了些，而且是经过长时期的考虑和动摇才作出的。但是，这个口号对于共产主义青年是否还强调得太少了呢？这个口号是否喊得过于文静，过于无精打采，没有一点儿激情呢？也许这是个微不足道的问题？不是的。要知道，我们这里谈的是青年。青年运动的某些领导同志在开展批评时表现得很有威力，但在革命激情方面却软弱无力得多。因此，我想向这些同志们提出这样一个建议：在领导运动时，他们应该比以往更加有力地推动青年力量，使工作有较大的起色，有更高的革命热情，首先要探索新的工作方法，灌输新的精神。在这方面应该来一个**彻底的转变**。

我为什么就关于青年共产主义运动讲这么多话呢？因为正是青年共产主义运动当前在企业、工会组织、无产阶级的体育组织，在军队，在所有的群众斗争中以及所有的群众组织中都有着十分深远的政治意义。没有强有力的、真正布尔什维克式的青年运动，我们就不能胜利。到目前为止，各国共产党和共产国际执委会在青年运动方面没有很好地尽到它们的义务。在这个问题上，青年同志们的意见是完全正确的。党的领导一般都很少讨论青年问题！再加上这样的讨论往往又是形式主义的，这能对青年运动有什么帮助呢？既然要求青年共产主义运动更多地参加党的工作，那就应该给予青年运动全面的支持。某些党的委员会给青年

---

① 《列宁全集》中文第 2 版第 9 卷第 228 页。——编者注

共产主义运动造成的困难（看来目前捷克斯洛伐克就有这种情况），必须彻底地消除干净。应当帮助青年共产国际，应当使青年共产国际在它的工作中有能力取得越来越大的成就。

4. 关于一些支部的意见

曼努伊尔斯基同志在总结发言中已经详细地谈到了个别支部的问题，包括英国党的问题，我只是想从布尔什维克化任务的角度再补充几点大致的意见。**首先谈谈德国共产党**。德国共产党在布尔什维克化方面的成绩——这是事实，关于这一点我们大家的意见是一致的。是的，去年秋天，9月26日，右倾分子和调和分子想用走极端的方式使党的领导非布尔什维克化。他们的进攻准备得十分巧妙。

他们要罢免台尔曼同志。不久前，在联共（布）中央四月全会上，布哈林同志就曾断言，说维托夫同志是台尔曼的内弟。我想问一问德国代表团：这是不是真的？（代表团回答："不是，这是谎言！"）（雷梅尔："这一点布哈林也是清楚的！"）这一点必须在这里公开地予以驳斥，好让今后任何人不能再利用这种谣言来诋毁德国党领导的名誉。

我不能理解，布哈林同志怎么能够允许别人向他传播这类谎言，而且然后还在未经进一步核查的情况下散布这种谎言。要知道这是十足的市侩的议论，即认为，既然台尔曼同志有一个盗用公款的内弟，台尔曼自然是协助这位内弟的。去年秋天，有人就想利用这种小资产阶级的诽谤来促使德共领导非布尔什维克化。但是，共产国际执委会和德国党的广大党员坚守了自己的岗位。谁曾想取代台尔曼同志在中央的位置呢？那就是埃韦特和恩斯特·迈耶尔，而等待在他们后面的则是布兰德勒和塔尔海默。从布尔什维克化的观点来看，让台尔曼同志留在党的领导岗位上不是更好吗？难道把德国党的头颅砍掉之后德国党就会变得更有战斗力，就会为将来的阶级搏斗武装得更好吗？如果砍掉德国共产党的头颅，德国党能够在5月的那些日子里完成自己的任务吗？还是事情会有不同的结局呢？（诺伊曼："那就会同瑞典一样。"）不仅是瑞典党，可是我担心——我这样说，并不是想责备谁，而只是发出严重的警告——许多其他的党如果遇到5月间德国所面临的那种形势，都会站不住脚的。德国共产党应该继续进行它的布尔什维克化，首先是在组织方面。我相信，德国共产党会以它固有的坚定性全力以赴地完成这项工作。德国共产党将会大踏步走在德国无产阶级革命群众队伍的最前列并领导着它前进。

德国共产党的例子再鲜明不过地证明，如果各国的党希望在当前这一时期能够胜任它们担负的战斗任务，那么，使各国共产党甩掉右倾包袱并从党的领导中把调和分子清除出去这两件事是多么的必要。在我们的决议案中也强调了这一点：

"不把机会主义分子从共产党内清除出去，不克服对待这些人的调和主义态度，各国共产党就无法沿着完成工人运动现阶段的阶级斗争激化所提出的新任务的道路顺利前进。"

捷克斯洛伐克共产党内进行了比德国共产党更加彻底的肃清右倾分子的工作，显然，这项清洗工作在捷克斯洛伐克也是对党的政治路线进行必要的修改所不可缺少的前提。但是，在最初阶段，这种转折在那里缺乏应有的布尔什维克的灵活性。具体地说，我指的是在红色工会中实行的这一转变。本来我们早就知道海斯之流是何许人，也曾多少次谈过这个问题，但是，终究还是没有采取组织上的预防措施以防止这些坏蛋把无产阶级组织的财产攫为己有。

在布尔什维克化这方面，据我的看法，波兰共产党也和德国共产党一样取得了极大的成绩。我认为，在进一步布尔什维克化的道路上，波兰党近期内的主要任务就是要建立尽可能统一的党的领导。这是巩固党的必要前提。鉴于当前形势正是对波兰无产阶级、对波兰共产党提出了高标准的要求，我们不得不坚决要求建立这种统一性的领导，要求巩固党的领导。怎样达到这个目的呢？依我看，就是采用把两派中的最优秀的布尔什维克团结到一起的办法。动摇分子应该被清除掉。波兰党内那些真正的布尔什维克的领袖们，早就应该拆除宗派的屏障，向着建立统一的党的领导而迈出真正勇敢坚定的一步。连斯基同志在这里的发言中的全部实质性内容，我看无疑是符合当前局势向党提出的政治要求。普鲁赫尼亚克同志还能够对此提出什么反驳，举出什么理由来，使它们符合波兰党和波兰无产阶级革命的利益呢？

同时，我想借此机会对波立特、坎贝尔和贝尔几位英国同志讲几句话，呼吁他们在使英国党进一步布尔什维克化的道路上下定决心采取勇敢而坚定的步骤。我们也要对意大利的埃尔科利和加兰迪两位同志发出同样的呼吁。在布尔什维克化的道路上迈出勇敢而坚定的一步意味着什么呢？它意味着：要无条件地、不动摇地、没有任何内部拖延和以革命的坚定性与满腔的热情迈出这一步。无论在意大利党内还是在英国党内都必须做到这一点。必须结束我们这次全会所表现出的一切动摇，这是整个共产主义运动的利益所要求的。我特别想对埃尔科利同志说几句话：在对待像塞拉这样的右倾分子的问题上要抛弃任何温情，抛弃一切非政治性的所谓"分寸感"。在第八次全会上，埃尔科利在对待托洛茨基的态度上就表现过这种分寸感，这在当时也是错误的。（乌布利希："或许那是某种比分寸感更大一些的东西吧。"）塞拉同志必须坚定明确地声明：他是否无条件地服从共产国际的一切决议，他是否撤回自己的机会主义的备忘录；如果回答是否定的，那就从共产党内出去！没有第三条道路可走。

曼努伊尔斯基同志已经对安贝尔-德罗同志讲了一些很有分量的话，

我要补充的东西很少了。安贝尔-德罗同志在这次执行委员会全会上表现的沉默，这本身就是一篇大声疾呼的发言，我们像通过扩音器一样听得很清楚。安贝尔-德罗同志说，他不发言是因为他想做一个遵守纪律的人，他不愿意发言反对自己的党的路线。那么他为什么不发言赞成党的路线呢？依我看，安贝尔-德罗是在顽固不化地坚持自己的错误观点，这种态度最清楚不过地表明：他所坚持的是与共产国际执行委员会的原则路线完全不同的另一条路线。他声称，他在政治书记处的发言中的个别部分可能引起两种不同的解释，这是因为他还没有掌握好语言的缘故。是的，安贝尔-德罗同志的确是不再掌握这次会上同志们所使用的语言了，他不打算承认自己的任何错误。正是这一点暴露了他的立场，而且证明：执行委员会现在确实应该直截了当地同他谈谈他能够留在共产国际内的那些条件了。在这方面我们的提纲草案中列举了三项条件。安贝尔-德罗同志在他给瑞士党的信中声称，他愿意服从本党和共产国际的各项决议。但是，我们的提纲的三项条件中却包含着更多的东西。那些条件中提出的要求是：第一，"调和分子必须公开地坚决同右倾分子划清界限"。安贝尔-德罗到目前为止是否做到了这一点呢？没有！第二，"他们必须不是在口头上，而是在行动上进行积极的斗争——反对右倾倾向！"第三，"他们必须无条件地服从共产国际及其各个支部的所有决议，并积极贯彻这些决议！"安贝尔-德罗同志必须明确地回答问题：同意还是不同意？

三、关于联共（布）问题

那么现在，同志们，我们来看看俄国问题吧，当然，我在这里涉及的只能是苏联政策中最重要的迫切问题的一部分。莫洛托夫同志在辩论中引用了有关苏联社会主义建设成就的一系列事实，其中包括有关推行农艺基本知识的整套办法和建立机器拖拉机站等的资料。这些事实的巨大意义如果不经过解释的话，也许不是所有的外国同志们能认识到的。因此，我认为对这些事实的经济背景试图作某些说明和通俗性的解释是很重要的。

1. 关于无产阶级专政条件下的社会主义农业政策

从前，我个人有时候觉得，我总可以允许自己在苏联农业政策问题上不必形成独立的见解吧。要知道，俄国同志们都是一些有经验的政治家，他们对自己的事业了解得非常透彻；而且，如果我们这些每天忙于世界其他一切事务的同志们对苏联农业问题不形成自己的看法的话，至少不会被认为是"民族局限性"吧。但是，这种想法是不正确的，而在联共（布）党内最初由于托洛茨基主义后来又由于右倾反对派的缘故在这个问题上出现原则性的意见分歧后，这种想法就不能允许了。要知道，托洛茨基的政策必然导致同广大中农群众之间的同盟的破裂。这种破裂就会等同于苏联无产阶级专政的毁灭。我们明白了：我们应该明确而肯定地反对这种政策。但是，那种引导苏联农民经济不沿着社会主义方向发展而沿着资本主义方向发展的农业政策，难道它的危险性就小些吗？这种政策同样会导致无产阶级专政同贫农和中农基本群众的关系破裂；要么就使社会主义经济变成个体农民经济的附庸；不论在哪一种情况下，苏联无产阶级专政的社会主义发展都会被扼杀。难道这不是具有重大国际意义的问题吗？当然是！现在谈的就是这个问题。任何一个共产党人都不能不明确这个问题，不能不决定本人自己的立场。

一眼就能看得很清楚：苏联城市中的社会主义工业建设，无论是政治上还是经济上，都不能忽视自己受到的巨大包围，即落后的农民经济。社会主义建设只是在无产阶级领导下才有可能进行，但是这种领导还不意味着无产阶级的社会主义经济已经独立到了不再依赖对农民经济的需求了,以至于不再需要考虑这些需求或引导这些需求了。苏联的农民经济虽然很分散、很落后,但它所占的总的比重却非常大。这种小农经济总共有多少呢?革命前是 1600 万农户。革命之后,今天,总共有将近 2500 万农户。可见,农户发生了进一步的分散。但是,农户越小,它的能力也就越小,首先是在利用机器和其他技术辅助手段方面,其次是生产市场所需的商品方面。其结果是对农产品和工业原料的需求不断增长,从而出现城乡脱节、工农业脱节的危险。

大家都知道,1927 年秋季和 1928 年冬季苏联发生的国家粮食采购的困难。从前,甚至富裕农民、富农也不得不出卖自己的粮食。如今他们手里都有储备,他们能够以自己的价格政策来对抗苏维埃国家的价格政策,以便搞垮国家的价格政策。这种形势下应该怎么办呢?首先是不得不采取非常措施;对这一点是没有任何分歧意见的。两条不同的路线是在提出今后应当遵循什么样的经常性政策这一问题时产生的。

布哈林同志使市场"正常化"并"调节"粮食价格,也就是提高粮食价格。当时,和现在一样,粮食价格实际是很低的。提高价格就是对粮食商人的让步。提高粮食价格会出现什么情况和不会出现什么情况呢?苏维埃政权要是提高收购价格,比如说提高 50%,那么投机商就有可能把价格提高到 2 倍和 3 倍。因为他们收购的充其量不过几百万普特,而苏维埃政权收购的则是好几亿普特。卖粮的农民就会把粮食卖给投机商人,而苏维埃政权就会根本收购不到粮食或者收购得很少。富农们就会守着他们储存的粮食等待价格进一步提高。我们还不得不提高农民生产的各种原料的价格。此外,还不得不提高工资和工业品价格,不然的话工业化就会很快中断。这样的价格政策很快就会迫使全面进行新的提价,而且还不能保证就能够得到粮食,至少不能保证得到足够数量的粮食。这一让步不可避免地会接着引起一系列无止境的让步。那么,苏维埃政权的价格政策就会陷于那种直接依赖富裕农民阶层和投机商的价格政策的境地。从这种价格竞赛中获利的只能是耐普曼和富农，以及城市和农村中的富裕阶层，而为此受害的却是所有低工资部门的工人、农村中自己不出卖粮食的半无产者和贫农，此外还有中农和贫农阶层中的那些秋天卖粮而春天又不得不从国家手中例如以较高价格的种子粮形式重新取得粮食的人。

布哈林同志关于调整价格的可能性以及限制无止境的涨价问题是怎样设想的呢？按他的构想，通过合作社组织就能够做到这一点。布哈林同志引证列宁的伟大思想强调说，通过发展农民合作社的办法便可以使农民经济长入社会主义。布哈林同志多年来一直在强调这样一个事实，即在某些资本主义国家中往往是两三家大银行操纵着整个农业合作社运动，把它牢牢地控制在自己手里。由此他便得出结论，认为在苏联经济集中的程度高得多，在苏联，不仅是银行而且所有其他经济命脉都掌握在工人国家手中，那么，只要建立起较大的、近乎资本主义国家中存在的农业合作社网，苏维埃国家就能够运用它的中央集权化的经济威力把所有这些合作社统统置于自己的全权控制下。资本主义国家中这种类型的农业合作社也包括消费合作社和各种形式的供销合作社，但是，非常突出的一点，是生产业务在这里只是起着无足轻重的次要作用。

这里还忽略了某些很重要的东西。要知道，正是因为资本主义国家的农民合作社是沿着资本主义轨道发展的，所以才能够把它们置于银行的资本主义控制下。布哈林同志写下过这样一段话：

"因此，我国基本的农民合作社组织网将不是由富农式的而是由'**劳动**'式的基层合作社细胞构成，这些细胞将长入我们的一般国家机关的体系中去，并通过这一途径成为**社会主义经济的单一链条中的环节**。另一方面，富农合作社的窝巢也会将会通过银行等等**长入到这个体系中去**；不过它们在某种程度上将

是异物，例如像租让企业那样"。①

大家可以看到，这里表述的是一个完整的思想体系。其中最实质性的，就是鼓励个体农民经济全面的，就是要全面的发展，并在自由市场基础上把它引入社会主义。这种做法客观上不可能导致任何其他的"社会主义"，它只会导致一般的"自由贸易的社会主义"，也就是导致资本主义。

另外一条路线，中央委员会的**路线**，则主张：不提高价格，向农民提供廉价商品，无产阶级国家不放弃它对价格的调整，而是要加强这种调整。下面我引用一段斯大林同志在中央四月全会上的发言（我的叙述中的一些重要部分一般都是从这篇发言中借用来的）：

"因此，必须发展集体农庄和国营农场、广泛订立预购合同、加紧发展机器拖拉机站来补充个体贫农中农经济的发展，以便易于把资本主义成分从农业中排挤出去，把个体农民经济逐步引上大规模集体经济的轨道，引上集体劳动的轨道。"②

因此，问题在于要对农业生产机器进行广泛的技术改造和组织改造，要使生产集体化，以便确立社会主义工业和农业之间的**生产结合**，这自然就要求在冶金工业、机器制造业、拖拉机制造业、化学工业等领域中尽可能地加速工业化速度。

这意味着不仅在城市中建设社会主义，还要在非常广阔的落后的俄罗斯农村中建设社会主义，这后一点对苏联来说是极其困难的。列宁关于通过国家经济与合作社的联结来达到社会主义这一大胆的设想，现在已经按照列宁的精神具体化了，并且，也像这一大胆而广阔的思想本身

---

① 《布哈林文选》人民出版社 1981 年中文第 1 版上册第 428 页。——编者注
② 《斯大林全集》第 12 卷第 56 页。——编者注

那样，正在实际工作中付诸实现。莫洛托夫同志在这次会议上所列举的一些无可辩驳的事实，就反映着这一工作取得了第一批巨大的成就。

当然，这一切并不单单是价格政策的结果。这一切也当然不是在没有**阶级斗争**的情况下发生的。相反，阶级斗争不可避免地在激化，这倒不是因为资本主义成分在苏联得到了加强，而恰恰是因为苏联国民经济中的社会主义成分加强了，而且是绝对地加强了。俄国资产阶级还没有僵死。它正把自己的希望寄托在包围着我们的资本主义世界。沙赫特事件只不过是俄国资产阶级破坏活动的一个例证，而且绝不是唯一的例证。这类的事件已经发生过，这类的危险依然存在。农村的富农不仅在为自身的致富而斗争，他们还在为政治和经济上的完全行动自由而斗争，为资产阶级民主而斗争，他们也在为影响广大中农群众而斗争，因此，不能不对富农采取临时性的强制措施。

无产阶级只有依靠贫农并与中农结成联盟，通过这样的阶级斗争才能保证自己取得胜利。托洛茨基分子在俄国农村中仅仅只看到两个阶层，即最贫困的、半无产阶级化的农民和富农；广大的中农阶层在他们眼中消失了。在布哈林同志眼中，就连农民阶级的分化也在实际消失，在他眼中几乎只剩下了中农群众，实行托洛茨基的政策必然发生同广大中农群众的破裂，而实行布哈林同志的政策我们就会走到与贫农阶层破裂而与富农结盟的路上去。

列宁曾教导我们，在苏联必须同广大中农群众结成联盟。但布哈林同志却认为，同农民的任何联盟都是有益的。列宁的想法却与此不同。列宁写道：

"对于工人阶级和农民之间的妥协，可以有种种不同的理解。从工人阶级的观点看来，只有当这种妥协支持工人阶级专政并且成为一种消灭阶级的手段时，它才是可以容许的、正确的和原则上可行的。如果不这样看，那么工人阶级和农民妥协这个公式自然就会成为苏维埃政权的一切敌人和专政的一切敌人按照自己的观点所理解的公式。"①

正是由于实行了联共（布）以生产联合为基础——也只能建立在这一基础上——的政策才能够建立同农民阶级基本群众的紧密的联盟。

布哈林同志的致命错误的根源何在呢？布哈林同志喜欢说自己是经济学家。纯粹的经济学家在自己的理论研究中甚至从阶级关系中也能够得出抽象的概念来。布哈林同志具有极大的进行经济学抽象的能力。他曾长期同资产阶级经济学打交道，这对他不能不产生恶劣影响。资产阶级经济学是彻头彻尾地受商品生产、私有制、竞争这些概念统治的，是受资本主义环境左右的，正是从这种环境中爬出的一些理论上的寄生虫钻到了布哈林同志的头脑里。这一点表现在哪里呢？我们不应该把问题想得那么简单，以为布哈林同志只是对资本主义所有制抱有敬意。他所宣布为不可侵犯的，是商品的自由流通、商品市场的形式，是农民经济与工业之间的自由贸易。不错，他是打算"调整价格"、"调度"价格的，但这一切都不许对形式上的自由贸易实行强制。在资本主义世界中，资本垄断保持着对农民经济、对整个小生产的控制，而小生产者只是在形式上还拥有自由确定价格的权利。强有力的大资本对确定价格的垄断，只是形式上还未取消竞争。于是布哈林同志这位经济学家便得出结论：正是通过这种形式——也只有通过这种形式——可以实现工人阶级的监督，实现对产品交换的社会主义的调节。在他看来，资本主义监督形式是唯一的和普遍地进行一般经济调节和经济监督的形式。这就是他所谓的监督"技术"。但是，这究竟意味着什么呢？这是对资本主义私有制的尊重吗？不是！这是对普通商品生产者特别是对农民私有者利

---

① 《列宁全集》中文第2版第41卷第298页。——编者注

益的尊重。如果用经济学语言来表示，这意味对**价值规律**的尊重。对于他来说，价值规律是他顶礼膜拜的偶像。但是，对于资本主义世界中靠价值规律的盲目力量调整的社会关系不进行自觉的有计划的调整，社会主义的实现是不可能的。布哈林同志忘记了列宁的这样一段话：

"农民作为劳动者，倾向于社会主义，更愿意要工人专政而不要资产阶级专政。农民作为粮食出售者，倾向于资产阶级，倾向于自由贸易，就是说，要退到'惯常的'、旧有的、'历来的'资本主义去。"①

布哈林同志是想使农民卖粮人受益，使私有者受益来把农民引向社会主义。只是这是一项无法完成的任务。这样做的结果，农民只会倾向于"惯常的"、"历来的"资本主义。布哈林同志的观点突出地反映了他对于农民在苏维埃政权现行政策下，根据合同和契约成为无产阶级国家机关的供应者而国家机关又反过来成为农民的供应者这一点，感到十分不满。要知道，这就是对价值规律自由作用的干涉嘛！一个纯粹的经济学家怎么会知道这会造成什么结果呢？实际上情况恰恰相反：通过价值规律调节，其结果是无法统计的，而在苏维埃经济中自觉的、有计划的调节却可以预测出结果来。

托洛茨基分子曾企图取消新经济政策，他们想回过头去实行军事共产主义。布哈林同志则相反，他实际是想朝着自由贸易的方向不断地发展新经济政策。而对党来说，新经济政策并不是一个死板的公式；党是要发展新经济政策，逐渐地束缚自由市场的自发势力，以自觉的、合理的、靠无产阶级专政调节的领导来替代这种自发势力。

这就是走向社会主义的道路。现在，由于联共（布）实行社会主义农业政策方面的新方针，在这条道路上已经迈出了很大的、勇敢的一

---

① 《列宁全集》中文第 2 版第 36 卷第 376 页。——编者注

步，这是列宁逝世后最伟大的一步。现在，十分明显，这一步也还具有极大的国际意义。

2. 关于联共（布）党内状况

要贯彻党的这条路线，就不能不进行反对官僚主义的经常性斗争，不能不对国家机器、合作社及其他经济组织进行清洗，不能不改善工会工作，同样地也不能不清理党的队伍。党正在坚决地、彻底地贯彻这一方针。

党内绝对不存在任何一点分裂危险。右倾反对派首先已经被事实上的巨大成就这样一个最有分量的论据所击败。

这一党内斗争只是增强了党的钢铁般团结和明确的、列宁主义的目的性。那么，这个结果是**怎样**取得的，这一点应该成为党的正确领导的一个有教益的典范，我认为，正是这一点应该在这里提一提。

联共（布）党清除右倾反对派的工作进行得非常顺利，甚至比战胜托洛茨基反对派还要顺利得多，尽管这一次潜在危险远远大于上一次。托洛茨基主义的危险在于它那些"左"的言论，必须首先揭穿这些言论。而右倾反对派则相反，它的危险在于它的政策的直接的阶级内容。它的方针是直接符合小资产阶级利益的，特别是符合富裕农民阶层利益的。

四、几点结论

的确，苏联的社会主义发展是在巨大的困难中前进的，要克服这些困难必须把联共（布）特有的全部实际革命战斗能力动员起来。但是俄国同志们中间流行着一句很好的谚语："魔鬼并不像人们描绘的那么可怕"。布尔什维克早就在利用这一条谚语了,在帝国主义战争时期,在沙皇时期,在1917年10月反对资产阶级政府的斗争中,在14个资本主义国家进行武装干涉的时期,以及在反对分裂党的危险的斗争中,他们都曾使用过它。在为实现工业化的斗争中以及对经济进行社会主义改造中,他们始终牢记着这条谚语,这也使他们有勇气敢于起来束缚小资产阶级的商品生产和自由市场的可怕的自发势力。这种积极进行革命实践的坚定不移的勇气,无疑必将在反对新的帝国主义战争的斗争中帮助布尔什维克。

德国共产党在这一方面也已相当彻底地学会了"俄国的语言"。在这个意义上,共产国际的所有支部都应该掌握"俄国的经验",因为我们必须与之进行斗争的敌人和魔鬼般可怕的危险,目前在资本主义世界中要比在沙皇俄国还要多。我们已经说过,当前时期资本主义稳定正在发生动摇;这是正确的,但是,稳定状态还没有完全结束。目前还有我们必须与之斗争的资本主义合理化,还有以各种形式进行着统治的垄断资本,还有战争危险。我们眼看着,法西斯主义和社会法西斯主义正在狼狈为奸地共同恐吓劳动人民以便得到更多的支持者。在这种形势下,可怜的调和派惊慌失措是不足为奇的。但是,共产国际必须坚持坚定的布尔什维克路线。如果说在复杂的形势下,我们的个别支部并不是总能明确地知道什么是正确的布尔什维克路线的话,那么,遇到这种情况时,我们建议建立双方面的监督:既要与右倾划清界限,又要与左倾划清界限。这两种倾向的特点都是:第一,在危险面前表现得软弱无力和策略上的投降主义;第二,惊惶失措和众说纷纭。在危险面前,极左派便会用一张狮皮包住自己,即使它的成员不再听它指挥了,它的嗓门还是要起作用。它试图发出吼叫,但它并不能以此吓倒敌人。右倾机会主义分子则会连哭带喊地从战场上逃窜,他们往往就直接跑到阶级敌人战线那边去。在右倾分子看来,任何真正的抵抗,不管是采取进攻还是后撤，都是冒险，都是愚蠢行为。但是，我们懂得，在一定形势下必要的革命后撤是一回事，而逃跑、投降则是另一回事。我们同样懂得，在斗争中并不是任何时候都能取得直接的成效的；我们知道，取得胜利不可能没有损失和牺牲。但是，不参加搏斗，经常的消极等待，总是错过时机——这样的策略是永远不会给革命运动带来成功的，它只能带来失败。

在我们的提纲草案中，把当前时期的性质说成是新的**革命高潮不断增长**的阶段。也许某些同志会觉得这个定义不够有力量。不，这是一个确切的定义，只需要正确地理解它，并在革命斗争实践中使它的力量发挥出来。首先应该善于完成这一时期的国际主义义务。例如，我们可以想一想，共产国际对印度革命肩负的巨大义务：为了向英国无产阶级清楚地表明印度革命的意义和印度工人的处境，英国党需要进行多么大量的工作啊！印度的革命形势正在很快地酝酿成熟起来，但大部分英国无产者还不了解这种形势。我们在印度本国还没有一个坚强的共产主义政党，所以发展这样一个党应该是我们的一项极需关心的事。在完成这项任务中，其他国家的共产党人都应该支持印度的无产阶级。

毫无疑问，正在进行战斗的无产阶级在即将到来的战斗中一定会表现出大量的英勇精神。但是，仅仅有英勇的精神还不能保证胜利。在夺取政权的斗争中弱者必将遭到失败，而无产阶级在革命斗争中是弱者还是强者，这在很大程度上取决于它的先锋队的战斗力，取决于共产党是否是真正的布尔什维克式的党。我们在这个问题上是对工人阶级负有责任的。共产国际当前实行的方针是新方针，但它同时又是旧方针。在四分之一世纪以前，马克思在他提出的进行**革命的阶级斗争**的号召中就已经表达了我们当前的"阶级对阶级"的口号。这就是我们的新方针。

主席： 我们议事日程上的第一项到此结束。现在对提出的草案进行原则表决。现在宣布会议一致通过。提纲交由政治委员会最后审定。

（会议闭幕）

第十七次会议

(1929 年 7 月 15 日上午)

台尔曼作《经济斗争与共产党的任务》的报告

在这次全会上讨论经济斗争与党的任务这个问题时,我们,洛佐夫斯基同志和我,远没有能够详谈有关这方面的全部问题。不言而喻,没有必要在这里重复红色工会国际第四次代表大会和共产国际第六次代表大会的决议,或者专门阐明各个党在它们执行自己的策略时所贯彻的具体方针。在我的报告里,我们集中谈以下几个问题:(1)总体形势的变化和由此而引起的阶级斗争的进展;(2)工会的法西斯化,工会与国家机关和金融资本的结合;(3)我们党的新策略和对经济斗争的独立领导;(4)与革命代表制度相联系的经济罢工和群众性政治斗争;(5)共产党最重要的国际任务。

总体形势的变化和阶级斗争的进展

在阐明第一个问题时,我们应当以第六次世界代表大会的决议中所规定的政治方针为依据。我们应当肯定,在执行这些决议的时候,我们的一些党虽然有过严重的错误和缺点,但还是取得了显著的成绩。凡是在我们努力贯彻执行我们策略的地方,我们都可以看到真正巨大的成绩。而在党的行动迟缓的地方，在利用形势不够迅速、采取新策略不够迅速的地方，结果大都不能令人满意。在整个的形势中，最重要的因素，是全世界工人阶级的积极性提高了。群众发挥创造精神建立了一些新的组织，采取了一些新的阶级斗争形式。我们看到，广大群众不仅对共产国际而且对红色工会国际的信任有了增长。这种情况不仅出现在资本主义国家，而且特别是也出现在近几年开始进行民族革命斗争的殖民地和半殖民地国家。在第二时期，中国大革命尚未得到其他资本主义国家工人阶级方面的充分援助，而在第三时期，在欧美各国无产阶级的运动和革命支援同时高涨的情况下，殖民地革命运动一定会有新的高涨。毫无疑问，这对中国革命和印度革命今后的发展一定会产生巨大的影响。

共产国际中的右派和调和派认为，企业主的进攻是目前形势发展中的最重要之点。毫无疑问，现在，资本是正在激烈进攻，并且采取着日益尖锐的形式。我们可以断定，这种进攻会具有比在第二时期更大的规模。

但是，在目前形势中的新奇之处并非是资本的进攻，而是**无产阶级怎样来回答这种进攻**。以从1924年起的德国为例。在合理化的第一个浪潮时期，资产阶级在社会和技术方面采取过各种各样的资本主义合理化方法：取消八小时工作制，使生活条件极端恶化，大大加重对无产阶级的剥削，等等——这一切我们都已知道。虽然有这样的发展变化，但在1924—1928年生产过程进行巨大技术变革与随之而来的用各种骇人听闻的方法剥削无产阶级的时期，也没有充满群众性的经济斗争。那时爆发的无产阶级的小规模斗争带有防御性质。群众没有用反攻来回答资本的进攻，以反对资本主义的合理化。

相反，1928年，不仅在德国，而且在其他国家，我们看到了革命的高涨。

在德国钢铁工业中，大规模的鲁尔同盟歇业就是这种例子。那里成千上万的工人多年来第一次奋起积极斗争，来反对企业主采取大批解雇工人的办法，并且最重要的是第一次冲破了工会合法主义的框框。此后，我们看到在一系列国家——法国、波兰、捷克斯洛伐克、斯堪的纳维亚、巴尔干各国，其次在美国、印度，都有大规模战斗，现在甚至在英国也有一些局部罢工。此外，目前在中国我们也看到罢工的巨大高涨和新浪潮。这些为数不多的事实已经表明，无产阶级从防御转入了反攻和向企业主发动进攻。

但是，在讨论议程的第一点时，各个不同发言者已经指出，这种一般的迅猛发展，不仅表现为争取局部经济要求的斗争，而且也表现为工人阶级同资产阶级、国家政权和改良主义的政治冲突。孟买的革命事件、罗兹的纺织工人的英勇罢工和不久前柏林的五一事件，都是工人阶级这一新的革命高潮的标志。

还必须从帝国主义战争危险的角度来估计这一斗争；必须明确认识，这些战斗对于加强反对资产阶级准备反苏世界战争的反帝阵线，有着越来越大的意义。我们可以肯定，在这一斗争中阶级阵线双方的斗争，其残酷程度会更加增长。在许多国家里，托拉斯化的资产阶级正在非常猛烈、非常残酷地进攻无产阶级。资产阶级正在采取一切办法来最大限度地加强压迫革命无产阶级的手段，来无情地消灭一切反抗和障碍。资产阶级具有如此强烈的侵略性，它必定企图粉碎无产阶级的反抗，以便在爆发世界战争时，不会面对如此强大的"内部敌人"。但是，同志们，另一方面，我们看到，无产阶级正在转入反攻。可以说，在我们看来，现在的经济战是伟大决战前夕的前卫战。罢工战略和目前我们对罢工进行的独立领导，这一切合在一起，是为了未来而进行的重大反战工作。这意味着，在帝国主义战争危险增长的这个时期，我们已经正在积聚力量并进行群众性的革命动员，来反对帝国主义及其社会法西斯同盟者。近来我们从一系列的例子中看出,改良主义工会是拒绝进行经济战的。大家都知道,它们的切实合作和工业中和平的办法。一方面,虽然在英国召开蒙德代表会议,同时另一方面,又在斯旺西和汉堡举行工会代表会议。从这里我们非常清楚地看出,企业主同工会在结成反对革命无产阶级的统一战线基础上充分协商的倾向。阿姆斯特丹工会,从它的有组织的资本主义这一理论和工业中的和平出发,正在为自己的反革命实践活动制定原则路线。但是,事实比改良主义者的理论更加具有说服力。我们知道,虽然开了上述代表会议,但是不仅谈不上工业中的和平,而且在许多国家日复一日地进行着最激烈的经济战。

第二个事实是工人阶级中的重大进展。这些进展是随着无产阶级结构因资本主义合理化而变化的程度发生的。一方面是妇女、青年、熟练工人和非熟练工人,另一方面是几乎在一切问题上都同改良派和企业主同一步调的工人贵族。列宁曾经讲过的关于改良派分裂工人阶级、关于资产阶级扶植与无产阶级中备受压迫的下层相对立的上层的话,对于今天的情况是再适合不过了。

在评价战斗的性质和一般状况时,在群众组织中而特别是在工会中的工作,对于我们这些革命者来说,有着巨大的意义。这当然不仅是政治教育、一般的群众革命动员的问题。现在我们面临的是更大得多、更高得多的任务。在世界范围内有两个阶级阵线正在相互对立着——一方是在苏联日益巩固的无产阶级专政条件下,以共产国际为首的无产阶级的伟大世界组织,另一方是改良主义、社会法西斯主义和法西斯主义支持的资本主义世界阵线。

当然,这两大世界阵线是随着各国阶级力量对比的变化而相应变化的。这些力量的对比时而变化得迅速,时而变化得比较复杂、比较缓慢。但是,无可辩驳的一个事实是,它受到两大因素的影响:营垒的一方是共产国际和红色工会国际,另一方——第二国际和阿姆斯特丹国际。

我们在世界舞台上看见的这两个阶级阵线,在政治方面和意识形态方面彼此尖锐地对立着,相互不可调和地敌对着。这一点以组织分裂的形式表现在一些工会运动中,在所谓"统一的"改良主义工会还存在的地方也是这样。在当前政治的基本问题上和自己的原则方针上,这两股世界力量都在争取无产阶级和被压迫群众。我们的勇气和乐观足以使我们在第十次全会上来讲一讲在无产阶级内部**共产主义与改良主义争夺领导权的问题**。第二国际和阿姆斯特丹国际正在群众中努力争取保留、维护和支持资本主义剥削制度、资本主义国家及其帝国主义掠夺政策。它们正在帮助准备反对无产阶级国家、反对苏联的战争。共产国际和红色工会国际则正在为维护苏联,也就是说,为反对帝国主义和社会法西斯主义、反对资本主义掠夺制度而斗争。第二国际和阿姆斯特丹国际正在支持和吹捧国际联盟,说它是和平工具。我们则正在揭穿这种无耻的欺骗,认为这是对世界无产阶级的背叛。第二国际和阿姆斯特丹国际支持血腥镇压殖民地人民英勇斗争的帝国主义政策。我们则在为殖民地革命运动的胜利而斗争,因为共产国际和红色工会国际是全世界被压迫人民的领袖,因为我们要打倒帝国主义,以此来结束整个资本主义剥削制度。

在当前政治的另一个基本问题上——杨格计划赔偿问题——这两个世界阵线又是相互对立,有着不可调和的原则性矛盾。在这一世界政策范围内,在这一时期利用一切冲突和矛盾的过程中,在共产主义与改良主义之间爆发了争夺对世界无产阶级的领导权的斗争。反对世界资产阶级、法西斯主义和社会法西斯主义的这一伟大的世界革命斗争,要求我们所有各个政党都密切注意在一切群众组织特别是在工会中顽强地、孜孜不倦地工作。最近,在许多大的群众组织中——体育组织、文化教育组织及其他组织,我们已经取得显著的成绩。

但是，对于我们来说，最重要的问题是怎样加强我们最困难的工作——在工会中的革命工作。在第十次全会上，一如既往，我们应当提出关于工会对革命阶级斗争起什么作用，对资产阶级、对资产阶级所采取的剥削和压迫方法起什么作用的问题。当然，这样提问题可能会使人觉得太概括了：要知道，在工会内部也有两个阵线，它们之中的每一方都竭力动员工人群众并使其接受自己的影响。但是，认为改良主义、社会法西斯主义为了自己的目的、为了资本主义的目的正在用一切办法来抓住无产阶级的阶级组织，这基本上是完全正确的。现在，我们拿资本主义的合理化做例子。在德国，合理化的第一个浪潮已经过去，在合理化的第二个浪潮中正出现崭新的剥削方法。现在我们提出战争问题。为了军国主义化，工会可以利用它们的会员。正如我们现在所看到的，在工会同资本主义国家政权机关日益结合的时刻，在改良主义官僚们无条件地支持资本主义国家的时刻，在从各个方面加紧反对共产主义的时刻，在工会变成国家机关的时刻，正如改良主义官僚们希望的，改良主义工会军国主义化是完全可能的。我们已经能够觉察到那些就此问题完全公开表示意见的社会民主党人的各种行动。可是，同志们，在发生战争的时候，掌握在资产阶级和社会法西斯主义手里的工会，对革命无产阶级来说，意味着极大的危险。在帝国主义发动反苏战争的情况下，这种危险就更加严重。而如果我们能够在工会中扩大我们的影响：第一，在反对一般的资本进攻方面；第二，在反对针对无产阶级的社会的、文化的和政治的压迫方面，在反对资本主义国家及其反苏战争准备方面；第三，在无产阶级革命的总任务方面，工会对无产阶级、对革命有什么意义呢？

现在，只有从数量上说明世界工会运动力量的大概的资料。1929年1月1日阿姆斯特丹国际发表的数字，不用说是不符合实际的。但是，很值得注意的是，这些资料说明红色工会国际在它的百分比增长方面取得了巨大成就。尽管阿姆斯特丹国际施展了各种欺骗伎俩，尽管它反对红色工会国际，改良派也不得不承认红色工会国际的这种巨大增长。阿姆斯特丹国际组织了约 1300 万工人，红色工会国际组织了约 1500 万工人。对于这种统计，应当考虑到，一切革命的和在组织上归到阿姆斯特丹国际但同情我们的分子都被列入改良主义工会运动所包括的 1300 万人中了。除德国以外，在所有的地方，改良主义工会的会员人数都在下降，而在德国，只是由于对革命工会反对派和共产党员的大力招募工作，改良主义工会才有所发展（关于这一问题我以后还要回头来讲），这一事实本身就向我们说明革命工会运动在不断发展。

各基督教工会组织了约有 210 万工人。

全世界工会运动包括的这千千万万群众，对于我们的革命阶级斗争任务来说，有着非常重大的意义。不应低估摆在我们面前的这方面的伟大革命工作。比如说，让我们回忆一下，不久前，在共产国际的许多党内还有一些同志认为红色工会国际应当被消灭。这表明，在有这种倾向的地方，那里的同志低估了，或者往往根本不了解在党组织和动员无产阶级方面，红色工会国际的巨大意义和重要性。同志们，对于红色工会的工作，我们应当估计得更高，支持得更加有力，因为革命工会正在为我们发展我们的革命力量创造良机，并使我们有可能让新的千百万群众支持我们的政策。

资产阶级疯狂地武装反对苏联。只有在残酷镇压无产阶级和在"工业中和平"与"切实合作"的基础上建立统一的"民族阵线"条件下，资产阶级才能实现这种战争准备。在"经济民主"，或者像在英国所说的"工业中和平"的欺骗的帮助下，改良主义工会官僚和社会民主党领袖们正在支持这种政策。

改良派能够高谈阔论工会中立，说什么政治斗争是"党的事情"的那个时候已经过去了。阶级斗争的性质是如此残酷无情，以致使改良主义工会官僚再也不能用这种欺骗的方式来回避这个问题了。在这方面，苏联工会的发展具有极大的意义，在那里参加工会组织的无产阶级所占比重最高。在苏联，无产阶级中参加**工会组织**的占 90%—92%。这一点最好不过地推翻了改良主义者（在全世界的和德国的）关于我们是"无组织者政党"的武断。

在意大利，在法西斯制度下，工会组织变成了国家组织，在执行墨索里尼的政策时被用来镇压革命无产阶级并全力支持金融资本。同志们，我们不应忘记，在弥勒-斯特来斯曼政府的政策中，随后在麦克唐纳政府的政策中，在广泛实行社会法西斯独裁时，工会的法西斯化也将起非常大的作用。这种情况不是一朝一夕造成的，而是与客观形势、与相互冲突并进行激烈斗争的阶级阵线相联系发展起来的。

工会的法西斯化，工会与国家机关和与金融资本的结合

德国工会是工会法西斯化的鲜明例证。只有当资产阶级在社会民主党帮助下完成急剧转变转向其统治方法的法西斯化时，资本的进攻才能取得成功。随着资产阶级的民主手段已经显得不足以镇压和剥削无产阶级，随着资产阶级的独裁和社会法西斯方法变本加厉，工会民主便渐渐地被取消，工会官僚便对革命阵线越来越怀有敌意，并使工会变得强烈的法西斯化。工会机关与国家机关结合得越紧密，革命的工会反对派对这一制度攻击得越厉害，革命的反对派越是独立地、积极地、有力地提出并执行自己的任务，社会法西斯主义对革命阵线的进攻就越激烈。五一节全德工会联合会的立场就是一个特别明显的例子。我们知道，在五一节前夕，社会民主党的领袖和全德工会联合会的改良主义官僚曾同柏林警察局长进行商谈，这些商谈对五一节以后的政治进程也发生了一些作用，甚至在资产阶级法庭面前也不能否认上述事实。在德国，正是全

德工会联合会的领袖们主张无论如何也要禁止五一游行示威，而另一方面，一些社会民主党首领则倾向于要给予五一节上街游行示威的自由。这一事实证明，在全德工会联合会领导中存在着强烈的社会法西斯倾向。

对我们来说有意义的，不仅是工会机关与国家机关的结合，而且还有改良主义的、社会民主派的工会领袖和组织与金融资本的紧密联系。这种结合，也许超出了我们迄今所知道的一切。近来，工会在越来越大的程度上利用它们收集的工会资金同金融资本共同进行经济活动。它们竭力按照私营经济积累原则而利用入会费和会员费。1905年，工会曾用它们拥有现款的41%支援罢工和经济斗争。1924年——用了24%，而1927年——仅用了9%。这些数字很能说明工会内部的变动：丝毫不是以支持在经济战斗中斗争的群众为目标，而是以同金融资本结合为目的。工人银行是汉诺威土地抵押贷款银行的一个股东，站在该贷款银行背后的是冶金工业、化学工业和鲁尔区的资本。全德工会联合会工人银行近来致力于整顿类似自行车厂林德伯夫股份公司的经营企业。这些企业在全德工会联合会主席莱佩特生日送给他一座别墅——关于这一事实我们只要顺便提一下，虽然他也对有受贿的情况作了补充。不仅在德国而且在其他资本主义国家也发生过这种事情。比利时就是一个例子。比利时工人银行向比利时各殖民地的许多股份公司提供资金，控制着丝纺厂、棉纺厂、麻纺厂、印染厂、织布厂、织袜厂、人造丝厂、比利时最大的鱼品工业企业、啤酒厂、冶金厂、冷藏库和各种银行企业。社会民主党的鲁吉茨公司在刚果拥有棉花、金属矿产租让企业。去年在那里有3万黑人死于饥饿，并且这应当记在这个公司的账上。社会民主党关于使土著人养成劳动习惯的著名理论就是这样实现的。

还有奥地利的一个例子。在通货膨胀后破产的社会民主党商业企业，是由金融巨头博泽尔进行整顿的，而他支持和供应维也纳警察局。

在美国，工会与金融资本的结合进行得最快。

当然，另一方面我们也应考虑抵制这种发展的力量。社会民主党，特别是德国社会民主党和英国工党，作为执政党，在很大程度上越是使自己的活动服从资产阶级的利益，工会的法西斯化就进行得越快、越明显。但是，工会的法西斯化正遭到工会组织中无产阶级群众的强烈抵制。当然，官僚们在打击和粉碎这种抵制。但是，由于工会承认仲裁，由于想要签订长期工资合同的改良主义工会官僚的方法，由于这些官僚忽视罢工和反对组织与支持罢工的各种尝试的倾向，无产阶级群众的这种抵抗程度大大增长了。这就不可避免地会导致革命工会反对派与社会民主党领袖们之间最激烈的冲突。这里，争取工会中大多数会员群众的斗争便开始进入决定阶段。广大群众被组织在改良主义工会中，这种情况迫使我们要去把这些无产阶级群众争取到我们这方面来，在工会中非常坚决地继续同改良主义官僚作斗争。以群众组织比如说德国的体育组织为例。如果说在这些组织中改良主义官僚不竭力排除很大一部分会员，在这种情况下，毫无疑问，在最近的中央代表大会上，如果选举在无产阶级民主的基础上来进行，那么，对工人体育运动的中央领导权就会转入我们手中。在这些组织中，改良主义官僚修改了章程，并且完全非法地撤销了很大一部分代表的证书。如果不是用这种行动方式，对自由主义者工会的领导权也会转到我们手里。

改良主义、社会法西斯主义到处都在扼杀无产阶级民主，剥夺群众在这些组织里的表决权，在德国的体育组织和自由主义者工会中已经发生分裂，在工会运动中也正在发生分裂。革命工会反对派越自觉越积极地反对社会法西斯主义，团结在革命工会反对派周围的群众越多，改良主义工会官僚们就越猖狂地、露骨地使用开除和分裂的办法。

但是，在我们自己的队伍中，我们也看到有一些退却的倾向；一些担任职务的人在向改良派投降。工会中的斗争要求我们有极大的坚毅、革命的冷静，有能力使群众相信分裂工会运动的不是我们，而是改良派。

当然，我们争取工会统一的斗争，不同于右派和调和派对它的理解，我们认为，这不是争取"无论如何要统一"的斗争，而是争取革命的阶级路线、争取革命的统一以反对那些瓦解工会的法西斯分裂派的斗争。

在我们自己的队伍中，在夺取工会问题上也不应当产生什么幻想。在一些党内，有人想把夺取工会的问题放在"夺取工会机关"方面。但是，提出"夺取工会机关"的问题，意味着完全忽视工会机关法西斯化的事实和改良主义官僚的法西斯办法，这种办法有可能使这个机关违背工会群众的意志行事。夺取工会机关的问题已经不像在过去的第二时期那样，在我们经历的第三时期，阶级搏斗尖锐化的时期，争取工人阶级大多数的斗争正以完全不同的形式表现出来。

争取工会群众的问题，像过去一样依然摆在我们面前。我们不应产生任何幻想，必须清楚地了解，第一次新的阶级斗争，对经济斗争的任何独立的领导，都要求作出巨大牺牲。在德国，自从在经济斗争和工厂委员会选举中执行我们的策略时起，我们被开除过1500—1700人次。此外，还有许多地方组织被开除：许多组织被从矿工工会开除，管道敷设工被从柏林冶金工人工会开除，并且完全公开地提出了开除钳工和镟工的问题。

但是，如果改良派实行这样的决裂，那是不是说，我们就应当改变我们基本的革命策略？绝对不是。我们应当继续领导被开除的组织，收取会费，并且工会基层委员会要为被开除者恢复会籍而进行顽强不息的斗争。如果继续进行这种斗争，如果不把开除问题解释成工会运动的基本问题，而仅是局部问题，如果在这方面真正加强我们的革命工作，那么，在发展过程中，在阶级搏斗尖锐化的过程中，在我们总的工作加强的时候，就有可能用革命工会运动的新力量来填补改良主义在我们队伍中打开的那些缺口。我再一次强调，在有统一的改良主义工会的国家里，我们的策略没有改变。我认为，成立新的革命工会目前还未提上日程。

在那些因工会里反对派的加强而改良派正在分裂最重要工会组织的地方，我们预见到了这种发展。但是，正是由改良主义官僚的行为所造成的这种发展，要求我们的队伍在此时此刻要用极大的坚韧不拔和顽强奋发的精神来争取革命工会组织的阶级团结。我们知道，在我们自己的队伍里会暴露出那种认为革命工会工作是多余的这类错误和非常有害的观点。为了不给这种倾向提供场所，我们应当用我们掌握的一切思想和组织的方法，在这方面巩固我们的革命工会工作方针。究竟为什么我们应当这样提出问题呢？因为虽然社会法西斯分子在我们的道路上设置了极大障碍，他们执行反动方针，但是我们也有很大可能把群众争取到我们这方面来。面临日益加深的帝国主义战争危险，由于业已造成的严重局势，十分清楚，为了把没有组织的无产阶级广大群众组织起来，留给我们的时间已经不多了。

因为在发生战争时，最重要工会组织和改良主义工会都将起很大作用，所以现在就特别需要坚决反对我们队伍里自动脱离工会的一切倾向，反对那些认为现在就已经到了成立和发展新工会的时候的人们。

被开除的问题，不仅摆在德国党的面前。它不仅是德国革命工会工作的问题，在其他一些国家它也提上了日程。例如在波兰，许多革命工人其中包括工厂委员会委员，被从冶金工人工会、从矿工工会、从纺织工人工会等开除了。近来，许多地方组织被从改良主义工会开除了。在捷克斯洛伐克，近来被从改良主义工会开除的次数增多了。过去这种事情是稀少的。在英国，在运动中我们虽居少数并且非常软弱，但是改良派也采取这种无耻的分裂方法。在缝纫工人工联中出现的事实，伦敦机器制造工人工联方面的行动和其他许多事实，都预示着改良派的这种国际规模的新的侵略性。

同志们，在还存在着统一的改良主义工会的那些国家里，应当怎样解决开除问题呢？怎样从组织上把被开除的人联合起来呢？

在普遍加强我们的革命工会工作计划中，最重要的问题是组织革命工会反对派，这种工作至今在德国也只是一纸空文，仅在少数工会中为革命工会反对派真正进行了组织工作。如果在这方面我们没有重大进展和组织上政治上的转变，那么，被开除者加入革命工会反对派就会遇到一些困难。我们应当比过去任何时候都更加有力地完成这方面的急剧转变，以便全党振作起来并且去组织革命工会反对派。

被开除者——党员和同情者——达到近1700人。近几个月来，这个数字还在成百地增加。他们是在工厂委员会选举中、在经济斗争中和无产阶级斗争的一切方面同我们并肩战斗的优秀分子。十分清楚，这些革命的阶级战士感到需要与组织联系，因为他们在组织中待了几十年。但是，这种心情对于我们的政策不会有决定意义。如果我们向被开除者收费并竭力将他们联合成新的组织或在使他们作为分部加入其他群众组织，那么，其他优秀的革命阶级战士便会与自己的阶级同志联合起来，脱离改良主义工会并且毫不在乎地放弃在其中的工作。这种心情不应低估，尤其是由于改良主义官僚的叛卖行为。因此，我们和共产国际执行委员会政治秘书处认为，必须使被开除者与**该工会的工会反对派**牢固地联系起来。我们将在多大程度上来帮助被开除者争取恢复工会会籍，我们将在多大程度上对这一斗争给予财政支持，这要以每一个别组织的情况为转移。我认为，应当降低这些人的工会会费数，这样来把争取恢复工会会籍的斗争提到更高的阶段。虽然这一物质方面的措施也起一些作用，但是，不能够把这一点作为征收特殊费或把被开除者另外组织起来的充分根据。对待被开除的同志，应当像对待在我们重大斗争中的全体阶级战士一样，并且在自己的斗争中他们定将得到全体工人一致的支持。

在这方面，提出另一个问题——关于保证书的问题。随着改良主义工会官僚的社会法西斯主义的发展，关于签署保证书的问题开始起着与前些年即第二时期完全不同的作用。在第二时期，保证书还常常是按照我们能够签署的那样制作的。但是，在工会向社会法西斯主义发展的时候，现在给我们送来的保证书，在大多数场合，我们是不能签署的，因为签署就无异于拒绝执行工会反对派的革命路线。**我们将不签署反共产主义保证书**。假如我们的同志签署这种保证书，就是不了解同情我们的革命工人，也不了解我们的共产党员。我认为，关于保证书的问题只能按这种观点来解决。

在这方面的最后一个问题，是关于国际工会运动中的所谓"左的改良主义者"的问题。库西宁同志在自己报告中说过，对于实行社会法西斯主义来说，左倾社会民主党是需要的。不言而喻，如果是这样，而且正是这样，那么，社会法西斯主义在工会中发展将意味着，"左派"在工会运动中起着在社会民主党中所起的那种作用。

在这里应当特别考察一个问题：在第二时期我们对待库克、佩尔塞利等的策略是正确的，并且这一策略在这个阶段上对我们有很大帮助。那时候的局势是无产阶级的战斗处处带有防御性质——在1923年德国工人阶级失败之后。那时候，将自下而上的统一战线策略与自上而下的统一战线策略结合起来，对于组织群众，尤其是在英国，是绝对必要的。但是后来，就有了急剧改变策略以揭露改良主义分子的必要性。在英国矿工罢工期间，佩尔塞利之流便公开地转到了共产国际和苏联的阶级敌人方面。我想，几年以前我们采取的这类策略，现在就不再需要了。如果再继续使用那些策略，那就是错误的、愚蠢的和机会主义的了。库克曾经公开反对共产主义，他在今年5月的一次发言中说：

"由于亲王发表了对矿工有利的演说,关于君主专制的问题,对于大不列颠工人运动来说就不再成为问题了……在理论上,我仍然是一个共和政体的拥护者,但已经不是很热烈的拥护者了。我认为,我们今天的威尔士亲王是英国社会改革的第一个捍卫者……我放弃了自己在这个问题上的革命观点,因为亲王不再是以往意义上的国王陛下了。"

他又继续说道:

"可能,我同威尔士亲王的相互握手使我憎恨俄国共产党和英国共产党了。但是对于这一点,我并不感到遗憾。"

同志们,库克的这个发言证明(呼声:"最充分的自我暴露。")不仅是最充分的自我暴露,而且是国际工会运动中"左派"急剧的政策变动,是他们对无产阶级利益的恬不知耻的、厚颜无耻的叛卖。应当说,在总委员会和对它支持的问题上,英国共产党已经摇摆很久了。

我们党的新策略和对经济斗争的独立领导

共产国际和红色工会国际的新策略,是从我们对不久前发展情况的估计得出的。在第九次全会上我们就完成了转变。在红色工会国际第四次代表大会上,根据对全世界发生的事件所作的分析,我们制定了新的罢工策略,拟定出新的组织形式、新的斗争方法。共产国际第六次世界代表大会阐明了这一转变的整个原则意义,为转变的圆满实现奠定了基础。

与从前的方法相比,斗争形式中新的地方是什么呢?首要的是,在共产国际和全世界的某些党内采取了同前几年具有不同基础的下层统一战线的策略。然后是,对斗争的独立领导。这不仅是工会工作的新形式,不仅是特定的罢工策略,不仅是革命群众工作的新方法,而且是国际范围内革命群众斗争的新阶段——布尔什维主义的新的革命战略。对新策略的采用表现在哪里呢？首先，是表现在对鲁尔区冶金工人的斗争和世界所有各个地区的各种战斗的领导上；其次，是表现在德国及其他一些国家的工厂委员会的选举上；第三，是表现在，不仅从德国事件的角度，而且从国际的角度提出五一节的问题——在世界各国，我们在共产国际五一革命口号下和在共产党领导下进行了反对改良主义的群众示威游行；第四，是表现在第九次全会为德国和英国制定的"阶级反对阶级"的策略上；第五，是表现在一般的无产阶级群众斗争新的形式和组织方法上。

在采用新策略的这些基本问题上，我们不得不同我们自己队伍中的取消派和调和派进行最激烈的斗争。在讨论日程的第一点时，在分析世界形势和我们的政治任务时，已经得到了实际证据证明，我们党内的调和派扮演了右派角色。

调和派对待关于未参加工会组织者的问题的分析，特别明显地暴露出他们观点的荒谬。他们否认和贬低千百万未参加工会组织工人的革命作用、其日益提高的积极性以及日益广泛参加无产阶级一切战斗的事实。他们咒骂我们是"没有组织的政党"，因为我们不仅吸收这千百万群众参加一切无产阶级战斗，而且还让他们的代表参加群众斗争的一切领导机关——参加罢工委员会，参加红色工厂委员会等。调和派对于未参加工会组织者问题的观点，暴露出最恶劣的行会贵族局限性。

在第六次代表大会以后，我们经历了罢工的强大浪潮。现在我只谈德国的两点：1926年罢工日数是150万，1927年是600万，1928年是1050万。诚然，这些罢工日的大多数是由同盟歇业引起的，但是，如果像调和派那样，认为无产阶级是处于守势，那就错了。在德国共产党第十二次代表大会上我们已经指出，在革命斗争普遍向前发展的情况下，也有后退的趋势。发展并非在所有地方都是平衡的。在一些国家发展速度很快，在另一些国家则有曲折和若干局部失败。我们这里也是如此：有过暂时外部影响曾起不良作用的时刻，例如萨克森地区选举是如此。

但是，我们来看一下鲁尔同盟歇业，在那里参加斗争的有75%是没有组织起来的工人，或者来看一下纺织工业中的同盟歇业，它已经持续了7个星期，并且其中没有组织起来的工人数占参加斗争总人数的35%——在那里，市政管理局曾接到不支付津贴的指示，而在兰根比劳同警察进行了战斗。再看看另外的战斗，例如汉堡码头工人为时14周之久的罢工。所有这些战斗都表现出进步性。并且看来，没有组织起来的人是与组织起来的人在革命的工会反对派领导下，肩并肩地反对资产阶级、反对社会法西斯分子的。

我绝对不想避而不谈，在经济斗争和工厂委员会选举中执行新策略时，德国党内曾有过巨大的困难。党员的若干阶层，甚至许多党的工作人员，表示过一定程度的反对。试想，在党内存在右翼的情况下，当调和派甚至高居上层、坐在政治局内并对基层组织的动摇有强烈反响的时候，要顺利执行革命策略会有多么大的困难。

我们来看看，法国的发展情况。从1928年6月迄今在那里进行过上千次的罢工（每月参加者约53000人）。在85%的罢工中，群众要求提高工资。6月间169次罢工中的137次是以提高工资结束的。一些罢工，主要是中等规模的罢工，失败了。

在这些罢工中，最重要之点是什么呢？这些罢工有一半是在缺乏准备、红色工会事先没有对其进行组织的情况下爆发的。只是在罢工开始之后，革命工会才去过问。征得法国代表团的同意，我在这里说，法国共产党在这方面的工作有很大的错误和弱点。

我欢迎法国同志们在这个问题上的正确理解的立场，他们自己主动地修正了对红色工会的领导。法国当前的经济斗争有以下一些特点：把

1920—1921—1922年从未参加过斗争的一些新工业部门吸引到斗争方面来了；罢工波及国家军事工业部门；在一些工业部门罢工持续的时间空前长久（在阿洛讷工人罢工7个月）；一个重要的国际事实是，在法国的这条罢工前线上吸引了非洲、西班牙和波兰的无数工人群众；罢工扩展到了最不同的区段；企业主招来的士兵与罢工者和好言欢；最后，对于我们的整个政策和方针来说最为重要的是战斗的政治性质，关于这一点我还要回过头来再讲。

在这种巨大的罢工浪潮时期，也暴露出了党的弱点。例如，法国共产党给联合工会各派的指示往往不能实现。我们看到来自革命工会领导方面的反对，这些领导对战斗缺少准备，因而在群众罢工之前和罢工期间红色工会总是跟在后面。如果认为红色工会将来是除了共产党之外的巨大革命领导组织——我们就是应当这样看待它们——那么，在这样的红色工会存在的一切国家，在这方面，就必须做大量的工作。

现在，谈几句捷克斯洛伐克的经验。在纺织工人罢工的时候，当时还处于党内并掌握着斗争领导权的取消派对罢工未做丝毫准备。一部分领袖普遍怀疑存在着准备开展纺织工人罢工的前提条件。在党和革命工会行动起来之前，群众就掀起了罢工。

在这里，对于我们来说最重要的是什么？斗争的创始人不是革命工会会员，而是还未找到参加组织途径的、没有组织起来的女工和童工。也有这样的情况（捷克斯洛伐克的40000名纺织工人中，只有8000人参加了罢工），一个有1300名工人的企业，其中1000人参加了红色工会，但这个企业没有参与罢工。你们想想，一个企业的全体工人都服从革命工会的领导而没有去参加罢工。还有比这更坏的，那就是革命工会的一些会员在警察保护下被送往企业并且当了工贼。

我之所以谈到这些前所未闻的例子，是因为它们证明在执行我们的新策略时，红色工会里还存在思想上的巨大的弱点和完全的误解。在已经带有较多政治性质的农业工人罢工中,曾有过以下对我们来说非常重要的政治事件:被派遣到罢工事发地执行破坏罢工工作的两队士兵哗变了,并且拒绝进攻农业工人。当然,捷克斯洛伐克政府逮捕了罢工委员会的成员。但是党没有准备,没有进行充分的秘密准备,而突然遭到袭击,尽管曾经有过五一节的教训。罢工委员会全体人员被捕了,这次罢工的领导因遭到镇压而暂时脱离了群众。

在过去一个时期的经济战斗中占首位的,无疑是孟买无产阶级的伟大英勇的斗争。关于这次斗争,在有关政治问题的讨论中已经屡次提到过。为什么这次斗争对我们来说是如此重要呢?因为正如统计所指出的,1928年在孟买有3100万个罢工日,这比过去五年的还多。然后,印度纺织工人的这次经济斗争表明,在这些战斗中,工人阶级转而进攻资产阶级国家政权,进攻英国帝国主义及其走狗民族资产阶级,表明工人阶级认识了民族资产阶级的叛卖作用并起来同它进行斗争。在分析印度革命的发展情况时,之所以我们要指出它对世界革命斗争的巨大意义,孟买的斗争更强烈地提出了中国革命中可能提出的无产阶级在民族革命运动中的领导权问题。

以上就是从这次斗争中得出的一大教训。它对于未来的战斗和对于与农民的联盟来说都将有重大意义。然后,我想指出不久前在上海爆发的纺织工人罢工,那里虽有白色恐怖,无产阶级还是恢复了1927年大革命时的战斗传统,并且展开了新的战斗;我想指出不久前在法西斯恐怖环境下在保加利亚进行的罢工,澳大利亚的总罢工,被粗暴镇压的日本的经济斗争。然后,我想指出不久前在法属刚果爆发的群众起义,那里数以千计的黑人被枪杀和受重伤,数以百计的村庄被焚毁。当我们的第十次全会正在进行的时候,四面八方又爆发了罢工和群众斗争。

在德国,由于共产党员和革命工会反对派进行工作,在战斗的发展中出现了新现象。我指的是**预先的经济战斗**,也就是说,在许多工业部门签订工资合同之前的经济战斗。这是反对长期工资合同、反对仲裁和压迫无产阶级的一切办法的群众斗争的崭新方式。

在"稳定的美洲",我们看到了具有真正政治性质的新的大规模的经济罢工。这就是新奥尔良电车工人的群众性罢工。在那里,我们党的力量很薄弱,群众自己进行斗争,同时与国家政权发生了冲突。妇女在这次斗争中起了特别大的作用。在法国最近的斗争中妇女也起了非常大的作用。

在英国正在形成50万纺织工人的新的运动,他们打算从8月1日起宣布反对降低工资12%—13%的罢工。

看来我们应当从中吸取最大教训的最近一次战斗,是著名的罗兹罢工。

大概任何时候也没有像我们小小的罗兹党组织在这次罢工准备方面所表现出的主动性和预见性了。

集体合同9月到期,但是我们的党组织从6月初就开始准备斗争了;它没有犯错误,也没有在事前提出到9月才能"成熟的"口号;整个运动是逐步加强的。我们的党努力向群众说明,罢工不仅是争取经济要求,而且是反对波兰社会党及其支持法西斯主义的政策的斗争。不仅提出了给青工和女工增加25%—30%工资的要求,不仅提出了反对资本主义合理化的要求,而且还提出了其他要求——保证工厂代表不受侵犯,罢工期间工资照付。事先声明,集体合同延期是根本谈不上的。可是,在这种积极地有步骤地准备之后,却犯了一个有决定意义的重大错误,它带有并非偶然的性质。当要选举由22名工人组成的罢工委员的时候,在具备了为进行罢工所需的一切前提的情况下,我们的同志犯了重大错误,那就是他们向工会组织提出批准罢工的意见。改良主义工会官僚利用这一点耍了手腕。为了彻底消除对群众的影响,他们不得不这么干。当时我们的同志犯了第二个错误:他们这样"谦恭",以致使改良派有可能把自己的代表派进罢工委员会。在我们的22位同志之外，改良派派到罢工委员会18名代表。这18个人像是精心挑选出来的一样——他们是起领导作用的改良派，是工人贵族。这就预先注定了罢工的失败。

在这里明显地表现出，没有打破工会合法主义框框的能力；在这里清楚地暴露出，当运用罢工战略时，重要的不仅是积极准备，提出正确的经济和政治要求，而且还要有独立领导战斗的策略。在罗兹罢工中，没有运用这种策略是一个错误，并且这个教训对全世界的经济战斗来说有着巨大意义。

我们在目前战斗中的方针与我们在过去战斗中的方针有什么区别呢？从前是对工会合法主义"恭恭敬敬"——为的是不说得更加刺耳——给改良主义让出阵地。两年前我们执行了"逼迫工会官僚进行斗争"、"全德工会联合会（或其他改良主义组织）应当进行战斗"的根本错误的策略。这种策略熄灭了斗志，阻碍了无产阶级革命的普遍发展。当然，我们工会政策的其他基本因素也起了巨大的作用。我们遵守的是今天看来与资本主义纪律相同的工会纪律，因为工会机关与国家机关结合在一起，导致屈从于资本主义国家和资产阶级的改良主义政策。取消派完全公开鼓吹改良主义，跟在他们之后，调和派有时也公开鼓吹改良主义，在当前形势下，对此投降就等于背叛共产主义。在这种总的发展情况下，在工会向社会法西斯发展的情况下，调和派担心新策略似乎会使我们脱离群众而提出荒谬的警告。这无非是企图麻痹作为阶级斗争推动因素的共产国际和党。

对我们有决定意义的不是工会纪律，而是党和共产国际的革命纪律。

在工会向国家机关继续发展的过程中，工会合法主义无异于国家合法主义。工会机关在越来越大的程度上与国家机关结合起来，因此，在继续发展过程中与工会合法主义决裂就无异于使国家合法主义出现裂口，就等于违犯国家政权维护的法律。

也必须密切注意我们的阶级敌人。现在他们正在详细研究革命的发展状况，正在使用新的方法来反对我们，为的是阻止革命发展。最近颁布的国家法律，等于是对奋起反抗的群众进行更加严厉的镇压，等于是采取更加凶恶的办法进行统治和使无产阶级服从那种给他们带来剥削和压迫的资本政策。

我来引证一些能够清楚地说明这一点的国际上的例子：德国的仲裁制度，近两年使仲裁决定具有强制性质，法国对强制仲裁法的准备，许多国家禁止罢工，英国的工会法案，挪威的反工会法，罗马尼亚、南斯拉夫和日本革命工会的被解散，美国在罢工时国家检察官发出同类传票，在所有各国都禁止罢工并随意逮捕罢工委员会委员——这一切是帝国主义和资本主义国家政权采用的政治斗争方法。我们的新的斗争形式和战斗组织，我们的罢工委员会和斗争委员会，即正在进行斗争的群众的阶级机构，由各个企业的代表组成的机构，已经对资产阶级和社会法西斯主义孕育着巨大危险，正因为如此，所以一切资本主义国家的资本家都正在竭尽全力，特别是在企业里，要打败我们并把我们连根拔掉。因此，我们应当大大改变我们在企业里进行合法工作的方法，并极其认真地在最短期间探寻出和实行秘密工作的新方法，以便给我们在企业里的广大干部以革命的保护。不应怀疑，社会民主党向法西斯主义发展，正在促使群众与资产阶级之间冲突激化。随着经济斗争的尖锐化，反对国家政权和工会机关的政治斗争也日益尖锐起来。

如果正确地估计我们的阶级敌人，看到他们正在采取新办法来反对我们，考虑到进行的斗争的复杂性，我们就应该承认，这个新的革命战略要求我们的队伍内部要有最大的一致和团结，要求世界各国的革命工会反对派和红色工会要有坚定性和果敢精神。要知道，实行我们的新战略就等于是布尔什维克化的胜利。这不仅意味着政治方针的改变，而且意味着根据某种形势同时使我们在战斗中的整个组织工作的改变。共产党的领导作用表现在，它动员群众并在准备斗争的过程中走在群众的前头。因此，在第三时期我们要采取崭新的斗争形式。我们有统一战线机构，罢工委员会，斗争委员会，五一委员会，代表团，反战委员会，自卫机构等。这种现象不是出现在某一个别国家，它具有也应当具有国际性质。

我们必须做的第一件事是切实认真地**准备**我们的战斗。我们工作发展中的最大弱点是对战斗的准备不够注意。在一切国家，其中也包括德国，我们常常"遭到群众的突然袭击"。往往是群众已经宣布罢工，而革命的工会反对派才跟在后面着手进行准备。

在这方面，有重要的任务摆在我们面前。在准备过程中在某个企业成立的委员会，应当在开展斗争方面表现出主动精神。它应当把本工业部门的大企业联合起来，它应当动员整个本工业部门的工人去反击企业主。在我们拥有力量的5—6个企业里把群众吸引到斗争中来，这对于其他企业里发动斗争会有推动作用。在德国，可以用这种办法发动争取提高工资直至签订新集体合同的斗争。在一切大型和中等企业里，我们必须有积极的生产支部，领导一切工段很好发挥职能的生产支部。不必局限于准备经济斗争，支部应当把工厂生活中的一切日常问题与政治任务联系起来。在德国的一些企业里，我们在午休时常与工人交谈当前的问题。如果不了解工人阶级的生活状况，不把日常阶级斗争问题提到首要地位，党的领导则是不可想象的。因此，党的领导应当是与大型企业工人的生活、与整个工人阶级的生活联系在一起的。

与群众革命斗争的新方法相联系，自下而上运用统一战线策略起着巨大作用。统一战线的临时性机构有：斗争委员会，罢工委员会，经济战斗委员会，女工、男工和青工代表会议，行动委员会，工厂委员会，自卫机构，五一委员会，反战委员会和最近成立的其他机构。不言而喻，革命工会反对派应当把这些机构联合起来。除了使革命工会反对派固定下来之外，还必须能通过宣传材料和专门的工厂报纸让群众充分了解我们的政策。

同志们，革命的**工厂委员会、革命代表干部**或在其他国家所说的工厂代表团，作为组织联络环节和**常设**组织，是值得注意的。不言而喻，我们的生产支部因受政治中心领导并负责监督政策执行情况，它也是这种组织联络的环节。为了独立领导经济战斗，不仅需要组织革命反对派，而且需要有对抗改良派和改良主义组织破坏罢工政策的机构，需要组织筹集斗争所需的基金，以便在急需的时候，依靠整个工人阶级的团结，来支持进行斗争的无产阶级阶层。同志们，法国的同志已经为我们提供了真正值得仿效的榜样，近3—4个月他们筹集了200万法郎的战斗基金来支援罢工。在德国，在这个阶段，国际工人援助会对于同组织起来的工人并肩战斗的尚未组织起来的工人提供了财政援助；现在它还正在那里筹集基金。我是为了避免产生任何幻想而直截了当地提出问题的。未来的发展将迫使共产党和革命工会运动不以现金支持、不以财政方面的绝对保证为转移而提出罢工斗争的问题。也应当向工人表明经济战斗对他们的真正好处，必须向他们说明这种战斗具有反企业主、反国家政权和反改良主义的性质。当然，这本身会有很大的困难。

同志们，在我的报告中，我不能详谈准备和进行经济战斗的全部细节。我只谈几个基本问题。

第一，为了准备经济战斗，必须在成立、发展和加强我们的生产支部方面做大量的革命工作。

第二，前提条件是同社会法西斯主义和法西斯主义进行不可调和的政治斗争。

第三，为适应某些战斗，对党作组织内部的调整。例如，当鲁尔斗争和法国罢工这样一些战斗爆发时，应该把我们的优秀分子从政治局调到罢工地区，以便尽可能提高那里的工作。

在宣传鼓动方面，重要的是采取适合当前运动的方针。为了把工人的积极性调动起来，必须首先阐明企业的工作条件，女工和童工的工作条件。无论在斗争开展或斗争终止时，都必须有随机应变的策略。最后，比如说我们的队伍可能遭受巨大损失，会减少。如果在进行罢工和政治运动时过度抢先而不抓住发展的正确环节，那么，很显然这将使我们付出非常高昂的代价，我们将遭到可能是不必要的牺牲。在一般斗争和罢工激烈进行时，增加新的后备力量起着非常大的作用。任何一次经济斗争，我们都不应该局限于个别企业和罢工者本身，我们应当把我们全部的政治工作集中于下一步运动，竭力包括该国的整个无产阶级。当然，并不是在任何罢工的情况下都能够这样，但是如果罢工具有广泛规模或包括大量罢工者，就必须采取上述办法。

妇女代表会议可以加强罢工工人与无产阶级妇女的战斗同盟，这些妇女并不是始终充分理解，为了实现各种要求还需要把罢工坚持许多星期。在这种战斗中，我们不应局限于经济要求，而应当同时提出反对资产阶级政府、反对社会民主党、反对企业的社会法西斯主义的问题，提出反对与企业主和国家政权协同动作的社会法西斯组织的问题，为了动员群众，必须安排整个无产阶级的群众示威，并使罢工者和整个无产阶级执行当前斗争的方针。这一点对**罢工的政治化**特别必要，为的是让工人了解斗争的政治意义。

库西宁同志在他的结束语中指出，罗兹纺织工人的大规模斗争，以及慕尼黑-格拉德巴赫和法国北部的纺织工人的大规模战斗几乎是同时进行的，但这时罢工工人之间没有建立丝毫联系。在这种情况下需要什么呢？这里需要红色工会国际采取行动。它应当关心向斗争地区派遣代表团，以利用加强国际团结的经验，并使群众的斗争勇气在全世界得到发展。

现在，我来谈谈我们对待工厂委员会选举的策略和有关没有组织起来的工人的问题。在经济斗争时期执行我们的策略，曾遇到一些困难，而在执行我们有关工厂委员会选举的新策略时，遇到的困难会更大。现在我们来看一下自1924年起的发展情况。在这些年份里，情况是这样的：工厂委员会委员候选人的提出，除少数的例外，仅是按照工会的名单进行的，也就是说，只有工会会员，并且主要是改良主义者才能被列入名单。在当今工会向社会法西斯主义发展的情况下，如果我们让这种办法持续下去，那会产生什么结果呢？我们落到社会民主党的后面了。在反对改良主义者的斗争中，我们没有发挥勇敢战斗精神和坚强毅力。如果我们不及时实行新的策略，我们所处的状况就会对整个无产阶级孕育巨大的危险。

应当说，在第六次世界代表大会期间，对于选举工厂委员会的策略问题，德国代表团还没有像现在这样同旧策略断绝关系的坚决性，共产国际与德国党的中央委员会一起，不得不极力设法贯彻执行新的策略。那时候，我们还没有那种提出一批政治口号的坚决果断性。在1929年共产国际一月决议中，关于工厂委员会选举时我们的策略问题，就提得尖锐得多了；工厂委员会被看做指挥战斗、执行革命政策的机构。为了开始执行新的策略，在我们自己的队伍中需要做大量思想准备工作，以便根除我们党内的社会民主党残余。只有依靠最坚决的政治论据才能使全党相信，必须改变在工厂委员选举上的策略，必须关注作为资本主义合理化产物的新阶层，以及从这种合理化中成长起来的女工和大批青工。我们党的一部分同志没有在应有程度上意识到这种发展。许多同志宁肯与改良主义分子作交易，以便把那些持反对态度的代表包括到工厂委员会委员的统一名单中，而不肯提出自己的名单。这种政策等于是放弃革命的群众工作，放弃同改良主义作原则斗争。这是一个根本问题。

近几年来——直至过渡到新的策略——工厂委员会选举，在较小程度上是在政治斗争的标志下进行的。现在，凡是在执行我们策略的地方，在选举中都广泛地提出了无产阶级革命的政治问题。此外，在企业中我们有了加强和巩固我们组织阵地的可能。同志们，如果在德国我们到处都执行了这种策略，那么，我们的成绩就会大得多。但是在许多地区的许多企业里，我们没有能够执行新的策略，因为做好整个政治准备的时间仍然太少，而一些党内对新策略的反对又极其强烈，以致我们最强的战斗力量还不足以迅速地摧毁这种反对。但是，许多地区的积极成果，毕竟还是非常清楚有力地证明了我们策略的正确性。

同志们，我们有过许多漏洞，对于在职员那里进行选举，我们缺乏足够的注意，在准备和进行选举的过程中没有在应有的程度上动员群众，没有为了准备整个选举来关心选举委员会的组成，等等。虽然有这些漏洞，但结果还是了不起的，惊人的。

假定说，虽有一切漏洞、过失、疏忽和内部矛盾，我们还是取得这样的成果，那么，可以感觉到，为了阶级斗争，为了共产主义，无产阶级蕴藏着多么巨大的力量啊！

在这方面，我们最近的任务是很重大的。如果在德国，我们的红色工厂委员会不去坚决地公开地在企业中执行比改良派的政策更加符合工人利益的政策，在这种情况下人们就会不相信我们。（诺伊曼："柏林工人的联系。"）比如说在柏林，我们有同工人联系的坏经验：在那里，我们的工厂委员会对经理处的态度不够强硬，在五一节未尽到自己的责任。在德国，我们被迫不仅传授每一个工厂委员会委员应当知道的工作范围内的初级课程，而且进行政治教育，为的是让工厂委员会把自己在企业的工作同整个无产阶级的总任务联系起来。

使工厂委员会与企业内统一战线的其他机构、与群众紧密地结合起来，培养工会工作人员和工厂委员会委员，经常捍卫企业工人的利益，成立革命代表团，召开工厂委员会的地方代表会议和小组代表会议——这些就是我们最近的任务。为了领导企业中的政治斗争，工厂委员会应当教育工厂委员会中的各派，必须不仅在地方和小组而且在中央的规模上联合起来。

现在，我来谈一下在捷克斯洛伐克和奥地利的工厂委员会选举时的经验。在捷克斯洛伐克，我们是否恰当地执行了我们的策略呢？没有。在捷克斯洛伐克，我们在这方面的工作做得很差。并且在捷克斯洛伐克党内，对这个问题完全是从工会的角度，**而不是从革命群众工作的角度**加以阐明的。

关于工厂委员会，在我们队伍内还存在许多幻想。在法国党内，个别同志认为，必须让资产阶级来批准工厂委员会的成立和组织。据我所知，在法国党内还有一些同志，他们认为，必须把有关工厂委员会发展状况的法案提交议会。在法国党内也还有将工厂委员会运动同监督生产的口号联系在一起的趋势。

资产阶级对待工厂委员会，完全像对待那些能够帮助它在"工业中的和平"方面推行自己的政策和措施的组织一样。工厂委员会的职能由法律规定。但是，如果资产阶级竭力利用各个工厂委员会为自己谋福利，那么，我们就要利用工厂委员会来达到革命的目的，竭力使它们服从我们的影响，并成为我们在企业中推行我们革命政策和工作的据点。我们正在利用各个工厂委员会作为反帝斗争阵线的和反对资产阶级、法西斯主义及社会法西斯主义的辅助手段。

同志们，在工厂委员会选举时我们执行的策略中，什么是最重要的呢？最重要的成绩是，新的阶层、无产阶级中最受压迫的阶层、没有组织起来的人们在这一斗争中首次起了巨大作用。

这个重大问题——吸引群众——对于发展和对于我们党争取在无产阶级中的领导权，具有决定性意义。在同所有各代表团进行座谈时，我都竭力说明，组织起来的人们和没有组织起来的人们在该国无产阶级中所占的百分比。按这两个指标来说，对比是：在捷克斯洛伐克，没有组织起来的人约占65%，在英国约占70%，在德国约占72%，在美国约占90%，在法国约占91%，而在波兰甚至占95%。由于资本主义合理化，由于无产阶级的贵族集团中组织起来的人所占比例较高，并且百分比因不同职业类别而变化（例如印刷工人100%地被组织起来了，而在其他生产类别中，组织起来的工人所占的百分比非常低），所以判明数字比例有着重大意义。没有组织起来的工人主要集中在大中企业，而在小企业中，他们人数很少。在当前的战斗中，没有组织起来的工人起过巨大作用。他们往往比组织起来的无产阶级群众表现得更加革命。关于这一点，也是有十分充分的原因的。我们知道，在资本主义合理化过程中，工人群众的结构在发生变化。资本主义在生产过程中采用了一些新的剥削方法，它把新的阶层特别是妇女和青年吸引到生产中了。在工人贵族分子、特权阶层与无产阶级下层的工资之间的差别不断扩大；这些下层所受压迫越来越重，就各个最重要工业部门来说，工资在不断下降。这在工会构成的变化方面也起着十分巨大的作用。

在世界各地，改良派总是企图阻止无产阶级的下层加入工会。我们知道，在美国就有这方面的例子。那里工会会费非常之高，以致许多工人无力参加工会。在德国，工会不接受失业工人参加。甚至在鲁尔同盟歇业期间，无产者很想参加工会来支持革命工会反对派的时候，工会贵族也不接受他们参加工会组织。在港口工人罢工时也有过这种情况。由于工会的这种发展趋势，无产阶级的上层便开始在工会中逐渐占据优势。下面引用的全德工会联合会工会会费统计表，十分清楚地证明了改良主义工会社会构成的变化。

1924年，交纳会费10.40马克以下者占会员总数的10.8%，1927年，下降到5.2%。

1924年，一年交纳会费10.41马克至26马克者占会员总数的39.2%，1927年，下降到17.2%。

1924年，一年交纳会费26马克至52马克者占会员总数的45.3%，1927年，占57%，即是说增加了。

1924年，一年交纳会费52马克以上者占会员总数的4.3%，1927年，占20.6%，也就是说，增加了。

可见，交纳较高会费的会员所占百分比显著增加了，这无疑表明，改良主义官僚在越来越大的程度上依赖着无产阶级中收入较高的阶层，并阻碍下层加入工会。未参加工会组织的绝大部分人是女工和青工。

尽管有工会的社会法西斯主义方针，尽管有工会的带有威胁性规模的这种发展，如何征求这些未参加组织的群众加入工会，并把他们吸引到工会反对派的斗争中来的问题，仍然是摆在我们面前的一个有决定性意义的问题。

劝说群众加入工会，当然是困难的。虽然如此，我们还是应当吸引尚未参加工会组织的人们加入工会组织。为什么？因为工会组织无论如何都是群众组织的最重要形式，因为工会组织目前还带领着千千万万尚不理解我们的工人。过去我们不是有过一些例子吗，那时候在革命高潮时刻，群众都曾奔向工会？无疑是有过这些例子的。在直至1922—1923年的革命高潮时期，曾有数十万工人涌进了工会，并且他们是来自现在还处于工会之外的那些阶层。在另外一些政治斗争尖锐的时期，在捷克斯洛伐克，甚至在法国，都有过这类事实。当讨论关于群众政治罢工的问题时，罗莎·卢森堡就在党的耶拿代表大会上提出了关于未参加工会组织者的问题。那时候，大家知道，在修正主义者、党的中派和左派之间，围绕革命群众罢工问题进行过斗争。在党的耶拿代表大会上，罗莎·卢莎堡就这一问题作了发言，她说：

"党的政策、策略应当激起处于组织之外的广大人民群众的奋发有为和自我牺牲的精神,因为只有这样我们才能吸引大批未参加组织的人,并吸收他们加入组织。"

罗莎·卢森堡的这些话,对于我们当前形势下的实际上工作也是适用的,虽然社会法西斯主义在形势进一步尖锐化情况下的发展会决定对问题的另一种提法。

斯大林同志十分正确地阐述了美国的发展情况,同时十分正确地指出,这种发展情况也可能在德国出现。难道在我们这里对于在美国那样的发展的可能性还要加以争辩吗?绝对不是!在这种向上发展的情况下,在无产阶级的新的后备力量靠拢我们之时,在他们脱离了改良派之时,在改良派自我暴露之时,会有多少好的机会出现在我们面前,尽管会遇到各种开除和分裂的手段,可是有可能把所有尚未跟我们一起走的人吸引到革命发展的洪流中和把他们组织起来。但是,同志们,现在我们应当用一种不同于过去的形式来开创我们的工会会员征收工作。从前,我们是不加区别地号召一切人都加入工会。关于我们的工作,首先是德国工会必须在近一年内把会员总数增加62万人。现在,我们应当按照不同于第二时期的方式提出这一问题。目前我们已不再鼓吹使一切工人不加区别地都加入改良主义工会,而只让有阶级觉悟的革命工人参加以加强革命反对派。这项任务不是轻而易举的,它是极其困难的。我们的任务是为了革命斗争来教育群众,组织群众同社会法西斯主义官僚们的反抗作斗争,因为这些官僚们在竭力阻拦造反群众参加工会。未参加工会组织的群众,只是在为他们的阶级利益、为革命目标、为反对社会法西斯分子和工贼的政策而进行斗争时,他们才相信有加入工会的必要。他们是最受剥削、最贫穷、在资本主义合理化过程中最受压榨的对象,他们是数百万群众。对于他们来说,工会合法主义的框框,比起对于那些日复一日受自己社会法西斯机关腐化瓦解影响的、工会组织的社会民主派来说,是小得多的障碍。在最近的一些战斗中,这些群众曾经忘我地、积极地、满怀革命激情地同自己有组织的阶级弟兄肩并肩地进行了斗争。因此，列宁在他的名著《帝国主义和社会主义的分裂》里认为，在无产阶级的最少组织性和最受剥削的阶层里、在它的"下层"里的工作，是"衡量共产党的革命积极性的准绳"。

关于红色工会的问题，对于许多同志来说，远不是完全清楚的；因此，在搞分裂工会运动的国家，红色工会没有得到应有的支持。为了把红色工会建立在战斗的革命的纲领基础上，必须利用每次罢工、每次经济斗争来加强革命工会反对派，而把改良主义工会排挤到末位；要把工作做得使改良主义工会的许多部分和许多地方组织转变成红色工会。过去在这方面我们有过许多错误。

在我们德国党内，大家知道，在工会问题上，我们同调和派有过激烈的争论。附和调和派的迈耶尔同志指出，在党的埃森代表大会上我们讨论过工会，认为这是共产党人与社会民主党人之间主要的斗争场所。根据这一点，他硬说现在我们放弃了原先的观点。不管调和派如何武断，我们正在把我们原先的观点提高到**更高的发展阶段**。在我们今天，在进行遭遇战、突围战、进攻战时期，我们应当竭力首先把企业中已经组织起来的和尚未组织起来的工人群众包括进来。迈耶尔和他的朋友们建议我们在五一节去开工会大会，也就是说，实际上放弃自己的游行示威。在我们正确方针的基础上，我们提出了抵制社会民主党改良派大会的口号，五一节要上街游行示威，而同时，由于改良主义官僚们的策划，从一清早就挑起了无产阶级队伍内的兄弟之争，因为要发动群众，我们必须全力以赴。调和派在这一问题上的观点，是他们错误的总政治方针、他们不同意我们新策略的产物。

在工会策略上，在未参加工会组织者的问题上，他们没有估计在发展过程中的无产阶级阶级斗争，而是公式化地提出问题，不加任何批判地把第二时期的组织形式和方法搬到第三时期。我们知道，争取无产阶级大多数，不能在工会范围内进行，这一任务在工会范围内无法解决，它要在社会活动的所有各个部分，在一切无产阶级群众组织而首先在企业里来解决。我们党的韦丁代表大会十分正确地指出，争取企业要放在我们总政策的首位，改良主义与共产主义之间的斗争异常尖锐，因为这同时是反对三角同盟——企业主、国家政权和改良主义工会官僚——的斗争。被开除的取消派及其在党内的代理人，想要把斗争仅仅限制在工会合法主义的框框内，否定现今斗争的性质本身。他们作为尾巴主义理论的拥护者，不能为自己提出组织新的革命堡垒的任务。他们依然提出争取工会的问题，说这是争取工会机关的问题。关于争取工会机关的问题，现在与第二时期迥然不同了。目前社会法西斯主义者一看到领导权有转到革命工会反对派手里的危险在威胁着他们，大概就要分裂每一个工会。不管社会法西斯主义的工会官僚及其国家和工贼的政策如何，掌握工会首先是掌握工会群众以完成革命反对派的任务。同志们，与右派相反，我们要牢牢地坚持这种意见，我们要独立地把尚未组织起来的群众吸引到斗争中来，这样就能够把他们作为革命的杠杆，就能够也把那些还站在改良主义营垒中的正直的有阶级觉悟的工人吸引过来。我们的这一方针，是来自对当前一般阶级力量对比和阶级斗争特殊经济性质的分析，阶级斗争要在越来越大的程度上变为政治革命的斗争。

吸引尚未组织起来的群众的这个任务，对我们来说，就是扩大阶级阵线、贯彻最高革命意图和通过独立战斗来掌握群众的极其重要的任务。因此，无产阶级中的三类人即女工、青工和农业工人，值得我们特别注意。

在全世界，特别是最重要的工业国家中的资本主义合理化，决定了社会的重新大组合。根据1927年最后的调查，生产过程中女工增加了300万人；根据1927年工厂检查处最后报告中的资料，在大中工业企业做工的工人中，女工占26%。按最近的统计资料来看，有400多万青年被吸收到生产中去。

按德国8个最重要的工业部门来说，女工工资在男工工资的55.1%（冶金工业）和75.8%（纺织工业）之间摆动。女工的平均工资等于男工平均工资的62.5%。在这方面，波兰的情况更糟。在那里，数字简直是骇人听闻的，青工劳动报酬的情况特别糟糕。在一些场合，青工只能得到男工工资的5%。在那里，青工平均获得成年工人工资的25%。近来在白俄罗斯西部，青年工人进行了10次以上的罢工，这不是偶然的。除少数例外，他们进行得很顺利。现在我来谈一些事实，它们清楚地说明了在我们的斗争中这些阶层的作用。

拿法国北部纺织工人的罢工为例。你们知道，妇女和青年在那里不仅坚持了经济要求，而且进行了政治斗争，在大街上同警察进行了斗争！特别是妇女们！而政治大罢工是发生在柏林五一事件之后吗？我们号召大罢工的政治口号得到制烟厂女工和制鞋厂女工的响应，难道是偶然的吗？我们事先召开了妇女代表会议。革命的女工响应党的口号不是偶然的。

在青年中间进行工作特别重要。在根据议程第一点所进行的讨论中和库西宁同志的结束语中，这个问题得到了详细的阐述，这不是没有缘故的。

至今，我们的一些党还未意识到青工在未来战斗中的作用，它们还不充分理解必须鼓励青年斗争，使他们摆脱资产阶级改良主义影响，更接近我们。对于共产主义青年团，对于企业里社会的重新组合注意得太少。

我来谈谈第三类——农业工人。这个无产阶级的阶层是最受残酷剥削和压迫的对象。它与无产阶级血肉相连，同时又是比工业无产阶级的阶级觉悟水平较低的一个特殊的类别，因而容易被反动派用来反对无产阶级革命。他们日复一日地看不到工厂里发生的情况。战争危险的加剧、影响着千千万万农业工人的法西斯主义的增长，这一切都要求我们必须深入到农业工人中去，尤其是在农业国家里，在那里，这些问题有更大的意义。正因为如此，所以在党内我们应当特别注意这件工作，要求不断进行总结和探索，使这项工作得以妥善地进行。

要进行真正革命的工会工作，就要创造一定的先决条件。第一，必须具有更大的坚定性，具有关于阶级战略的经验和知识，以及党内的统一和团结。但是，我们的内部团结和战斗的坚定性还不够，我们应让无产阶级相信，我们是革命斗争中无产阶级统一的真正体现者。我们的阶级敌人、托拉斯资本，也正在进行"策略转变"并采取反对工人阶级的新的凶狠的办法。我们应当理解，资本主义合理化的第二个浪潮，将惊人地加重对工人群众的剥削并急剧降低工人群众的生活水平。将来也会采用目前尚未充分发挥作用的剥削办法。我们知道存在着奖励工资制，在最重要的工业部门里实行计件工资制，但是我们看到，在德国的大康采恩里也正在出现新的现象。在北德意志的羊毛康采恩——这是颇富侵略性的金融集团——里，已经提出按生产率指数把工资分级的问题：除了定额工作之外，还存在计件工资以及奖金和生产率数字，此外，也还有通过与经理处签订的个别合同而规定的特别奖金。怎样来评价这一点呢？这等于是规定只有最强壮最健康的人才能支撑得住的定额。这意味着，企业主提出关于在企业里进行更重剥削的问题。非常清楚，资本主义的合理化将要发展下去。我所以这样详细地来谈有关按照生产率指数规定工资的问题，是因为1927年工会官僚们曾经根本拒绝过北德意志的羊毛康采恩的这类要求，认为计件工资是加倍的剥削。但在当年4月，这帮胆大妄为且脱离群众的改良主义工会官僚们，竟然签订了实行按照生产率指数规定工资和奖励工资制的合同。在1929年4月19日出版的一期纺织工人改良主义工会机关刊物《纺织工人》上谈了这一可耻的合同。

"这是一座架设起来通向未来的桥梁。签订工资合同的双方，现在应当证明自己有诚意实现自己愿望和意志的产物的能力……按照业已造成的事态进行判断，并注意到有公断人在场签订这一合同时作出的声明，在这里踏上新的基础的双方，要真正努力保证新思想的胜利。实现大概会为将来提供方向的复杂构想是能够办到的。"

而1927年，同一个《纺织工人》就这同一问题这样说道：

"在按照生产率指数规定工资的企业里，康采恩管理处打算达到更高的生产率，也就是说，利用每一个工人的劳动力直至把它消耗殆尽。正因为如此，所以才要拿过去的最高生产率为准，来规定对超过这一最高生产率给予奖励。"

企业主按照生产率指数规定工资，是要竭力进行加倍的剥削，他们想要把工作间一分钟、两分钟的停顿都化为乌有，他们要做到使工人在8个—9个小时内不停地工作，他们想拿工人与机器相比。如果这种按照生产率指数规定工资的制度到处实行起来，就会引起生产体系的巨大变化。在健康的人与不健康的人之间、在比较年轻的工人与比较成熟的工人之间将要产生巨大差别。这不仅在德国，而且在国际范围内都有重大意义。在目前形势下，异常重要的，是我们要把工人群众吸引到同资本主义合理化进行积极的无情的斗争中来。同志们，正因为如此，所以说，工资方面的经济战斗具有重大的意义。这些工资方面的战斗是对国家仲裁的直接攻击，它们动摇着工资制度并正在这上面打开缺口。在上述一切战斗中，斗争几乎都毫无例外地超出了单纯经济斗争的范围，它获得了政治性质并发展成政治性罢工。现在我来谈谈政治性罢工和革命代表制度的问题。

群众性经济罢工和政治罢工，革命代表制度

怎样把经济行动提高到政治行动的水平，以及另一方面，为政治革

命行动奠定广泛的经济基础以便吸引最大数量的工人来进行斗争？不用说，这是斗争现阶段上一个最困难的策略问题。

有一次，列宁曾说，不组织雇农，就不能组织无产阶级革命。

1905年，列宁写道：

"现在可以完全看清楚了，经济罢工和政治罢工之间究竟是什么样的相互依存关系；如果它们没有密切的联系，那就不可能有真正广泛的、真正群众性的运动；而这种联系的具体形式是，一方面，在运动初期和在吸收新的阶层参加运动的时候，纯粹经济罢工起主要的作用，另一方面，政治罢工唤醒并推动落后者，推广并扩大运动，把运动提高到更高阶段。"①

我已经讲过法国强大的罢工浪潮。近来经济斗争与政治斗争之间的相互关系在法国表现得很突出。例如，在有20000人参加的巴黎建筑工人罢工时，曾提出这样的政治要求：从监狱释放被捕的两名工会书记，以及马蒂和法国党的其他党员。建筑工人带着这些政治要求在大街上游行示威，并且因此，两名被捕的书记真的被警察局释放了。我已经指出许多罢工，在罢工中除了经济要求之外，也提出了"打倒警察局"和"打倒宪兵队"的要求。当这类要求在经济斗争中被提出的时候，它们便是一定政治目的的表现。在连纳惨案之后，同取消派进行辩论的时候，列宁写道：

"今年的五月罢工正同俄国最近一年半以来的一系列罢工一样具有革命的性质，它不仅不同于通常的经济罢工，而且也不同于示威性罢工和那些提出立宪改革要求的政治罢工（例如最近的比利时罢工就是这样的罢工）。完全由俄国的革命形势所决定的俄国罢工的这一特点，是那些为自由主义世界观所俘虏而再

---

① 《列宁全集》中文第2版第19卷第389页。——编者注

也不会从革命观点来看待事物的人们无论如何不能理解的。"①

所以，我们认为，现今的罢工具有列宁讲过的那些基本特点。难道在我们面前不是有过许多这样的罢工吗？孟买纺织工人的英勇罢工是一次大规模的革命的群众性的罢工；参加者不仅有这类企业的工人，而且还有无产阶级中就其政治见解来说接近罢工并且既反对英国帝国主义又反对资产阶级的一部分人。这清楚地说明了孟买大罢工的革命性质。在罗兹发生过的事件，在五一节又重复发生了。当时，群众不顾波兰法西斯的禁止和实行白色恐怖，而走上街头。

最近的一次罢工，就其类型来说，是属于目的为吸引成千上万群众参加运动和革命行动的罢工。当前的大罢工具有列宁那时所讲过的任务。列宁说：

"这种手段，就是革命罢工——顽强的，从一个地方到另一个地方、从国家的一端到另一端此起彼伏，反复不断的罢工，是通过争取改善经济条件的斗争唤醒落后的人们走向新生活的罢工，是痛斥和抨击沙皇政府一切明显的暴力、专横和罪恶行为的罢工，是在两个首都的街头挥舞红旗，向**人群**、向人民群众发表革命演说和提出革命口号的罢工和游行示威。"②

革命的政治大罢工，是反对帝国主义战争准备和反对一般帝国主义的革命斗争的标志。我们从革命的大罢工中得到了什么呢？首先，群众亲眼目睹而确信，国家机器和改良派完全是在为资本主义效劳。我们正在驱散无产阶级中间还存在的对社会民主党的作用的幻想。群众已经懂得，这帮妄自尊大脱离群众的工会官僚们，鼓吹经济民主，不过是为了欺骗无产阶级。在德国，工人已经看到，对于工人来说，资本主义共和

---

① 《列宁全集》中文第 2 版第 23 卷第 313 页。——编者注
② 《列宁全集》中文第 2 版第 22 卷第 306 页。——编者注

国并不比君主国更好。他们看到，共和政府以及政府中的社会民主党人，完完全全像君主国一样压迫无产阶级。这正在驱散仍然存在的幻想云雾。在关于战争危险的问题中，在所谓祖国防御的问题中，无产阶级也了解了事情的真相。我们正在教育群众认识自己的力量。请允许我引用列宁著作中的一段话。在苏黎世青年大会上关于1905年俄国革命的报告中，列宁说过：

"离开群众本身的独立政治斗争特别是革命斗争，在这种斗争之外，永远不可能对群众进行真正的教育。只有斗争才能教育被剥削的阶级，只有斗争才能使它认识到自己的力量有多大，扩大它的眼界，提高它的能力，启迪它的智力，锻炼它的意志。"①

列宁当时所说的那些话也适用于今天的群众斗争。在斗争过程中，群众正在丢掉幻想，并为我们准备使无产阶级去执行革命任务奠定着基础。我们怎样教育群众使他们相信共产党、相信革命反对派、相信红色工会呢？我们是否已经得到工人阶级绝大多数的信任呢？没有。只是在斗争过程中，群众才对我们和我们的领导充满信任。在现今的战斗中，在政治大罢工中，我们把无产阶级的落后阶层同有阶级觉悟的进步分子更加紧密地联系起来，并且用这种办法建立巩固团结的阶级阵线。

我们正在借助群众自己的战斗组织把群众组织起来，发挥他们的独立性，建立革命代表制。我来谈谈目前我们在德国正着手解决的这项专门任务。我想预先指出，要实现这种动员和组织，对于个别党来说，是十分困难的；合理的运动有时是可能的；群众可能不是一下子就学会在斗争中掌握政治武器。因此，充分了解我们的队伍就加倍地必要。所有各个党都要严重注意这一问题，正如我们在德国已经做的那样。在那里

---

① 《列宁全集》中文第2版第28卷第320页。——编者注

我们有了革命代表制。

在企业中，我们拥有：第一，生产小组；第二，革命工会反对派；第三，工厂委员会。在企业中工厂委员会的职能完全不同于生产小组和工会反对派的职能。但是，同志们，我们应当有另外的基础，当阶级敌人企图攻击工人时，在此基础上我们任何时候都能围绕着革命路线，把群众发动起来，把无产阶级群众动员起来。由于我们为自己提出把经济罢工变成政治罢工和革命的大罢工的任务，很清楚，问题就不仅仅是执行正确的政治路线——那就还必须建立制度、组织，以便粉碎工厂法西斯主义、基督教工会、黄色工会、改良主义代表团、社会法西斯主义，以及企业里反对共产主义的其他所有各派阶级敌人。

同志们，我们应当使群众对共产主义运动和对革命工会反对派的增长的信任具有新的组织形式。什么是革命的代表制呢？我们肯定地说——革命的代表制，因为它是只由有组织的共产党员组成的党代表制。我们为阶级统一而斗争的目的并非如此。我们是为全体无产阶级群众而斗争的。为了调动群众的独立主动精神和首创精神，必须把无党派的、忠实的社会民主主义工人也包括到企业里这种代表网的构成中来。

社会民主党，从它那一方面已在到处着手建立这种代表制。例如在汉堡，为了自己的党，它已经在企业里拥有这种代表制。柏林社会民主党人，不久前通过《前进报》为企业的特殊"处理"找到了3名秘书。在德国其他大城市里，他们也发现社会民主党正加紧以大企业为目标。这表明，社会民主党虽然无论如何也无法阻挡我们采取措施，但竭力反对我们在企业里的工作，想使我们的工作增加困难。尽管有改良派的抵制，尽管企业主在恫吓工人，在韦丁代表大会之后，在开展革命代表制方面，我们还是取得了显著成绩。在两三个月内，我们就建立了在工人运动中生了根和发展了群众独立性的组织网。有了这种代表制，在车间里，工人就有可能经常监督自己选出的代表。我们有过曾将代表与本车间的工人混同而未履行自己义务的时候。在执行布尔什维主义的罢工策略时，革命代表制也将成为可靠的支柱。罢工运动是政治运动。只有当我们在大企业的所有各个车间都有一定的政治和组织基础时，我们才能在企业里进行罢工运动。这也是代表制的职能。现在往下面讲，如果我们执行这种政策，那么，在我们党处于不公开的情况下，在战争进行的时候，为了把战争变为国内战争，企业将是有决定意义的出发点。

反右倾斗争与共产党的国际任务

同志们，我们可以毫不夸张地说：从红色工会国际第六次代表大会和共产国际第六次世界代表大会那个时期起，我们就取得了巨大的成绩。实现新策略，这可不是一项轻松的任务。使我们的干部振作起来，曾经是有困难的。他们还部分地被包围在社会民主主义的迷雾之中；而我们应当首先使他们摆脱这种迷雾。在我们各国的党内，还有一定的部分往往公然反对新策略并对执行决议进行怠工。有时候这是不自觉的，但常常就是怠工。甚至在我们共产国际居领导地位的党——联共（布）内，在工会政策方面也曾表现出这种右倾。

联共（布）内的右翼，在全苏工会中央理事会内部有很强烈的表现。在实行整个国民经济的社会主义改造方面，它竭力阻碍联共（布）。我们看到，全苏工会中央理事会的一些成员，在国际范围内也阻碍一些国家的党去执行红色工会国际第四次代表大会的决议。右派与调和派企图把他们在对有关运用自我批评问题的不理解上、在他们就有关争取提高劳动生产率问题而设置的严重障碍上、在苏联的社会主义改造的整个发展上、在克服从农村到城市来的落后阶层的小资产阶级情绪上所表现出来的一般机会主义消极性转移到其他国家的党里。亚格洛姆—托姆斯基集团曾将它的派别的触角伸向一切党，特别是德国党内。

仅以在德国我们遇到的有关《统一》杂志的巨大困难为例，这个杂志曾掌握在现在已被开除的西韦特和多年领导这一运动的他的友人手中。在进行真正革命的统一运动时，我们同《统一》的领导有很大分歧。我们不断地试图改变《统一》的政治方向，我们试图也通过组织办法来这么做，征求和吸引工人进行协助。可同时我们总是遇到这些小集团的机会主义的激烈反对。改良主义者与共产党人之间原则斗争的基本问题在《统一》上常常被掩盖起来。《统一》社中的大多数人总说遗憾的是没有无产阶级的"统一的""组织"，也就是说，德国共产党没有同德国社会民主党合并；叛徒瓦尔歇也常这样说，瓦尔歇曾不止一次地要求红色工会同阿姆斯特丹国际合并。

同志们，这些一味机会主义的、明显取消主义的倾向，屡屡得到全苏工会中央理事会中居领导地位的一翼的支持。

我们可以说，我们的工会政治工作取得了很大进展。大多数取消派分子被共产国际开除了。共产国际中的调和派集团，如不改变它的政策，那么，它的命运也不会更好。共产国际将要毫不妥协地实现自己的政策，因为我们的革命的阶级斗争路线也要不折不扣地贯彻于我们的党内的方针。我们自己队伍中的机会主义派别，曾妨碍和阻止我们的工作。右派观点，当它尚未在一些小组中形成的时候，就已在涣散党的战斗精神，妨碍革命政策的贯彻。一部分有很大动摇性的同志，对于共产国际第六次代表大会和红色工会国际第四次代表大会提出的正确步骤和战斗措施贯彻得也曾比较缓慢。现在，同志们，我们可以说，这种动摇在很大程度上业已克服。关于这些问题已经非常清楚。在我们自己队伍中反对已经不是十分强烈，但是仍然足以危害决议的实现。简单地说，我们的党内生活就是如此，阻止我们进行我们政治工作的障碍就是如此，克服掉这些障碍，我们便能够为自己开辟道路去实际了解，要完成我们的重大任务，就必须有正确革命路线之下党的真正统一和内部团结。在说明和在更高发展程度上进行一般政治工作的同时，我们应当从我们的队伍中清除腐朽的机会主义分子。

在国际方面，有以下一些基本任务摆在我们面前：

1. 发动和真正独立自主地领导经济斗争。

2. 同资本主义合理化进行最激烈的斗争，并使苏联社会主义改造日益发展的一切成就家喻户晓。

这个问题，对于我们在全世界的鼓动工作起着巨大的作用。

我们的任务是消灭资产阶级在世界各个资本主义国家的统治。如果我们不能使工人阶级相信，我们能够建立起最好的制度来代替资本主义的旧制度，那么，我们就不能争取到工人阶级。

我们是否具有利用无产阶级专政成就的这种可能呢？我认为，苏联社会主义建设在发展，它在改造时期具有迅猛的性质，苏联最重要工业部门实行七小时工作制，苏联工人阶级的物质文化生活水平在稳步提高，而资本主义国家在所有各个方面都采用着榨取工人阶级的反动的新方法——这一切，在我们的鼓动和工会工作中利用得太少。

3. 把经济斗争和要求政治化，并扩大群众政治斗争的范围。

4. 建立由工人阶级独立选举的统一战线机构，以便从组织上加强我们的革命群众基础。

5. 集中加紧注意生产支部的建设。

6. 加强我们在工会中的革命工作。

7. 清除改良主义工会机关的影响，在有分裂工会运动的国家加强红色工会的阵地。

8. 使红色工厂委员会的影响最大限度地政治化和扩大。

9. 使我们的工作更加广泛地国际化，并支持全世界的殖民地运动。

10. 吸引失业常备军到战斗无产阶级团结的阶级阵线中来，从这个意义上，要特别注意支持失业大军。

所有这些任务都是同红色工会国际的全面加强紧密相连的。近三四年来表现出一种倾向,那就是除了共产国际之外,我们对红色工会国际这个无产阶级革命运动的极其重要部分估计不足。还有过一种机会主义倾向,即在共产国际存在时,否认红色工会国际的作用。关于这点我已经提到过。如果在我们这里有两个不同的阵线,一方面是共产国际和红色工会国际,另一方面是第二国际和阿姆斯特丹工会国际,那么,难道这就是说,在国际范围内我们已经不必在革命阶级斗争基础上为工会运动的革命统一而进行斗争了吗?绝对不是这样!我们的目的是争取世界,在反对世界资产阶级的斗争中,我们必须削弱改良主义的各种阵地并消灭改良主义本身。

与争取工会的革命统一相联系,我们为自己提出的任务,是把工会群众争取到共产主义方面来,而反对社会法西斯主义,反对阿姆斯特丹国际。在全世界,在改良主义与共产主义之间为无产阶级的领导权而斗争的问题便是这样提出的。正如莫洛托夫同志十分正确地指出的,我们是站在群众新的革命高潮的前头。我们把这种革命高涨加强,把它变成群众革命斗争,发动经济罢工和政治罢工,用这种办法争取无产阶级大多数并把他们引向为政权而进行坚决斗争,以上这些究竟能够做到什么程度,将以我们的策略、我们的革命主动精神、我们的顽强毅力为转移。暂时的后退和局部的失败是不可避免的。我们应当为自己提出任务。在每一种情况下都能抓住斗争的必要环节,也就是说,任何一个发展阶段我们都应当越过,但是在要求革命干预的时刻,无论如何我们也不应当消极。如果我们认真执行我们的政策并坚持我们的方针,如果我们使群众对自己的力量充满革命自觉自信,如果我们运用我们的策略,继续不断地不可调和地克服一切动摇——我们就能够为了争取无产阶级专政、推翻资本主义,确有把握地把无产阶级的力量引向战斗。

(闭会)

第十八次会议

(1929 年 7 月 15 日晚)

洛佐夫斯基作《经济斗争与共产党的任务》的报告

台尔曼同志就有关经济斗争与共产党员的任务问题所作的渊博而详细的报告,我完完全全同意。这个报告解决了许多问题——而有些问题,按事先的协商,我将加以发挥。

罢工是一般阶级斗争的不同形式

在我看来,尤其在这一时刻,应当认真讨论的第一个问题,可以表述如下:**经济斗争**在无产阶级的一般阶级斗争中占有什么地位。

丝毫不应怀疑,经济斗争和经济斗争最重要的形式——罢工——是阶级斗争的不同形式。罢工是无产阶级为了直接影响企业主以求达到他们所面临的目标和任务而采用的斗争形式之一。工人阶级主要的斗争方法可列举如下:经济罢工,政治罢工,起义,然后是内战。这些都是整个链条上的各个环节,是工人阶级在其政治水平的不同阶段上和不同条件下提出的工人阶级斗争的不同形式和方法。

如果我们肯定这样一个链条——经济罢工、政治罢工、起义、内战——那么,我们就不能说,在这些不同的斗争方法之间存在着某种不可逾越的界限；我们可以说，在斗争过程中，这些形式中的一种形式要过渡到另一种形式，并且说工人阶级斗争体系上的各个环节，说工人阶级斗争的各个不同阶段，不是偶然的。我们可以肯定，工人阶级的斗争方法要采取何种形式，这是要取决于形势、政治发展水平和力量对比、无产阶级政党的组织性强弱程度和力量大小。

但是，如果这种斗争的高级形式，即内战或起义，通常也包含着其他斗争形式，也就是说，内战和起义往往同经济罢工和政治罢工结合起来，那么，经济罢工和政治罢工则常常是在斗争尚未达到高度发展——尚未达到起义、达到内战的程度时发生的。

如果以为这里有某种法定界限，从一种斗争形式转变成另一种斗争形式需要很长时间，或者说，原初的、最初级的斗争形式不包含较高的斗争形式和方法，那就错了。国际工人运动的经验证明，罢工是尖锐的实际的斗争形式之一，它即便不是罢工者主观上那么也总是客观上使被剥削者同剥削者对立起来。

任何经济罢工都是政治斗争

如果经济罢工是阶级斗争的不同形式这一论点是正确的，那么，由此就必须得出以下的结论。马克思说过，**任何阶级斗争都是政治斗争**。另一方面，我们知道，每一经济斗争都包含有政治因素，因为它使工人反对雇主。**罢工的政治性质的程度**，它的规模、要求、特点，也就是说，最终决定罢工的一切，要**取决于许多条件。但总的来说，一般地说，无疑的是每一次经济罢工都包含着政治斗争的因素**。这一点在从前是正确的，而现在，当我们面对的是资本主义的最后阶段——垄断资本主义的时候，当我们面对改良主义工会机关同资产阶级国家明显结合的时候，当我们面对法西斯反对派在许多国家占统治地位的时候，这一点就尤其正确。正是在这种情况下，每一次经济罢工的政治因素才显露得特别清楚。并且我以为，我们可以把这样一点当做规律，即在当今特殊的社会情况下，在垄断资本主义条件下，在工会官僚同资产阶级国家相结合的条件下，在法西斯反动的条件下——任何经济罢工都是政治斗争。

我已经讲过，用什么方式、用什么办法提出阶级斗争的各种不同形式。从这一概念出发，经济罢工是内战的、原始的、初级的形式，而内战在展开阶段便具有不同阶级之间武装冲突的性质，并且是阶级斗争的最高、最尖锐的形式。因此，研究经济斗争，就要从马克思和列宁曾经研究工人阶级斗争最高形式即武装起义和内战的观点出发。起义，这是一门艺术。内战是更大的艺术。而且领导罢工，尤其是当成千上万工人投入斗争的时候，也是一门艺术。经验和马克思主义理论合作创造出了无产阶级政党领导武装起义的方式和方法，而关于领导罢工的问题则未加探讨，但是研究该斗争阶段的无产阶级战略和策略的这一方面具有非常重大的意义。发动群众的艺术是一门困难而复杂的艺术，但是我们应当在研究极其丰富的无产阶级阶级斗争经验的基础上了解它。

军事科学与阶级战争

我们所有各个政党最薄弱最脆弱之点在什么地方呢？不在于我们看到群众的积极性不足，不在于党在前面跑群众落后，而是**党落后于群众**。我们看到群众非常振奋，而我们的党对群众运动的灵活性和应变能力不足。并且在现今条件下，当阶级斗争吸引了千千万万工人的时候，**领导这些斗争的问题是最重要的问题之一**。在这里，我们不仅可以运用马克思和列宁为领导武装起义而提出的那些原则，而且可以并且应当利用对军事科学来说是起码的某些东西。列宁仔细研究了一些军事专家，其中包括克劳塞维茨,这绝不是偶然的。

1917年十月革命前夜,列宁提出的意见,著名的《局外人的意见》,不仅是意见,也不是来自"局外"方面的意见,而且也是指示。在其中,在五点中,列宁根据马克思学说,阐述了在起义时刻党应当如何行动:

1. 无论什么时候都不能拿起义**当儿戏**,而是开始起义时就要切实懂得,必须把起义**进行到底**。

2. 必须在决定性的地点,在决定性的关头,集中**强大的优势力量**,否则,更有训练、更有组织的敌人就会把起义者消灭。

3. 起义一旦开始,就必须以**最大的决心**行动起来并坚决**采取进攻**。"防御是武装起义的死路。"

4. 必须尽力出其不意地袭击敌人,抓住敌人还在分散着的时机。

5. **每天**(如果以一个城市来说,可以说每小时)都必须取得胜利,即使是些不大的胜利,无论如何要保持"**精神上的优势**"。这些意见,正像你们每一个人都知道的,在很大程度上适用于如何领导经济罢工的问题。这些著名的"意见"成了世界布尔什维主义的财富,这一点我就不解释了。可是,我想请你们注意军事科学规定的一些原则,这些原则也是可以成功地运用于领导罢工的。要知道,经济斗争就是阶级战争,并且在一般战争中运用的很多原则是可以并且应当在这里加以利用的。

我以一百年前最大的战略家克劳塞维茨所规定的四个基本原则为例,我把它们读一遍,你们自己说,在领导经济斗争时是否适用。

这些就是克劳塞维茨的四个原则:

"必须给自己规定的第一个也是最重要的原则……是动员起所有的全部力量,直至最后极限。任何松懈都会推迟达到目的的时间。即使胜利有十分可能,不动员起最大力量也是高度轻率，这为的是使胜利**十分可靠**：因为这样的努力，任何时候也不会有不利的后果。

第二个原则：在应当进行坚决打击的地方，要集中可以集中的全部力量；甚至在次要之点遭到挫折，也要保证在主要之点的胜利。

第三个原则：不浪费时间……快速会把敌人的成百种措施窒息扼杀在萌芽状态并让社会舆论倒向我们一边。

最后，第四个原则：用最大的力量来利用取得的任何胜利。"①

当然，可以给自己提出这样一个问题：这些意见是否已经过时？这一切似乎是最起码的东西。但是，即使在近两年，特别是从红色工会国际第四次代表大会之后，谁研究过罢工运动，谁非常注意地对待过我们各党在有关领导战斗的问题上干过多少蠢事，谁非常认真地对待过有关应当怎样领导和不应当怎样领导的问题，他就会承认，一百年前这个军事专家讲过的那些东西，就是在今天，我们的罢工领导者之中的很多人也还是应当学习的。

资产阶级怎样研究战争，我们怎么不研究罢工斗争

我们不大知道，也不大考虑我们自己的罢工斗争经验，更少把军事科学经验用于罢工斗争。然而，应当建议我们所有的政党都要这样做。

我们是怎样研究阶级斗争的经验，我们是怎样研究近几年发生过的巨大冲突呢？拿英国的总罢工、历时17周之久的矿工罢工来说，无论怎么说还有两三本小书和几十篇文章谈过这一问题。拿鲁尔冲突来说，我们没有发现有关这一问题的一本有分量的书。拿法国近几个月来的罢工运动来说，你们看到几个很有价值的决议，但没有认真地研究（在那

---

① 克劳塞维茨《战争论》（下册）陕西人民出版社2006年第807页。

里一步步地、一天天地研究），我们做了什么？是怎么做的？什么是我们的正面经验？什么是我们的反面经验？等等。列举中国独特的罢工运动或孟买纺织工人真正具有历史意义的大罢工来说，我们不知怎么竟没有注意这些巨大的冲突，没有认清，现在成千上万工人卷入的每次重大的经济斗争，其意义并不亚于著名的萨多瓦亚之战、沈阳之战或1914年的马恩河之战或1920年的维斯瓦河之战。英国总罢工时期有数百万工人参加——要知道这是巨大的冲突、巨大的政治事件啊！资产阶级将自己的战争研究了几百年。资产阶级军事学至今还在研究布匿战争，以及亚历山大·马其顿、尤利乌斯·恺撒等人是怎样指挥战争的。古代的、中世纪的最小的军事冲突，拿破仑指挥的最小的战役，他的最小的战略和战术机动，都正在几十、几百个学校里进行研究。对这些题目写了数百卷书，而对我们应当让世界各国工人阶级去学习的我们的阶级斗争，我们仅仅搞了两小篇宣言、弄了几篇文章而已。

从研究我们的极其丰富的经验方面来说，我们是整个的落后了。诚然，工人阶级的经济斗争和政治斗争比起战争出现得较晚。罢工是与工业革命同时开始的。但是，在我们这里，对于当今时期的一次罢工也没有研究过。对于应当让整整一代领导人学习的经济的和政治的大罢工，我们没有写出几十本书，没有研究过几十次。这是我们各国的党、共产国际和红色工会国际的一个最大的缺点。我们不能造就这一代的领导人，如果他们不知道，应当怎样和不应当怎样进行罢工，不知道我们各国的党和我们领导同志的错误在哪里，不知道应当怎样行动。无论在共产国际，也无论在红色工会国际，我们都是在近一年来才认真研究这个问题，但是我肯定地说，比如我们对罗兹、对鲁尔、对法国罢工、对捷克斯洛伐克罢工等经验作的总结，都还只是停留在我们所写过的这个国家的范围内。在这里，我问参会的德国同志们：你们之中的许多人知道法国罢工运动的教训（这是我们长时间研究的结果）吗？你们之中的许多人知道法国党、法国总工会有关罢工运动作出的决定等吗？我问法国同志们：他们当中的许多人知道有关鲁尔、有关罗兹的情况吗？比如，我们能够走遍各国的话，我可以断定这样一个可悲的事实：已被共产国际和红色工会国际在一定程度上所总结出来的国际经验，在这两个国际的各国支部却很少为人知道对它进行研究。许多同志还在回避对这些问题的认真研究。我认为这是我们的一个弱点。我建议要以资产阶级为例，他们的学者在专门学校里研究必须怎样消灭人民，正在成十成百卷地出版有关每一次国际冲突、每一次战争的著作。

能否为领导罢工规定总的原则

罢工有以下各种类型：（1）自发的罢工；（2）有组织的罢工；（3）进攻性的罢工；（4）防御性的罢工；（5）支持性的罢工；（6）间歇性的罢工；（7）局部的罢工；（8）地区的罢工；（9）生产的罢工；（10）全面总罢工；（11）国际的罢工；（12）经济的罢工；（13）纯政治的罢工。这些就是我们拥有的各种类型的罢工。我们不会不遇到各种各样的罢工，而且我们共产党应在它们之中起决定的作用。你们知道，要起决定作用，而不特别清楚地了解运动，那是十分困难的！

能否为一切类型和种类的罢工规定一些总原则呢？能否规定一些处处都能够被同样接受的原则呢？尽管政治条件不同，运动发展条件不同，各国有其特殊条件等。

除了我在此引证过的克劳塞维茨的原则以外，他的原则完全可以用于罢工斗争，我们打算根据研究罢工斗争的经验，整个政治斗争的经验，根据武装起义，主要是我们党内拥有和由于列宁指导而积累起来的经验，为领导罢工规定一些总的原则。1924年在红色工会国际和第三次代表大会上，我试图陈述这些原则，现在我把它们宣读一下，因为它们符合目前情况。军事专家们讲战略敏感、战略感觉和战略知识，对于罢工也可以这么说。如果我们想要使罢工司令部、罢工的领导，不论罢工规模如何，都能够胜利，这是共产国际所要求的，那么，站在罢工运动前头的司令部就应遵循这样一些原则：

"（1）选择适当的袭击时机；（2）选择敌人的最薄弱之点并袭击其最薄弱环节；（3）采取主动性并善于抓住它；（4）打击敌人的重心（克劳塞维茨）；（5）预见到敌人可能的进攻，并使其中那些对我们最危险的进攻陷入瘫痪状态；（6）用尽**一切办法**使破坏罢工的组织无能为害；（7）善于运用包抄和集中运动；（8）估计到对敌压制范围及其反抗能力；（9）不轻举妄动，不醉心于胜利并善于及时停止罢工；（10）在顺利罢工之后，任何时候也不会受诱惑和挑拨，并善于在必要时刻再投入斗争；（11）善于在必须的场合及时后退，进行停战，而不丧失自持力；（12）永不忘记，同资产阶级签订的任何协定充其量亦无非是停战，并要时时刻刻准备新的进攻，'协定是积聚力量的手段'（列宁）；（13）善于在决定性时刻吸引新的后备力量，主要是社会必需企业的工人；（14）罢工开始之后，永不进行有关继续或不继续斗争的全体公决；（15）不与企业主进行任何幕后谈判，而把一切公开出来，并把这立即通知一切有关者；（16）对罢工进程进行详细报道，使资产阶级刊物的行动失去作用；（17）组织各个不同罢工地区之间的联系，来支持处于经常紧张状态中的全部罢工大军；（18）不仅吸引女工而且吸引工人的妻子参加罢工，参加反对工贼等的斗争；（19）罢工发生后，立即关闭通常作为工贼活动中心的一切酒馆；（20）激起劳动人民和各类工人对罢工者的同情；（21）将罢工者的子女从一个地区转到另一个地区、从一个国家转到另一国家；（22）为了同工贼和企业主的佣仆作斗争要组织专门的工人战斗队；（23）为了预防军队可能的干涉，要在大罢工时，开始广泛鼓动参军；（24）为了禁止企业商品输出和原材料输入，要组织特种部队；（25）瓦解敌人的队伍，尤其是敌人的后方（同个别企业主签订协定，给予企业联盟以第一次打击等）。"

这些原则是我根据罢工运动的经验、我们党的政治斗争的经验和军事科学积累起来的经验得出的。我本人以为，这些原则完全正确。当然，为所有各国、为所有斗争阶段等创立一个原则是很困难的。同样可以说，连军事科学也根本不可能创立这样的原则，可是它毕竟有这样一个原则。要知道，战略和策略是许多著作研究的极其重大的科学课题。

人们不禁要问：为什么在我们各个党内、在共产国际和红色工会国际至今都不能研究在罢工斗争方面所积累的经验呢？要知道，我们不是在空地上工作，要知道，我们具有极其丰富的经验，并且没有一天、没有一小时我们没有新的罢工、没有工人的新的行动，而且这些行动的形式是非常多种多样的。有时候，在只有几百名工人的小规模罢工中，可以找到从直接发动群众、影响企业主的方法等意义上来说大规模冲突中所没有的大量值得注意的材料。可是我们不去研究这一点，并且不仅在本国范围内不适当地独行其是，而且往往也不去研究本国发生的罢工。对于几乎所有各党来说，十之八九是如此。

罢工的高昂代价

在罢工问题上，像大家所知道的，我们同改良派有原则分歧。现在，整个改良主义方针的实质是什么呢？他们说，罢工会使国民经济付出很高的代价，因而应当结束罢工。国际改良主义的全部哲学归结为一个简单的公式：罢工是很昂贵的。诚然，罢工是昂贵的。在这里，我可以引用美国一位教授——芝加哥大学教授希勒所说的话，他曾写过名叫《罢工》的整整一本书。

这位教授说："罢工当然是一种很昂贵的东西，但正是因为它昂贵，它才在一定程度上是有效的。"我想，"在一定程度上"这几个字可以抛弃，而这位资产阶级教授的判断则是正确的。正因为罢工昂贵，它才有效。我们不是从罢工运动会使企业主或所谓国民经济付出很高代价这种观点出发来对待罢工运动的——不是这一点指导共产党——我们是从这个视角向改良派提出对待罢工斗争问题的。**正是因为罢工昂贵并使企业主的国民经济蒙受损失，我们才运用它作为锐利的斗争武器**。但是，也应当由此得出结论：在这种意义上，我们各党应当要根据已经积累的丰富经验来行动，可是这些经验，你们知道，现在还无法讲出。在这方面，我们有许多还是即兴发言，带有许多盲目性，还有许多关于罢工的反对意见——与过去比起来，这当然也是一个进步——但是，即使最起码的领导罢工的原则，目前我们还运用得很少。

共产国际和红色工会国际论罢工问题

我们在红色工会国际第三次代表大会上讨论罢工战略问题，这在国际工人运动史上还是第一次。在这次代表大会上，这一问题是作为特殊的一项被列入议程的。当时我们讨论这一问题，还不是像现在这样根据直接的经验，而是从理论上进行的——也因为这一年还不是运动高涨的年份，虽然在那里我们讲出了很好的想法，但是也许这里出席的人们当中还没有一个人理解这个问题。（斯莫良斯基："我们理解。"）

总是有难能可贵的例外；斯莫良斯基同志就属于这种例外。但是我说的不是难能可贵的例外，我断定我们各党的绝大多数领导机构不知道为何我们在红色工会国际第三次代表大会上要提出关于罢工战略的问题。不知道，不是因为不想知道；不知道，只是因为在那个时期这似乎还是个理论问题；罢工运动高涨尚未到来，并且有些高度重要的问题在很大程度上还依然悬在空中。

在罢工斗争高潮到来时期提出这些问题，情况就完全不同了。第九次全会的参加者会记得，当罢工斗争问题提到共产国际执行委员会第九次全会上的时候,这些问题就已经有了更加具体、更加战斗的性质,尽管这方面的许多地方还不够清楚。共产国际执行委员会第九次全会决议还只是大略地谈到关于领导经济斗争的问题。决议中是这样说的:

"共产党员的任务就是执行可以从改良派手中夺取罢工斗争领导权的策略。必须用一切办法竭力抓住建立罢工委员会的主动权,并且领导它们。"

并且还说:

"每次罢工都应当成为共产党人与改良派之间争夺领导权的舞台。"

这就是共产国际执行委员会第九次全会通过的简短决议的精髓。

这几行字、这个简短决议,在临近新高潮时,曾在红色工会国际第四次代表大会上加以详细解释。**在第四次代表大会上关于领导经济斗争的问题我们提得十分明显。**我们知道,正是红色工会国际第四次代表大会关于这一问题的决议,成了贯穿整个共产国际的分水岭。因为决议是在经济斗争浪潮上涨的时候通过的——当时仅仅是开始,当时仅仅出现新高潮的最初征兆——第四次代表大会的这一决议具有极其重大的意义,并且正如你们所知道的,它也曾在许多党内引起争论。还需要来引证红色工会国际第四次代表大会决议的主要之点吗?红色工会国际第四次代表大会的决议比第三次代表大会的决议更加著名。例如在德国,一些同志把第四次代表大会的决议出了第2版,因为由于这些决议进行过斗争。但是,在一些国家里,关于这些决议依然还有着十分模糊的概念。我在红色工会国际执行局对英国人说,第四次代表大会决议规定要建立罢工委员会并对经济斗争进行独立领导,这时候坎贝尔同志回答道:是的,但是在第四次代表大会决议中没有说这也适用于英国。诚然,在那里没有这一附带说明。我曾告诉他,在以后的代表大会上我们将要对总决议的每一点都作出附带说明,这也适用于英国。因此我还是要宣读一下决议中争论得最激烈和围绕它进行过斗争的主要之点。决议第六章《国际工会运动的总结和当前任务》说：

"在罢工策略方面，应当牢记：从罢工开始时提出的要求出发，在罢工展开的过程中将罢工同无产阶级的阶级总任务联系起来是必要的；不是任何冲突都必须以罢工来结束，但要使群众永远对这一斗争方法有所准备；要成为一个革命者，并不是说在企业主提出的要求方面对改良派大喊大叫；罢工的成败是以经济情势、以群众准备的程度特别是以工人运动革命一翼的积极性为转移；应当避免大喊大叫而不继之以任何行动（在拉丁语系国家，如法国、西班牙等国的局部的'总'罢工）；在工会拒绝及时行动和在群众情绪极为高涨的情况下，要通过罢工委员会来争取到领导斗争的主动权；应当能够选择特殊的机构来领导罢工，并反对改良主义工会任命罢工委员会；不能拿罢工当儿戏（法国），罢工一旦开始，就要最坚决地进行：不要因进行罢工而使罢工者筋疲力尽，要善于及时有秩序地后退（例如10个—12个月的罢工，尽管罢工者被工贼所代替）；在集中化工业条件下，将最重要的生产部门越多地吸引到罢工中，罢工就越顺利；最后，也应当求助于局部罢工；不应阻碍它们（法国矿工统一同盟），如果它们吸引本企业、企业集团或整个地区的全体工人，并且这种罢工能够提供直接结果——或者击退企业主的攻击、或者瓦解企业主和改良派的统一战线。

要记住经济斗争中的最主要之点：罢工也是战争，在战争中要求竭尽全力和目的明确。因此就必须：（1）要求要明确、简单，大家都能理解；（2）有全体罢工者积极参加，而不问他们在提出要求时其政治的或工会的目标如何；（3）口号要最少；（4）口号同罢工的规模和意义相适应；（5）经济要求与政治要求相协调；（6）在统一线基础上成立领导罢工的机构。"

在这为数不多的几行字中所列举的这些原则，也是近一年来注意的中心。**共产国际和红色工会国际提出了独立领导经济斗争的任务。**

独立领导经济斗争意味着全面改造我们的整个工作。并且这同议会选举中"阶级反对阶级"的策略相一致，不是偶然的。有些人以为——例如在法国，特别是在讨论的初期——"阶级反对阶级"只是议会策略。在英国也发现了某种与这类似的想法。在那里曾经有人大加反对新的策略。另一方面，也有一些同志以为，在领导经济斗争方面我们的新路线是纯工会问题，仅仅是同总方针没有联系的经济斗争的策略。其实，**它是同反对社会民主党斗争的全面尖锐化、同反对工会官僚斗争的尖锐化、同争取领导群众斗争的尖锐化最密切地联系在一起的。**设立领导罢工的专门机构，这个问题也是从这样的角度提出的。

虽然在一些国家对这点还不太理解，但是，如果拿共产国际、红色工会国际及其各分支总的来说，近一年来我们是做了大量工作的。在所有各个国家，工作的结果当然是不平衡的。在一些国家已经是走过的阶段，而在另一些国家则刚刚接近它。例如在德国，关于"迫使工会官僚斗争"的问题是已经完全结束的问题，而在奥地利这一问题仍然存在。对于德国和其他国家来说结束了的事情，而在欧洲之外的许多国家，则还需要认真研究。正如你们后来看到的，我们已经抛弃的许多口号，现在托洛茨基分子、进步党人和社会党人还抓住不放。总而言之，发生了巨大的政治分化。这种分化在个别国家还未触及最深处，还未触及共产国际全体成员的意识。从这种意义上说，还有大量工作摆在我们面前，因为各个党的水平不同，它们的政治发展程度也不同。

罢工不是空谈，而是行动

可以说，"领导罢工的总原则"稍微有点空谈气味，但要知道，罢工不是空谈玄学，而是行动。当然罢工是行动，而不是空谈！要知道，我们所说的总原则，不是凭空想出来的，而是来自生活！

近一年半来共产国际和红色工会国际是怎样对待这一问题的呢？我们**逐个地彻底研究了每次罢工**。拿罗兹罢工来说吧，在共产国际和红色工会国际曾开过数十次会议来研究罢工的整个过程、罢工情况以及组织工作方面的一切长处和短处。罢工经验已总结在许多决定之中。拿法国的罢工来说,关于这个问题也进行过多次很专门的、详细的、长时间的讨论,把好的和坏的罢工经验记录在一些决议中。其次,我们拿鲁尔罢工、捷克斯洛伐克的一些罢工等来说,这一切都需要认真思考和通读——把材料发给参加全会的全体成员。我不是说全会的全体成员都没有读过这些材料,如果这样说,便是夸大其词,但是我也没有说过全体成员都已经读过,如果这样说,同样是夸大其词!如果我们不去研究经验,而构想来自人的天性的"永恒"原则,当然那就是劣等的形而上学。这样对待罢工是与列宁主义的整个精神相抵触的。列宁曾教导我们:马克思主义不是教条。正是因此,我才一次又一次地主张仔细地和经常地研究罢工斗争的极其丰富的经验;正是因此,我才现在和将来都不停地为不珍惜我们最宝贵的经验而呼号。如果我们大家都更加注意已有的经验,那么,现在就能够拥有几十卷经过详细研究并为经验证明了的有关罢工战略和策略之原理的著作。

我们必须认真研究这些。近一年来,我们不仅研究了个别罢工的经验,我们还倡议召开了研究罢工斗争经验的专门的国际会议。这些在工人运动史上是根本没有先例的。我肯定地说,斯特拉斯堡会议为我们提供了这方面全部经验的精髓。当然,斯特拉斯堡会议决议大半将要由生活来加以补充,但是最主要之点在于,我们在提出罢工斗争全部问题方面、在掌握经验方面作出了重大努力。我只是想,在这方面要坚持继续工作,使共产国际和红色工会国际有关每次罢工的决议都成为整个共产国际的财富。在许多国家,譬如说,有党校等。在这些党校里研究过罢工斗争的经验吗?我不知道研究过,而知道正好相反的情况。试问:如果不去研究经验,不去研究我们经验中的优点和缺点,那怎么能够造就一批领导斗争的干部呢?如果我们不做到这一点,那么,我们就会永远按着这样的路线走下去:"碰运气"、"马虎从事,敷衍塞责"——会在原地继续发现已经发现的东西,而共产国际和红色工会国际会继续讲它们在一两年前已经讲过的那些东西,而无所作为。这样我们就永远是原地踏步,不认真地研究经验。

阐明经验和研究经验以及把经验国际化的问题,是一个非常严肃的问题,因为总之这也是领导罢工斗争的问题。这里需要很多。需要考虑环境,需要考虑工人准备斗争的成熟程度。这是一个很严肃又很复杂的问题。这里需要党很有预见。党也是为此而存在的,党要向前看,而不能跟在后面当尾巴。跟在后面当尾巴的党,不是共产党。这就是我们最老练、经受过最多考验的布尔什维克党——联共(布)的全部经验教给我们的。

当代经济冲突的特点

经济罢工现阶段的特点是什么?**广大工人群众提高了政治敏感**,这是当前在我们眼前展开的冲突的最大特点。拿两年前的情况与我们今天的情况比较一下。今天工人因一些问题进行许多罢工和行动,而在两年前他们没有因这些问题行动过。工人群众提高了的政治敏感意味着什么呢?**这可以作为革命形势前夜的特征**。我们之中谁研究了革命,研究了在中欧及其他地方发生过的革命战斗,我们之中研究了这些的每一个人,他都知道革命形势前夜的特点——这就是群众很高的政治敏感,群众对每件事实,似乎对细小的事实,都有尖锐的、过分敏感的反应,如果我们来看一下如今在法国,在希腊、波兰、美国的任何一个角落,在南美或北美,在日本,在中国,发生的各种各样罢工,那么,到处都能看见群众大大提高的敏感,都能看见工人对企业主和改良主义者的行动表示的巨大的提高了的政治反应,而在一年前工人是根本不会对他们的那些行动有所反应的。这标志着将要来临的革命形势。这是我们正处在其中的高潮的最大特点。我们已经不再谈论刚刚到来的高潮——**我们正处在高潮当中**。只有来自《反潮流》的弱视鼹鼠们才看不见这一点。他们说，高潮无论什么时候都会到来，他们对高潮"没有失望"。但问题是，高潮正出现在他们眼前。我们正处在这一高潮之中，并且许多个别的甚至似乎是细小的事实也在证明这一高潮的突起。我只讲最后一些电讯报道中的两三个例子。在新奥尔良有2000名电车工人的罢工中有许多人遭到杀害。这次罢工的特点是不仅工人而且他们家属的积极性都提高了，而这是近几年来在美国根本没有过的。工人的妻子卧在铁轨上阻挡电车开动。这同样的事在罗阿讷也发生了。或者以加斯托尼亚的罢工为例，那里也有伤亡等。

在希腊，经济罢工提出的要求似乎是纯经济的，但是这一切立即演变为流血冲突，有大量伤亡。这不仅发生在欧洲的各个角落，而且发生在全世界的各个角落。目前时期罢工的特点也在于，甚至在各民主国家，罢工也是从要求增加几分钱开始，而以射击、死伤和双方恼怒激增而告终。我不想烦劳你们注意，只是向你们宣读一下来自国际阶级阵线方面的电讯报道，即使是两三个星期的，你们也会相信，现代经济罢工充满了多么大的火药和血腥的气味。

这些充满政治因素的所谓经济战斗说明什么呢？它们说明最大的革命战斗即将来临，在许多资本主义国家内我们正处在革命形势的前夜。

关于经济运动和政治运动交织的问题

但是正因为经济斗争一开始，客观上就立即向着政治冲突转变，向着同法西斯官僚的冲突和同工会机关的冲突转变，所以经济斗争和政治斗争交织的问题，这些斗争从经济轨道向政治轨道转变的问题，才是今天的实践任务。我们知道，这是表明广大群众中间存在政治不满的信号。拿意大利来说，那里的工人处在法西斯制度的条件下，在其他许多国家也有同样的情况。这种交织虽然是客观上存在于每次罢工之内，但每次罢工政治化的程度则是取决于主观因素，取决于共产党能够使每次罢工具有政治性质并使它成为政治运动向更广泛更高水平发展的跳级的程度。

在列宁那个时候，关于政治斗争和经济斗争交织在一起的问题，曾经有一种理论认为"经济行动和政治行动混在一起是有害的"。列宁对一理论进行了有力的驳斥。

这件事发生在1912年。当时，布尔什维克曾经提出将经济斗争和政治斗争联系在一起，把每次罢工都变成反对专制制度的政治斗争的问题等。那时著名的取消派分子之一叶若夫曾在《涅瓦呼声报》上著文谈论经济斗争与政治斗争混在一起的有害性，并说"如果把经济罢工同工人的政治行动交织在一起，那就犯了无法挽回的错误"。列宁用他所特有的准确语言对这一问题回答道：

"必须把每一句话都完全颠倒过来，才能得到正确的东西！……说'交织在一起'是错误，这不对。正好相反。如果工人不懂得这种'交织在一起'的整个特殊性、整个意义、整个必要性、整个在原则上的重要性，那才是无法挽回的错误。最后，说这样混在一起对两种形式的罢工'都是有害的'，这也不对。正好相反。这样混在一起，对两种形式的罢工都**有利**，会使这两种形式的罢工都得到加强。"①

列宁用他所特有的明白、准确和通俗的语言表述了经济斗争与政治

---

① 《列宁全集》中文第2版第21卷第329页。——编者注

斗争的交织，正如你们所知道的，这一点是列宁著作的极其重要的特点之一。

需要告诫一切政党，不要以为这种交织是机械地发生的。它常常是不以党的意志为转移而发生的，并且工人在最起码要求的基础上行动时，常常同国家机器发生冲突。还必须使党或革命工会，在任何的甚至简单的、细小的问题上去领导工人的行动。

这种交织是我们策略的基础。但是，"交织"并非如此简单，也并非如此轻而易举。如此不能提出这样的要求："给增加5芬尼——打倒资产阶级政府。"不，需要有许多接连不断的要求，使工人达到这种政治要求。这是最重要的问题之一。但是我们必须解决这一问题。

要使经济罢工和政治罢工交织在一起，还必须有主观因素——我们共产党正确的政治方针，善于抓住每次罢工的实质，从中分析出最主要的东西，看到群众的东西，感到斗争的脉搏，并了解能够怎样和需要怎样推动工人群众反对整个资本主义制度、反对资产阶级国家和改良主义工会等。

这一切好像是起码的东西，如果对共产国际的所有各个支部来说这真正完全成为起码的东西，那我将第一个感到高兴。但是，我们的弱点在哪里呢？我们的弱点就在于，对于我们来说这些起码的东西，对于我们的干部来说还远远不是起码的东西，对于各国共产党的全体党员来说就更加不是起码的东西了。这就是为什么，应当特别注意经济斗争变成政治斗争、两种斗争交织和使其政治化的问题，使较初级的斗争形式转为较高级斗争形式的问题。不仅领导成员，而且全体共产党员群众，都应当清楚地了解这一些。

从右的方面反对新策略

比如对我们德国党来说，向新策略过渡时，困难在哪里呢？在选举工厂委员会的问题上和在鲁尔罢工时期，中央委员会提出的正确策略、正确口号、正确方针，曾遭到每一个支部中那些在很大程度上还持有工联主义和明显机会主义倾向的下层干部的反对。在向新策略转变时，德国党中央委员会不得不重新争取党，重新争取每一个支部。为了把党提高到更高程度，诚然还有重大意义，但是这毕竟阻碍了对正确政策的贯彻执行。

同时，在德国已经做过的事情，在许多国家还远远没有做到，我们数以十计的党也还没有做到。这就要求共产国际、红色工会国际以及我们一些先进的党给那些比较软弱的党很大帮助，使它们尽快根除党员中间还存在的不健康的机会主义动摇、困难和摇摆，这些党员尚未意识到我们目前正在经历的整个特殊时期以及同这一时期有关的策略特点。这里所说的策略基础是在共产国际执行委员会第九次全会和红色工会国际第四次代表大会上奠定的。

在我们的队伍中，对新策略的接受并不是没有遭到过反对。我再说一遍，对于这一问题，在德国进行过最尖锐的斗争；稍后，在捷克斯洛伐克进行过这一斗争；目前在法国正在进行这一斗争。各个党的发展水平和这些党各自的特点造成了各自的特殊情况，并且这一危机在各个不同国家是按不同方式度过的。

在德国，结果如何呢？在德国，党克服了机会主义的右翼，把它从自己的队伍中清除出去了，现在右派是一个不大的、没有什么危险的集团。在捷克斯洛伐克，党的力量要薄弱得多，在独立的工会存在的情况下，集中在工会领导中的机会主义集团掌握了一定的组织阵地。法国的党比捷克斯洛伐克的党较为强大,在那里也存在的机会主义的一翼,在统一工会中是少数派;党,作为一个整体,同统一劳工联盟的优秀部分一起更加强烈地反对右派,以至于右派在工会中总是少数;但是法国的同志们一分钟也不应忘记,在他们那里,在统一总工会中具有组织上业已形成、政治上高度危险的右翼。在法国,由于历史的传统,这个右翼有着无政府改良主义的面貌。那里存在着传统无政府主义同现代改良主义的特殊混合体。这个业已形成的右翼有害于统一总工会的发展,必须非常坚决地反对它。

当右派分子领导着法国的一些劳工联盟的时候,在法国工会中反对右翼的方法当然就不应当像在德国那样。在法国,右派分子领导着4个劳工联盟,因而在那里从策略上反对右派分子的方法就应当完全不同。首先必须保证这些劳工联盟中的**全体工人**都跟在自己身后,其次是在广泛群众运动基础上将上层领导与工人隔离开,然后工人自己甚至做出必要的组织结论。

围绕新策略的斗争,从德国转到了捷克斯洛伐克,转到了法国,也正在美利坚合众国进行着。例如在美国什么是佩珀主义或洛夫斯通主义呢?这是右翼在美国土壤上的表现。例外论就是机会主义在全美国范围内的表现。

共产国际和红色工会国际的右翼是一种国际现象。不仅德国一国有幸有一个布兰德勒—瓦尔歇集团,在所有各国也都有少量的这种布兰德勒—瓦尔歇们。因此,同右翼斗争的问题是整个共产国际的一个极其严重的问题。但是,右派怎样反对我们的策略、反对我们、反对我们的路线——这一路线在斗争中证明是正确的呢?我只读一些引文,不加注解,来表明右派的路线与共产国际的路线完全不同。他们散发着社会民主主义气味,而与我们毫无共同之处。下面就是最彻底、最博学的机会主义者们在《反潮流》上提出的论点:

1."新策略正在破坏共产党人在工会及其他群众组织中的影响。新策略正在消灭两种东西:第一,我们在工会中的影响,第二,列宁主义的工会策略原则。"

如果说我们的党消除了自己的影响,那么,布兰德勒—瓦尔歇的影响就有了增长。但是根本不是这么回事,因而他们的理论令人完全莫名其妙!

2."新策略正在使改良主义工会官僚造成的**参加工会组织者与没有参加工会组织者之间的鸿沟加深**,因为它与没有参加工会组织者协同一起从外部袭击工会,在工会范围内根本毫无作为,在工会范围内不可能有任何作为。"(斯大林同志在共产国际执行委员会主席团会议上的发言提到《超马斯洛夫》,该文载于《反潮流》1929 年第 1 期。)

3."共产国际和红色工会国际希望工会立刻分裂。"

4."关于工会'法西斯化的错误武断',正在把党引向'毁灭自由工会的犯罪策略'。"

你们看到了吗,我们对整个工会官僚工贼匪帮的激烈斗争竟是"毁灭自由工会的犯罪策略"。这就是布兰德勒—塔尔海默的全部哲学。

5."革命反对派建立的战斗委员会,把自己与工会、与大多数参加工会组织的工人对立起来,并且这已经在破坏斗争。对经济斗争的独立领导,没有对大多数参加工会组织的工人发生影响,这是'欺骗行为'。"(《反潮流》第 18 期)

6."反对开除,正如尼德基尔赫这样干的(进一步完成自己的职能等),是背叛行为、'挑拨离间'并且正在导致革命反对派的毁灭"。

这意味着,如果开除你或者开除整个工会,当面认罪并且说:我将不再,也就是,换句话说,投降。不投降——这就意味着"挑拨离间",这就意味着"毁灭工会"。

7."关于新策略是否正确,不经事先讨论,就把它强加给工会反对派。"

8."党不再把争取工人阶级的大多数作为自己的目的。放弃这项任务而不是别的什么——这就是有关没有参加工会组织者作用的官方空谈的含义。"

9."所谓'社会法西斯主义'的理论,无非是放弃争取至今还有改良主义情绪的工人的理论。"

我请你们注意这一杰作。我们说改良主义工会的工会官僚正在法西斯化,法西斯主义正在吞噬改良主义的机关,而右派断言这意味着共产党人拒绝争取至今还有改良主义情绪的工人!

最后,不亚于其余一切的天才的最新发现是:

10."在革命工人不再对于战斗委员会的把戏承担自己的工会义务之前,改良派享有充分自由,他们摆脱了群众的任何压力,因为共产党工人被禁止'向工会官僚施压'。"

你们是否看到了,我们正在从事"战斗委员会的把戏"。官僚们是完全自由和幸福的,谁也没有压迫这些官僚们,因此在工会运动中共产党人正在毁灭。这就是右派机关刊物《反潮流》所拥有的一切。

这时候你会自问:这种哲学怎样同德国发生的情况联系起来呢?如果德国共产党的影响真的下降了,如果它自己毁灭了自己,自己揭穿了自己,如果它不仅不前进,而且还在后退,如果这都是真的,那么又为什么这些自封的真正"列宁主义者"、"马克思主义者"等,他们为什么不前进呢?

而事实说明正好相反。在德国采取新策略表明:党正在迅速发展,正在争取工人阶级新的阶层,正在争取新的企业,并且目前在德国发生的情况,从革命形势即将来临的征兆意义上说是最为典型的。

什么时候还听到过企业里的共产党人像现在这样呢?许多事实正在证明,社会民主党工人、改良主义工会工人常常去共产党那里邀请演说家。许多以前听不到共产党人的声音或者曾把共产党人赶出去的工厂，现在去请他们。这一事实究竟意味着什么呢？我们党的影响失去了？这意味着恰好相反！这就是为什么说，关于我们德国党正失去影响，它不想争取工人阶级大多数等议论——所有这些议论都一文不值。

你们问，分析这些右派现在写的什么，是否有特殊意义呢？他们是脱离家庭自立的人，他们还值得注意吗？如果我们的各个党都处在德国党的水平上，这是从思想差别和反右斗争的意义上说的，也就不用操这种心了。但是，在我们的许多党内，这个问题还没有贯彻到最低层。其次，还有第二种很重要的情况：在我们的一些党内还有捍卫这些观点的派别，还有调和派。想要证据吗？这里就有证据。从调和派在德国共产党最近一次代表大会上的公开声明中，我们就找到了证据——我只讲几句："党正处在危机状况。"他们要求什么呢？他们要求"同极左领导的错误的群众政策决裂"，他们硬说"党的领导离开了有根有据的列宁主义的争取参加工会组织者和没有参加工会组织者的战略"；他们说"党在工会内的政策，党有关没有参加工会组织者的问题的解释违背这一战略，因而意味着脱离了列宁主义的重要的策略原理"。调和派要求党无条件地签订反对共产党和共产国际的保证书。他们说，拒绝签订这些保证书和拒绝投降意味着"缺乏布尔什维主义的灵活机动"。他们反对在选举工厂委员会上的新策略。他们发现，策略在"所有各个方面都是错误的"，他们责备党不够灵活，因为党拒绝向改良主义领导派出代表团。最后，他们硬说："关于工会问题，党内是一团模糊。"他们说，新策略符合"小资产阶级的思想意识"，因此他们要求"恢复列宁主义的工会策略"。

这就是可以从调和派的这个声明中寻找到的一切。

而调和派的"列宁主义策略"是什么呢？它在《反潮流》中比在这个声明中叙述得更加明白、更加详尽、更加露骨。如果剖析一下调和派的说法，那么就会看出它简直正是《反潮流》中讲过的那些东西。在这方面，我们拥有颇具教训意义的意大利的例子。

塞拉"调和主义"右的实质

现在还有一些同志，他们怎么也不能辨别出塞拉是什么——不知道他是"调和分子"，还是右派分子。请看塞拉写道：摆脱工会合法主义的"提法"是危险的，因为问题不仅是我们摆脱合法主义，而且要鼓动群众在这方面同我们团结起来。当然，问题不仅是使我们而且也使群众摆脱工会合法主义。但是为什么这个提法是**危险的**，并且这个提法的危险是在哪里？我们希望我们的党摆脱合法主义，并且我们也希望群众摆脱合法主义。可这里有什么危险呢？要知道这简直是把《反潮流》所说的那些话用意大利语转述出来。

其次，"我们完全关心保证参加改良主义工会组织的运动，并担负领导工会的责任。"这就是塞拉设想的经济斗争。而布兰德勒们难道没有向工会领袖们讲过代表团的事？塞拉说："我们关心的是他们行动，我们关心的是他们负责。"但是塞拉并不关心动员群众和领导这些群众；在斗争之前，他想，谁将对斗争负责。他怕党担责，他甚至怕去独立领导。他怕将独立领导经济斗争的问题置于党的面前。说塞拉是"调和分子"，这是毫无根据的明显的夸大。他是典型的右派分子，他与其他右派分子不同之处只是，他更加彻底地，并且我曾说过，他更加有根据地把右派观点贯彻到底。德国右派害怕对苏俄讲的那些东西（关于这个问题他们总是支支吾吾和慌慌张张），塞拉也"en toutes lettres"① 说了。塞拉是典型的右派分子。如果意大利的一些同志对这件事存在疑问，那

---

① 法文，意为"一字不差地"。——编者注

么我觉得，这些疑问是过去的若干幻想的残余，觉得塞拉同志可以用很好的转变来修正。正如你们所知道的，在政治上，当我们发现反对基本路线的重要言论时，就必须给予最严厉最无情的回击，因为这样可以防止发生偏差。列宁曾经不止一次地说过，并且经验证明了这一点：要使别人结束动摇，自己就必须不再动摇。列宁规定的这个原则适用于所有共产党反对任何偏差的整个斗争。

新策略和托洛茨基分子

这一组问题中，我希望你们注意的最后一个问题，是托洛茨基分子现在对新策略的作用。这是一件非常有趣的事。托洛茨基分子，他们在纯政治方面本来是以很"左"的、以最"左"的姿态出现的，当问题涉及群众的具体实际斗争的时候，他们原来是要同右派分子就整个路线搞统一战线的。关于新策略，德国的"左"派分子是如何行动的呢？他们是坚决断然地反对新策略的，他们责备党有冒险主义。关于对待工厂委员会问题，他们是如何行动的呢？同右派分子一起来反对党。关于"五一"的问题，他们是如何行动的呢？同右派分子一起来反对党。德国的"左"派是一个不得罪人的小宗派，像俄国的某一宗教流派，像柱塔苦行者——站在一个地方并且重复着同一个东西——不是吗？但是在托洛茨基派即使有着某种影响的地方，那里他们的策略要更加明显得多。

在比利时，托洛茨基分子在教育工作者工会中有过影响。你们知道他们干了些什么吗？他们曾经引导过使比利时教师工会脱离阶级的教育工作者国际而加入阿姆斯特国际的运动。你们看，这就是执行其工会策略的左派托洛茨基分子！

而托洛茨基分子在美国正在干什么呢？肯年等人以及他们的机关报

《战斗者》正在干什么呢？他们正在坚决反对党，他们正在反对红色工会国际第四次代表大会和共产国际第六次代表大会有关谈到猛烈反对社会党人的决议，他们赞成与所谓的"进步主义者"结成联盟，而不去迫使美国劳工联合会把来参加工会组织的工人组织起来，他们赞成"逼迫工会官僚进行斗争"的口号，而这个口号是一年半以前共产党在共产国际和红色工会国际的压力下已经放弃了的。

你们看这就是国际舞台上的托洛茨基分子。同时托洛茨基本人在最近写了一篇反对布兰德勒和塔尔海默的大文章。托洛茨基对他们右的政策不满，而托洛茨基分子们制定的正是布兰德勒和塔尔海默制定的那种政策。真是绝妙的分工！理论家和领袖讲左的辞藻，而他的追随者们干右的事情；与此同时，托洛茨基还干着这种事：给苏瓦林写信劝他放弃自己的一些观点，以便能够"以后合作"。这一切就叫做"左的策略"和"从左面"对共产国际和红色工会国际的批判。

右派和"左"派反对共产国际新策略的统一战线

这样一来，同志们，正像你们看到的，脱离共产国际和红色工会国际的、从那里走开的、反对新路线的、反对共产国际和红色工会国际的所有的人们便形成了全面的统一战线。他们都是在各种伪装之下、根据各种理由行动的。但是，一切行动的实质是：不要使反对社会民主党的斗争激化，不要在反对工会官僚的选举中提出独立的名单，不要放弃"迫使工会官僚去斗争"这个口号，不要在美国建立新的同盟，要参加阿姆斯特丹国际，而不要参加阶级的教育工作者国际。

这就是各种口号和"政治运动"的，如果可以这样说的话，也是从《反潮流》派到调和派、到托洛茨基派的大杂烩，因为托洛茨基派在若干工会中还是有一丝影响的。

在法国，也有许多右派分子，他们很同情托洛茨基，并且竭力见风使舵，设法回避红色工会国际第四次代表大会和共产国际第六次代表大会最主要的决议。

因此，所有这些大大小小集团的统一战线，是一切变节者、一切脱离共产国际的人们、一切异己和异国分子、一切机会主义者、一切正走向我们的敌人、正在回到社会民主党怀抱里的人们的统一战线。

争取工会群众，而非工会机关

同所有这些集团争论什么呢？**同他们和在我们队伍内部正在争论的是关于争取群众的方法问题。**在各种各样的招牌下，在各种各样的政治掩蔽物下，右派、中派、调和派、托洛茨基派以及其他各种分子正在争论共产国际和红色工会国际的路线是否正确，争论为了更迅猛地深入群众我们所采取的新方法是否正确。在我们非常坚决、非常清楚、以非常布尔什维主义的明确性强调对我们来说是争取工会群众而非争取工会机关的问题的地方，右派集团特别敏感。关于这个问题，在红色工会国际第四次代表大会上曾有过犹豫。这些犹豫同一切右派和调和派小集团有关。这些犹豫是什么呢？调和分子之一弗罗萨尔早在红色工会国际第四次代表大会上就最鲜明不过地表述了这种观点。他说：

"从洛佐夫斯基同志的话中可以听清楚，把机关与群众对立起来，会使争取工会职务的具体和实际的方针成为不可能，对我们从事工会运动的同志来说，会使去争取工会中的职位进行积极斗争成为不可能。"

这么说，似乎任务是争取工会中的职务。原来，我们不是为争取群众而是为争取职位而斗争。这就是方针。不久前瓦尔歇也企图表述自己对这个问题的观点。他说：

"洛佐夫斯基说,'右派'与共产国际之间的差别在于,他们力图争取工会机关,'而我们永远把争取工会理解为争取工会群众'。对于这一点,应当指出,我们相信,如果不把争取工会机关作为自己的目标,便不可能争取工会群众。"

可能以为,在这里争论的不是特别重要的问题,可是这是根子,这是围绕着它同右派斗争的中心问题。实际上,瓦尔歇说,我们为自己提出争取机关的目标。但是工会机关,众所周知,是由选出的工会官吏、委任的官吏、出纳处、房屋等组成的。并且如果我们在某个工会里把社会民主党人从他们的位置上赶出去,把当地工会抓到自己手中——难道说我们就争取了机关?绝对不是!**我们解雇了旧机关人员并在这个工会中我们争取了群众**。在提出关于争取机关的问题中,包含着允许改造工会官吏的可能、争取工会官吏站到我们这方面的可能。在这个方针中包含着一种武断,即说社会民主党是工人党。如果这是对的,而现在公认工会机关正与资产阶级国家结合在一起,那么怎么能争取改良主义的工会机关呢?那么为什么不用和平合作的办法争取资产阶级国家呢?迄今我们以为不能争取资产阶级国家——列宁曾这样教导我们。如果我们在一切决议中强调,工会机关同资产阶级国家过去和现在都在融合,那么就不能去争取工会机关。而如果在争取群众的斗争中,**我们赶走**工会官吏,难道说这就是要争取机关吗?谁希望改造社会民主党官吏、把改良主义机关人员拉到自己这方面来,谁就要令人失望。

关于这个问题,斯莫良斯基在《布尔什维克》中试图划分争取法西斯化工会机关与争取资产阶级国家机关之间的某种区别。我认为这是不正确的。之所以不正确,是因为斯莫良斯基同志忘记了我们同他一起不止一次地写过的、共产国际也不止一次地写过的那些东西。他忘记了工会机关同资产阶级国家融合在一起已把工会机关变为资产阶级国家的附属机关。难道你们以为能够争取资产阶级国家的附属机关吗?显然不能，并且关于这个问题，斯莫良斯基同志有很糊涂的观念——能够使斯莫良斯基同志感到困惑的糊涂观念。

关于我们在工会中的工作问题上，存在着两种方法、两种态度。紧跟在红色工会国际第四次代表大会之后，在红色工会国际内部我们进行的争论中，除了包括亚格洛姆同志在内的一些同志们之外，我肯定地说，列宁关于必须在反动的、卑鄙的、恶劣的工会中进行工作这一点写过很多东西，但是任何时候在任何地方也没有说过我们要在那里为争取工会机关而工作。我要求向我指出列宁的这类话，随便什么都行，但是，当然列宁没有讲过这样的话，并且谁也不能给我指出来。列宁曾经讲过**要争取工会群众，不论他们是在哪里**——在天主教工会、希尔施-敦克尔工会及其他工会。但是，任何时候也没有提出过并且也不会提出关于争取工会机关的问题。"争取工会机关"的口号与"争取工会群众"的口号的相对立，反映着就其性质来说有着深刻原则不同的两种政治方向——布尔什维主义和渗透到共产国际的改良主义的根本区别。正因为如此，所以说在争取群众或争取工会机关的问题上，两种对立的政策方法互相抵触。凡是不同意共产国际整个路线的人，在有关这个似乎比较不大的问题上现在都在退却。

"**争取改良主义工会机关**"的口号是明显错误的、有害的和明显机会主义的口号。

关于这个问题，德国共产党第十二次代表大会采取了完全正确、完全清楚明确的立场。并且，在反右派的斗争中，德国共产党代表大会不得不把问题提得很尖锐，这也不是偶然的。**代表大会反对了明显的机会主义立场并打击了德国的一切右派**，依我看，这一点做得是及时的。关于这个问题，在德国党内曾经非常混乱，那时也到了使这种混乱停止的时候。

关于新的工会

关于新工会的问题，是在共产国际内部引起过多次讨论、多次辩论的最尖锐的问题之一。现在它正引起来自红色工会国际的一切叛徒方面的猛烈攻击。我想谈谈新工会的经验，以便完全客观地考察一下，在这方面取得了什么成就，并且在这方面我们做得不妥的地方。你们记得，关于这个问题在共产国际执行委员会第九次全会上曾有过特别激烈的斗争。美国代表团——在这个问题上多数派和少数派在一些时间内曾经是一致的——认为，美国劳工联合会应当是左翼用力的中心。洛夫斯通也这样表述过这项任务。他讲过美国劳工联合是美国工人运动的"主流"。你们记得，在共产国际执行委员会第九次全会上，此后又在红色工会国际第四次代表大会上，我们曾坚定地表明我们反对这种"主流"的理论，反对认为美国劳工联合会是美国共产党用力的唯一中心这种荒谬论点。我们说要在美国成立新的工会，因为那里90％以上的工人未参加工会组织，同时最重要工业部门的工人也未组织起来。只要指出汽车工业、钢铁工业、炼焦工业、化学工业等，那里有1％的人参加了工会组织也就够了。那里新工会的情况究竟怎样呢？应当指出，这些新工会在美国的出现，正如我说过的，只是最近几个月的事。在英国也有两个工会产生：苏格兰矿工工会和缝纫工工会。这些工会有什么经验呢？

首先是必须放弃常常遇到的某种刻板公式——放弃认为成立新工会意味着是走受抵制最少的路线这种观念。成立新工会——像在美国和英国的经验表明的，本身就意味着是一件很严肃、很困难的事，而远不是阻力最小的路线。

成立工会，不仅成立它，而且赋予这个工会以生命，赋予它积极性意味着什么，关于这一点，美国同志能够给我们讲很多。在美国，现在我们有三个工会：矿工工会，约有6000—7000名会员；运输业工作人员工会，有5000—6000名会员；缝纫工工会，有12000—14000名会员。毫无疑问，这是些小工会。但是状况的特点是，美国没有一次罢工、没有一次冲突，没有这些小工会的参加和领导。为什么？是因为美国劳工联合会和归附于它的工会坚决同企业主一起行动。它们常常同企业主一起雇些工贼，它们简直是同企业主一起收买杀人凶手、秘密派遣奸细等。美国的每一次罢工都在变为带来大量牺牲、带来伤亡者等的激烈战斗，正如在加斯托尼亚发生过的那样。纺织工人一场小规模的罢工曾经变成一些工人被杀害、地方警察头子被打死的战场。与此相联系，许多人被逮捕，他们受到处以死刑的威胁。美国资产阶级有许多美元、有大量黄金用来收买匪徒，他们之中的一部分人是平克通等人的私人走狗，一部分人领导着美国劳工联合会和归附于它的工会。新工会的成立，使每一次冲突和每一次罢工变为激烈的阶级斗争场所。在这里企业主和被收买的警察头子的联合阵线动用着只会瓦解罢工工人的一切。面对这种统一战线要站得住脚，不是一件轻而易举的事，如果还记得国家政权、警察局和出卖灵魂法庭对待罢工者，正如奴隶主对待自己的奴隶一样。

每一个新工会都处在官方破坏的威胁之下，而工会领袖可能被暗杀。这就是在强大的美国资本主义条件下成立新工会意味着什么！

在美国，我们的工会还极其软弱。它们在组织上是软弱的，在思想上也是软弱的。这些工会是在激烈的派别斗争条件下成立的。每个派别都想成立自己的工会。洛夫斯通和洛夫斯通分子想使它们成为洛夫斯通工会，而非其他任何的工会。我想，迈纳和白劳德两位同志会确信这一点。这种派别斗争导致了在新工会中各派别之间争夺领导职位的斗争，而不是去为工会而深入群众和争取群众。成千上万工人已经加入新的工会，但是这些工会在组织上和思想上还很软弱。尽管软弱，可是这些小工会是目前在美国进行经济斗争中的一个重大因素。为什么？因为通过它们，我们共产党正在发挥作用，因为通过它们，共产党尽管有其软弱性，而且弱点很多，却正在深入群众。党正在壮大，工会正在壮大，正在把新的工会吸引到自己的队伍中来，等等。并且在这种条件下，小工会正在起着不小的政治作用。这就是为什么，当我们谈到美国的新工会时，我们要总结新工会的经验。我们应当说：这些工会在思想上和组织上虽然软弱，但是近一年来它们不仅百分之百地而且百分之二百地证明自己是正确的。

这些小而软弱的工会证明，在共产国际和红色工会国际中，我们让美国的同志们完全克服他们的传统习惯和保守主义，迫使他们转向美国现有的千千万万未参加工会组织的工人，而不要把赌注放在美国劳工联合会的身上是多么正确。在美国劳工联合会里当然也有一部分我们尚未争取到的工人，但是当美国有 2500 万未参加组织的工人存在的时候，"主流"就在那里，而不是在美国劳工联合会。

我们不得不屡次指出我们的同志在美国特别是在南部造成的许多错误。现在，我应当谈谈这个问题。至今我们的同志还不能铲除自己队伍里的、党内的白人沙文主义，这一点不值得注意吗？在那里，我们有共产党员，他们属于黑人，正如美国劳工联合会的领袖属于黑人一样。这是事实。我说：我们不克服党内的这种现象，在美国我们就不会有布尔什维克党。

关于罢工，南部的情况怎样呢？我们的同志面对这样一个事实：白人工人不愿同黑人工人参加一个工会。在那里，我们的一些同志建议什么呢？他们建议单独成立白人工人工会和单独成立黑人工人工会。我要问：这正确吗？我们共产党人自己倡议成立新工会，而为黑人和白人分开成立工会？（皮亚特尼茨基："他们已经进步了。现在他们只是在一些大会上把黑人与白人分开。"）

你们知道，纺织工人工会领导人韦斯鲍德在一次大会上发表演说并想证明黑人应当同白人在一个工会中的时候，向白人说过，同黑人在一个工会里，这还不意味着同他们在一张桌子上吃饭，同他们在一个旅馆里居住，同他们坐一辆电车。要把这样的"共产党人"从我们的队伍里一脚踢出去。在我们的队伍里没有这种老爷的位置。如果一个共产党人——革命工会的领导人害怕在工人大会上反对白人沙文主义，因为染上偏见的白人工人反对这种行动——那么他就不是共产党人，他就是懦夫，他就是异己分子，就要把他从我们的队伍里赶出去！

正因为如此，所以我们对于怎么办——是否分别成立黑人工会和白人工会——这个问题的回答是：必须成立一个工会并把要参加工会的工人接纳到这个工会中来，不论他们是白人或者黑人，但是工会应当是一个。白人不愿参加，让他们不参加好了，工会将暂时由黑人组成，但对白人来说，它不是关门的工会。对于美国来说，白人沙文主义是一大祸患，对于美国的运动、对于共产国际来说，这不是一句戏言，倘若在我们的队伍里有一些染有白人沙文主义的共产党人。对不起，一个党如果不从自己的队伍里铲除白人沙文主义，就必须认真检查并自下而上地重新组合。在美国党内有许多党支部，它们声称它们不愿接纳黑人参加自己的队伍。这些支部解散了吗？没有的事！美国同志们过去忙于自己的派别斗争。那么，现在他们有了时间。他们摆脱了洛夫斯通，完全摆脱了佩珀和这类其他的"领袖"，并且现在他们有时间来忙这个重大的问题了。但是，在有这些缺点的情况下，在我们队伍里存在白人沙文主义这个旧"文化"极其卑劣余毒的情况下，在有这一切缺点的情况下，我们的工会，正在为党发展和争取新的工会阶层创造着巨大的可能。党的力量薄弱，但是**领导了**加斯托尼亚的罢工；党有缺点，但是及时出现在一切罢工之时，并成为美国无产阶级斗争中的一个重大因素。它有缺点，但是正在汽车工作人员中间**发挥作用**。应当沿着这条路线继续走下去。并且我深信，以后的经验定会证明共产国际第九次全会和红色工会国际第四次代表大会规定的道路的正确性。如果说，过去我们还怀疑，当在美国提出新策略时，我们是否正确，那么现在，美国党内的托洛茨基分子和进步党人积极反对我们的路线，正好证明我们是完全正确的。

参加过第九次全会和第九次全会以前工会委员会的同志们记得，在同佩珀进行争论时我曾经肯定地说：迫使美国劳工联合会把未参加工会组织的工人组织起来这个口号不是我们的口号。请看，现在进步党人是如何行动的。他们提出这样的口号："复活美国劳工联合会！""迫使美国劳工联合会把未参加工会组织的工人组织起来！"叫死尸复活，你们知道，这不是共产党的专业；这是托洛茨基分子、进步党人及其他一切与我们敌对的分子们的专业。不管怎样，进步党人的这种行动证明，我们反对这些余毒、反对群众的不正确态度、反对在美国劳工联合会因为不去组织尚未参加工会组织的工人而从企业主那里领赏的时候，又提出让它把他们组织起来的口号是多么的及时！

是的，成立新工会，这不是阻力最小的路线，但是我肯定说：如果我们的美国党根除无原则的派别斗争，着手工作，着手建立工会，如果党把工会问题真正看成重大的问题，如果不再对工会工作者进行派别性的陷害，而是相反，那么在最近几个月内党就会做出巨大成绩，在9月间召开的国联工会宣传工作代表大会，就会成为一次对美国党给予实际重大支持并且为这个党变为受群众拥护的党创造前提的代表大会。

在英国，我们也有两个新工会——苏格兰矿工工会和缝纫工人工会的经验。苏格兰矿工工会的情况怎样呢？关于这一点，在共产国际，我们与英国的同志们有过争论，我们对他们说，他们是在苏格兰着手建立工会的时候了，因为他们在一切选举中都获得了多数，而工会官僚对多数人明显表现出来的意志持怠慢态度，并且仍然留在自己的位置上。我们对他们说：你们获得了多数，这时候你们一定不要根据"无论如何要团结"来行动。可是，我们的英国同志们迟迟不动，只到旧工会失去自己的三分之二会员之后，才去着手建立新工会，失去会员是被动和在工会官僚面前退缩的结果。当失去了三分之二会员，当工会软弱无力的时候，英国党才去着手建立新工会。新工会建立起来了，它正处于困难状况。要知道，国家机器、矿主、工联总委员会、矿工联合会等都在对这个工会施加压力。连"左派"（库克、多芝等人）也反对它。要抗得住这个统一战线的反对是不容易的。要前进，就必须作出极大的努力。在这样的土壤上会产生并且正在产生失败主义情绪，必须竭尽全力来克服这种情绪。

拿伦敦缝纫工人工会来说，那里发生了什么事呢？工会是怎样产生的？几百名缝纫工人曾宣布罢工，并违反缝纫工人工会中央管理委员会的意志而赢得胜利。中央管理委员会干了什么呢？它开除了罢工领导人，而这个领导人又是伦敦管理委员会的主要组织者。当时伦敦工会正变为独立的工会，并且领导人开始认为，他们建立了工会，一切就会进行得良好和顺利。但是他们没有预见到，旧工会已开始与企业主一起合伙进行挑拨离间，旧工会要破坏罢工等。工会不得不经受集中打击。在一次罢工中，新工会遭到了失败，一些人便感到失望、心灰意冷。显然，这些同志以为，他们建立新工会，这个新工会一下子就强大起来了。请原谅，你们难道不了解工人运动史？你们不知道工会遭到过上十次的失败？经过一次失败就失去勇气和冷静的领导人，难道是严肃的领导人吗？不是。这样的领导人在斗争中是站不稳的，如果有一个企业主、国家和改良主义工会的强大的团结阵线反对自己。

为了支持这个工会，英国党曾做过许多事情，但还是不够。必须做出更多的努力。如果我们在这两个工会中表现得软弱无力，工人们以后就不再相信我们了，就不相信共产党人能够领导一个组织了。甚至当我们不得不去领导新工会的时候，工人们会说：嘿，共产党人不能领导工会，例如在苏格兰矿工工会和缝纫工人工会中就证明了这一点。

对英国党来说，关于加强这两个工会的问题，是个原则的问题。如果这些工会瓦解了，那么共产党就证明自己是软弱的，它不会领导。**迄今所做的和现在正在做的都不够**。这两个工会，虽然它们软弱，但是值得竭力支持。

同时也必须使同志们不要存有幻想。谁要是以为，在反对企业主、反对改良主义机关、反对强大的统一战线的斗争中，新工会中能够一往直前而没有失败，谁就是不大理解新工会面临多么大的困难。我提这样一个问题：缝纫工人工会在罢工中遭到失败；这个工会遇到巨大困难，关于这些，英国同志们比我读得更好。那么我们的同志该怎么呢？投降，还是捍卫新工会？共产国际——反对投降。工会可能会再遭到失败，但它将再进行斗争。谁说过，我们将沿着一条直线走向胜利呢？无论共产国际，也无论布尔什维主义，都从未断言过，我们将走向胜利而没有失败。我们总是说恰恰相反：**我们要从失败中学习**，还会有失败，但是**最后**的胜利将属于我们。这是每一个布尔什维克都应当知道的，这是每一个革命工会领导人都应当知道的。

"洛佐夫斯基正在分裂工会"

有人责备我，说我想要分裂工会，现在已经成为在整个机会主义报刊上唱高调的标志。洛佐夫斯基到处想成立新工会——右派分子们说。洛佐夫斯基想强迫解散一切工会并建立自己的小党——调和分子们随声附和。而塞拉写道：

"斯大林在共产国际执行委员会主席团的演说，德国共产党主席的声明，共产国际的文件，这些都证明，问题原则上决定了；据说，同洛佐夫斯基争论的只是关于有利时机的选择。"

这是共产国际主席团的一个委员写的，"据说！"谁说，在哪里说？老婆子们在集市上说？这就是塞拉的"原则的"方针，他责备大家——有斯大林、有共产国际、有洛佐夫斯基，而首先是我——搞分裂活动。或者你们想听一听德国的调和派在重复右派的责备时，是怎样责备共产国际的分裂策略的。下面就是他们写的：

"关于工会问题，在党内是一片模糊不清占统治地位。如果这种糊涂情况存在下去，如果这种模糊不清的策略继续下去，那么平行组织的产生只是时间问题。"

德国的调和派，一般地以为，平行组织的产生永远是并且在任何条件下都是灾难。他们同我们争论的不是关于**在什么地方、在什么时候和什么的问题**，而是原则问题。摆在我们面前的是最纯粹的组织拜物教的典型。他们认为，改良主义工会是神仙赐给我们的，应当世世代代存在下去，那里不能有也不应当有对改良主义工会的任何斗争，我们的任务是绝对服从改良主义工会官僚的指示。我应当讲，关于我想分裂一切工会的所有这些议论都是一派胡言，都是鸡毛蒜皮小事。在共产国际，我们争论的不是要不要把工会分开，我们争论的是**在什么样的具体情况下需要做什么**。

我们从未争论过，关于**原则**上能否建立平行工会的问题原则上是否许可。**在我们中间没有争论这个问题**。而是右派和调和派同我们争论过。这意味着，先前他们认为是布尔什维克所应有的那一切，他们都忘记了。新工会的问题是以条件、地点和时间来决定，而非一般地决定的。如果右派和调和派叫喊什么分裂路线，那么，这是因为他们想以此来遮掩自己的投降策略。谁主张无论如何和在任何情况下的团结，他就应当事先声明无保留地服从改良主义工会官僚。只有以这样的代价才能保住工会的团结，但这将是在阶级合作基础上的团结，是共产党人在完全放弃自己观点的基础上的团结。这种投降主义策略等于背叛，因而这种策略是与共产国际的整个方针相敌对的。

关于秘密工会

现在我想提一下关于工会运动的问题。有些同志因为这一问题而感到有点痛心。当然，搞秘密工会是迫于形势。但是应当根据现有情况出发，而不应"一般地"——根据某种诱人的想法出发。我预先说一下，公开工会比秘密工会好，但这是一般的说法。而应当从这样一点出发：我们是否有其他的出路。

我们有完全公开的革命工会、半公开的和秘密的工会。

因为现在社会民主党和改良主义工会机关的法西斯化的速度更快，包括共产党在内的把一切革命群众组织赶到地下的尝试将日益频繁。并且我们对待秘密工会的产生不应从这样一种观点出发：如果是另外一种情况那该多好——让专家们毫无根据地猜测——我们应对待的问题是，我们的秘密工会干什么，并且在这种具体环境下能否干得多些。只能从这一观点而不能从别的什么观点出发。

如果我们看看一些拥有秘密工会运动的国家，那么我们就应当承认，那些建立并保留秘密工会的共产党是正确的，它们在政策上是正确的。请注意，所有这些党内的一切取消派都曾说过反对秘密工会。引用一下南斯拉夫的例子就够了。这是发生在几个月之前的事，当时政府强迫工会完全解散。那时候南斯拉夫党内就这一问题进行过大辩论。一部分人主张成立秘密工会，主张它们在地下存在，而一部分人则反对。在其他一些党内也有过这样的情绪，并且经验证明那些保留秘密工会的党是多么正确。在强迫解散工会的条件下，拒绝保护它们、拒绝成立秘密工会就是彻底投降。

但是，如果说存在白色恐怖和法西斯主义的国家里的共产党是正确的，那么，这并不是说它们工作得很好。这是完全不同的两回事。首先，保留秘密工会有很大的意义、有它的作用，因为这些秘密的小工会（在秘密条件下根本不可能有大的群众组织）包括一小部分工人和非共产党员。只有在这种条件下，秘密工会才有权存在。我们不需要党的副本。如果我们只把工会设想成党支部，并把党支部叫做工会小组，那么这就是儿戏，因为工会的目的是对那些同我们一起走的非党工人的某些阶层发生影响——这个目的是不会达到的。所以，在秘密条件下保留工会的基本任务是，把工会建设得使它包括同情党的某些工人阶层，这些工人可以通过工会被吸引来实现党所面临的任务。实际上情况如何呢？秘密工会包括的非党工人占多大比例呢？我不能够说出，比如在意大利占有的确切比例如何——意大利的同志自己大概可以说出来。但是我能够说出，非党工人占的比例不是特别大，虽然组织有劳工联合会，他们之中也有改良主义者，有一些无政府主义者，有工团主义者。加入中国秘密工会的非党工人所占比例也很小，比意大利的还小得多。这是我们工作中的最大弱点。这是最危险之点，因为如果工会支部仅仅包括一些共产党人，那当然它就成了只是形式上的工会组织。我应当说，在我看来，在中国和在意大利按这一路线做得是不够的。虽然他们正在做大量工作，虽然你们不得不克服巨大困难，虽然那里的恐怖为害甚烈——在这方面他们终究还是可以做得更多一些。关于印度尼西亚等，可以说也是这样。

在什么道路上这些工会才能够从它们现在所处的狭小框框中跳出来呢？**在领导经济斗争的道路上**。我有这样一个印象，就是在许多开展秘密工会运动的国家里，现在按这一路线来说，工会极不顺利。最近一个时期，我们看到在中国进行着多次罢工，尤其是在上海，那里罢工一个接着一个爆发。在这些罢工中，常常是党和秘密工会发生着思想影响，而从组织方面来看，这些罢工自发进行的次数则远多于有组织地进行的次数。这是在中国秘密工会运动中我们工作的最大弱点。至于意大利，在那里我们有这样的情况：许多迹象证明高潮即将到来，工人的政治敏感性强化。那里经济斗争正在迫近，我们的意大利同志说，工业萧条和对工人压榨达到了极限，再也不能比这更厉害了，现在工人阶级中对此开始有了强烈反应，我们正面临高潮的到来。这一高潮的首批迹象已正在出现。那里总工会的下层机关的情况究竟怎样呢？它们**极其软弱**。这是我们在意大利的工作的最大弱点。

当然，要注意到在意大利的工作是非常困难的，在中国的工作则困难更大。因为在任何地方也没有像在中国那样，有成千上万工人被枪杀。但是，即使注意到了一切困难（我们的英国同志对这些困难没有什么印象，虽然他们也在谈论困难）——注意到了所有这些困难，也还是应当说，对于在中国和意大利开始的这一转变，我们并没有从组织上做好准备。那里今后还会在没有我们参与的情况下发生许多经济冲突，这是有很大危险的。在那里，我们的工作开展得不够，但是，甚至一个小小的地下党，不论它有多么小，在高潮开始的时候都会起非常大的作用的。

我提醒你们注意，列宁对地下党和地下党在群众斗争中的作用是怎么讲的。在反驳取消派时列宁曾经说：

"'两三百个''地下工作者'表达**几百万几千万人**的利益和需要，告诉他们关于他们的毫无出路的处境的真情实况，擦亮他们的眼睛，使他们看到革命斗争的必要性，培养他们对这一斗争的信心，为他们提出正确的口号，帮助这些群众摆脱资产阶级那些冠冕堂皇但是彻头彻尾骗人的改良主义口号的影响。"①

你们可以看出，列宁对待党、对待不大的地下党、对待几百名共产

---

① 《列宁全集》中文第 2 版第 23 卷第 318 页。——编者注

党员，就像对待阶级斗争中严肃的军队一样。要知道，我们在意大利有数以千计的共产党员，我们在其他国家有数百名以上的共产党员，可是，我们看到，我们的党耽误了许多战斗。当然这不是偶然的，这意味着在从中央到下层环节——党支部的整个联动中存在着某种不谐调之处。在哪里我们软弱，全党发挥作用也就不够有力。如果你们耽误战斗——意大利的同志们自己声称他们是站在严肃斗争的前夜——如果你们不及时表现出主动精神，你们在群众运动中无影无踪，你们就不能领导，而会跟在事件后面跑。我认为这是在意大利的严重危险，并且我们应当以同志的态度提醒意大利同志，让他们注意这一危险。这不是恶意的批评，从我们方面来说，这是必须向我们的同志讲的，这是我们必须作出的警告，因为我们想让党有充分准备地去接近即将来临的事件。不要忘记，在这些国家，我们共产党正面临着在群众反对白色恐怖和法西斯主义的斗争中领导运动，而这是可能的，如果任何一次最小的工人运动都通过共产党，如果我们的党善于从地下领导工人的一切经济斗争，把斗争推到高级程度。在这些国家比在任何地方都更加需要善于把经济斗争变成政治斗争，同时，从秘密工会方面绝对正确地来领导一切经济斗争是罢工政治化的一个必要的先决条件。

关于法西斯工会的工作

与此相联系，我想强调一下关于共产党员在法西斯工会中工作的问题。但是为了决定在法西斯工会中怎样做和做什么，就必须指出，法西斯工会并不是什么统一的工会。问题在于，有着不同类型的工会——中国的和意大利的。意大利工会是强制性国家团体，它由企业主通过账房收取会费，并且认为全体工人都是工会会员。因为那里没有选举机构、没有大会、没有即使是很有限的起码的工会民主、没有对领导机构的选举，所以意大利工会中的工作就意味着在企业里的工作，因为意大利根本没有什么工会，有的是国家官吏。这就是说，意大利法西斯工会中的工作意味着加强企业中的工作。在中国则是另一回事——那里国民党类型的工会，在某种情况下表面上形式上可以叫做工会，可它并不永远是强制性的工会，国家不是到处也不是永远向全体工人收取会费。那是有几千工人参加的，其中有相当一部分落后工人不大了解这些国民党工会是什么。在国民党工会中进行工作取得一定成果。当然，这不是说，党应当向工人们讲：去参加国民党工会。不是这样！

（皮亚特尼茨基："可惜，那里已经有了工人。"）

我知道，那里有几千名工人。因为那里有真正的工人，所以党应当在那里工作。可是中国同志们害怕派到那里的共产党员千万别腐化了。当然，这并不证明党的特殊力量，不证明党的特殊的组织上和思想上的团结性。有报道说，一些派往那里的共产党员真的腐化了。去他们的吧！这算什么共产党员？虽然如此，但还是需要往那里派共产党员，因为那里有成千上万工人，当然同时也不排除有关加强秘密工会的其他工作。但是，这并不是说，需要在这些工会里弄到一些领取薪水的职位。决不！国民党工会是白色恐怖的附属品，是中国军阀的直接代理人。这种工会的领导人的工作是把"可疑分子"一网打尽，吹捧白色恐怖制度，同企业主商议怎样更好地破坏正在开始的运动。共产党员无须得到这样的职位，在那里他们或者会叛变或者会被砍头。

关于在半合法的工会运动中的工作

在拥有地下党和拥有半公开工会的国家，我们有着另外一种类型的工作。工会在一些地方，比如说，在南斯拉夫、罗马尼亚实际上存在着。在那里，工会几次被宣布解散，但是它们一次又一次地产生，并且，如果这些工会不能为自己开辟通向公开存在的通路，那只是因为党的软弱。在这方面我可以指出保加利亚的经验。保加利亚党，虽然遭到打击，但它还是这样地团结，以致冲破了赞科夫制度而建立了独立的工会。并且，这些工会尽管有缺点、有错误，但它们仍然领导着经济斗争并对广大群众发生着影响。这个党隐藏得很深，可是仍然领导着独立的工会。究竟为什么保加利亚党能够做到这一点，而南斯拉夫党和罗马尼亚党不能呢？因为保加利亚党坚强，它在运动中扎根很深，它的优秀干部虽惨遭杀害，但它依然是一个坚强的党，它同群众有着联系，它的独立的工会冲破了赞科夫制度的铁丝网并公开地存在着。而在南斯拉夫，在每次打击之后，工会就转入地下，并开始了联系松垮和减弱的时期。在罗马尼亚的情况也是这样。虽然如此，可是这些国家的外部环境是有利的。共产党虽然软弱，但它们对工人阶级的大多数还有影响。南斯拉夫绝大多数的工人拥护共产党，罗马尼亚绝大多数的工人无疑也拥护共产党。但是这两个党在思想上都不够团结一致，它们缺乏坚毅精神，缺乏布尔什维克式的团结。而这种坚毅和团结又是在群众中站得住脚所需要的。因此，它们在那里受到的打击比之客观情况说会受到的打击更大。因此，我说：**地下党，虽有一些困难，也应不顾法西斯制度，而把半公开工会变为公开工会**。保加利亚党是这样的党的榜样。曼努伊尔斯基同志讲过波兰地下党可以作为最好群众工作的榜样。我同意这一点，同时我还要说，保加利亚党是工会工作方面最好的榜样。

如果我们来看一下所有各种各样的工会运动——中国的秘密工会，日本的半公开工会，智利的秘密工会，南斯拉夫和罗马尼亚的半公开工会，保加利亚的几乎是公开的工会，美国的公开工会，南美许多国家的半公开工会——并且问一下自己，所有这些工会有何共同之处，那么我们应当说：（1）其共同之处在于，我们的这些党都不得不在法西斯恐怖条件下建立秘密的、半公开的乃至公开合法的组织；（2）其共同之处在于，这是冲破摆在工人运动面前的障碍的唯一道路；（3）其共同之处在于，只有通过企业和在企业的基础上，像保加利亚党做的那样，通过同群众直接联系，才能冲破法西斯制度。

所有这些党都处在一个水平上吗？可惜不是。我们有比较年轻的党和比较老练的党。当然，保加利亚党存在了30年以上，不能拿它同中国党相比，中国党存在还不到10年。这一点有重大意义。波兰党有几十年地下党龄，能够冲破一切障碍，而比较年轻的党，没有这样的经历，例如印度尼西亚党、罗马尼亚党等，当然就不如波兰党。对于所有这些党，在共产国际和红色工会国际，我们应当做些什么呢？我以为，我们应当对这些党说：**如果你们想要从地下爬出来——没有不想这样做的党——你们现在就应该注意经济斗争的增长并能够成为这些经济斗争的领袖、领导人**。不要犯罗马尼亚同志造成的错误，他们认为"在罢工的时候可以选举罢工委员会"。不是必须，而是"可以"！不要造成这个错误，并且要知道，在正在上升的浪潮中可以把党变成群众的，可以使工会公开存在，并且可以使我们的工会成为共产党手中掌握的、用来推翻法西斯制度即反动和镇压制度的巨大和实际力量！

共产国际应当想方设法帮助所有这些党，并且在向它们提出一系列要求时，我们应当注意到它们的一切困难。必须指出，只有在整个共产国际的积极参加帮助下，这些困难才能够克服。如果罗马尼亚同志的力量不够，或者南斯拉夫党在多年派别斗争的影响下而软弱，那么，除了共产国际用力量、指示和经验来帮助它们以外，又有谁能够帮助它们呢？除了兄弟党、除了大国的党以外，又有谁能够帮助它们呢？没有谁。只有在整个共产国际及其一切支部共同帮助地下党的情况下，只有在仔细考虑所有这些党的正反两方面经验的情况下，只有在这些党中的每一个党都为争取群众而极其顽强斗争的情况下，才能够以保加利亚党为榜样，使工会得以公开存在，并且以波兰党为榜样，去领导罢工运动，虽然没有自己的工会，虽然党是在地下。

在工会处于秘密状态的国家，摆在我们面前的工会运动问题不仅是领导经济斗争的方法问题，而且也是**在这些国家能否贯彻执行共产国际和红色工会国际**通过的争取群众方面的**一切规则和决定**的问题。其中，目前在一切国家都具有非常重大意义的关于未参加工会组织者的问题，对于这些国家来说，当然也起着巨大的作用。

关于把未参加工会组织者组织起来的问题

关于未参加工会组织者的问题已经非常尖锐地提到我们面前，因为在生产过程中工人之间有了新的对比。合理化吸引着新的工人骨干，同时，如果我们从历史上看一下工会的发展情况，我们就会发现，组织得最好的是熟练程度高的工人，而组织得最差的是熟练程度低、受训练少的工人。因为合理化的现代工厂主要使用非熟练劳动，在生产中非熟练工人的比重提高了，而生产中非熟练工人和女工比重的提高，也意味着在反对企业主的罢工中工人战斗力的提高。

非熟练工人——女工、青工等在生产中的作用正在增大，而这些阶层**在相当大的程度上没有组织起来**。因此，未参加工会组织者的作用也提高了。

在战斗的时候能否指望未参加工会组织者呢？近一年来的经验证明，在战斗中**可以指望未参加工会组织者**。鲁尔罢工、罗兹罢工、法国的罢工、目前美国以及许多国家的罢工都表明，任何时候未参加工会组织者也不比参加工会组织者的战斗能力差。

在这种情况下，因误解而被列入调和派营垒的塞拉同志便来了，并企图就这个问题也指出共产国际的错误路线。塞拉在他给共产国际的最后一个报告书中这样写着："整个说来——他声称——组织起来的群众比较先进……"我要问：组织起来的人们在哪里？谁把他们组织起来的？组织成了什么样的工会？能否说，处在改良主义工会中的组织起来的工人比较先进，因为他们是在改良主义工会官僚们的影响之下？要知道，这就意味着弄颠倒了共产国际所说的一切。但是你们再读下去：因误解而被列入调和派营垒的塞拉说："关于'未参加工会组织者'（为什么加引号——洛佐夫斯基注）的任何蛊惑人心的浪漫主义，都会迫使我们陷于幼稚——不是右倾，不是左倾，而简直是无任何倾向的幼稚。"

你们看，共产国际在受浪漫主义的折磨。这个浪漫主义不是右倾，也不是左倾，而简直是无任何倾向的"幼稚"。塞拉进而反对"有破坏和从根本上动摇列宁主义群众工作大厦危险的假左派狂热"。塞拉有的是对未参加工会组织者的纯粹社会民主主义态度，并且他最怕，似乎党在反对改良主义工会官僚的斗争中不依靠未参加工会组织者。

对于未参加工会组织者的这种恐惧和对于他们作用的不了解，是我们队伍中颇为流行的疾病。

例如在英国，我们大家早已知道的、一个极好的同志、少数派运动成员戈西普在给波立特的信中说："关于可以把未参加工会组织者包括到罢工领导机构的思想是**背叛**。"为什么是**背叛**，这一点戈西普同志未加解释。但这个例子是有教益的，它证明对于这个问题在我们队伍中存在着糊涂观念，并且还有一些谈论浪漫主义及其他东西的同志。

关于这一点，右派的意见倒是很有趣的。他们提出一种新的理论。他们说："在政治斗争中未参加工会组织者还能起一定作用，但是在经济斗争中——无论如何也不能。"

例如，关于这一点，7月6日的《反潮流》写道：

"他们（共产党员）完全看不见政治斗争与工会斗争之间的差别。他们或多或少有意把工会斗争与群众政治罢工等同起来。这样干，就可以对未参加工会组织者作出完全不同于根据工会斗争经验允许作出的评价。在群众政治革命罢工中，大量未参加工会组织者也与工会会员的革命部分一同起过，并且将要起积极作用。但是认为，这对通常的工会斗争来说也是正确的，则是一种危险的谬误。"

这就意味着，在政治斗争中，未参加工会组织者可以起重大作用，但在"通常的罢工斗争"中，未参加工会组织者不能起这种作用。

为什么？这是为了什么方针？这是为了什么路线？我们迄今认为，政治罢工是较高的斗争形式，是通过经济罢工走向政治罢工的，并且任务是要使较简单的斗争形式转为高级形式。如果照《反潮流》那样武断，那么就意味着反对健全的马克思主义思想。右派甚至也不想证明，为什么在较复杂的斗争中未参加工会组织者能够起作用，而在较不复杂的、最简单的斗争中他们不能起任何作用。这是没有意义的东西，这与我们的全部经验相矛盾。

我想引用瑟兰的一个比利时工厂的小例子。在这个企业曾有一个关于一年增加工作时间150工时的问题。根据法律规定，通过表决，如果大多数工人赞成，可以延长工作日。在这个企业有参加了改良主义工会的工人和未参加工会组织的工人。表决的情况是：在1258名参加改良主义工会的人里有493人赞成延长工作日，有760人反对；在未参加工会组织的工人里赞成延长的有145人，反对延长的有423人。按百分比说，参加改良主义工会的工人中反对延长工作日的占60%，而赞成者占40%；在未参加工会组织的工人中反对者占74%，而赞成者只占26%。诸位，这就是在很简单的工会斗争问题上关于未参加工会组织者和参加工会组织者的作用的一个小小的例证。这意味着什么呢？**这意味着，改良主义工会机关在把它的全部重担压往自己参加工会组织的工人身上并把他们曳向反动保守的道路，而未参加工会组织的工人，他们在**

日益增长的程度上被引向生产，同改良主义传统没有联系，同改良主义机关没有联系，并更快地走向我们。这里丝毫没有什么违背常理之处，因此关于对待未参加工会组织者的"共产国际浪漫主义"的全部理论，其基础是建立在根本不理解实际发生的情况上。

关于把未参加工会组织者组织起来的方法

与此相联系，我想再谈一个关于把未参加工会组织者组织起来的方法问题。关于这一问题在委员会上曾经有过很大争论，而这个委员会是为了进行争论而成立的。这些争论集中在不是把所有各个国家而主要是把一定类型国家里未参加工会组织者组织起来的问题。关于在法国、捷克斯洛伐克、日本、南斯拉夫、意大利和许多有着分裂工会运动的国家里把未参加工会组织者组织起来的方法，没有意见分歧。意见分歧是产生在有关把像德国和英国这类国家的未参加工会组织者组织起来的方法上。我们不以为这是重大的原则问题。这是当前我们实际政策中的问题之一，关于它自然产生了一些意见分歧。虽然可能有人想要夸大这些意见分歧，但是我想，夸大关于这个问题的意见分歧不会有巨大的政治意义，因为它只会成为适合右派的玩物。在讨论复杂问题时，具体的意见分歧是自然的，并且这些具体的意见分歧要在工作过程中来解决。我本人主张要有把未参加工会组织者组织起来的一定形式和方法。假如这些组织形式将被大多数人推翻，我也不认为是可悲的事。关于具体问题可以争论。我想，问题的核心不在这里——不在怎样把未参加工会组织者组织起来，不在用这种或那种方式组织他们——而问题的核心在于，我们要站在群众运动的前头并独立地领导他们。这才是问题的核心，而把未参加工会组织者组织起来的方式和方法无疑是枝节。我本人认为，在共产国际执行委员会第十次全会前夕我们彻底讨论了这个问题，是一个优点，其所以如此，是因为现在我们才真正接触到未参加工会组织者的问题。我要问，为什么在共产国际存在10年之久的时间里这一问题具有如此燃眉之急的迫切性？为什么在过去的代表大会上，如果说我们曾涉及这一问题，而仅仅是偶然提到呢？这是因为，在过去的代表大会上我们没有研究关于独立领导经济斗争的问题。

斗争的具体环境迫使我们全面提出这一问题，我们就提出了这一问题。决议提出了解决这一问题的特定形式，我本人，像已经指出的，既不认为把德国未参加工会组织者组织起来的问题而提出的解决方法是一种可悲的事，也不认为是一种灾难——实践会表明什么形式更好。正如你们所知道的，布尔什维主义不同于非布尔什维主义之处，在于它总是从经验中学习。经验是我们最好的老师。我们将考虑最近一些战斗的经验并且大概将对一切实际建议作些修正。

我们在工会和罢工策略方面的缺点和错误

我的报告中最"微妙"和最有争议的部分，是关于共产党的工会工作的主要错误和缺点、我们罢工策略中的错误和缺点的问题。这一问题所以很棘手，是因为党的许多领导人接受本来不应接受的批评。在大辩论中，汤姆·贝尔同志的发言可以作为这方面的一个不好的例子。当他回答我对英国共产党的错误和缺点的批评时，声称"洛佐夫斯基想要引起党内的危机"。他还补充说：大概在共产国际内有特殊变态的同事，这些人如果不能见到危机，那他们也在等待这种危机并且极其忧伤。我认为，在我们的队伍中出现这种发言是令人吃惊的，应当给予严厉的谴责。这是企图中止自我批评，企图用危机来威胁我们，使我们停止为国际共产主义运动正常发展所必需的健康的自我批评。但是，因为我知道我们的同志受到批评时，他们非常敏感，所以我选择了以下一种方法，我研究了近一年来所通过的各国共产党代表大会和中央委员会的全部决议，并从这些决议中挑出有关党的决议中已有的自我批评，然后抄录下所有这些评语加以排列，当然要避免重复。因此，我研究了德国代表大会的、法国代表大会的、英国代表大会的、希腊代表大会的、南斯拉夫代表大会的以及许多其他代表大会的决议。但是当我想把共产国际和红色工会国际就所有各国的策略做出的全部评语加上的时候，发现这会长得惊人，因而我不得不把它加以压缩。留下来的是现在提请你们注意的一些，同时我预先声明，基本措词是属于有关代表大会的。

（1）对群众的急进性估计不足。（2）落在了自发运动的后面。（3）对工会官僚的力量估计不足。（4）对党的作用估计不足。（5）在放弃革命活动的情况下有保持形式上统一的倾向。（6）对争取社会帝国主义工会官僚抱有希望。（7）对于未参加工会组织者的革命作用估计不足。（8）在改良派每次进攻面前退却。（9）对工会官僚同资产阶级国家的结合估计不足。（10）不理解经济罢工的政治意义。（11）工会中立主义倾向。（12）在反对镇压工人运动新方法的斗争中缺少坚定的路线。（13）在动员群众方面的革命路线与改良主义路线之间动摇。（14）在宣布罢工上犹豫不决。（15）在领导罢工时期不断地犹豫不决和动摇。（16）在自己的斗争方法中对立宪主义和合法主义的态度过于认真。（17）党对库克—梅克斯通的揭露不够尖锐和持久。（18）党有时作了不正确的展望：例如定了这样的路线，当现任领导人暂时控制着工会，领导暂时将不会改行立宪主义工会道路——群众斗争是不可能的。（19）党员没有尽一切可能来争取工会内真正的左派工人，没有吸引他们在少数派运动基础上去做公众工作。（20）党的缺点是，使共产党员与右派之间的斗争，结果像是争取职位的斗争。（21）不善于使我们的政策和活动适应资本主义进攻。（22）由于客观困难，存在有利于放弃工会工作的情绪。（23）面对官僚主义的攻击，有谈论新工会的倾向。（24）在放弃相互批评（这是同改良派——阿·洛佐夫斯基注）的基础上建立统一战线。（25）为了组织的统一而放弃斗争。（26）绝对服从资产阶级的合法性。（27）轻视群众性工会的工作。（28）工会工作中的官僚主义方法。（29）对当前燃眉之急问题的漠不关心态度。（30）不提出现实的具体的口号，而提出一般的口号。（31）提出要求时不考虑客观情势。（32）不经群众讨论而降低斗争进程中的要求。（33）不善于从组织上加强和利用罢工运动。（34）根据关于调停的要求将罢工委员会转向政府机关。（35）向政府派代表团。（36）指定罢工委员会。（37）放弃建立中央罢工委员会。（38）在企业中不进行任何工会的工作。（39）近几年来党没有领导国家主要中心（布达佩斯）的任何一次罢工并站在经济斗争之外。（40）最初的要求过了几天便代之以其他的要求，代之以将最初要求整个提高百分之百。（41）直至罢工开始还未选出罢工委员会。（42）在罢工时期建立了罢工委员会，但是党中央没有同它联系，因而罢工委员会落入改良派手中。（43）共产党员同工会官僚一起表决中止罢工，但是，当群众拒绝复工时，中央命令继续罢工。（44）在保险基金会选举中，共产党员和法西斯分子之间搞上层统一战线。（45）改良主义工会继续被称做阶级的工会。（46）对业已脱离改良派的、独立的工会持冷淡态度，并因此而失去对它们的影响。（47）党有时跟在工会官僚主义后面当尾巴。（48）在自己的工作中党与改良派划清界限的态度不够鲜明。（49）在为取得经济斗争的领导权方面党无所作为。（50）党贯彻了"迫使工会官僚去斗争"（Zwingt die Bonzen）的口号。（51）甚至在党对群众已有巨大影响的地方却放弃领导经济斗争的主动性。（52）党对社会民主党领导人执行了投降主义政策。（53）为了上层统一战线而放弃对阶级合作实践的批评。（54）空喊"加入工会"而没有把这一问题同加强革命反对派联系起来。（55）许多共产党员害怕公开反对改良主义工会官僚。（56）拒绝在殖民地国家黄色工会中工作。(57)合法—取消主义情绪和拒绝在有白色恐怖的国家建立秘密的革命工会。(58)醉心于统一战线上层联合。(59)允许改良派平起平坐地领导罢工,虽然他们在群众中的影响微不足道。(60)在斗争过程中没有很好地与左倾改良派划清界限。(61)把劳资冲突决议转交给仲裁机关。(62)在客观形势要求自己在建立独立工会方面采取主动的地方,而迟迟不去建立独立的工会(美国、印度)。(63)不善于在组织上巩固在政治上已经争得的东西。(64)把对罢工的领导权自动让给改良派。(65)放弃对经济斗争的独立领导。(66)为了保住统一的委员会而从中召回最积极的领导人。(67)"劳联(墨西哥地区工人联合会)万岁,打倒它的中央委员会"(墨西哥)。(68)红色工会国际工作开展方面的经常怠工。(69)新革命工会中心经常在政治上和组织上怠工。(70)参加共和国总统召开的工人和企业主代表会议(这也是在墨西哥)。(71)共产党员签署这样的定则:"要毕恭毕敬地对待最相反的思想"。(72)为了同无政府主义者搞统一战线而放弃政治行动。(73)工会合法主义和无论如何的团结。(74)同社会法西斯分子搞统一战线来反对其他的社会法西斯分子。(75)不善于动员最重要部门的工人来支援处在斗争中的队伍。(76)党组织对经济斗争缺乏准备。(77)不去进行长期认真的准备而仓促行动。(78)拒绝提出七小时工作制口号。(79)明显的破坏行为和由于派别斗争造成的对罢工的怠工。(80)吸引农民参加工会和试图把工会变成工农组织(拉丁美洲、墨西哥)。(81)醉心于建立各种正在消亡的委员会,但未来得及开始工作(拉丁美洲)。(82)非无产阶级分子在工会领导机关中占优势(拉丁美洲)。(83)在我们共产党的理论和实践中存在无政府改良主义残余(拉丁美洲)。(84)支持上层关于无政府主义者与改良主义者之间团结的谈判(阿根廷)。(85)把小佃农和农民的要求提到首位,而忘记农业工人的利益。(86)向政府派出要求解决冲突的代表团(例如哥伦比亚在香蕉种植园工人罢工时候)。(87)不善于使罢工转入政治轨道,并把明显的政治罢工估计为"单纯经济冲突"(这是在哥伦比亚,在那里我们的党把香蕉种植园工人的罢工估计为单纯经济冲突)。(88)共产党员实际上在执行左派社会民主党的政策(芬兰)。(89)政治路线服从形式上的团结。(90)在改良派分裂的恫吓和威胁面前不断后退(芬兰)。(91)与阿姆斯特丹国际的愿望相反,游戏属于阿姆斯特丹国际。(92)在罢工激烈进行时表现出白色沙文主义。(93)不善于巩固和加强新工会,对新工会持消极态度,后来新工会的弱点被归咎于工会,因为它是新的,而不归咎于自己本身的错误。(94)没有充分估计到改良主义是军国主义和帝国主义用以瓦解这些国家的工会运动的工具。

如果我们分析这近100点自我批评,纯粹是出于对出席者的仁爱我就暂不宣布以下各点——如果好好分析这些自我批评,那么我们就会看到,98%都是右倾错误,并且这全部错误可归结为同一个东西——**归结为工会合法主义、归结为不了解群众的急进程度、归结为简直是不善于领导群众斗争。**

对历次代表大会决议的分析,还证明这样一点:我们的许多党,我们各党中优秀的党,避开了一些十分重要的问题。例如,你们记得,在共产国际第六次代表大会上,在红色工会国际第四次代表大会上,都曾提出七小时工作制的口号,并且这个口号是作为同资本主义合理化有关的战斗口号提出的。

遗憾的是,比如说我们甚至在德国共产党代表大会的决议中找不到这个口号。无疑这是一个疏忽。关于工作日的问题,德国共产党代表大会在它有关工会问题的决议中谈到了缩短工作日,但是在党代表大会通过的无疑是最好决议中的一个决议里却没有谈到七小时工作制的问题。在其他各国的党代表大会的决议中也没有把七小时工作制作为战斗口号。如果说有,那也是由于某种原因顺便提一下,而不是一个中心口号，可是**与资本主义合理化相联系，七小时工作制问题应当作为一个极重要的口号提出的**，它应当被提到我们整个工作的中心地位。应当把这一口号带向群众，我们应当在这一口号召下动员最广泛的群众。只有这样，我们才能使这一口号得到普及，使它得到广大群众的充分理解，因为我们是把七小时工作制同资本主义合理化联系起来的，我还要指出，对我们工作中缺点的分析，一方面证明有一些几乎是为所有各个党共同的我们常有的缺点，当然不是在同样程度上，另一方面证明各个党的水平不同，有一些党已经消除一系列偏差、一系列缺点，另一些党刚接触到这些，于是便出现了下面这种状况：共产国际各个支部在自己的历史道路上前进，像长长的列车一样，前面的车辆已经越过了一定界线，后面的车辆才接近它。例如"迫使工会官僚去斗争"已经被德国取缔，但是它在其他许多国家仍然享有公民权。对于其他一系列明显右倾偏差、明显缺点和错误来说也是如此。

如果我所指出的错误（像我已经讲过的，我能够把开列出的错误清单加长），总起来说是一堆散发着右倾气味的很严重的错误，那么，这丝毫也不应该播下悲观主义，不应该歪曲前景。在罗列我们的错误的清单时，我特意准确地引用了有关代表大会的说法。

我们的力量在于，我们敢于公开地批评所有这些右倾偏差，批评我们的一切错误。这种自我批评是我们共产党的力量标志。你们看一下法国共产党和统一工会中，直至去年还不能够使我们党的报刊公开批评我们工会运动方面的错误，还不能够使我们的统一工会公开估计罢工运动方面的错误。每个工会都曾认为这是自己的地盘，这是些禁区，并且每个工会都曾认为，如果它造成错误，那么这仅同它一个有关，当与北方的罢工相联系，在党的和工会的报刊中开始出现对我们在罢工斗争中的错误进行批评和分析的时候，工人就可以轻松地喘口气，仿佛脓包被割破了一样，并且我们看到这几个月统一工会和共产党进行了大量的工作，比讲我们的错误就被认为是坏作风的标志那时候几年做的工作还要多。

在某个时候以前，曾经认为党无权批评工会的错误。这就束缚了党、束缚了统一工会并把病症驱入内部，从而没有可能来揭示我们的弱点。现在我们把这些弱点展示在"人民面前"。我们在报刊上、在大会上公开讨论它们，从这个意义上说，法国共产党的代表大会就前进了一大步。党和统一工会在法国所做的批评工作，对法国工人阶级来说并不是什么崭新的东西，但从对我们的缺点、错误、困难等的客观考虑的意义上来说则是新的。我想，在这方面还应当继续前进。

我指出了在保加利亚最近一次罢工中所犯的一系列错误。这次罢工是由独立工会领导的，并且它毕竟取得了若干局部成就。究竟谁对这些错误进行了坚决批评呢？《团结》杂志——**独立工会的机关刊物**——在一篇非常出色的文章中严厉批评了这次罢工中的弱点。我认为这种方法是绝对正确的，虽然党是地下的，工会是半公开的，并且罢工才刚刚结束（在一些地区，罢工甚至还在继续进行）；对于保加利亚的革命工人运动来说，这种勇敢的自我批评将是一剂治病的良方。对我们所有各个党，可以介绍保加利亚烟草工厂工人罢工期间在法国共产党代表大会上所作的这种严肃认真的自我批评。

我说过，如果从这一堆错误中做出任何悲观的结论，都是错误的。我本人丝毫也不做这样的结论。在这里我援引了代表大会确认的德国党的一些错误，法国共产党的十个错误，写入英国、南斯拉夫、希腊各自代表大会决议中的一些错误等。总之，这给人提供了一幅严重右倾、错误和缺点的图景。但是，要清除它们，就只能是，不仅把它们写入决议，而且要在代表大会之后，向群众广泛地解释低估了他们的激进性；英国党要**向全体党员**说，党太多地责备了在自己斗争方法中对立宪主义和合法主义的过于仔细的态度；党要到群众中去说明党没有充分揭露库克—梅克斯通集团意味着什么，并在自己的实际斗争中由此得出应有的结论——这是对每一个党的要求。那时候一切错误和缺点就会迅速消除。我们可以在最近的一次代表大会上对做过的工作进行一次总结，这样我们列出的那些错误就会大大减少。

我肯定说，任何一个党也还没有做出这种榜样：在代表大会上进行自我批评，而在下次代表大会上（过一两年）检查一下，对这些错误我们改正了多少。我们还没有这样做，而这样做是必须的，如果我们确实想要认真地按照布尔什维克那样改正我们的错误的话。无论在反右方面，也无论在从思想上和组织上团结共产党员方面，德国党都超过了其他党，但是谁也不能说它已做得百分之百的完好。没有一个德国同志不为这种错觉所苦，并且我们不应当为这种错觉所苦。在思想团结方面，在组织形成方面，在消除我们党内还存在的一切社会民主党的右倾残余方面，还应当做大量工作。只有在全党顽强地进行解释工作，不断地进行宣传组织工作，而主要是群众政治工作，合在一起才能加快消除这些缺点的过程。我应当单独谈谈我们一些党的一个极为实际的缺点，那就是在一些党内对统一战线有非常奇怪的理解，正如无论谁、无论在什么地方都不曾理解它一样。我们拿匈牙利做例子。在那里有过一个极其危险的现象：同社会法西斯分子成立一个亚沃罗夫斯基型的委员会，并且在这个与世隔绝的会上解决一切问题：不到群众那里去，而服从这个共产党员占少数的委员会。对不起，这不是统一战线，而是疯人院。（高呼："对！"）

必须最坚决最严厉地谴责这种"统一战线"。对于统一战线的这种迷恋，要求匈牙利党给予沉重的打击。这是一个极其危险的信号。如果注意到匈牙利党是地下党，那么这种统一战线对共产党来说就等于是自杀。这是政治自杀，而且匈牙利党越快地根除它——我知道，许多同志，如贝拉·桑托、库恩·贝拉，都反对它——党越快地根除它，在全党越快地对这一问题进行讨论,越快地洞悉这种幕后诡计,对匈牙利党就越有利。

再谈下一个问题。我们常常是怎样认识对经济斗争的领导呢?我们往往把领导经济斗争理解为某种专门技能或者其他的,理解为不是全党的,而是局部的。现在我们有工会部或罢工委员会或罢工部,并且只有这些部研究罢工问题。我是赞成专业化的,我们大家或多或少都是自己那一方面的专家。**但是经济斗争,这可不是一个专门的委员会或部的事情,这是全部党组织的、整个全党的事情。**遇到任何大的冲突时,都必须善于动员全党、集合起党的队伍中的一切优秀分子,并将他们派到合适的地区,用模范的工作表明必须如何领导。我们不能要求我们的下层普通工作人员理解最大的复杂的问题——他们甚至会不由自主地造成错误,诚心诚意工作而造成错误。如果我们把对战斗的领导看成是属于某个部处所专管的事情,如果我们不为此而动员全党,不把党的优秀分子派往"战场",那么我们就会在一切经济斗争中铸成极大的错误。正因为如此,我才觉得应当做出这样的结论:要动员全党一切力量来进行重大经济斗争,来对付重大阶级冲突。不是某一部处,而是全党、整个党组织应当自下而上动员起来,这样才会取得重大成果。

苏联工会运动中的右倾错误

来这里开会的同志们会说:共计94条错误,遍布全世界,而忘记了苏联。

不,我没有忘记苏联工会,现在我想谈谈苏联工会运动中的右倾错误——这些错误比在其他党内消除得快得多和彻底得多。这一点当然取决于党的力量、党的团结和一系列其他条件。如果我们来看一下某些右倾危机,如果可以这样叫的话,和在一些党——匈牙利共产党、德国党、捷克党、法国党——内曾有过的右倾情绪，我们就会看到每个党以自己的力量为转移、以情况为转移而清除它们所用的时间便有长有短，并且消除的方法在不同党内也完全不同。

事情是怎样进行的呢？在德国，工会工作者进行了造反。这是工会来反对党和共产国际的特殊的造反，然后围绕这一点开始形成了整个路线和特殊的派别。在捷克斯洛伐克，党的右倾也是由工会工作者的造反形成的。在法国也是这样发生的。也许有人以为苏联是这一"工会规则"的例外。实际上，联共（布）内的右倾也选择工会运动作为自己行动的练习场。

在苏联有这样一些共产党员，他们以为第六次代表大会反右倾的决议只与各资本主义国家的共产党有关，而不涉及苏联。

苏联工会运动中右倾的核心是什么？来这里开会的许多同志，他们参加过红色工会国际第四次代表大会，并且他们应当记得，在红色工会国际第四次代表大会上，在全苏工会中央理事会代表团中就出现了意见分歧，并且如果说这些意见分歧没有提到讲坛上，那么却提给了一些外国代表团。我们知道，有一些俄国工会工作者，如亚格洛姆、菲加特纳等同志，企图影响德国和其他国家的代表团，他们同这些代表团中的一些右倾分子建立了统一战线。在红色工会国际第四次代表大会上就什么路线同右派进行争论呢？就两个问题：关于对社会民主党的斗争尖锐化的问题和关于新的罢工策略的问题。关于这两个问题，苏联工会中央理事会代表团的一部分成员觉得自己在思想上是同德国右派接近的。这一点，后来召开共产国际第六次代表大会时，在红色工会国际党团和德国代表团联席会议上就显示出来了。在联席会议上亚格洛姆明显地保护了德国的右派。还有一点也是值得注意的——并且你们大概都已觉察出来了——那就是托姆斯基同志在红色工会国际第四次代表大会上发表的欢迎词，在一连几个月的时间内都被一切右派作为典型发言，我曾说过，作为反对共产国际和红色工会国际的发言来加以引用。结果就是这样。而问题究竟在哪里呢？问题在于，对于托姆斯基和对于亚格洛姆来说，这个转变——红色工会国际第四次代表大会和共产国际第六次代表大会的这个急剧转变——在思想上都不被接受。在他们那里，这是同在对待苏联国内政策问题上与我们各党存在意见分歧联系在一起的。

一般说来，你们知道，不可能有这种情况，即在自己家是右派，在国外是左派，或者相反，在国际问题上持右的立场，在自己国内持左的立场。没有这样的奇迹，假如发生这种情况，那么这样的奇迹很快便会被作为纯粹策略手腕揭露出来。在红色工会国际第四次代表大会和共产国际第六次代表大会之后，在苏联工会运动的领导干部中就开始出现了明显反对党的既定路线的倾向——就工业化路线和集体农庄建设路线、就工会工作的新形式和新方法的路线、就自我批评路线，但主要是就工业化速度等的路线来说。这一切当然是同对外政策联系着的，并且这一切在我们开始准备苏联工会第八次代表大会时就显示出来了。在代表大会之前，开始详细研究一切问题，并且对我们自己的弱点，当然很多是苏联工会运动方面的弱点进行很严肃的自我批评，这是完全自然的。但是，从我党领导机关方面、从中央委员会方面就工会路线进行自我批评的意图遭到了很强烈的反对。我们那里有这样一些工会工作者，他们说，党内的自我批评是一回事儿，工会内的自我批评则是另一回事儿。他们说："党内有右倾，但是在工会内我们没有看到右倾。"我不得不亲自来听取苏联工会中央理事会主席团里的这种声明。原来竟有这样很奇怪的事儿：在党内——那里只有志同道合的人——有右倾，而在苏联工会运动中——那里只有十分之一的共产党员——没有右倾。这与我们实际看到的情况简直是有着令人吃惊的矛盾。我说，这是对严肃认真的自我批评抱有明显敌视的态度。在第八次代表大会前，因为一系列问题，全苏工会中央理事会领导集团与共青团之间的斗争也尖锐了，并且不管在某一局部问题上是共青团不对或者是全苏工会中央理事会不对，亚格洛姆领导下的论战具有这样的性质，大家都开始明白事情已经不是有关局部问题了。在共青团与苏联工会之间进行了几个月的论战，也就是说，领导两个群众组织的共产党员之间的论战，并且是很激烈的论战，表明有点不妥当之处，不知在什么地方使我们有些不安。我应当说，我们党的中央委员会是极其慎重地对待苏联工会运动领导机关里发生的事情的，并且作了极大的努力使我们那些已经处于或者不想陷入困境的同志们摆脱这种状况。事情迁延到了工会第八次代表大会，在这次代表大会上发生了很严重的事情。按照我们工会代表大会的惯例，党中央委员会，一如既往，为了党领导参加代表大会的共产党员而指定了一个委员会。这一次党委员会是由19人组成，成员情况如下：全苏工会中央理事会主席团工作人员中的8名或9名为党中央委员会委员或候补委员，其余为中央委员会委员和中央监察委员会委员。在这个党委员会中有托姆斯基、梅利尼昌斯基、多加多夫、洛佐夫斯基、雅罗斯拉夫斯基、莫斯克温、莫洛托夫、卡冈诺维奇、施瓦尔茨和党中央委员会和全苏工会中央理事会的其他许多工作人员。

我应当说，同志们，这个党委员会本身的工作是很不平静的。当然我们没有把这提交到代表大会上（代表大会是非党的）。但是在早晨之前，党委员会就开了几次会，并且在议程的第一项上，在关于全苏工会中央理事会总结报告的第一个决议上，就开始出现了主要的意见分歧，而当时是必须制定基本任务的。在这里，托姆斯基一方曾经企图冲淡关于工业化速度的问题，冲淡关于集体农庄建立的问题，冲淡我们党提出的、中央全会在工会第八次代表大会前几个星期提出的一系列问题。就这些政治问题进行表决时，往往是9票对10票。一方是9票，另一方是10票。这已经表明情况极不正常。在我们苏联工会运动史上还从来没有过这种情况，在一些重大问题上党委员会还没有这样分开过。这证明，在我们这里，上层不是特别协调的。

中央委员会究竟怎么办呢？中央通过党委员会贯彻了政治路线。我们多数人贯彻了政治路线。我们不允许在工会第八次代表大会决议中执行别的路线，而不执行中央全会的决议中规定的路线。在苏联工会运动中没有过这种事，而且将来也不会有这种事。

但是，当我们接触到组织问题、组织全苏工会中央理事会的领导班子的时候，像往常一样，就不灵了。你们知道，机会主义者们往往不愿就原则问题进行交锋，而把问题集中在组织问题上。于是，问题就围绕着中央书记卡冈诺维奇同志能否进入全苏工会中央理事会主席团而尖锐起来了。到这里来开会的全体共产党员可能会感到奇怪，怎么会有这种事儿——在苏联工会运动中会发生关于中央书记能否进入全苏工会中央理事会主席团的问题的冲突。但是真有这种事！我们也觉得很奇怪。为什么？因为，如果卡冈诺维奇同志不是中央书记，谁也不会反对他，而所以反对他，正因为他是联共（布）中央书记，并且这似乎是一个组织问题，却有巨大的政治意义。当宣布联共中央书记不能同时成为全苏工会中央理事会主席团的一名成员时，这就已经不是组织问题，而是政治问题了。在这里，党与工会的相互关系的问题就被置于特殊情况之下了，不像在捷克斯洛伐克那样，因为苏联不是捷克斯洛伐克。

当这个问题被提出来的时候，我们把党委员会的意见分歧提交党团委员会（代表大会主席团的共产党部分），并进行表决。在代表大会党团委员会上表决的结果是这样的：28票赞成政治局的意见，即让卡冈诺维奇进入全苏工会中央理事会主席团；24票反对。这种力量对比不特别好，但这是在最上层，在党团委员会。我们召集了代表大会的整个党团并且直截了当地提出了问题。（曼努伊尔斯基："天真的洛夫斯通派的年轻人没有同我们算账。"）

我们把问题移交到代表大会的党团。我们的党不怕到群众中去。我们到代表大会的成员那里，向他们说明是怎么回事。反对者进行了一切斗争。其口号是：中央的书记为什么必须进全苏工会中央理事会主席团，那里已经有14名中央委员，所以需要重新审查这个问题。我们的反对者顺便硬说：这不是政治问题，而是纯组织问题——关于是否适当的问题。但是，同志们，在我们党内，都非常透彻地了解，这样的"组织问题"是深刻的政治问题，对它稍微讨论一下就得出了这样的结果：472票赞成政治局的意见，92票反对，并且当我们检查了表决情况时，就发现全体下级工作人员和中央的一小部分工作人员都包括在这472票的一组里，而最上层主要是在这92票的一组里。在这之后，托姆斯基同志声明他将不再在全苏工会中央理事会里工作了。

工会第八次代表大会上发生的事情不是与中央委员会中发生的事情无关的。在这里，曼努伊尔斯基同志和莫洛托夫同志向你们谈了我们党的中央委员会里存在的意见分歧，台尔曼同志及其他一些同志也谈了这一点。这一切都与布哈林、托姆斯基和李可夫三位同志交给中央委员会的纲领或声明联系在一起——并且共产国际的"分化"派和苏联工会的"抖振"派提出了统一纲领。这个集团曾在代表大会上作孤注一掷。他们以为，托姆斯基等人在苏联工会工作人员中享有很高威信，足以使托姆斯基能够"强迫"即使不是多数的也是大量的苏联工会运动的参加者跟着他走。设想一下，如果代表大会党团的多数反对中央委员会，那会成什么样子。那会造成很严重的情况！那就意味着我们党内发生了很严重的危机！显然，右派是这样估计的："如果在代表大会上我们获得党团中的多数，我们就会用另一种腔调讲话。"这种估计完全正确，但是……这种估计没有得到证实。很自然的，代表大会和全党都是极其严肃地、带着很异常的敏感来对待代表大会上发生的情况的，因为苏联工会历次代表大会都从未提出过关于从党的方面进行领导的问题。在工会代表大会上也从未出现过使工会或工会党团与我们党相对立的言论。

全党是很严肃地对待这件事的。这就使92人的集团在几周之内便瓦解了。党的抗议书很强烈,以至92人中只有很少的人坚持反对一切党组织的强烈的抗议书。

在这种情况下召开了全苏工会中央理事会全会。全会是应当从发生的事件中做出结论的。你们知道,布尔什维克是以合乎逻辑性而著称的。这就责成我们根据政策做出适当的组织结论。在我们这里,没有不带政治性的纯组织的问题。从每次重大政治事件中布尔什维克都要做出适当的组织结论。

我们在全会党团中讨论了这一问题。下面就是全苏工会中央理事会全会党团对托姆斯基、亚格洛姆等人这个集团的评价:

"反马克思主义和反列宁主义的富农和平长入社会主义的理论和对无产阶级专政条件下阶级斗争辩证法的缺乏理解,是右派立场的出发点的错误。正是这种状况导致右派对阶级斗争现阶段的缺乏理解,导致对工人阶级同农民基本群众相结合的新生产形式的低估甚至否认,导致对党的诋毁,说党在执行'对农民进行军事—封建剥削'的政策并提出事实上只能加强国内资本主义分子的实际建议……

不去动员群众克服改造时期的各种困难,而是在这些困难面前惊慌失措;不是在社会主义合理化的过程中,在争取提高劳生产率、争取加强劳动纪律的斗争中广泛开展吸引大量工人和工作人员参加经济建设,而是企图掩护狭隘利益和迎合工人阶级中落后阶层的情绪;不是坚决彻底地在工会中开展无产阶级的自我批评,而是搞一些条文和补充说明去号召在开展自我批评方面要小心谨慎、去妨碍群众在反对工会中的官僚主义和反常现象、工会个别环节腐化及其脱离群众的斗争中发挥积极性。不是加强工会对农村的无产阶级影响和对农业社会主义改造的帮助,而是渴望限制工会在农村的作用并使工会更加与外界隔绝,这特别表现在工会对农村社会生活影响薄弱方面以及对在雇农中间的工作估计不足等;不是广泛安排工人群众特别是其落后阶层的政治教育和阶级教育,而是有时忘记文化教育工作、无产阶级的一般阶级任务,并且不理解同小资产阶级在落后工人群众中间的影响进行坚决斗争的必要性。

不是支持党的总路线，把工会工作人员团结在党的总司令部——列宁主义中央委员会的周围，而是企图使共产党员、工会运动工作者同党的领导机关对立起来。

党团认为，党对右倾和调和主义进行坚决斗争，是在事实上执行改造国民经济的五年计划、使无产阶级沿着在国内根除资本主义的道路而向社会主义前进的必要条件，全苏工会中央理事会党团相信全体共产党员—工会工会者对党坚决地无条件地支持，并且用自己的实际工作来保证千百万无产阶级群众对党及其列宁主义司令部——中央委员会的无限信任。"

全苏工会中央理事会全会党团的这一决议，对右倾和这种右倾所包含的危险倾向作了详尽的评价。

如果党团对这一领导集团作了这样的评价，还让它继续来领导苏联工会运动，则是完全不可思议的。当然，在调离工作的这些同志中间有很多可贵的工作人员，但是摆在我们面前有一个继续保留一些可贵的**工作人员或保证今后联共在工会运动里的政治领导**的问题。在这一问题面前，其余一切问题都是次要而又次要的。因此，全会根据这一决议做出了完全合乎逻辑的结论，并且撤换了一大批工作人员，由另外的一批人来代替他们。

某些人可能以为，在这里对右的评价太严厉了，可能是过甚其词了。当时我引用那些与我们格格不入、反对我们的人来作证，看他们是怎样理解联共内的右倾的。在我面前有著名的革命党人、白俄侨民斯塔林斯基写的一篇文章里，有关苏联的事情此人写了很多，在这篇关于联共危机的文章里，他把右倾叫做"民粹派的反对立场"。这个叫法本身实在是好！这个白俄侨民写道：

"右倾纲领不外是要整个苏联经济制度转上另外的轨道，其演变的开始是向着取消它建立于其上的强制性原则方面。"

而这意味着什么呢？这意味着：

"实行右倾的纲领，首先是使国家的继续破坏（！）在社会主义改造的旗帜下暂时停止，并为它的恢复（资本主义的恢复——洛佐夫斯基注）奠定基础。

实行它就要把社会主义建设纳入符合可能、历史条件特点和现有资源的实际框框（社会革命党的框框——洛佐夫斯基注），并推动苏联经济制度的改造，将其压抑一切生气的强制原则变成接近俄国社会革命党为目前时期提出的理想的劳动经济民主。"

白俄侨民的这个证言，对我国右倾代表来说是致命的。可以说，它对右倾来说是断头台。说实现右倾的纲领将是社会革命党的理想，这里按照社会革命党的意见恢复国民经济等——这非常清楚地表明，社会革命党人把右倾发展的逻辑评价为从社会主义向资本主义过渡的逻辑。所以，他们才这样高兴地欢迎右倾。

我想再引一个证人，并以此来结束对我国右倾的评论。这个证人是我们的一位老相识海斯，他也急忙就右倾发表了意见。

从海斯的机关刊物 7 月 6 日的一期上登载的一篇题为**"苏联工会领导人托姆斯基、亚格洛姆、米哈伊洛夫同志——'右倾分子'和'机会主义分子'——被撤职"**的文章中，我们读到：

"斯大林党团（这样来称呼联共——洛佐夫斯基注）的这些行动，是同这个党团在西欧也进行的运动联系着的；正是上述同志们对斯大林党团不仅在苏联而且在国际的工会运动中执行的政策持批评态度，是托姆斯基同志——联共政治局委员——和他的两位同志失宠以及苏联报刊对待他们像对待工人事业'叛徒'的原因。上述同志们不同意在统一战线策略的观点方面的根本转变，不同意组织平行工会的策略，像斯大林党团所做的那样。他们尤其反对在德国的共产主义工会政策方面的所作所为。非常清楚,他们也不同意经红色工会国际执行局中斯大林党团同意后我们在捷克斯洛伐克的'布尔什维克化者'所执行的策略。正是因为自己的这种态度,这些同志们才被从他们曾经顺利工作过并且还会做许多工作的运动中撤职和驱逐出来。"

同志们,我不为海斯的这一评论做注释了,但是这一评论也使右倾分子感到震惊,并且它本身比任何注释都更能说明我国的右倾同共产国际的路线、同我们党的路线是多么不能相容。

在工会第八次代表大会之后,党有何反应呢?党一致反对把苏联工会运动与党对立起来的任何微小的尝试。而以全苏工会中央理事会全会为代表的苏联工会运动说了什么呢?苏联工会运动解除了领导人的工作。

全苏工会中央理事会第二次全会全部决议的含义可以非常简要地表述为:"对你们来说,这不是捷克斯洛伐克,我们不许把工会同我们久经考验的党对立起来。"

我们关于殖民地工人运动的任务

摆在我们面前的一些任务当中,极大极重要的任务之一是支持殖民地和半殖民地国家的工会运动。近几年我们看到这方面有很大进展。在各殖民地,我们目睹经济和政治运动的有力增长。在中国我们看到近来发生的事件。印度的无产阶级正在上升,与印度的战斗同时,我们迎来中国新的重大战斗的加强。现在,没有一个殖民地国家,那里工人没有参加反殖民压迫的斗争。甚至在中非,在比利时、法国和英国所属非洲殖民地中,也就是说,在最落后部分,现在我们也看到工人在行动。换句话说,殖民地无产阶级的阶级意识目前正在这些经济斗争中得到锻炼。

各殖民地国家整个工人运动的特点是什么？**它的特点是运动还不成熟。它才不过有几年之久。它在思想上和组织上都还软弱。**

它有许多缺点，这些缺点的产生不是由于某一国家的领导者本身的特点，而是由于该殖民地的无产阶级不久前才参加工人运动。

除了缺点之外，殖民地工人运动也有巨大优点。**运动的优点就是：殖民地国家的工人没有受到改良主义腐蚀。他们没有受到资产阶级文化长期统治的腐蚀。在这一运动中存在许多自发性，但是这种自发性有着巨大的革命意义。**不久前作为群众运动产生的不成熟的运动，从最初起步的时候就一下子变为深刻的政治运动，因为它反对整个帝国主义体系。殖民地工人运动和半殖民国家工人运动，由于有这些特点，会向我们各国党、向共产国际和红色工会国际提出从政治上具体地实际地经常帮助殖民地工人运动的问题。必须承认，在这方面，我们做的工作很少，我们各国党做的工作也很少。比如说，法国共产党在殖民地做了些什么呢？在非洲殖民地还做了一些工作，因为非洲离得近，而我们的法国共产党是否曾经打算在印度支那做点什么，在叙利亚做点什么呢？这我不知道；如果法国的同志知道，就让他们来讲一讲，但是我有一个印象，就是在这方面他们什么也没有做或者几乎什么也没有做。英国共产党在印度做了点工作，但是做得还不够，非常不够。现在我们看到印度的工人运动在蓬勃发展。工人运动面临着各种巨大困难。摆在它面前的有民族资产阶级与帝国主义的统一战线，有国内和国外的改良主义。可以帮助它们的唯一的党——共产党对它们帮助得不够。在这方面，应当把我们的工作加强十倍。

要知道，例如印度的斗争具有世界意义，这不单纯是一个小殖民地的起义。印度的斗争所以具有重大意义，是因为印度是将要决定英国帝国主义命运的一个地方。谁要是不理解这一点，谁就不可指望。因此，共产国际、红色工会国际和各国党，不论花费多大力气，都应派出自己的优秀分子去帮助印度和中国。现在，在这两个国家决定着世界帝国主义的命运。你们想象一下，印度、中国和苏联的工人运动的统一战线、革命战线，这是不可战胜的联盟。它正在摧毁整个资本主义世界。应当记住这一点。我们做得太少了。在这方面应当做某种急剧转变，应当使各国党做得多得多。应当使它们把在殖民地发生的那种事情普及起来（并且当然不仅是在拥有殖民地的国家，而且在所有的国家），使大家都知道工人运动、工人生活水平、工人劳动条件、剥削制度以及改良主义在殖民地的所作所为等。目前，这应当在我们的党和革命工会的出版物中占有很大的地盘。否则，我们就无法履行对殖民地国家革命工会运动应负的责任。

殖民地有改良主义存在的基础吗？

在殖民地国家有改良主义存在的基础吗？改良主义者能够产生吗？但是，说在那里它们根本没有任何支柱，也没有重要基础，能行吗？在殖民地国家没有改良主义者产生的重要基础，但是，说在那里他们根本没有任何支柱，这就是对改良主义危险严重估计不足了。

比如说，在中国，改良主义来自何处？它来自国民党的左派。比如说，在印度，改良主义来自何处？来自自治运动派的左翼，来自民族派，来自知识分子。它们同工人运动发生联系，影响工人运动，形成改良主义派别，它们同欧洲的改良主义发生联系并且已经得到后者的一些帮助。在殖民地国家当然不存在贵族国家里拥有的工人贵族，因而那里就没有改良主义存在的真正基础；但是，那里改良主义能够并且已经争取到了一定的集团，改良主义者能够为自己建立据点并且已经做到了这一点。现在，它们正在铃木文治的口号——从殖民地国家逐出共产国际和红色工会国际,把它们从那里赶出去——下反对我们。在这方面,它们拥有同帝国主义和民族资产阶级联合的统一战线。

但是,关于改良主义影响大小的问题,这不仅取决于它们,这也取决于我们在殖民地做的工作如何,取决于我们对工人运动的影响如何。如果我们削弱我们的工作,如果我们不去大力帮助许多殖民地国家里正在诞生的政党,自然我们就为各种各样左的改良主义理论、左的改良主义组织敞开了大门,以后就难以把它们从那里赶出去了。因此,必须在帮助殖民地国家方面加速采取一系列措施。

现今,当殖民地改良主义与欧洲改良主义试图协商时我们在场。以焦希为团长的几个人组成的代表团从印度来到了欧洲。这个代表团正在进行关于印度工会代表大会参加阿姆斯特丹国际的条件的谈判。以此为借口,曾在印度的一次罢工中拿出100英镑的西特林来到日内瓦。查辛巴赫也来到这里,为了劝诱这些改良主义者,他也曾拿出100英镑。但是谈判暂时没有任何结果,因为来自印度的改良主义者想要得到一点实际的东西,以便他们能够转回去并且说:"请看,我们到过欧洲,并且从国际劳动局、从阿姆斯特丹国际得到了什么。"但是,阿姆斯特丹国际能够给他们什么实际东西呢?英国工联总会能够给他们什么呢?西特林们、茹奥们、莱佩特们、查辛巴赫们及其改良主义者们能够给他们什么呢?什么也给不了他们。因此,连殖民地最堕落的改良主义者们也开始讲话了。他们的话表明,他们大失所望,他们对于得到某处帮助的希望已经开始破灭。

下面就是6月29日《前进报》引用的、对参加日内瓦国际劳工会议的印度工人代表团领导人乔希在国际会议上的发言中对东方改良主义状况作的说明:

"只有为数不多的亚洲和非洲工人参加这次会议。笼罩着华盛顿的进步气氛

几乎完全消失了……日内瓦本身使那仅仅是部分实现的希望在全世界工人的心中破灭了。此外，对全世界工人，尤其是对远东工人的想象发生作用的日内瓦影响，并不是唯一的。还有离开日内瓦理想和方法的**莫斯科影响**，并且其大量许诺对于东方各国人民的想象具有强烈的吸引力。因此，我们应当认真地给自己提出一个问题，即在国际工人组织中取得的成果是否已使工人满意并能加强和平进展的事业……

亚洲和非洲工人不想等待几十年，来取得欧洲工人在一百年内取得的成果。因此，为了本身的安全，发展应当是足够的迅速和坚决。如果远东的工人仅仅满足于向他们夸示的日内瓦理想，那么也不能抱怨他们，说他们不能抗拒莫斯科的即便无法实现的大量许诺的吸引力。这样发展下去的结果会是悲惨的，同时日内瓦不会感到自己是清白无辜的。对于管理这一方面负有责任的各种政府，例如我们自己的政府，都在试图用压制的办法来消除莫斯科的影响，可是不难看出这种办法是不会成功的。"

殖民地的一个改良主义者在维也纳是这样诉苦的：压制的办法在印度不起作用，请用改良主义的腐蚀工人的办法帮助我们夺回印度的一部分无产阶级。否则，莫斯科的影响将要增长。阿姆斯特丹人回答他什么呢？阿尔伯特·托马和国际改良主义回答他什么呢？什么也没回答，并且他们能回答什么呢？他们能给他什么？工人立法？这不取决于他们，而取决于帝国主义和当地的资产阶级。给他一些许诺？比如乔希本人说：殖民地工人已经不相信许诺了。而与莫斯科并列，也就是说共产国际和红色工会国际，它们都在履行自己的诺言。这个殖民地改良主义者羞得无地自容。他一心扑在阿姆斯特丹，希望在那里找到一棵救命稻草。当地工人运动排挤他，而他想把当地工人运动拉入旧的组织，可是在阿姆斯特丹他没有得到支持。非常清楚，他在那里一无所获。

太平洋沿岸拉丁美洲的工人正在联合起来

有一个时期，工人运动没有超出欧洲的范围，但是我们早已脱离这一时期，并且**工人运动的真正的世界性质是目前状况的特点**。1927年成立了把太平洋沿岸（当时印度暂时除外）的工会运动联合起来的太平洋工会书记处。今年5月，在蒙得维的亚召开了拉丁美洲各国工会代表大会。出席者当中有人可能不了解这两次代表大会的意义。我只想说一下，在蒙得维的亚召开的代表大会联合了拉丁美洲的16个国家并且成立了大陆工会联合会。代表大会是在激烈阶级斗争的标志下进行的。

日本改良主义者铃木文治企图成立泛亚工会联合会并且以它来对抗太平洋工会书记处。这完全不是偶然的。

我请你们注意这两个大陆组织。开诚布公地说，约在十月革命后的10年里我发现了拉丁美洲。

在那里我们看到工人有巨大潜力，有急欲反对帝国主义和民族资产阶级并建立真正统一的革命国际的巨大革命毅力。有两个事实表明，拉丁美洲代表大会的意义何等重大。美国最大报业托拉斯的一名记者在蒙得维的亚曾接到本托拉斯的专门指示，要他用电报拍发有关代表大会最详细的报告，而不要吝惜金钱。你们知道，托拉斯说不要吝惜金钱！这是什么意思呢？这意味着，美国资产阶级关心在蒙得维的亚发生的情况。

第二个很有趣并且更加值得注意的事实，是美国劳工联合会领袖之一——马修·沃尔的发言，以及向反对共产主义统一战线阿姆斯特丹国际的建议。为什么恰恰在现在这个时候发言呢？因为他看到，拉丁美洲的整个工人运动正在联合起来反对美国帝国主义。当时他决心要同阿姆斯特丹国际联合起来，共同打击共产国际和红色工会国际。正如你们所知，马修·沃尔建议阿姆斯特丹国际在划分"势力范围"和承认"门罗工人教义"的基础上联合起来。

对于马修·沃尔的呼吁，西特林已经有了反应，阿姆斯特丹国际的领导人们有了反应，《前进报》有了反应。他们大家在热烈准备建立反对我们的统一战线，他们大家在梦想从美国劳工联合会吸收支持者来进行反对共产国际和红色工会国际的十字军远征。他们的统一战线也许能搞出来。但是在殖民地国家能否搞出来什么，这是大可怀疑的。他们总是姗姗来迟。当我们成立了太平洋书记处时，他们忙着搞泛亚联合会。当我们成立了拉丁美洲联合会时，他们想要建立反对我们的统一战线。那就请吧！去建立吧！我们倒要看看，这一切会得出什么结果？

我们在红色工会国际第四次代表大会上和共产国际第六次代表大会上制定的新策略，具有这样一项任务，就是不单是成立罢工委员会等，**而且要在每一具体冲突中使斗争取得胜利**。如果我们给自己提出这项任务，那么使我们成立的罢工委员会来对抗改良主义工会，则是完全自然和合乎逻辑的。**为了反对企业主和改良主义工会**并在反对这一统一战线的斗争中取得胜利，我们要成立罢工领导机构。我们在经济斗争中成立的机构取得胜利的最重要条件是，**使这些机构与那种同资本搞统一战线的改良主义组织对立起来**。

但是，关于这一点还存在着一种糊涂观念，并且甚至是在不应有的地方存在着糊涂观念。例如，斯莫良斯基同志在《布尔什维克》上写了一篇叫做《第三时期工会问题》的文章。在这篇文章中有这样一句话："斗争委员会既不能从属于工会，也不能和工会相对抗。"对不起，那要看是什么样的工会。它们为什么不能和改良主义工会相对抗呢？究竟是为什么我们要成立它们呢？我们到底是为什么成立这些委员会呢？难道像右派责备我们的那样，这是在拿委员会耍着玩吗？不，我们没有在做游戏。我们成立委员会，是要它们领导斗争，而只有当我们后面有了群众的时候，当我们把这些群众组织起来并且与改良主义工会相对抗的时候，才能领导斗争。这种模糊不清的说法有什么意义呢？要知道，从哪里也不会得出，在第三时期可以提出错误的说法。无论在第二时期，也无论在第四时期，都应当提出正确的说法。可是，这个说法是极其错误的，这里有着糊涂观念。只有当我们有了革命工会的时候，斗争委员会才不应当与工会相对抗。（库恩·贝拉："它当然是属于红色工会。"）

不能与红色工会相对抗！所以这样说，是让大家都能了解这一点。**这应当与改良主义工会相对抗**。中心就在这里，我们策略的基础就在这里。不要忘记，如果我们成立罢工委员会，如果我们想取得胜利，那么就应当由此得出结论。而关于结论，在我们这里是放松了。我来举这样一个例子。德国是一个资本主义和改良主义发展最典型的国家。德国属于所谓有着统一工会运动的国家，除了苏联以外，尽管一般而言，哪里也没有统一的工会运动。但是假设，在发生某种冲突——严重经济冲突的时候，斗争委员会率领群众并力求达到使企业主被迫作出让步——当时斗争委员会同企业主签订工资协议。**我们就应当违背改良主义工会的意志而竭力签订工资协议**。再者，有一个谁来监督遵守工资协议的问题。这就是说，在有革命工厂委员会的地方，由它们来监督，而在没有革命工厂委员会的地方，应当成立专门的委员会：监督委员会、工资审订委员会、工人委员会等。因此我们就要面临这样的前景：不仅成立一个委员会以便把斗争进行到底，而且要成立监督所签订协议执行情况的机构。只有当我们面前的这个目标非常明确的时候，我们才能真正实现我们制定的策略并且把它贯彻到底。

决不拒绝新的斗争形式

十年来我们不得不很急速地转变、提出新的口号、新的建议、新的斗争形式和方法等。能否说，我们已经用尽了一切斗争形式和方法？能否说，我们已经用尽了所有的斗争方法和形式，能否说，现在我们都做了该做的一切、或者是我们现在建议的、或者是在红色工会国际第四次代表大会上和在共产国际第六次代表大会上我们提出的那些斗争方法和形式,能否说,这就是最后的斗争方法和形式了?我提醒同志们不要用非辩证的态度来对待关于斗争方法和形式的问题。斗争形式和方法不是什么僵硬的东西,不是什么固定的东西,也不是什么凝固的东西。最主要的是向生活学习,向群众学习,并善于从群众运动中不断吸收越来越新的指示,以便向企业主继续进攻。

请允许我从列宁的著作中引证一段有关斗争方法问题的很值得注意的话。列宁在1906年9月撰写的《游击战争》一文中写道:

"每个马克思主义者对于考察斗争形式问题,应当提出些什么基本要求呢?第一,马克思主义同一切原始形式的社会主义不同,它不把运动限于某一种固定的斗争形式。它承认各种各样的斗争形式,并且不是'臆造'这些形式,而只是对运动进程中自然而然产生的革命阶级的斗争形式加以概括、组织,并使其带有自觉性。马克思主义同任何抽象公式、任何学理主义方法是绝对不相容的,它要求细心对待进行中的**群众**斗争,因为群众斗争随着运动的发展,随着群众觉悟的提高,随着经济政治危机的加剧,会产生愈来愈新和愈来愈多的防御和攻击的方式。因此,马克思主义决不拒绝任何斗争形式。马克思主义决不局限于只是在当前可能的和已有的斗争形式,**它认为**,随着当前社会局势的变化,**必然**会出现新的、为这个时期的活动家所不知道的斗争形式。马克思主义在这方面可以说是向群众的实践学习的……"①

这就是23年前对这一问题的值得注意和现实的提法!我想用这段引语证明什么呢?我想证明,我们各党的任务不在于我们拘泥于同样一些形式。条件和情况多种多样,工人阶级内部力量对比不同,各阶级之间力量对比不同,这一切要求我们改变我们的斗争形式,并且我们可能

---

① 《列宁全集》中文第2版第14卷第1—2页。——编者注

不得不采取,比如说在一年或几个月之前我们还不能使用的形式。这就是真正的辩证法。这就是一向反对永恒的形而上学公式的、真正的布尔什维主义。布尔什维主义永葆青春,经常从斗争中、从群众运动中吸取力量,它永远前进,并在此运动中它永远吸取新的力量以便将反对资本的、革命无产阶级的力量联合起来。

我们在这次全会上首次这样提出了经济斗争问题。我应当以我自己的名义来说,我想台尔曼同志会同意我的,我们远没有解决完一切问题。全会的事业包括它们,全会的事业要进行补充,同志们的事情是在经验的基础上增补我们疏忽的东西,为的是以后在我们集体经验的基础上以更快的速度向世界共产主义胜利前进。

(闭会)

第十九次会议

(1929年7月16日上午)

讨论台尔曼和洛佐夫斯基的报告

桑托(红色工会国际党团):

在一些国家,我们的组织是处于地下和半地下状态,我认为提纲中必须包括关于这些国家的经济斗争的领导和工会工作的方式方法的专门章节。至今我们在这方面的经验还是不多的。可是近来我们正在积累这方面的经验。南斯拉夫和罗马尼亚的工会的解散及保加利亚的经济斗争为我们提供了丰富的资料。第十次全会应当利用这些资料在巴尔干各国支部和共产国际其他支部进一步开展工会工作和领导经济斗争。

我们知道在巴尔干各国,据工会领袖们看来,国家政权享有很高威信。在南斯拉夫,独立工会解散之后,工会的中央领导曾就恢复工会问题同政府进行谈判。这些谈判使群众产生了幻想,认为似乎不去坚决反对法西斯专政,同政府谈判就能够重新有了工会。

在保加利亚近来的经济斗争中也出现了类似现象。在哈斯科沃发生罢工时,罢工委员会把这正式通知了警察局的督查。罢工委员会成员还出现在州行政当局首脑面前。州行政当局首脑严厉声称,根据企业主的通知,当局清楚地知道罢工是共产党组织的,并且威胁罢工委员会成员,如果在24小时内不停止罢工,就要逮捕他们。并且在这之后,罢工委员会代表团还去拜访了政府首脑利亚普切夫。代表团要他相信，罢工具有纯经济性质，并请他向警察局发出不干涉罢工的命令。

也出现了来自普罗夫迪夫的代表团。代表团中的一部分人转到利亚普切夫方面并发出呼吁书。呼吁书中说，独立工会与罢工丝毫无关。独立工会通过向罢工者发出呼吁并号召他们反对这种叛卖行为的办法，终究得以罢免了原来的罢工委员会，并选出新的罢工委员会代替它。

这些情况和类似情况表明，在巴尔干各国，国家政权的威信和民主的幻想还是根深蒂固的。

在南斯拉夫，工会解散之后，曾抱着同政府进行谈判的希望。事情发展到了工会中央领导表示准备在一定条件下从工会中清除共产党员的地步。工会中央曾向政府提出希望它上这种圈套的相应建议。但是政府没有上这种圈套，而是靠谈判赢得时间以阻止动员群众反对解散工会。想要愚弄政府，而自己倒成了被愚弄者。

在保加利亚，罢工期间曾经过分重视"社会舆论"，大家都想使"社会舆论"相信罢工者提出的要求是合理的，而没有执行"阶级反对阶级"口号下的坚定方针。资产阶级诽谤独立工会，而工会领袖们总希望以抹杀或否认独立工会在罢工中的作用的办法来换取资产阶级的好感。在哈斯科沃，在罢工群众大会上没有操办好使独立工会中央委员会参加罢工核心委员会的手续，并且甚至用缄默来回避这样的事实：罢工核心委员会是根据独立工会中央委员会的倡议成立的。

后来，自己落入法西斯分子的圈套。法西斯分子劝诱罢工委员会把增加工资从30%—40%的要求降到15%。这使罢工队伍陷入很大的混乱。工会领袖们千方百计努力使罢工者相信降低要求是正确的。费了很大力气才保持住罢工者的团结。

在保加利亚发生罢工期间，难以名状的恐怖笼罩着大地。罢工地区变成了战争营垒。宣布了戒严，在大街上不许两人以上同行。到处进行罚款；逮捕和杀戮达到了骇人听闻的规模。在罢工公报上，关于斯利文的罢工报道说：那里没有一个工人没有尝到警察的棍棒。在同恐怖和法西斯专政的斗争中，还是没有利用上罢工。

可以断定，在反恐怖斗争中领袖是脱离群众的。

在罗马尼亚，没有区别对待明显的右派和取消派分子（达斯卡尔、戈尔德施泰因、尼克斯等人）与中派分子。反对这两派，用的是相类似的方法。在工会运动中，也没有区别党内外的中派分子。党是用对待党的队伍中的中派分子的方法来同站在党外的工会中派分子进行斗争的。

在保加利亚，罢工期间没有注意同机会主义和取消主义的斗争。

在保加利亚罢工期间甚至没有与改良主义分子和社会民主党人划清界限。罢工期间接受了改良主义分子及其合作组织的金钱援助。在保加利亚还没有想到拒绝这种金钱援助。在保加利亚，看来同志们还不知道，其他国家的改良派坚决反对莫斯科对罢工的援助。

在巴尔干所有国家（毫无例外），领导都脱离群众。工会不知道，企业里发生了什么事。

罗马尼亚工会联合会中央理事会不久前向各地方组织发出通知。在这一通知中主要包括组织程序指示，其中连有关准备和独立进行经济斗争的只言片语也没有。仅在一处指出，如果企业里发生罢工，地方组织应当尽力去领导这些罢工。

在保加利亚，从1923年大失败的时候起，独立工会没有独立地进行过一次罢工，它们只是站在自行爆发起来的罢工的前头。几个星期之前烟草工人大罢工也是自行爆发起来的，并且坦率地说，独立工会是突然遇上了这次大罢工的浪潮。在整个罢工期间，工会都很脱离积极奋起的群众。保加利亚同志对工人群众的左倾估计不足，这一点特别明显地表现在对罢工斗争中妇女作用的低估上，保加利亚烟草工人在罢工中的举动非常出色。他们表现出大无畏的英雄气概。不管恫吓、逮捕和杀戮，他们都能履行自己的职责。他们担任罢工纠察队。为了完成任务，有时他们不得不像在战争中那样进行化装。

从保加利亚的罢工行动中，可以断定在对罢工的领导上存在以下一些缺点：

（1）缺少广泛的罢工领导机构，只有一个例外；

（2）罢工机构的形成不是通过其全体群众的选举，而是通过进行罢工的企业从代表中推出；

（3）缺少中央罢工委员会，每个城市孤立地进行罢工；

（4）每个罢工委员会都是在自己受到威胁之后同企业主进行谈判，因而没有斗争统一战线；

（5）当其他地方还在进行罢工时，哈斯科沃突然停止罢工；

（6）在普罗夫迪夫也突然停止罢工，这样一来两个最重要的烟草工业中心就脱离了斗争：由于罢工领导很差，斗争战线便分裂了；

（7）只是在哈斯科沃已经停止罢工的时候，才提出成立中央罢工委员会的口号；

（8）在经过一系列努力和烟草工人几乎是孤立地斗争几个星期之后，罢工才开始向广处开展和使它具有政治性质：在索非亚只有少数不大的企业加入罢工，在哈斯科沃和在普罗夫迪夫的罢工中止以后，在斯利文、瓦尔纳等地新的罢工浪潮才滚滚而来；

（9）在罢工期间没有安排好示威游行，采取了使罢工保有经济性质的措施，没有发生反法西斯主义和法西斯专政的斗争。

但是，哈斯科沃的罢工因商业部长本人拥有烟草工厂采用仲裁决定而结束，这种情况引起特别的抗议。同意仲裁决定，是罢工之初派遣一些代表团的逻辑结果。保加利亚的同志们接受仲裁决定，就在一定程度上大体上准备了实行强制仲裁制度的基础。值得注意的是，一些进行罢工的地区反对把冲突交付仲裁。在斯利文，罢工者大会决定，罢工委员会不经罢工者的同意不应放弃已经提出的要求。

在个别巴尔干国家，无论报刊上，无论鼓动中，甚至是工会的决议中，都没有谈到新的罢工策略。对于即将进行的战斗，群众没有准备。在巴尔干各国进行的工作同第三时期不相适应。群众的积极性大大地超过了工会领袖们的主动精神。

尽管有许多错误和不足，保加利亚的经济斗争还是有许多积极方面的。尽管遭到重大损失，保加利亚同志们终究又使运动正常进行起来。在发生烟草工人罢工的时候，看来法西斯分子会影响罢工。可是，保加利亚同志们能够从罢工领导方面完全排除法西斯分子，并把对罢工的领导全部集中于独立工会。在罢工过程中，他们纠正了虽然不是全部的但却是许多的重大错误。虽然是迟了一点，但终究成立了中央罢工委员会。在斯利文的新的战斗中，已经显露出新的正确的罢工领导路线。在哈斯科沃和普罗夫迪夫的罢工中断以后发生的最后的罢工，证明了强有力的正确领导的存在。保加利亚同志们从自己的错误中很快地吸取了教训和学到了新的东西。在罢工期间可以看出对罢工领导有一系列改善。在普罗夫迪夫，从罢工一开始，就撤换走上背叛道路的罢工委员会，是一重大成就。在罢工史上，群众撤换罢工领导机构的情况是罕见的。独立工会中央委员会面向群众，并能够换掉旧的、选出新的罢工委员会，这说明了中央委员会在群众中的影响和威信。

保加利亚的经济斗争表明群众是左倾的。如果注意一下与此同时在希腊和罗马尼亚进行的大规模经济斗争，那么就会清楚，尽管有恫吓、压迫和法西斯专政存在，巴尔干各国的无产阶级还是转入了反攻。

关于秘密工会工作的方式和方法，我再讲几句。在南斯拉夫和罗马尼亚，工会解散以后，这个问题非常具体地摆在我们面前——尤其是秘密状态也威胁着其他国家的工会。关于秘密工会工作，一些同志有着错误观念。许多人设想，秘密工会作为群众组织而存在是可能的。必须非常坚决地宣布，不能像谈论群众组织那样来谈论秘密工会。对工会运动的秘密状态，只能理解为存在着一种借助于自己秘密的有组织的干部来领导**群众运动**的秘密领导机构。这些秘密的干部，只有在他们能够正确地领导群众时，才能完成自己的任务。秘密干部当然是应当在那些他们能够利用一切合法的和半合法的机会来争取群众影响的企业里进行自己的工作。但是，与此同时，为了重新获得工会公开存在的权利，他们应当进行顽强的斗争。并且应当采取多种多样的方法：合法工作方法应该同秘密工作方法结合起来。最重要的工作方法如下：

（1）率先动员和吸引未组织起来和已组织起来的工人群众进行经济斗争，争取独立地进行经济斗争；

（2）坚决果断地反对法西斯主义和工人运动法西斯化；

（3）加紧同工人阶级队伍中的法西斯主义走狗改良主义者作斗争；

（4）为了革命工会的合法存在广泛开展群众运动（决议进行抗议、游行示威等），同时每次都必须把这一口号同反对法西斯专政的口号协调起来，揭露改良主义的幻想；

（5）在企业里建立临时委员会，以便进行某些战役；

（6）在失业工人中间加紧工作并把他们吸引到总斗争中来；组织失业工人进行游行示威和抗议；

（7）出版公开的、半公开的和秘密的工会的报纸杂志、呼吁书、墙报、传单和小册子等。

经验证明，在秘密存在和半公开存在的情况下，工会运动这种群众运动也是能够不断发展的。但是，它的必要前提是在准备和进行经济斗争过程中同群众的联系。今后，无论共产国际，也无论红色工会国际，都应当更多地注意工会组织秘密地和半公开地存在的那些国家里的工会运动。一切支部都应当利用至今在这方面已经取得的经验。各个党，当它们有被打入地下的危险但是还公开存在的时候，在自己将来的工作中都应当利用这种经验。

格伊（红色工会国际党团）：

近两年来，在捷克斯洛伐克一些事件的发展表明，那里改良主义工会的下级机关正在同企业主的机关融合在一起。毫无疑问，在德国也是这样。改良主义工会的工作人员正在被任命为师傅，被任命为企业管理员。在企业里他们不仅成为工会方面而且成为生产方面的长官，他们正在成为企业主的助手和影响的传导者。

反对企业中的这种改良主义机关，同时就意味着要被企业开除，要失掉那里的工作。甚至在我们过去的朋友，在从海斯运动中出来的取消派那里，我们也看到了同样的情况。凡是他们在某个工厂得到加强的地方，他们就有即便不是本工厂的管理员，也实际上已经是行政助手的低级工作人员。

下级工会机关的这种发展及其直接在企业里同企业机关的融合，使我们不得不重新审查一下在第六次代表大会决议中还部分地表现出来的一些观点，并且对提交全会的一部分决议的措词写得稍微明确些，因为其中说："改良主义工会下级环节被迫反对工会头目的情况是常有的。"我想，改良主义工会下级环节，总的说，到头来还是相信企业主和资产阶级的。这种发展同社会民主制向法西斯主义发展和工会的法西斯化有关。这就使我们不得不以另外方式提出争取工会的问题，争取工会的问题是争取工人阶级大多数的问题的一部分。对这些任务的协调，当然不能像右派协调它们那样，例如在德国就是如此。右派认为，提出关于在未组织起来的工人中间进行工作的问题就是拒绝争取工人阶级的大多数。相反，正是因为只在工会范围内工作，我们才不能取得决定性的成就，形势改变了，情况改变了，所以在工作中我们才应当依赖未组织起来的工人，和作为整个工人阶级代表的机构，依赖罢工委员会和工厂委员会。这些机构必须反对改良主义机构，以便破坏改良主义机构直接在企业里的影响。正因为这样，未组织起来的工人的问题才具有重大意义。比德国的布兰德勒集团的观点更加值得注意的，是英国的"非右派"和"非调和派"的观点。洛佐夫斯基同志在这里援引了戈西普的一封信，信中写道："应当表示我对罢工期间支持非工会会员的想法的极大惊奇和愤慨。试图把非工会会员放入罢工委员会，简直是不可思议的，并且我不以为，甚至我们的右派朋友中最反动的人会同意这种反动的叛卖的建议。"

但是，问题不在于戈西普能写出这种信，而在于戈西普发表的这些观点，在英国党内，在少数派运动中没有遭到应有的反驳，而是相反，甚至受到保护。

少数派运动在有关未组织起来的工人的问题上执行的策略，应当说是最坏的改良主义的典型。我讲的是被歪曲了的百分之百组织性的这一口号，像在英国运用它那样。少数派运动，有时甚至领导罢工并不太差的时候，也提出了那些只有通过工会并且只接受工会会员去工作的要求。在他们那里这就叫做百分之百的工联主义。在工会运动史上，这导致了资本家操纵之下工人与资本家共同组织的工会的建立，因为在此基础上，工会同企业主的合作会成长起来。在革命运动中，从我们这方面提出这种口号则是完全不适宜的，因为它会扩大已经组织起来的工人与未组织起来的工人之间的鸿沟，因为它会带来对未组织起来的工人的不信任。如果你们提出这个口号，像在英国的缝纫工业中发生过的那样，那里组织起来的工人的百分比低于整个英国组织起来的工人的平均百分比，那么，此后就不能号召未组织起来的工人和你们一起共同行动，就不能将他们包括进罢工委员会，就不能指望得到他们的支持了。这个要求是反对该工业部门的70%的工人的。

在提纲中，以及在报告中，新工会问题都没有按照应当的那样提出来。虽然从政策上说，这一问题提得正确，但是，如果我们在一些国家就建立新工会而开始工作，那么就不应只限于从一般政策上提出问题，而应当谈谈如何建立新的工会。我们有建设工会的足够的经验，并且从这些经验中应该吸取一些教训。例如，我们工会就没有进行像设立罢工基金这种起码的工会工作。用临时收集的款项支持罢工者，也是偶尔才有。在英国和美国，现在那里成立着新的红色工会，可是无论在什么地方它们也没有谈到自己支持罢工者的任务。如果我们想要建立真正群众的战斗的组织，那么我们就必须将设立罢工基金和支持罢工者作为一般任务提出来。当然也不允许偏离到另一方面，像海斯所干的那样。

我们的红色工会没有很明确地显示出自己的政治面目，在遮着它，盖着它，掩藏在任何模棱两可的、模模糊糊的措词之后，而不明白，只有明确地表现出来，我们才能胜利，而不会失败。英国矿工工会在自己的章程中、工会主要文件中，甚至忘记提及阶级斗争。在美国，我们的新工会行动迟缓而不坚决，从这一事实我们可以得出结论说：它们对于革命工会与改良主义工会之间的差别强调得也是不够的。当然这与消极被动有关，有时也同在这些红色工会队伍中我们没有真正共产主义领导者而是非常形形色色的分子在那里做工作有关。

如果看一下新产生的工会的组织结构，那么你就会耸肩摊开双手并且说，这不是生产工会，鬼才知道它是什么。我们看看在最接近改良主义工会的地方建立工会的组织图式，则是按改良主义工会的样子建立的。

如果这里再加上缺乏技能和工会内部的派系斗争，这一点在美国看得特别明显，偶然挑出的人员，当他们像牙科医生那样完全是一时得宠的人们来领导工会时，那么就会明白，为什么至今在建立新工会的道路上我们不能越过一条界线，从而容许我们说我们拥有大批工会。

于是，就从这样一个方面提出有关罢工委员会的问题：罢工委员会应当作为党设机构还是作为临时机构存在呢？我对这一问题的回答是：在德国，在罢工之后使罢工委员会仍然存在没有意义、没有必要，但对法国来说，那里轮到建立工厂委员会的任务，就必须更加清楚地强调这样的思想：在历史上工厂委员会是由罢工委员会产生的；在法国，罢工委员会，那里已经建立，应当在罢工结束后变为工厂委员会。（皮亚特尼茨基："但那时它们已采取另外的形式。这是主要的。"）

我认为必须更加清楚地强调这一思想，因为在法国对于建立工厂委员会存在着动摇，并且我以为应当克服这种动摇。

请允许我只是来表示一点与自我批评有关的愿望。我们关心在我们的支部里发展自我批评，工会是应当带头发展自我批评的机构。在这方面，英国同志们特别落后，那里几乎没有自我批评。在英国，领导的错误差不多是非常右的错误，对领导的这些错误批评得远远不够。在英国，至今没有被查明的右翼，就是因为对领导的右的错误批评得不够，并且没有改正。但是，同时我想表示一点希望，让自我批评也扩展到共产国际本身，在我们的红色工会国际，此时在莫斯科，在上面也采取发展自我批评的坚定方针。

雷曼（捷克斯洛伐克）：

关于近一年来捷克斯洛伐克阶级发展进程的问题，从第六次世界代表大会之时起，特别是在经济斗争方面，本届全会非常关心。虽然如此，但是我不得不确认，关于这一问题的个别意见不够具体。

现在，我来谈谈可以说明捷克斯洛伐克事态实质的几点。从第六次世界代表大会之时起，最重要的一点是，在共产党和红色工会目标明确的领导下，捷克无产阶级转向阶级斗争的新的高级的形式。在共产党领导下捷克无产阶级转向新的高级的斗争形式，表现在纺织工人的斗争和农业工人的斗争中。第二点，是同取消主义展开了坚决的斗争，并且克服了它。至于第三点，则是无论在捷克斯洛伐克共产党内，或者在清除明显取消派之后的红色工会队伍中，强有力的机会主义派别还继续存在。在我看来，这几点是中心之点，并且在这里必须加以清楚的说明。

首先我来谈谈在经济斗争过程中我们完成的转变。特别同今年2月纺织工人罢工相联系，在共产国际的队伍里出现了许多错误观点。一些人认为，纺织工人罢工实际上并不意味着捷克斯洛伐克进行斗争中的转变，因而党的策略是错误的。要恰当地评价纺织工人的斗争，就必须彻底弄清在捷克斯洛伐克这种斗争是在什么样的困难条件下进行的。我们开始进行这一斗争时的情况是：不仅改良主义者表现为资产阶级的积极力量并且明显地起着破坏罢工的作用，而且大部分工会积极分子和党的积极分子尽力设法阻碍纺织工人群众斗争的展开；在共产党和红色工会的队伍里破坏罢工的行为在发展。台尔曼同志已经指出，在一个企业里竟会发生红色工会工作人员在宪兵保护下干着工贼勾当的情况。在纺织工人罢工时期，破坏罢工的现象在我们自己的队伍中有更大的发展，这种现象也出现在红色工会纺织工人支部的上层。

在这种情况下，党的任务是什么呢？党的任务决定于这样的事实：多年来，在经济斗争中我们执行的完全是一条机会主义路线。这条路线是使党完全放弃了群众的独立组织，是在每次斗争中红色工会的领导都彻底执行了同改良主义领袖结合的公开的集团的路线。在党和红色工会多年来的这种实践之后，要把必须独立进行经济斗争的认识灌输给捷克斯洛伐克无产阶级队伍，当然就更加困难得多了。在这种情况下，纺织工人的斗争就有任务向无产阶级证明，尽管有改良主义者存在，但在独立的基础上实际是能够组织群众斗争的。在我们的队伍中反对这条路线，其结果是我们没有能够动员全体纺织工人群众去进行斗争。在准备斗争的过程中，我们这里有过这种现象，就是在党内和工会内我们的大部分工作人员不断地执行了在"迫使工会官僚去斗争"这个口号中表现出来的错误路线。在纺织工人的斗争中，这条路线是同合法方针结合在一起的。

结果是在准备斗争的过程中实际上存在两条路线：一条是红色工会坚持的，另一条是共产党内左的反对派竭力执行的。由于革命阵线分为这样两部分，吸引到斗争中来的纺织工人只有8000名，几天之后，斗争便不得不中断。能否根据这一点，说纺织工人的斗争遭到失败呢？这样的评价是错误的。应当强调，纺织工人的斗争是在捷克斯洛伐克进行斗争的新形式，并且首次向捷克无产阶级指明了组织经济斗争的新途径。由于捷克斯洛伐克纺织工人的斗争，将来我们能够在更加广泛基础上开展新的经济斗争。纺织工人斗争的彻底进行，推动了捷克无产阶级广大群众在独立进行斗争的基础上去开展新的斗争。近几个月来，反对资本主义合理化的经济斗争新浪潮开始高涨，尽管企业主、改良主义者和取消主义者在公开抵制，这种斗争也势在必行。

在这一时期，曾动员斯洛伐克农业工人进行斗争。在其余一切机构——无论改良主义者或取消主义者把持的——都是反对罢工的组织者的情况下，有25000名农业工人参加这一斗争。斯洛伐克农业工人的罢工表明，在捷克无产阶级群众中蕴藏着巨大的战斗力，全部问题在于共产党人和红色工会是否善于在实践中运用新的路线。

在农业工人罢工期间，我们观察到了什么现象呢？最突出的一点是斗争着重于政治方面。农业工人是在这样的情况下参加斗争的：根据改良主义者签订的集体合同，当局开始宣布罢工为不合法，禁止任何罢工号召和任何罢工集会；首次不仅用宪兵队而且动用士兵来反对罢工者。在农业工人斗争期间发生了一件事，就是有一部分军队——两个连——哗变并拒绝破坏罢工。后来我们可以发现，农业工人积极反对国家政权。我们看到，农业工人能够对资产阶级采用的法西斯方法给予应有的回击。因此，捷克斯洛伐克农业工人的罢工也是群众理解当前政治发展的一个明证。

我只能非常粗略地叙述一下捷克斯洛伐克经济斗争发展的这个过程。在这里，我想着先概括地总结这些斗争的结果和教训。在这些斗争中，最重要的一点是资产阶级转而采用法西斯恐怖方法，纵有无产阶级群众的压力，社会法西斯主义粉墨登场。在我们这里，改良主义工会总路线是社会法西斯主义的值得注意的表现。德国改良主义工会在捷克斯洛伐克召开了全国代表会议。这个会议日程的唯一的一点是说："反对共产主义的盲动策略。"

在这次会议上，改良主义者提出的总指示是：在共产党人领导罢工的时候，工人无论如何也要继续工作，就是说要破坏罢工。我认为，这种决定，在捷克斯洛伐克，是改良主义工贼行为向社会法西斯主义发展的非常明确的表现。不仅如此，更甚的是，在经济斗争期间还有过改良主义工会中心通过自己的组织给正在罢工企业的企业主提供工贼的情况。

从我们的队伍中被驱赶出来的取消主义者，在捷克斯洛伐克，除了社会民主党的这种叛卖作用之外，还担负着社会民主党的角色。在农业工人斗争期间，我们看到了这一点。当时海斯声称：他所领导的国际总工会联合会同这次罢工毫无共同之点，这次罢工是共产党组织的政治罢工。经济斗争期间，取消主义者曾经完全公开地从背后打击罢工者。由此可见，结论是清楚的。在捷克斯洛伐克，独立进行经济斗争的问题。这一点应当特别坚定地强调指出，因为近来暴露出的明显倾向，当然不是使改良主义者，而是使取消主义者享有罢工的领导权。格伊同志已经提到，在捷克斯洛伐克我们用于罢工的钱柜仍然是很空的。因此，暴露出了在这种财务借口之下把罢工领导权让给海斯信徒的倾向。在某些场合，海斯把对罢工的领导权抓到自己手里，无疑是有一定目的的，那就是要尽快地扼杀斗争。这类事实证明，在我们的队伍中，在红色工会的部分领导和工作人员中存在着严重右倾的危险。他们表面上承认党的路线，但是不能够把它贯彻到实践中去。

这些错误倾向，正如我们在德国所观察到的那样，是暴露在关于对罢工者的物质支援问题的错误提法上，以及似乎没有当局对红色工会的公开承认就不可能进行系统的工会工作这种观点上，领导同志们不去提出争取红色工会合法存在的问题，而是把问题弄颠倒了，却说，没有对红色工会合法性的承认，就不能进行斗争。这些倾向证明，在红色工会中合法主义观点和机会主义倾向还是何等强烈。从纺织工人罢工的例子中我们看到，这些机会主义倾向不仅在上层存在，而且在很大范围内向下渗透到红色工会的工作干部中。在纺织工人罢工期间我们看到，平均来说，未组织起来的女工和青工表现得比大部分男工——红色工会的会员特别是工作人员要积极得多。这是为什么呢？这是因为，在红色工会中，由于多年来的机会主义的领导，造成了一种情况，那就是红色工会首先依靠较熟练工人阶层，而非熟练工人的作用便过分微不足道。摆在我们面前的问题是，不仅要开除一些机会主义的上层工作人员，而且要改变红色工会在工人群众中的社会基础，并用来自未组织起来和不大熟练的工人队伍里的新生力量革新红色工会。

在这里，我还想阐明一个同我们在红色工会中看到的一些机会主义现象有关的问题。我指的是在捷克斯洛伐克改选工厂委员会时执行新策略的问题。在这个问题上需要转变，因为红色工会的名单只是由几个上层工作人员拟定，而未征求企业工人的意见，有些时候同志们拒绝把未组织起来的工人或来自改良主义工会的持反对态度的工人也列入这些名单。与此相反，必须强调指出，在改选工厂委员会时，红色工会应当保持领导作用，但是应当依靠更加广泛的基础，应当采取自下而上的统一战线策略。这是捷克斯洛伐克的极其重要的问题之一。可惜，在讨论关于工厂委员会的问题时，这一问题在工会提纲中没有充分阐明。

我的时间快到了，我将谈得很简短。关于提纲总的内容，我再谈几句。我认为，在这些提纲中，对于工会运动处于分裂状态的国家里的工会运动，没有给予应有的注意。特别是我认为，应当更加突出地提出关于这些国家里工厂委员会改选和关于我们在改良主义工会中的工作问题。后来，捷克斯洛伐克代表团指出在关于失业的问题中缺少明确的表述。最后，关于法西斯主义和法西斯化对经济斗争本身发展的影响，在提纲中阐述得不够具体。关于这些问题，我们向工会委员会提出过许多建议。遗憾的是，我不能在这里详谈这些建议的内容了。但是我可以讲一下，总的来说，我们同意大家协商提出的提纲并且赞成其中拟定的路线。

库恩·贝拉（匈牙利）：

我大体上同意洛佐夫斯基同志对匈牙利共产党的批评。特别是涉及选举社会保险机构的策略的那一部分。我简单叙述如下：党在工会工作方面的基本错误是缺少群众策略，这是一方面；在企业中的工作太薄弱，这是另一方面——在红色工会国际第四次代表大会决议中研究得不够，从红色工会国际第四次代表大会和共产国际第六次世界代表大会时起，在这方面就总是摇摇摆摆。在社会保险选举中失败之后，党开展了自我批评。关于矿工斗争中罢工战略的问题，也可以这样说，但是自我批评作得不够。中央的一些同志认为，错误只是党组织的下层环节造成的；我认为领导机关也犯了错误。

在这里应当确认，在匈牙利矿工大斗争的政治化——在我们的领导下进行的——问题上，毫无作为。在这一点上的自我批评也只是形式的。尽管也承认领导犯了错误，可是没有从此为下一步的工作做出什么结论。自我批评是一纸空文。在我看来，在社会保险选举问题上的自我批评，也同样是不够的。是的，党铸成了大错，因为采取上层的统一战线的策略——并且只是上层的；是的，与社会法西斯分子一起建立总选举机构，而对施加革命影响没有任何保障，是个错误。在自我批评过程中正确地指出，党中央没有去动员群众，而是进行上层的联合。但糟糕的是，党内有许多人依然认为可以"屈从于"那些领袖的"压力"，因为我们党靠他们形成了与一帮社会法西斯官僚的统一战线——而反对他们的另一帮人，反对社会民主派。这是第六次世界代表大会之前采取的旧策略，用"迫使工会官僚去斗争"这个口号在国际范围内说明的策略的残余。

长期以来，我们工会策略的基本错误是工会合法主义。这种合法主义实际上不仅在社会民主主义工会中被采用，而且在新工会也被采用。在新工会中真有许多优秀的左派无产阶级分子，但是他们处在另外一些分子的领导之下，这些分子的"不问政治"，像社会民主主义工会领袖们的倾向和行为一样，有着社会法西斯主义的气味。在我们党进行自我批评的过程中，对此只字未提。自我批评是件好事，既然自我批评是在失败之后进行，它就应当揭露出最本质的东西。在社会保险选举上，约有13000名工人本能地采取了正确的政策并投了空白选票，虽然在选举前3天党发出的针对法西斯分子的相应号召书，几乎没有到达工人群众手里。

我们党自我批评中的另一错误是，在有关这些选举问题的党的提纲中没有坚决地强调指出，争取群众的基本方法是企业的工作，并大大加强这一工作。这一问题，在自我批评中是应当特别注意的。

我们党的不同派别在工会问题上也犯了各种不同的右的错误。在社会保险选举中最后一个大的错误还加强了右的情绪。我认为，最近将会彻底消除党的工作中的那些可以大胆地称做右倾的错误，尽管它们也是在"左"的旗帜下造成的。我希望，依靠共产国际和红色工会国际的帮助，在我们的工会策略和总策略中把正确路线确立下来。

坎贝尔（英国）：

由于在英国少数派运动最后一次会议上，关于独立组织经济罢工的重要问题没有提上日程，在全会前夕举行的红色工会国际执行局会议上人们在抱怨。出席红色工会国际这次会议的英国同志能够证明，如果少数派运动犯了错误，那么红色工会国际负有一定部分的责任，因为红色工会国际在它的最近一次全会上通过了有关英国少数派运动任务的决议，并且在这个决议中只字未提独立组织经济斗争。如果我们在红色工会国际指出这一点，那么回答会是：关于独立组织经济斗争是在总决议中讲的。这样就提出了独特的论据，仿佛有一座万里长城把总决议和具体有关红色工会国际各别支部的决议分开了，仿佛在总决议里规定了总原则，但是，当不得不将这些原则运用于红色工会国际的支部之一时，这些原则就被忘记了。

这里有特殊的二元论，在具有国际意义的决议中规定了总原则，而在涉及英国的决议中，这些原则又不适用。相反，在英国决议中依然表现在红色工会国际第九次全会以前和在第四次代表大会以前英国党所采取的旧路线。

这种二元论在多大程度上存在，只要从格伊同志今天早晨在讲台上对英国党的批评中就能看出来，而且实际上他的批评就是红色工会国际的批评。格伊同志问道，你们怎么依然还在讲百分之百的工联主义呢？怎么在第三时期，在蒙德主义和工会机关同资本主义国家融合的时代，你们还在英国讲百分之百的工联主义呢？我拿着红色工会国际关于大不列颠少数派运动任务的决议，并且在那里找到少数派运动的行动纲领。这个行动纲领的第四点讲，要为百分之百的工联主义和为在一切可能的地方建立工厂委员会而斗争。

因此，在红色工会国际，我们抱怨，当有关英国的专门决议形成时，在国际决议中强调的新工会策略总原则被忘记了，并且指出，对于少数派运动的一些缺点，红色工会国际应当负自己的一部分责任。

在这里我想涉及三个问题：关于新的工会运动的问题，关于掌握机构的问题和关于组织被开除者的问题。

不久前，英国工会自豪地夸耀，只有它们能够保持统一，因为它们赋予工人阶级一切集团以发表意见的充分自由。现在，英国工会不能重复这种豪言壮语了，因为在苏格兰的煤矿地区，除了缝纫工人旧的工会之外，正在形成新的工会。

在苏格兰约有11万矿工，其中9万人或多或少都有固定的工作。这大约11万矿工中的近3万名有工作和失业的人组成了郡工会，这些郡工会又结成联合会。在苏格兰的整个煤矿区，党有350名党员，我们同这些共产党员投入了为掌握改良主义工会中的领导而进行的斗争。在斗争的最初阶段上，我们在法夫郡的工会和拉纳克郡的工会中占领了一些岗位。但是，如果说在法夫郡我们拥有由共产党员和左翼追随者构成的多数，那么在拉纳克郡我们却是少数，尽管我们也使共产党员被选到了工会岗位上。由于在拉纳克郡，党员没有执行正确的策略、来自党员的那些负责人员便有在很大程度上成为官僚主义的俘虏，并且非常难以妥善地进行工作。

在我们掌握这些郡工会组织之后，为了占领苏格兰矿工联合会的领导岗位，我们投入了斗争。投票选举是按苏格兰所有的煤矿区进行的。两个最强有力的工会组织，拉纳克郡工会和法夫郡工会，都接受共产党预备党员进入联合会的工会领导岗位。如果这时候召开苏格兰矿工联合会代表会议，并且拉纳克郡工会和法夫郡工会都去鼓励代表会议的代表们投票选举共产党员，正像这两个组织的成员所要求的，那么我们就能在苏格兰矿工联合会确立共产党的领导。但是在这里，官僚们开始怠工了。他们使代表会议延期了。起先他们以有关财务的技术问题为借口来推诿。后来，在两三个月之后，他们不再借口有关财务的技术性质，而公开提出政治问题，声称共产党员不适宜当矿工工会的领导人，因为他们不会代表矿工，而会执行来自莫斯科的命令。

官僚们一拒绝召开代表会议，我们立刻就给自己拟定了新的路线。我们的新路线是，要取得拉纳克郡和法夫郡这两个矿工工会的完全统治权，并以这些组织作为基础，越过苏格兰联合会中的官僚头目召开代表会议。在这次代表会议上我们打算把我们的同志安排到联合会的领导岗位上。这个策略只是部分地成功了。在法夫郡我们抓住了矿工工会的领导权，并且我们免除了工会总书记这个不小人物的职务。这个人物曾是1924年工党政府的一名内阁成员，现在是工党政府的一个办公室成员。在拉纳克郡，我们遭到了一定的挫折，这是由某种政治错误但主要是由在该郡工作的党员的软弱性和水平不高引起的。

到8月底开始完全清楚：我们得到的只是在改良主义机构内部才能得到的一切；党应该作出决定或者服从这个机构的策略并同意保持原有的领导，或者把自己的党员和接近党员的左翼工作人员训练得能够粉碎这个机构，并成立新的统一的苏格兰矿工工会。对于洛佐夫斯基同志发言中的那个声明我感到惊奇。他说：在整整一年内红色工会国际都在号召我们在苏格兰成立新的工会，我们只是慢吞吞勉强地同意了红色工会国际的意见。在去年8月少数派运动代表会议上，没有提出关于在苏格兰成立新的矿工工会的问题，而只是提出了要开始关于建立海员工会的准备工作的问题。第一次是在去年9月把这个问题提交给了不列颠共产党政治局，当时决定，为了在苏格兰成立新的矿工工会必须先进行准备工作。因此，去年10月我们在福尔柯克召开了代表会议。代表会议作出了在整个苏格兰建立"工会拯救委员会"网络的决定，这些委员会应当组织工人去向官僚主义机构进行独立斗争。在改良主义者掌握工会地方分会领导权的各郡，这些委员会建立起来了，并作为为成立新工会准备基础的平行机构发挥作用。

我们不同意后来红色工会国际的批评，说在这次代表会议上我们就应当成立新的工会。新工会是一件严肃的事情。新工会需要有准备良好的基础。会员群众应当了解它的必要性并且应当动员起来，以便执行有关的决定。应当使在旧工会中同我们共事的那些工人，左翼的拥护者具有和旧工会机构决裂的思想。花几个月的时间培养我们的会员群众并选择最有利的时机是必要的。为了行动我们选择了非常有利的时机，当大不列颠矿工联合会的官僚们通过自己的委员会拒绝了苏格兰普通矿工群众关于允许新负责人视事的要求。这是决裂的良机。当这一时机到来的时候，苏格兰的会员群众已有所准备，并且他们中间没有发生动摇。在大不列颠矿工联合会的决定之后的两星期，在拉纳克郡发给了新的工会卡片，并且我们逐步向建立新工会的目标前进了。

诚然，在准备阶段曾表现出许多缺点。例如，在拉纳克郡，在共产党员在这个工会中工作的最初阶段，曾经赞成改造工会的报告，报告中规定加强内部民主、降低高报酬负责人员的薪金等；在拉纳克郡，我们的同志的最大错误之一是，当官僚们实行怠工时，他们没有争取批准这个报告。第二，当1928年举行负责人员的选举和我们的左翼是多数的时候，在拉纳克郡工会中的这个左翼仍然保持了旧的习惯，不是说在6月间选出的新执行机构到8月1日才去履行自己的职责。由于遵守这种立宪的习惯，我们丧失了两个月，而在这两个月的时间里，我们本来是可以把工会会员群众团结起来去反对司法机关和旧民主的。我们的这个疏忽大大妨碍了我们。

在拉纳克郡我们最大的错误是，我们没有看到为了党必须在这些煤矿地区进行独立的经济斗争，并鼓励正式工会的秘书共产党员领导这些经济斗争。因此，在拉纳克郡的斗争，从大多数工人的观点来看，变成了共产党员与改良主义者之间争夺有报酬的工会职位的斗争。数以千计的工人——有一些是因为他们对革命有看法，另一些是因为他们没有看见工会方面的任何行动——对工会表示失望和不满，这就增加了我们面临的困难。

另一方面，在法夫郡的煤矿区，从一开始我们便领导着那里的工会，我们能够不断进行一些经济斗争，因而我们在很大程度上保有这个工会的会员。

我认为，从苏格兰的经验，我们可以在有关成立新工会的问题上得出一些原则性的结论。在工会运动至今还是统一的国家，首先，我们应当利用在旧机构内部工作的一切机会，把这一工作同组织独立的经济斗争结合起来。其次，在罢工和同盟歇业的时候，我们应当争取领导工人群众，以便不仅使常常亲临自己工会分会的少数几个积极工作人员，而且使因我们公开领导经济和政治斗争而熟悉我们的广大工人群众，都能了解我们。再次，我们应当使我们在企业中的工作深入，并对工厂里的群众产生影响。同时我们还认为，防止新工会方面的冒险主义是绝对必要的。光有这一点还不够，因为担任负责工作的共产党员会被清除，因为官僚们会破坏自己制定的规则，因为共产党员们应当以书面形式说明自己的义务并使人们了解自己。这一切不是使工会开始分裂的原因。并且在所有这些情况存在时，我们应当防止为了成立新工会而开展运动，如果在这之前共产党员们用自己的独立领导和自己在工会里的工作没有把相当大部分工人吸引到自己方面来。只有在这种情况具备时，成立新工会的事从一开始才不是冒险行为，而是有赖于有关工业部门的工人和最重要科处支持的事。

现在我们来谈谈关于机构的问题。洛佐夫斯基同志在他的发言里作了声明。在我看来，这个声明需要有一些解释。洛佐夫斯基同志声明，工会机构同资本主义国家黏合得很厉害，以致将来可以说，与其说是工会机构掌握了资本主义国家，倒不如说是后者掌握了前者。也许，洛佐夫斯基同志对机构这个概念的判断与我现在所说的不同。当我说"机构"的时候，我指的不仅是工会的执行机关，而且是工会分会、郡委员会、工厂代表和执行着工会日常琐碎工作的工会组织者这整个的网络。如果从这种含义上来理解"机构"这个术语，那么，就没必要来考虑用宪法办法掌握整个工会机构的可能性了。正如我们英国的经验所表明的，在我执行自己的任务之前很久，官僚就使工会分裂了。

虽然如此，我们还是可以在相当大的程度上占领下面的岗位，因而在每次经济斗争时，甚至在我们知道我们不能占领整个机构的情况下，我们也应当像先前那样使工会会员群众把注意力集中在必须驱逐反动官僚上，并且推动那些我们能够吸收到工会的新工会会员也去反对反动的官僚们。我认为，关于这一问题的最好表述，是在红色工会国际关于德国问题的决议中所作的如下表述：

"为夺取企业里和工会基层机构里的低级工会职位以及为把它们变成阶级斗争机构的斗争，应当特别坚决而有计划地来进行，尤其在大企业和工业的决定性部门里更是如此。用这样的方法加强反对派在群众中的影响，并为反对改良主义者的分裂政策创造有利条件。"

因此我认为，洛佐夫斯基同志关于机构问题的表述太简单太概括了。

斯莫良斯基（《共产国际》编辑部）：

我觉得洛佐夫斯基同志正确地提出了关于秘密工会的问题。这个问题有巨大意义，然而在提纲中似乎有点疏忽了它；那里简直**缺少**这一点。这个问题所以有巨大意义，是因为失去合法地位的工会组织正与日俱增。另一方面，随着对革命工会运动镇压的加强，在革命工会内部机会主义的合法倾向越来越加重。这种倾向实际上是在自己限制、自己缩小革命工会运动。

机会主义者提出反对秘密工会的理由是，任何秘密状态都意味着革命先锋队与群众的**隔离**。当然在秘密情况下不能有群众工会组织——带有机构、房屋和出纳处等。但是有并且能够有革命工会的秘密**干部**，正是他们在日益发展壮大的罢工斗争的现阶段上能够领导这些罢工斗争，并且能够起到政治领导作用。

下一个问题是关于工会内**结构改变**的问题。这个问题对于我们的策略有着巨大意义，因为如果我们不认识清楚工会运动中发生的全部情况，参加组织者与未参加组织者的力量对比，那么，无论如何我们都将不能说明一个令人吃惊的事实：为什么？既然未参加组织者的数量这样大——占 90%—95%，为什么在这么多年的时间里整个问题就是围绕工会转来转去？我觉得必须分别对待各个生产部门，必须看看在决定性的生产部门——在冶金工人、矿业工人、运输工人那里的情况怎样。在那里我们将找到谜底，说明为什么会发生这种情况。我们正好看到，这些生产部门是最有组织性的，我们看到，例如在英国，100 万矿业工人中就有 60%—70% 是参加组织者——即使现在也约有 62.5 万是参加组织者。在德国我们有不少于 50%—55% 参加组织的矿业工人。我们看到，在捷克斯洛伐克的所有工会中我们一共有不少于 60% 参加组织的工人。我们看到，例如在德国拥有的 260 万冶金工人中，大约有 185 万—190 万人加入了全德工会联合会。

以上这点说明，除了"第三时期"的一个最重要问题——关于未参加工会组织者的问题——之外，**关于争取处在改良主义工会中的工人群众**的问题，和从前一样，还是很尖锐的。

台尔曼同志为了说明 1923—1925 年之间全德工会联合会内部结构改变的特点，在这里引用的数字，我觉得也是不够的，因为在德国，1923—1925 年是通货膨胀时期工资急剧降低、当时工资仅为战前水平的 20%—25%、之后工资猛涨的年份。在我看来，这里所说的既是实际工资的增加，也是结构改变。否则，便不可能解释改良主义工会里的那么多工人群众是从哪里来的。

最后是洛佐夫斯基同志提到的一个问题。在他完全恰如其分和公正地收拾了右派分子、机会主义分子、"随声附和者"以后，他突然提到了我的名字，并且然后不是援引我写过的东西，而是开始援引**自己**的。这就给听众造成一种印象，斯莫良斯基也染有某种程度的机会主义倾向。而实际上正好相反。这里就是洛佐夫斯基同志很谦虚而没有援引的登在《布尔什维克》上的那篇文章。在文章中一字不差地说道：

"工会机构的任何挑拨也不应当迫使共产党员放弃改良主义运动**内部**的工作，放弃通过争取工会群众来争取改良主义工会的工作。"

顺便说一下，在共产国际执行委员会向第十次全会提出的提纲中是这样写的。这上面哪里说过争取改良主义**工会机构**呢？恰巧我带着由洛佐夫斯基同志编写的红色工会国际第四次代表大会的一个决议，上面一字不差地写着："红色工会国际拥护者的**中心任务**仍然是**争取改良主义工会**"，也就是说，其中大概也包括改良主义工会机构。在我这里没有这一点。在我这里清楚明白地说："通过争取工会群众来争取改良主义工会"。

有关**另一**思想的**下一句话**说明："改良主义工会机构同资产阶级国家越来越紧密地结合，使改良主义工会机构同资产阶级国家机构的相比特别地吸引人。"在这篇文章中谈到，现在没有造成加拉赫在共产国际第二次代表大会上曾经造成的那些错误，当时整个代表大会是反对这一点的。那时候加拉赫说，改良主义工会——顺便提一下，正如洛佐夫斯基同志1929年在工会委员会上表示的（并且这点发表在一期《共产国际》上）——是由**自觉反动的群众**组成的。加拉赫由此作出结论说，我们不需要在那里工作。我曾打算强调在改良主义工会中工作的必要性，并且只是因此我才说，不能把工会机构和国家机构机械地相比。要知道，在资产阶级的国家机构里，我们不会被选到负责岗位上，而在改良主义工会里，我们能做到这一点。我们知道，他们不会把工会机构交给我们，在无产阶级革命以前我们不会得到它，但是我们可以做到选举我们的同志。当我们的同志被开除的时候，我们可以利用这一事实在群众中进行鼓动，以便在工人群众中间揭露改良派。

顺便提一下，也是经洛佐夫斯基同志校订的、红色工会第四次代表大会有关这一点的决议中说："革命的少数派应当为争取改良主义工会中的选举机构而顽强地斗争"。（皮亚特尼茨基："而现在呢？"）

我曾说过，我们正在为此而斗争。洛佐夫斯基同志没有好好谈完这篇文章，因而有点难为情。洛佐夫斯基同志很响亮地宣称过，无论在第三也无论在第二时期（对斯莫良斯基是个教训！）都不应当表述混乱。而我呢，向洛佐夫斯基同志说过，无论在第三时期还是在第二时期都不应当在一个方面在一周之内作出明确的表述，而在另一周内又明确地否认它，关于改良主义工会的自觉反动群众的问题，在《共产国际》杂志最近几期中的一期上我们曾有过这种情况。

至于洛佐夫斯基同志抛给我的第二个责难——关于斗争委员会，不能把它与工会（讲的是改良主义工会）对立起来，那么我只讲过主席团向第十次全会提出的经济提纲中所说的那些，恰巧那里面解释了——"就创造向新工会组织过渡的人为形式来说"，就我的记忆所及，在工会委员会上您本人曾维护这样的措词。

在发言结束时，我只想告诉洛佐夫斯基同志，一个人为了自己的报告圆满、完整和华丽而寻找模糊不清的措词，这些措词会使机会主义的"尾巴们"作为借口，那他终究要找错地方并陷入迷途。如果他想寻找能在任何方面提供退身之路的模糊不清的措词，那么，他最好面向他本人作品的全集。

邓格①（中国）：

中国大革命失败以后，中国工会运动经历了三个阶段。

第一阶段——从1927年12月广州起义失败时起到1928年5月为止。在这一时期，工人阶级的意志普遍处于消沉状态。

第二阶段——从1928年5月日寇制造济南惨案起到同年10月为止。在这一时期，工人阶级已局部地振作起来，采取了守势。

第三阶段——从1928年10月邮政职工罢工起到今天。邮政职工的罢工对全国的工人运动发生了巨大影响。消沉状态完全过去了；手工业工人、店员和产业工人的战斗情绪增强了。上海是个起点；随后这种战斗情绪遍及整个中国；阶级斗争在中国重新激烈起来、尖锐起来。

没有关于全中国的罢工统计资料，只有上海的罢工统计数字。革命惨重失败之后的1928年，上海罢工的人数为23.9万人。同1926年的20.2万人相比，罢工人数增加3.7万人；同1927年的23万人相比，罢工人数增加9000人（当然这里边不包括1926—1927年起义时期的罢工）。这些数字证明，虽然大革命遭到了失败，但是工人阶级的斗争并没有停止，只不过它在很大程度上具有经济性质罢了。

今年以来，上海工人的斗争异常迅猛地开展起来了。斗争浪潮席卷全国，尤其是华北。甚至在反动势力猖獗的、充满恐怖的广州，现在，无产阶级的小规模的战斗和罢工也时有发生。

称霸一时的资产阶级和封建地主的同盟，开始破裂了。蒋介石与桂系集团之间的战争结束了，但是蒋介石与冯玉祥之间的斗争产生了。无论是北洋军阀时期还是现在，军阀之间的混战始终不断。日趋崩溃的反动统治的这一缺口，使无产阶级得以重新发动阶级斗争。

国民党从它叛变革命的时刻起，它的整个工人政策都是实行白色恐

---

① 音译。——译者注

怖。国民党动辄封闭革命工会，鼓励白色工会。

由于去年5月的济南惨案，工人阶级的反抗逐渐明显地增强了。反革命的国民党清楚地了解：只靠白色工会，它将一事无成。为了避免白色工会与革命工人之间的对抗尖锐化，建立了黄色工会。黄色工会的使命是完成白色工会无法做到的事情。因此，黄色工会是国民党手中反对工人阶级的新武器。当然，这并不排除大部分白色工会的继续存在。

国民党一投入反革命营垒，立刻就废除了工人阶级拿鲜血换来的共产主义成果。现在，中外资本家还在继续一起向工人进攻。工人的生活水平极度下降了：工资普遍降低，工作日延长，工作更加沉重，对待工人的态度更加恶劣，失业人数惊人地增长。

国民党工商部炮制劳动保护法案，其目的无非是要做给当时在中国收集情报资料的阿尔贝·托马看；同时，在报刊上发表这个法案，还会激起一部分无产阶级对国民党的幻想。这部法律至今天还没有不加删改地正式公布（我坚信，它是永远不会公布的）。国民党从不实行任何改革，即使偶尔办点"慈善事业"，也是装装门面而已。例如，蒋介石送给铁路工人10000—12000块银元，冯玉祥为工人修建澡堂。国民党军阀这类施舍的目的，是为个人捞取声誉。当然，国民党，尤其是那些没有参加政府的派系，像提出改组口号的汪精卫、陈公博等一派，都在为自己的改良政策拼命宣传。他们大唱革命高调，企图在落后的工人群众中散布幻想。

国民党的政策并不属于社会改良主义性质，而是属于民族改良主义性质。下列口号便是证明："为民族利益要牺牲阶级利益"，"为祖国要大力发展生产"，"建设时期不许任何罢工和怠工"，"为了中国的富强，为了子孙后代的康乐，要坚持不懈地工作"。他们用铁和血迫使工人相信这些口号。但是，民族改良主义的影响却在不断下降。

首要的，我们应当弄清楚，中国有没有实行改良主义的经济基础？

我们的回答是：没有。即使采取最审慎的态度，我们也只能说：微乎其微！因为中国是一个半殖民地国家。

1. 帝国主义者竭力从中国榨取尽可能多的超额利润，他们当然不希望工人的生活水平有丝毫提高。

2. 民族资产阶级的经济作用极其微小。它只有加紧剥削无产阶级，才能经得住外国资本的压力。

3. 工人贵族，由于人数不多，不会成为什么大的势力。

这就是为什么改良主义在中国不能像在欧美那样根深蒂固的原因。但是机会主义分子顽固地不愿意理解这一点。

正是因为这样，黄色工会的基础非常薄弱。以前，中国也曾有过黄色工会。例如，1925年上海就成立过"工会联合会"，它在共产党人的猛烈攻击之下瓦解了。广东机匠工会吸收了所有工业部门的机匠。因为广东工业不发达，机匠大都失业，那些为谋生而寻找工作的工人，不得不加入这个工会（该工会的头目是原行会工头和小作坊主）。只是由于这种特殊条件，广东机匠工会才得以存在。尽管改良主义的局面早已形成，但是后来，还是采用了武力（组织了500—600人的打手队）来制止会员的活动，摧毁会员的反抗。实际上，这个机匠工会是个半改良主义和半法西斯主义的混合组织。

去年突然出现的黄色工会，它的成立无疑是出于政治上的需要，而不是经济上的需要。很清楚，反革命分子把黄色工会作为属于白色工会的辅助组织来加以利用。最初，黄色工会是由工人贵族即职员和工厂管理人员组成（在革命时期工厂管理人员也曾经加入红色工会，但是他们没有被选举权，因此，在工会中是无产阶级的底层和共产党人居于完全统治的地位），后来很快地，黄色工会就变成了国民党的附庸。

所谓黄色工会的主要任务，是帮助国民党破坏作为无产阶级斗争手段的罢工。当工人要求宣布罢工的时候，它们就竭力使用压制手段来制止罢工或推迟罢工,而代之以请愿或仲裁。假如任何压制手段都不能奏效,或者罢工已经自发地爆发起来,那么它们就立即夺取罢工领导权,以便阻挠共产党人的工作。从每个罢工宣言中,你们都必定会找到一段咒骂共产党人的话,对在罢工时表现积极的分子,黄色工会就马上给他们扣上共产党人的帽子,并对他们的行动自由进行威胁。黄色工会拒绝其他工会的援助,其理由是"共产党人想乘机扰乱我们"。如果过了几天,罢工还没有停止,它们便开始散布种种谣言,说什么资本家的态度很坚决,说什么罢工经费已经用完,这些谣言都是想叫工人气馁,以便把工人压制下去。黄色工会就是这样把罢工引向妥协和失败的道路上的。黄色工会常常和国民党党部串通一气,利用罢工对资本家进行勒索。如果勒索未成,它们就建议工人继续罢工,同时背着工人跟资本家在钱数上讨价还价。钱一到手,它们便不顾工人的利益,驱使工人复工。如果工人不肯停止罢工,它们便召开全体会员大会。正当工人集中在广场开会时,就会出现士兵和警察,把工人押回工厂,强迫工人复工。

不应认为中国的所谓黄色工会与欧美的改良主义工会是等同的。在中国,群众与黄色工会之间的关系,同欧美群众与改良主义工会之间的关系,也有重大差别。要知道,所谓黄色工会,是建立在整个企业的工人集体会籍的基础之上;会费由资本家从工资中扣除,因此工人甚至不想当会员时,也不得不交纳会费。不考虑这一特点,就意味着不能正确地评价我们的运动。

关于红色工会会员的人数,我们还没有确切的统计数字。只是在上海和香港,我们有比较坚实的基础。中国的红色工会所以软弱无力,其客观原因是残酷的白色恐怖的存在,其主观原因是我们党在工会中做的工作不够。回顾一下过去,我们看到,在大革命兴旺时期,我们革命工会的会员达200万—700万人。但是,会员群众与工会之间在组织上缺乏十分牢固的联系。当国内被白色恐怖所笼罩,我们的工会不得不由公开转入地下的时候，工会就完全解体了。在这一紧要关头，我们的党未能迅速找到正确的路线去建立新的工会组织。当最终找到正确路线时，我们又缺乏决心和毅力去实现这条路线，因此，红色工会至今未能建成。

在残酷的白色恐怖形势下，反革命的国民党宁肯对工人作出一些让步，也绝对不许工厂留用一个政治上积极的工人。这样的工人很快就被开除出厂或遭到逮捕。工人只要一表现出来政治积极性，就会被解雇。

在对待黄色工会的问题上，我们党内存在两派：患有"左派"幼稚病的一派，坚决拒绝在黄色工会中工作；另一派——右倾机会主义派——不管怎样也竭力在黄色工会中工作。前一派已经退出舞台；后一派正在全力以赴地工作。

现在谈谈关于建立工厂委员会的问题。工厂委员会的情况，在中国，同在苏联，甚至同在中欧，完全不一样。中国当前的政治形势是白色恐怖，这使工厂委员会没有制定一定章程、设立办公地点和收取会费的可能。最重要的是工厂委员会必须由全体工人选举产生。工厂委员会应当特别关注工人的迫切要求。在企业主面前，它应当保护工人的利益，为改善工人的日常生活条件而斗争。工厂委员会可以由斗争委员会组成。斗争委员会（罢工委员会、讨薪委员会等）是短期性的组织，斗争一结束，它们就应当解散。而工厂委员会具有常设组织的性质。我们最重要的任务是掌握工厂委员会的领导权，以便用工厂委员会来对抗黄色工会。虽然我们的党代表大会也曾提出——作为一项新的指示——建立工厂委员会的任务，可是至今成果并不显著，甚至某些地区，对于工厂委员会存在的意义和重要性还不理解。

可以肯定，我们党内的盲动倾向（强迫罢工、让群众采用红色恐怖等）已经肃清。与此相反，等待时机和合法主义的论调却广泛流行起来。这种倾向之所以产生，是由于在执行我们的新策略时缺乏耐心和决心，并且由于我们不断遭到镇压，乍看起来似乎毫无出路了。可是，我们的党英勇地领导了多次战斗，例如去年年底上海法租界水电工人的罢工。在这次罢工期间，我们党的工作是颇有成效的。

在黄色工会中工作的时候，我们的基本任务是争取广大群众的下层，而不是机关中的上层。要知道，只有具备一定条件时（比如在反动政权的力量薄弱或即将垮台的地方，或者是在革命群众拥有适当力量和自我牺牲精神来保卫自己组织的地方），我们才能争取整个机关，因为国民党强迫工会工作人员加入国民党，所以有些人宁肯不当工会工作人员，也不加入国民党。在这种情况下，我们要保持群众对我们的信任。一旦进行斗争，群众将重新同我们站在一起。

红色工会的处境很困难。我们党在工会策略上犯了一系列错误。因为新策略执行得不够坚决和正确，所以红色工会的工作没有取得重大的成绩。我们不应当借口黄色工会中有薄弱的改良主义基础而拒绝在其中工作，相反，我们应当在黄色工会中工作得更加努力，以便把那些跟着它们走的群众争取过来。

我们也不应当拿什么做借口去毫无条件地在黄色工会中工作，而放弃我们自己的工作，比如，不去建立秘密的工会支部——黄色工会内部的革命反对派。同时，我们不应当忽视把那些尚未组织起来的广大工人群众尤其是工业无产阶级的广大工人群众（铁路工人、海员、矿工、纺织工人、市政工人等）组织起来的任务：要尽快地把他们组织起来，从而加强和巩固无产阶级的领导权。还要把农业工人迅速组织起来，以便无产阶级能够依靠这个强大的同盟军。

因此，我建议共产国际和红色工会国际，在全会闭幕后就立即给中国共产党发一专函，就工会问题作出明确指示。

最后我可以说，我们的党和我们的红色工会在工人群众中拥有巨大的政治影响。我们唯一的弱点是，在组织上我们没有巩固这种政治影响。虽然我们的党很年轻，但是我们仍然竭尽全力去克服这一缺点。一切征兆表明，第二次大革命的浪潮即将来临。我们处在共产国际的正确领导下，我们有布尔什维克的策略，我们希望尽快地克服我们的错误。这样我们的工会运动就不会再犯最近这次大革命时期所犯的那种组织上的错误。这就是我们在新的革命浪潮即将到来之时取得胜利的保证。

关于经济斗争与共产党任务问题的决议草案，我再说几句。我完全同意这个草案，但想作一些补充。

首先我要指出，在这个决议中只字未提社会帝国主义工会官僚在东方的活动。大家都知道，中华全国总工会曾就1925年上海"五卅"惨案向黄色工会国际发出电报，呼吁援助，而黄色工会国际竟对此置之不理。现在却完全是另一种情况，工人阶级的叛徒和帝国主义的猎犬却突然对东方大感兴趣。从报纸上的报道中已经充分了解，日内瓦国际劳工局局长阿尔贝·托马在周游远东期间，进行了十分卑鄙可耻的活动。在中国，他结识了国民党的反革命领袖和黄色工会中的叛徒，并且他们称兄道弟。他完全赞同国民党的政策：消灭和屠杀共产党人。

今年，在日内瓦国际劳工局的代表会议上，有人千方百计企图拉拢中国工人的代表。当然，国民党委派的这个代表，与其说是中国工人的代表，倒不如说是中国工人的叛徒。阿尔贝·托马曾经同国民党商量，要在上海设立日内瓦国际劳工局的支部。日本帝国主义的走狗铃木，早已醉心于召开泛亚劳工代表大会的计划。现在，阿尔贝·托马确定了召开这种代表大会的日期（1930年4月在印度）。这一切都证明，改良主义者完全控制殖民地国家的工人，以便把他们拍卖给帝国主义者，使他们遭受进一步的奴役。另一方面，改良主义者想要利用殖民地国家作为未来帝国主义战争的尤其是反苏战争的基地。

在殖民地国家，改良主义的经济基础异常薄弱。所谓黄色工会，一开始就处在社会党叛徒（资产阶级的公开代理人）的领导下。黄色工会与白色工会——反动统治势力的工具——两者之间没有丝毫差别。毫无疑问，共产党应该独立地进行争取殖民地群众的斗争。首先必须揭露已经叛变的社会党领导人的可耻行径，并且最终把这些叛徒从组织中驱逐出去。在我们的队伍里，没有那些满脑子机会主义思想、准备同黄色工会领袖合作的人们（例如在印度）存在的余地。

帝国主义者总是企图利用殖民地国家（印度）中工会与民族资产阶级之间的冲突，来维护自己的利益。与此相反，封建地主则竭力利用罢工来反对民族资产阶级（今年汉口的反日罢工就是一个例子）。红色工会应当全力以赴地把反帝国主义运动、土地革命和反对资产阶级的斗争提到首位，以便使群众从一切反动派的影响下解放出来。

最后，我们应当特别注意把那些日益觉悟的群众组织起来。在这次印度罢工期间，左翼工会的会员人数忽然增加了几十万。这一点同1925年上海"五卅"惨案后中国工会的情况完全一样。那时候，一个星期之内就有2万—3万人加入了工会。这些会员群众与组织之间有没有牢固的联系呢？没有。他们是由于罢工才成为工会会员的。当反革命恶浪掀起和上海工会全被封闭的时候，工会会员便立即由30万人减到5万人，后来又减到2万人。这种自发地大批加入工会的情况，如果不去很好地从组织上加以巩固，那么一遇到失败，就会引起回潮。在印度，不应当重复过去在中国犯过的那些错误。殖民地的革命工会在每次斗争中最重要的任务是建立坚强的组织。必须广泛地进行工作，把殖民地的没有组织起来的工人组织起来，并建立革命工会。还必须迅速地采取措施，把无产阶级的同盟军农业工人组织起来。

博什科维奇（南斯拉夫）：

在南斯拉夫，军事法西斯专政的最初几天，是以独立工会的解散、工会工作人员的被捕、独立工会财产的没收、工会出版机构的关闭、工厂委员会选举和工人室的取消而著称的。今年1月6日——专政确立之日——并未使我们党措手不及。在宣布专政之后，资本家和企业主立即转入进攻，并向工人宣称：现在我们将以另外的方式同你们对话。与法西斯独裁者结成同盟的企业主转入这样猛烈的进攻，以致连资产阶级报纸都预告，专政的确立不仅是为了企业主。

1月6日以后，在改良派中间发生了什么事呢？社会民主党也被解散，但是它的机关报《劳动报》没有被查封。政府有通过前共产党员、叛徒斯坦科维奇着手建立自己的法西斯工会的意图。社会民主党领袖**日·托帕洛维奇**得知此事，便马上同**日夫科维奇**将军开始进行有关改良主义工会与军事法西斯专政共同合作的谈判。

当与托帕洛维奇，也就是说，在改良派与法西斯专政之间进行这种协商时，政府放弃了建立自己的法西斯工会的打算。协商之后，政府便开始任命社会民主党领袖们为市议员，其中包括工人室主席恩·伊里奇和冶金工人工会主要书记布·布拉吉纳茨。这样一来，社会民主党人就公开地正式地同政府结成了联盟。

在与改良派协商之后，政府利用"最高立法会议"这个新机构转入对工人阶级更加坚决地进攻。工厂委员会选举被取消，八小时工作制被废除，工人取得的其他成果也被取消，就所有各方面来说工人立法在恶化，工资在降低。现在熟练工人的工资是40—50第纳尔，而非熟练工人的工资是20—30第纳尔，即是说60—70戈比。在苏博蒂察和萨格勒布的铁路工厂发生了第一批罢工。现在，罢工正在斯普利特进行着。在萨格勒布发生的罢工提出了工资问题，在苏博蒂察的罢工则提出了工厂供暖问题。政府立即让步了，因而最初这两场罢工便以胜利而结束。现在在斯普利特，在达尔马提亚的大水泥厂，正发生第三场罢工。结果如何，还不得而知。

右派就是现在也利用新的困难向我们党的领导进攻。他们起初说是反对党在工会方面的指示，在自己的通知书里他们不号召工人进行群众性动员。党曾最坚决地反对这些投降派和取消派。桑托同志断言我们党不反对工会方面的右倾危险，他是错了。我们向工会委员会发出党的有关文件就是证明。我们党坚决反对右派，但是它没有在红色工会国际那里找到应有的支持。过了5个月，共产国际才给我们党发来一封电报，证明我们党的路线是正确的。右派曾利用这种迟缓反对我们党；右派也还利用国际机构领导在有关秘密工会问题上态度不明朗来反对党的领导。洛佐夫斯基同志昨天在这里断言我们的工会是半公开的，其实它是完全秘密的，半公开的工会——这是中立的工会——是银行职员、商业人员和印刷工人的工会。而统一工会完全是秘密的。诚然，政府正在采取一切措施，要迫使党和统一工会联合会在争取独立工会的合法化方面让步。这有什么意义呢？例如贝尔格莱德警察局长阿齐莫维奇曾经说，如果独立工会从自己的队伍里清除共产党员，那么他就允许独立工会存在。而当工会工作人员回答他们不知道谁是共产党员的时候，警察局对他们说：我们告诉你们，你们那里谁是共产党员。

我的发言就要结束了。我相信，在这里我们不得不为秘密工会制定一个具体工作计划，使我们有可能在争取工人阶级大多数方面改进我们的群众工作的计划了。

雅克莫特（比利时）：

我们首先表示，我们赞成将要提交专门委员会进行详细讨论的那一决议的总路线。

在比利时，我们不知失业为何物。这两年内我们目睹的是"惊人的工业繁荣"。失业人数微不足道。一些新的大型企业正在金融资本控制之下兴建。例如在博里纳日，将要建立一座拥有3000名工人的专门利用煤炭副产品的工厂。比利时政府制定了一系列公共工程计划。政府统计和改良主义中央机构统计都表明：工资至少相当于1914年的水平，总的说，工资水平是提高了；工作日缩短了；卫生和劳动保护方面的一般条件显著改善了。如果根据官方统计数字来判断，比利时工人阶级正处在"理想的"状况。

但实际上，就在这一时期比利时发生过许许多多十分重要的罢工。两次罢工，其中之一是在安特卫普港的总罢工，另一次是在埃斯塔勒的国家兵工厂6000名工人的罢工（在最近几周），然后是布鲁塞尔建筑业中的总罢工，在韦尔维耶的总罢工，至于遍及我国数以百计的较小规模的罢工就不必说了。

这些罢工看来有一个总的根源。这个总根源就是比利时工人阶级状况不佳，虽然表面上工业很繁荣——对于资本家来说这无疑是很实际的，但它是建立在对工人阶级的沉重剥削上。工人越来越倾向于要用直接斗争来对待沉重的剥削了。

在这一斗争中，改良主义和社会民主党是同资产阶级和政府紧密联系在一起的。王德威尔得在工人党代表大会上说："现在必须击溃工会中的共产主义运动。"我们由此得出结论：资产阶级和比利时改良主义看到，在还拥有150万工人的改良主义组织中的始终进行的共产主义活动是真正的危险。当然，社会民主党曾经反对任何运用或试图运用共产国际第六代表大会和红色工会国际第四次代表大会关于由革命的反对派和罢工工人本身直接领导经济斗争的决议。

但是我们断定，在比利时，那些似乎作为"左"派来反对共产国际的托洛茨基分子们，正是采取了像德国的布兰德勒派所采取的那样的立场并且同他们有着密切联系。

在安特卫普港的夜班工人罢工期间，在那里我们第一次采用了共产国际和红色工会国际的决议，我们得以成立罢工工人斗争委员会。有两个托洛茨基分子进入了这个委员会。他们声称：行动委员会的目的是向改良主义的领袖施加压力，使之"妥当地"领导罢工；由共产党员提出并反映在共产国际第六次代表大会和红色工会国际第四次代表大会决议中的策略,会导致罢工失败、工会运动瓦解。托洛茨基分子常常在自己的报刊上断言,两个代表大会做出的这些重要决议会促使工会团结遭到破坏,会削弱工会运动和出卖工人,束缚住工人的手脚,听凭资产阶级和企业主任意摆布。

像同志们所知道的,在法国北部进行罢工期间,有5000名比利时工人投入了这一运动。在认真采用新路线的最初几次尝试中,虽有错误和漏洞,但除了法国同志和统一工会会员之外,我们还是吸引了那些参加了改良主义社会民主派工会和基督教工会的工人。在加卢因我们成立了一些行动委员会,除统一工会工人之外,委员会还包括改良主义工会工人、基督教工会工人和没有加入工会的工人。在许多个星期和月份里,在有关改良主义领袖提出的旨在破坏罢工的一切建议方面,我们所以能够同这些领袖作斗争,我们所以有可能把比利时工人保持在斗争行列中,这完全是运用共产国际第六次代表大会和红色工会国际第四次代表大会决议的结果。而其他任何策略都会导致比利时工人对加卢因的企业主投降,从而使改良派的投降策略造成比利时工人与法国工人在工厂里的纠纷;同时,虽然罢工进行时的情况空前严峻,虽然罢工结束时的情况也不佳,但是加卢因工人的团结没有被破坏。这就为将来的战斗提供了保证。

在比利时,我们无疑是处在新的重大罢工浪潮的前夜。我们得到的消息说明,在沙勒罗瓦地区,矿工中间有着强烈的不满,并且我们党已着手成立筹备矿工罢工的委员会;这些委员会的第一项任务是研究全体矿工一致的要求,而矿工是要先提出一个矿与另一个矿、有时是一个井与另一个井最不同的要求的。

在我们党有关组织沙勒罗瓦地区罢工的这场战役中,我们正在遇到企业主、国家、改良主义领袖和托洛茨基分子的反抗,托洛茨基分子曾经力图使"劳动歧视"联盟分裂,现在则正同改良派携手反对准备这场战役的工人和共产党员。

我们的结论是:由于强大的社会民主党在比利时的存在,境遇特别困难的比利时共产党,只有最彻底最坚决地运用共产国际第六次代表大会和红色工会国际第四次代表大会关于领导经济斗争、关于一般工会工作方面的决议,才能实现落在它肩上的任务;这不仅是同决议相连接的公式:我们在比利时斗争的经验,领导罢工运动的经验证明,只有在此基础上,我们才能真正向群众左倾化的时期、向加强比利时的阶级斗争的时期前进。

(闭会)

第二十次会议

(1929年7月16日晚)

继续讨论台尔曼和洛佐夫斯基的报告

埃尔科利（意大利）：

洛佐夫斯基同志在他的报告的第一部分里坚决地强调指出：在讨论工会问题时不能只限于一般的原理和抽象的原则性结论，而且还必须具体地详细地研究近几年来各国革命无产阶级的工会工作经验，其中包括共产国际各支部的工会工作经验。

这个要求是完全正确的。如果提纲的制定者遵守这一要求，那么向我提出的、包含着在过去一个时期我们应当据以进行工会工作的、完全正确的一般原理的提纲——这些提纲就会大大地赢得胜利。报告人考虑到了近来工会工作方面取得的大量经验，但是他们考虑的不是全部经验，因为他们的结论差不多完全是根据德国无产阶级、德国共产党的经验而非整个运动的经验得出的。

当然，近来德国共产党的经验最有意义。在德国，现代政治形势的各种特点表现得最为突出；在德国，社会民主党和改良主义工会机构蜕化的速度最快。在德国，由于群众的革命热情高涨，向我们的同志最尖锐地提出了独立工会活动、在经济斗争过程中争取工人群众的问题，直接反对改良主义领袖，以便从他们那里夺取对于不满的工人群众的领导权问题。

正因为如此，所以德国无产阶级的经验有助于我们探索这个时期共产国际整个工作特别是工会工作的指导方针。同时我再强调一下，德国共产党的经验为我们讨论工会工作打下了基础，我们应当善于把这一经验运用于各个不同国家，也就是说，怎样把这一经验作为一把钥匙来帮助我们在许多国家打开仍然禁锢的大门，使门内的群众斗争开始发展起来。

许多已经提出并大体解决了的问题，值得更加详细而有区别地进行分析和解决。为了证明我说得正确，现在谈以下四点。

首先是关于没有参加工会组织的人组织起来的问题。如果以为这个问题在一切国家都相类似，那就错了，因为对于没有参加工会组织者占很大比例这一点在不同国家就应当有不同的估计。

举两个最鲜明的例子：法国和德国。

在德国，没有参加工会组织者所占比例很大，而且还有增加的趋势。在法国，没有参加工会组织者所占比例更高。但在涉及把没有参加工会组织者组织起来的问题时，通常都援引德国为例。然而，把没有参加工会组织者组织起来，在法国是比德国更大的一个问题。但是，在法国解决这一问题不得不借助于与德国完全不同的方法。因为在法国有红色工会，可是红色工会会员人数如今没有显示出增加的趋势。这样，在法国把没有参加工会者组织起来的问题就很尖锐，并要求我们党全力以赴地去解决它。

这是第一个例子。

新工会策略可以作为第二个例子。现在这一策略已为大家所掌握，但是在这一方面我们不应以欧洲一个部分的而应以整个欧洲的群众斗争发展前途为出发点。我们的注意力如果不是在最大程度上也应当是在相当大的程度上放在英国，而不是德国。然而在提纲中却恰好相反，对于运用罢工策略的问题完全是从德国、捷克斯洛伐克、法国局部而不是从英国的当前形势的角度加以考察的。在关于国际形势问题的讨论中，英国同志们肯定地说：他们的国家所面临的阶级斗争的发展，最初是经济性质的——为了工人最近的要求。

在形势这样发展的情况下，英国党将遵循什么样的路线，如何运用目前时期我们各国党所必须执行的工会策略总路线呢？我怕，如果现在不讨论这一问题并通过明确的决议，英国党在这方面也会采取过于软弱的立场，就像准备与选举有关的广泛政治斗争时期在对工党关系上所采取的立场那样。在英国，甚至在工联之外，也有着斗争和组织工人阶级的传统，并且为了采取我们新的工会策略也可以利用这些传统。应当拿行动委员会和战后革命时期发展起来的工会代表制度作为出发点；必须使我们党现在就在这方面辨明方向，而不是过了一年我们还不得不重复现在我们就英国选举结果所讲的那些话。

第三个例子是工厂委员会问题。人们通常把德国的工厂委员会同法国的工厂委员会和意大利的工厂委员会混为一谈；然而这是三种不同类型的组织。在德国，这一组织深深植根于工人阶级并为法律所承认。在意大利，工厂委员会是植根于工人阶级并为企业主所承认但不为法律所承认的组织。在法国，没有工厂委员会。它曾于1919—1920年存在过，但是后来工厂委员会传统几乎完全消失。一般说，在拉丁语系各国——法国、比利时、西班牙——工厂委员会问题应与德国不同。在拉丁语系国家应当从成立**工厂委员会**开始。在提纲甲**关于争取工厂委员会**的那些话（第5点），对于不同于德国、奥地利和捷克斯洛伐克的那些国家来说，完全失去了意义。摆在其他一切国家面前，并且在法国应当由红色工会而在英国、比利时等国应当由共产党努力解决的那个问题，就是要使工厂里的群众养成建立整个工厂代表机构和为了不仅让政府而且让企业主承认它而斗争的习惯，为的是在工厂里使这个机构成为经济和政治斗争时工人意志的代表。在这一点上，对提纲必须再仔细研究，以便表述得对我们各国的党都能适用。

第四点，是建立新工会问题。提纲中对这一问题解决得完全正确。但在报告和事先讨论中讲出了一些令人不能无保留地完全接受的论点。例如，台尔曼同志声称，作为一般论点，成立红色工会的问题不必列入议事日程。这是不对的，这一问题在美国列入议事日程，在经济和政治斗争的发展上将起越来越大的作用。

此外，洛佐夫斯基同志谈到在美国成立新工会时断言：一般说来，如果不是群众性的工会，而只是积极分子的小小核心，这些小红色工会的形成本身也向我们展示出经济斗争胜利的前途。我认为洛佐夫斯基同志的这种说法是不能接受的，这种理论是不能接受的，这是真正的无政府工团主义。革命的工会应当不是别的，而是在某一时刻要脱离改良主义工会组织的、我们积极分子的小型组织。相信在应当的时刻它会去领导群众运动。这种理论正在产生着一种倾向，就是在一些文章中，甚至在洛佐夫斯基同志的报告中显露出来的到处把成立新工会任务当做现实问题而提出。

台尔曼同志正确地指出，阶段是不应当超越的。

我回到我的出发点上，并且为了实际上表明，我是如何认为必须研究各个不同国家的经验，我来谈谈我们党和我国工人运动的经验。

我认为，无论共产国际，甚至红色工会国际，都对这一经验估计不足。如果注意到，意大利是唯一的国家，那里的共产党员不是在1919—1920年革命高潮时期而是在目前时期争得了对工会的领导权，那么就不能不承认，我们的经验有一些价值，并且应当研究它。

有些同志断言：现在不争取工会，因为终究是要争取它们，争取国家的；离开革命，无论国家，无论工会都是争取不到的。

我们的经验证明什么呢？它证明争取工会机构是不可能的。

争取改良主义工会机构只能使用武力，但是争取作为群众组织的工会是可能的。不仅如此，在工会蜕化时期，不仅能够争取群众，而且可以争取一部分工会机构。这部分的大小以它同国家机构的融合程度为转移，但是一般地说，争取到同群众保持或多或少密切联系的那一部分工会机构，不是不可能的。例如在意大利，我们不仅争得了劳工总联合会的旗帜、牌子，而且还争取到一部分工会机构、若干部分的工会基层机构领导权和职业介绍所领导人。这些人不是共产党员，而是最高纲领主义者、无政府主义者、非党群众，但是，甚至在由共产党员组成的领导核心领导之下，他们仍然留在联合会里。

这种争取的前提是什么呢？首先是一般政治前提。一方面，政治形势往反动方面发展得很快，另一方面，工会机构迅速地法西斯化、蜕化了。当改良主义工会领导核心转到法西斯主义那一方面的时候，这就在工人群众中引起深刻的反响，并使我们的同志有了率领群众、争得领导劳工总联合会的可能！

但是除了这些政治条件之外，如果我们的党在一定时刻能多争取到工会劳动联合会，在共产主义的核心周围把一切工会运动积极分子联合起来，那么我们的党所执行的政策就在这里起了巨大的作用。

我们从来没有拒绝过工会内部的斗争，我们从来没有执行过那种有可能被群众说成是倡导分裂的政策。

在同工会机构和改良主义领袖们进行的斗争中，我们遵循了丹东的口号："勇敢，勇敢，再勇敢！"所以，现在作为某种崭新东西而拟定的一些策略性措施，我们根本没有觉得是新的。1925—1926年在自己进行斗争时我们已经以它们为根据。我听到，一些同志，并且也包括台尔曼同志在内，都讲过不能放弃工会内部斗争的必要性。我承认，如果目前在德国拒绝工会内部的工作，那是一大错误，但是，难道说不欢迎、不容许置工会工作于不顾，会妨碍运用意味着违反工会合法主义而为保持同处在运动中的群众相联系所必需的策略吗?! 台尔曼同志说过:我们不能做这种事,因为如果我们这么干,我们的同志就会把这种策略领会成摆脱工会工作。这是不能令人信服的。我认为,在共产党内,在布尔什维克党内,我们的同志应当善于理解和使一件事同另一件事结合起来,就是使工会里的斗争同反对改良主义的合法主义结合起来。我们应当打破工会合法主义的框框,同时又不许把我们开除出工会,反对改良主义官僚主义机构,同时又不割断同工会群众的有机联系。

共产党的主要贡献在于有把这些事情结合起来的本领。

为了举例,我来谈谈斗争委员会问题。在提纲里,这一问题是如何解决的呢?这里提出了两点:(1)斗争委员会不能代替工会,(2)斗争委员会是过渡性机构。同志们,我们常常按照稍微不同的路线进行工作,并且总是竭力使斗争委员会具有长久的性质,而当有了这种可能时,我们就给斗争委员会一些任务,在执行这些任务的过程中让它们代替工会。

在以斗争委员会为首的罢工之后,不管改良主义工会,而自己在工资合同上签字的斗争委员会,关于它能够说什么呢?只能说,在这一具体时刻,斗争委员会代替着工会。实际上,在这一场合,在企业主面前,谁在捍卫工人群众的利益,谁在对工人群众负责呢?是斗争委员会,而不是工会。因此,说我们不应当认为斗争委员会是新工会组织的基础,但是也不排除具有斗争委员会应当把通常由工会机构履行的职能归于自己的时候的可能,是完全正确的。至于说斗争委员会的临时性质,那么也许我们在自己过去的工作中犯了错误,但是我们党常常努力使斗争委员会具有永久性质。首先,在斗争开始前我们就成立了斗争委员会。在提纲中这被认为是可以接受的:建议在冲突前夕在工厂里不是成立斗争委员会,而是成立发起委员会。名称改变了,但实质上是一样的。我要问一问,在罢工期间得到工厂工人或所有各类工人承认的组织，在斗争之后为什么要退出历史舞台呢？难道我们不能让这一组织去履行若干在它领导过的斗争中产生的职能：为罢工者提出的一些要求继续进行鼓动；为反对解雇，为因罢工而受到解雇威胁的工人继续做点工作？难道我们不能使斗争委员会担负起许多经济任务和政治任务来证明它的继续存在、它的永久性质？

具体来说，这一问题主要是在法国，向统一总工会中我们的同志提出，并且是同成立工厂委员会的问题密切相关的。不将这一问题同成立永久性斗争委员会的问题结合起来，成立工厂委员会的问题，统一总工会和法国共产党是无法解决的。在今天，对法国来说，成立工厂委员会大概也就是成立永久性的斗争委员会。

至于工厂委员会，我请问你们，工厂委员会发起罢工，置改良主义领导于不顾，就结束罢工而在工资合同上签字，这难道不完全合法吗？如果这合法，那么你们就看到了工厂委员会代替工会本身的情况。不仅如此，并且我断言，德国共产党应当提出工厂委员会变成同工会官僚作斗争的核心的前景——不仅通过鼓动，而且以表现工会发起和工会行动的方式来斗争。如果我们的德国同志在行将到来的战斗时刻不能在这方面取得胜利，那么摆在他们道路上的困难就会更大。

现在谈谈关于被开除者的问题。我同意台尔曼同志的意见：通常是共产党员或者很接近共产党员的工作人员被单个开除的时候，确定被开除者和工会反对派之间的联系就够了。但是当开除整个小组的时候，对这个小组怎么办呢？或者当我们能够组织起来的已经不是5名工人，而是400名，而改良主义者否认这些工人，因为他们是由我们组织起来的——这时候该怎么办呢？有一些人提出的办法是把这些工人包括到非工会组织的组织成员里——这不能令人满意。这些工人需要的是工会，而根本不是红色战线，也不是国际工人援助会。它们是完全不同的组织。这些工人需要的是工会，暂时还不是党。不把他们引入工会组织，就意味着问题仍然没有解决。

我们几十次地面临过这一问题。我们能够把成百名的工人组织起来，而改良主义者却不愿接受他们。那时候我们成立过改良主义者不肯承认的工会小组。我们曾经鼓励他们加入工会，一次又一次地宣布要接受他们参加工会。当然，要理解这一点，需要政治上有一定的成熟；如果有些同志不理解可以把工人保持在工会门前，把工人联合成工会小组，这还不等于是分裂和成立新工会组织的策略。我们就应当指导这些同志，来提高他们的政治鉴别力水平，但是，我们不能借口正确路线会使我们的部分成员迷惑不解而去执行错误路线。

我想要谈的另一个问题是秘密状态的问题。我们同意工会应当彻底维护它的合法存在；它不应当允许把它赶到地下，为了捍卫工人的权利，它应当用一切办法——宣传、鼓动、政治罢工争取把工人团结起来；但这是有没有力量的问题：我们没有足够的力量来捍卫我们合法存在的权利，除了转入地下，我们没有其他出路的时刻可能会到来。即使遇到这种情况，我们也不应当退缩，在新形势下，我们也应当继续我们的工作。从原则上说，认为工会不能是秘密的，这样提出问题，就意味着犯错误。

在意大利，关于工会能否秘密存在的问题进行的讨论，在某一时刻曾造成了我们和改良主义者之间的鸿沟。我们常常为了维护工会运动的合法存在而斗争，但是我们常常向改良主义者说：资产阶级的合法性不能信赖，应对转入地下有所准备，工会组织的领袖们的责任，由于日益逼近的反动转折——是重组工会，以便工会能够在秘密状态的条件下继续存在下去。这样的变革远不是简单的事，它本身包含着法国和捷克斯洛伐克的革命工会里需要及时详细研究的一系列重大问题。例如，在纯粹地域的基础上、按统一总工会的类型组织起来、完全重复改良主义工会结构的工会，不能够抵制反动。

在法国，红色工会问题是在工厂内创造基础的问题。关于这一问题——顺便说说——在提纲内什么也没有讲，但是却讲了些别的该讲的。统一总工会在工厂内没有基础的时候，它就不能够像在新形势下那样发展。

但是，秘密工会是什么呢？它的特点是怎样的呢？它如何发挥作用呢？改良主义者在同我们辩论并且否认秘密工会存在的可能性时，他们找了两点理由。他们说，首先，秘密工会不可能成为群众组织，工会运动中能作为群众运动而存在。其次，秘密工会不能签订工资合同，不能同企业主进行谈判。因此，它的存在是不合理的。

至于第一点，毫无疑问，工会转入地下，就会失去自己很大一部分会员群众。洛佐夫斯基同志所讲的关于工会由合法存在转到秘密存在的那些话，完全正确。但是，不能把他的那些话看成什么绝对的东西并由此得出结论说：工会转入地下，就成了党的再版。根据自己的经验，我们相信工会决不是作为党的孪生兄弟可以在地下存在的。在我们的运动猛烈高涨的时候（1927年），党员与秘密工会成员人数之比是1∶5，这就是说，在工厂里每有1个党员平均有5个工会会员。在比较困难的时期，比例的第二个数字就减少了，但是这两个数字从来没有一样过。只有上层是相等的。因为工会小组的领导成员就是党组织的那些领导成员。至于说工会基层——它们总是与党的基层不同。在意大利，有什么样的问题摆在我们面前呢？换句话说，在党转入地下的时候，有什么样的问题摆在我们同志们的面前呢？这是摸索工会运动与党之间正确的相互关系的问题。

这个问题非常困难，因为旧的联系方法某个时候会显得完全不适用，比如发会员证。这种方法所以不适用，是因为工人拿到会员证，会把它烧掉。最好的方法是每月或每两个月收一次会费，并定期召集交纳会费的工人开会。定期收费和开会能够使人知道工会组织具有永久性质。这样一来，工人便会觉得自己同永久性的组织有着联系。

秘密工会的第二个大问题是能否签订工资合同的问题。我们的同志不能以总工会的名义同企业主进行谈判，因此，工会组织有变为纯宣传机构——党的孪生兄弟——的倾向，不仅按定员人数来说，而且按工作来说，都是这样。为了预防这种危险，必须提醒同志们，注意研究法西斯工会组织，或者不经过他们讨论而由企业主强迫工厂接受的任何组织所签订的一切工资合同。换句话说，不签订工资合同，像合法组织所做的那样，秘密工会应当研究合法组织签订的合同，并且在它的基础上为改变这些合同而进行斗争，而有时也遵守这些合同。遵守合同可能像是对敌人让步，但有时这是使工厂的工会团体保持工会性质即是说领导工人为切身利益进行斗争机构的性质的唯一方法。

在这方面我们是否做了些该做的什么呢？在研究企业主为降低工资而采取的各种各样的一切办法方面我们做了点工作，这为的是把工人组织起来反对降低工资。在1927年和1928年我们曾组织工人阶级强烈地反对降低工资。

现在，当工资降到最低限度并且我们看到群众的积极性活跃起来的时候，我们的口号：不是反对降低工资，而是为提高工资而斗争。洛佐夫斯基同志十分正确地指出，在意大利我们正目睹工厂工人运动高涨的先兆。在任何情况下，这种运动都是不仅党而且工会都要在其中发挥作用的运动：被赶到地下、像党那样遭到破坏并减少得剩下不多干部的工会，应当负起重大的任务。

现在谈几句法西斯工会的工作。在这一问题上也不可能概括得太多。要找出一个同时适合意大利、适合中国、适合智利也适合其他国家的公式，那是不可能的。不过应当详细研究每一个别国家的形势，因为在每一个别国家，组织法西斯工会的方法不同。在意大利，组织法西斯工会的方法是随法西斯工团主义的发展时期而改变的，我们的策略也必须依此而改变。

1927年曾掀起过降低工资的巨浪。这一时期，法西斯工会加紧进行蛊惑人心的宣传并提出各种理由，企图使工人相信为了发展工业等而必须降低工资。

法西斯工会的这种策略为我们的同志们提供了在其中进行巨大工作的可能，他们散发传单批判法西斯分子的言论等。

结果怎样呢？在过了6个月、7个月、8个月之后，法西斯工会被迫根本改变了自己的策略。它们放弃了蛊惑人心的宣传，法西斯工会里的工作完全无法进行的时期开始到来，会不能召开了，并且一切都归结于官僚主义机构的发挥作用。

通常，我们可以说，在意大利，若干时间内在法西斯工会中进行的工作，立刻就使法西斯工会组织的外貌有了变化——它的反动的、官僚主义的性质显得特别突出。由于我们的同志们能够打入法西斯工会大会，在若干时间内大会便不再安排举行。这样一来，我们的同志们便得以用自己的工作向无产者群众揭穿工会的反动性质。

在意大利，工厂大会往往具有十分独创的性质。这种大会是强迫召开的：法西斯分子握着手枪站在门口并威胁着打算走开的工人。但是当形势尖锐的时候，在工厂里便进行鼓动，工人们自己有时去参加法西斯工会召开的大会，以便在那里听听涉及他们切身利益的问题讲些什么。在这种场合，我们的同志也应当去参加这些大会并且在那里讲话。

从我以上所述，可以得出结论说：提纲的总路线是正确的，但是，考虑我们的意见并按不同国家的不同情况而制定不同决议是必要的。

白劳德（北美合众国）：

美国代表团完全同意向全会提出的有关工会问题的提纲中的路线。我们认为，洛佐夫斯基同志指出美国是共产国际的工会总路线正确的证据时，他是绝对正确的。美国的事态发展情况充分证明了涉及美国的专门决议——关于成立新工会的决议的正确性。

我们应当声明，没有为美国制定的新工会政策，我们无法利用反对合理化的新斗争浪潮。在旧条件下工作，就完全不可能像我们做过的那样掌握和发展这一运动。

近几个月来的事件中最明显的一件是南方的罢工运动。南方是美国的一个新的工业化部分。南方的无产阶级是不久前从农村和农场招募来的无产阶级。南方工业具有最现代的性质。在这一工业中，合理化达到了其最高表现。同首次被吸引到工业中来的工人的低生活水平相联系的南方的合理化的压迫，引起了广泛的运动，而我们利用了这一点并首次打入南方。在领导举世闻名的加斯托尼亚罢工时，我们在这一地区扩大了我们的纺织工人新工会。由于加斯托尼亚的罢工，我们的影响遍布南方很大部分。现在，我们同北卡罗来纳的60多个纺织工厂中的基层组织有着联系。加斯托尼亚罢工者反对警察局的进攻，因此我们的组织者中有14人被认为有杀人罪而被捕入狱，这大概要成为美国工人运动中的历史里程碑，正如过去的萨柯和万泽蒂事件一样。

缝纫工业新工会也取得一定的成绩并领导了经济斗争。在矿业工厂工会中，我们取得一些成绩，但是对于矿业工人我们应当说，在采取新路线方面的动摇是使我们失去成立矿业工人工会的良机并在很大程度延误这一工作致使困难增加许多倍的原因。然而在我看来，近几个月内新战斗的不可避免会把矿业工人工会推上场，正如作为战斗组织的我们的其他工会所经历过的那样，特别是在伊利诺伊煤矿区，那里广大群众的暴动正在旧工会里酝酿和发展。

在我们的海洋工人同盟中我们有了建立新工会的基础，因为近几个月来这个同盟征集了700多名成员并且正在进行广泛的宣传活动。在一年多的时间里，这个同盟十分顺利地领导了海员俱乐部。这样一来，在最近的8个月或10个月内，我们就为组织海洋工人而主要是海员的非常积极的工会奠定了基础。

在成立汽车工业这个全世界最机械化同时也是最合理化的工业部门之一的工人工会的道路上，我们走出了最初的几步。这是在美国组织工人的基本问题之一，因为这个问题的解决可以为许多其他工业部门提出解决办法。

我们在许多工业部门中的事情也有顺利的发展，并且，奇怪的是我们第一次完全认清了，如果我们没有新路线，在这些工业部门的许多部门我们就简直无能为力。现在，我们的最初成就不管多么微小，但是我们毕竟可以说，在美国的一切重要的基本的工业部门中，甚至包括铁路运输工作人员在内，都正在进行积极的组织工作。

关于这些铁路员工我说几句话。铁路员工是一年四季都有固定工作的美国各类工人中报酬最高而可能又最保守的部分。他们被认为是美国工人阶级中的反动堡垒。但是甚至在这些工人中间我们也看到明显的向左转，这样厉害的向左转，以致自发地产生着在美国铁路的一些修理厂内组织新工会的苗头。在我们为工会宣传同盟会议进行准备工作时，我们看到了这种现象的十分值得注意的实例。我们曾在工人中间推销面值较小的即25分和50分的证券，打算用这种办法为弥补召开工会宣传同盟会议费用而筹集专门基金。铁路修理厂的工人看过我们关于支持会议的号召，并知道按修理厂成立委员会和派出代表的说明之后，便开展了工作，不仅成立了这种委员会，而且还拿去我们为筹集会议所需资金而预先规定的证券，并且把它们变成用以筹集每月费用的正规的工会费券。这些工人把自己的组织变成了地地道道的工会，除了称呼之外，并且开始为铁路员工工会中我们的左翼委员会、为组织铁路工人新工会的必要性进行宣传鼓动。当然，组织铁路工人新工会的任务现在还没有列入我们的计划，因为铁路是美国的这样一个部门，大概其中约35%或

40%的工人参加了旧工会。但是，我认为，在铁路上把没有参加工会组织的这60%的人组织起来的任务，靠旧工会大半也是无法完成的，因为旧工会正以越来越快的速度同铁路行政当局发生有机联系。

在这些铁路工人中间，现在我们看到美国工人生活水平下降总趋势的新例证。我知道，甚至在共产国际的一些小圈子里依然还存在着认为在美国工资还具有提高趋势的幻想。这是不正确的。正确的是，在近一两年内，特别是近几个月内，有过铁路员工工资增加的情况。但是，如果不记住享有最高生活水平和最高工资的这类美国工人，靠近来的工资增加才弥补了前几年的损失，那就不会理解这种工资增加的意义。现在，包括近来的增加额在内，他们的工资才刚刚达到铁路员工为反对减少工资而进行总罢工的1922年的水平。但是在整个这一时期，当他们在工资的货币形式方面弥补了1922年所受损失的时候，铁路上的合理化却把劳动强度增加了37%。谁要是说美国这些报酬最为优厚的工人，当劳动强度增加了37%，而工资仅达到1922年的水平，便是改善了生活，谁就是完全忽视了必然使工人总生活水平下降的美国的整个合理化过程。

在当前的总形势下，对于我们的新工作可以总结如下：我们建立了会员人数日益增多的能够发挥作用的战斗的工会。现在，这些工会的会员人数超过了今天早晨格伊同志所说的数字。作一谨慎的估计，我们可以说工会实有会员不下2万人。

我来谈谈我们工会工作中的缺点和错误。我们工会工作中的这些错误和不正确的倾向，其相当大的一部分一般地说可以归结于党内存在的右倾危险。我们原先的同志洛夫斯通正是专门在我们工会运动的右翼中间进行工作，这不是偶然的。虽然如此，但是可以说，新的工会正显示出健康的成长并一步步摆脱右派分子的影响，抛弃右的政策。我们可以确定这样一个事实：自从在最近一次会议之后洛夫斯通和佩珀从美国前往莫斯科的时刻起，在全党，特别是在政治局，情况就有了一定的好转。

工会工作中的右倾危险是我们党的右翼总政策的反映。这种政策的表现是：对于斗争的可能性估计不足，不理解不承认群众的向左转，根本拒绝承认第三时期的特点。在工会工作中，右倾危险体现为把美国劳工联合会的一切旧方法和整个官僚主义实践搬到我们一切新工会去的特殊形式。我来援引几个具体的专门的例证，它们可以告诉我们在我们的工会工作中必须反对的那种倾向。

在矿业工人工会中，我们看到一种前所未有的景象：革命工会同雇主达成协议，根据协议，雇主向本矿的全体工人收会费，再把这些会费转给我们的工会。这种方法是矿业工人工会联合会实行的在发工资时扣除会费的旧制度，并且是完全不能容忍的方法。我们看到，某个时候这种方法不加批判地被搬到我们新的工会里来。现在我们已经不再采用这种方法了，但是这种倾向还没有根本铲除。

在缝纫工人工会，我们看到了右倾的另一例子。这种倾向是表现在签订包括强制性仲裁等的合同上。

在纽约各饭店工作人员进行最后一次罢工的时候（罢工显示出在工人中间有非常积极的战斗的精神存在），最大的缺点之一是领导罢工的工会没有能够成立并且拒绝成立罢工委员会。那时这个工会是在我们党影响之下的左倾的独立工会。整个罢工都是由工会所指定的委员会设想、准备和进行的。还不仅如此，而且同企业主的一切协定，都是没有经过与有关工人讨论就签订的；同企业主的谈判也完全由工会指定的委员会来进行。

上述缺点虽然不能肯定说是右翼的错误，不过总的说是与右倾相一致的；同时它们在某种程度上反映出世界上工业工人的无政府工团主义传统的残余。

不会充分注意组织和准备罢工斗争问题、建设工会和在企业里组织工会的积极发挥作用的委员会问题，属于这类错误。实际上一个时期在我们领导机构中有些人曾讲过这样的明确意见：在工会工作中我们应当为自己提出的任务是形成组织干部，而决不是成立群众性工会。

我认为，在这一点上埃尔科利同志对洛佐夫斯基同志的批评是完全不正确的，因为我们知道，在美国，正是洛佐夫斯基同志首先反对这样一种倾向：提出组织起来干部的任务，而反对提出在美国成立群众性工会的任务。

这些错误中的许多，实际上是大部分，因为下面两种情况而加重了：其一，我们的领导工作人员进过不良学校或者没有进过任何学校，我们缺乏革命工会运动的传统；其二，过去反对派的工作，对于新工会来说，不是一种很好的教训。

谈谈黑人问题是必要的。洛佐夫斯基同志绝对正确地向我们提供了有关这一问题在美国发生的情况，并且他拟定的政治路线完全正确。但是必须说他没有完全正确地阐明党对这一问题的态度，因为，尽管有派别斗争，党从来没有动摇并从自己的队伍中清除了任何一个暴露出真面目的白人沙文主义者。从党内清除白人沙文主义者进行得如此认真，以致在南方我们不得不把在那里加入我们党组织的差不多全部白人工人开除出去。可是这样我们并没有彻底解决党内的黑人问题。我引证几个例子，来说明一下为了反对白人沙文主义我们派往南方的党代表们所执行的政治路线。

我们党在南方的代表之一，在黑人问题特别尖锐的加斯托尼亚的罢工委员会会议上声称：

"我们昨天讨论这个问题的时候，同志们，你们反对我们的对于黑人平等的政策，指的是有关家庭生活、学校和教会的问题。可是，同志们，我讲的不是这些事，我讲的只是工会。我主持了在贝塞默城召开的既有白人工人也有有色人工人出席的会议。诚然，黑人站在一边，白人站在另一边。但是，我们正是把这叫做平等。工会没有指出，工人应当站在哪里。从工会的观点来看，工人可以自己斟酌或站或坐在任何地方。让黑人和白人工人坐在他们愿意坐的地方。当我们讲平等的时候，这就是我们的具体所指。摆在我们面前的唯一问题，是召集黑人和白人工人到一个会议上来，而不管黑人和白人工人坐在哪里。"

在这之后，我们的代表以工会发言人的名义向一个南方律师讲了话。这是个小资产阶级的律师，可是这并不妨碍把他提成我们中央委员会的代表。这位律师声称如下：

"黑人问题不是我们南方的大问题。无论谁叫他们'黑人'，对于当工人的黑人来说都完全不是污辱。这个问题在我们南方差不多已为所有的组织解决了。当韦斯鲍德讲到平等的时候，他根本没有认为你们应该选择黑人为友。我甚至不得不在黑人教会里作宣传。工会，只有在它将棕红色头发的人和淡黄色头发的人、有雀斑的人和漂亮的人、白肤色的人或黑肤色的人不加区别地接收到自己队伍中来的情况下，才能顺利地进行工作。我们丝毫没有因为有关黑人的问题而感到不快。"

在这之后，韦斯鲍德很感谢这位律师的这番话，并且说："发言人比我力所能及的更好地讲了许多事。他完全了解我并且能够比我自己更好地表述了我的思想。"（高呼："而党关于这一点采取了什么呢？"）党指责了整个这件事，并且韦斯鲍德现在被解除了一切负责工作。我认为，我们可以断然肯定，党取得了一定的成就，尽管在南方有这样的投降行为、这样的倾向和错误。

我应当利用还给我留下的最后几分钟，来谈谈在向我们提出的涉及新工会提纲中的一条。这一条当然不会与美国有关。可是，这一条是以一般形式制定出来的并且与整个新工会问题有关。这一条规定着为了能够确认建立新工会的必要性所应具备的四个条件。(洛佐夫斯基:"这一特殊之条与美国无关,但与像英国和德国这样一些国家有关!")当然它不能与美国有关。也许,这一条对其他国家来说是正确的,但是,如果考虑到它只对个别国家适用,那就不应当以一般形式来叙述。我认为,这一条中的有些话并不是无论哪一个国家都能接受的。当然对于美国,不能说在着手建立新工会之前,必须使"相当可观的无产阶级群众已经了解改良主义工会官僚的社会帝国主义本质",因为在美国,总是只有很小一部分工人对这一问题多少有点明确的观念。这一条中有个地方说,在确定建立新工会的必要性之前,必须使"群众积极支持建立新工会",我认为这是完全错误的。表现在这一条中的对这一问题的整个态度,将有自己的结果,而不论是否指在工人强迫共产党讨论这个问题之前,关于建立新工会的问题从讨论程序上取消。在我看来,我们各国党——在德国、美国或英国,是否出了什么事——在建立新工会的必要性产生之前,自己就应当认清这种必要性,并且在群众中造成有利于建立新工会的运动之前,就应当向群众指出这种必要性。遗憾的是,在美国形成了一种观点,认为群众同红色工会国际和共产国际一起应当强迫我们去建立新工会。我希望这种事在其他国家不要重复,希望我们各国党去领导群众,而不要等着群众强迫党着手组织新工会。

蒙穆索(法国):

我声明我们拥护提纲关于工会问题的总路线。当然,这不排除有必要作一点局部的改变。在对提纲进行最后校订时,这些小的修正我们可以在会上提出。但是,我们还有许多更加重要的意见。

第一条意见涉及提纲中谈到争取工会的那个地方。在那个地方说:

"对于没有参加工会组织的问题的错误理解、把工会与斗争委员会混为一

谈、对争取工会的可能性估计不足为第一种倾向奠定着基础。"（提纲俄文本第11页）

在我看来，关于争取工会的可能性的问题只能从两方面提出：

第一，通过我们的工作把工会群众与改良主义工会机构一起吸引到我们的立场上。

第二，动员工会群众，驱逐改良主义领导，并代之以党员或同情党的分子的领导。

同志们，第三种可能性我没有看到，但是我认为，事情已经越过这一阶段。也许在什么地方还存在着还能驱逐工会领导的特殊条件，因为工会领导同社会民主党的政策、同资产阶级的政策、同工业的合理化、同战争政策、同资产阶级国家全然无关。

我认为，同志们，总路线没有在这方面贯彻，并且如果我们力求使问题明确，那就必须根本改变措词。必须说，能够而且应当不顾改良主义领导机构，而致力于争取工会群众的工作。我们在改良主义工会中的工作总路线应当是这样。为了以积极的形式提出关于争取工会的问题，我们的埃尔科利同志曾援引意大利在这一问题上的经验。在我们看来，要从这一经验中得出一般命题，那么这一经验是不够令人信服的。

为什么？因为这一经验在意大利所有产生的那些条件不是普遍的条件。当工会领导离开工会，逃避法西斯主义或迁就它，这时候我们的意大利同志当然能够争取工会。但这是一般条件吗？难道前景就是这样？

同志们，我不认为一般前景就是这样。在一切国家，其中也包括法国，整个工会机构正在彻底地无疑迁就资产阶级的政策，迁就资产阶级国家。在改良主义组织中，法西斯化正在进行，因此就必须按另外的方式提出问题，必须从通过在改良主义工会内顽强工作、反对工会领导而掌握争取工会群众这种观点提出问题。我的第二点意见是，在我看来，提纲是太德国化了，也就是说，太多地建立在对德国形势的分析上。这从哪些点上可以看出呢？在关于工厂委员会和战斗领导委员会上。在提纲中怎么说呢？那里说：

"与战斗领导委员会不同，工厂委员会不是临时的机构，而是经常发挥职能的机构。"

在这个提纲中，工厂委员会是同战斗领导委员会相对立的。我们认为，在这个问题上，在应当包含对运动发展和国际范围内任务的说明的总提纲中，需要有也适合在没有法定工厂委员会的国家内我们运动发展条件的更加明确的措词。

战斗领导委员会是什么呢？战斗领导委员会是过渡性的机构，是为了从统一战线的十分原始的形式过渡到比较发达的形式。

战斗领导委员会不是同工厂委员会相对立的。恰恰相反，它是在我们各个国家必须通过而到达工厂委员会的阶段之一，因为关于工厂委员会的问题是一个工人阶级与资产阶级力量对比的问题。

我想，我们还应当指出，斗争委员会不仅是统一战线的基础，不仅是在企业基础上群众联合的中心，不仅是向高级形式——工厂委员会过渡的途径之一，而且在工会运动分裂的国家里，它是使群众集结于革命工会中的方法之一。为了从这个视角评价斗争委员会的作用，法国在这方面的经验是足以令人信服的。

还有一点意见。在我们听过的报告中，在有关工会左翼性质问题的政治辩论中，这个左翼被认为是最危险的运动，对于它我们需要集中全部火力，以便通过它的头头去打击社会民主党。我们完全同意这种说法，但是我们要求把这包括在工会提纲内。我认为，库克和菲曼的立场不能认为是社会民主党左翼中的一个偶然事件。库克和菲曼的立场——全会不应忘记这一点——代表着整个一派。他们本人是我们在一段时间内所依靠的左翼的旗手。他们转入社会民主党的行列是符合第三时期阶级斗争性质的事件。如果我们想要当着群众执行实现统一战线的明确路线，那么我们就应当毫不犹豫地撕碎这些旗帜。

另一个问题是关于新工会和没有参加工会组织者的问题。分析一下总的状况，就会发现，在所有的国家，就百分比来说，没有参加工会组织者都占多数，但是他们与参加工会组织者的对比，在各个不同国家则有所区别。我们看到，没有参加工会组织者的百分比到处都高于参加工会组织的工人的百分比。这一现象在法国显得尤其突出，那里没有参加工会组织者占 90%。这在很大程度上与我们有关，但是我们不仅在法国看到了这一事实，而且它在其他国家也有不同程度的存在。并且在这一点上工会提纲不够坚决。对于我们争取群众的方针所依据的原则理论，工会提纲突出得不够鲜明。

另一方面，分析一下罢工运动，就会非常清楚地看出没有参加工会组织者在一切战斗中的作用。对法国来说，这是正确的，对其他一切国家来说，也是正确的。判断一下这些没有参加工会组织者在社会上占的比重，了解一下在所有各国他们怎么样，以便规定群众工作的正确策略，那会是很有趣的。从我们工作的方针这个意义上说，这种分析应当提供什么呢？在我们看来，无论在哪里我们活动的重心都应当放在没有参加工会组织者的方面，而在法国，与其他任何地方来比，更是如此，因为在法国，没有参加工会组织占很大比重。在德国，在改良主义工会中心有 400 万参加了工会组织者这样大的数量，自然就需要有一种既注意动员没有参加工会组织者同时又注意群众组织中的工作的政策，德国工会是怎样的呢？在工会提纲中，这一点应当表述得极其明确。

在关于新工会的问题上，应当承认，台尔曼是十分慎重的。我们完全赞成这种慎重。法国有一句谚语说："慎重为安全之母"，现在正是这样。与埃尔科利相反，我认为台尔曼援引的论据是正确的，它们是十分有价值的，在表述我们的关于在最近时期涉及没有参加工会组织者和把被开除者组织起来的问题等的口号时，我们应当很慎重。但是这种慎重并不排斥把前景描述得清楚明白。在提纲的导论部分对现在的形势和阶级斗争作了分析，但是在接触到组织起来这个基本问题时，我们就应当再提一下阶级斗争前景十分严峻的国家里的阶级斗争前景。对于德国，我们应当再强调一下阶级斗争的前景、社会民主党的反革命的和分裂的作用，因为这一作用将要随着阶级斗争的剧烈程度而加强。因此，不能在长时间内只是慎重地对待这一问题，还必须以对前景的考虑为出发点。我认为，我们需要的不是理论上的辩护，而是把关于没有参加工会组织者和新工会的问题同阶级斗争和我们工作的前景紧密结合起来。只有这样，才能够明确规定摆在我们面前的斗争开展过程中的任务。

我的发言的第二部分将谈法国的形势。

首先提一个问题：我们是否正在向工会秘密状态方面走？是的，转入地下正摆在我们面前。甚至现在已经不能讲革命工会运动的真正合法性。根据法律条文，统一工会是合法组织。也许，根据1884年法律字面上的意义，它们还要长时间是合法的。但实际上，向剥夺统一工会的合法性方面已经走了一大步。政府猛烈反对统一总工会，同捍卫无产阶级若干要求的联合会断绝关系。企业主接连不断地力求消除同统一工会的任何相互关系，同时通过群众的头头、通过统一工会的头头同改良主义组织进行协商，同它们签订集体合同。

可以大胆地说，在法国，关于工会权利的问题实际上是个统一工会、群众、企业主和国家政权之间力量对比的问题。

合法存在属于改良主义工会所专有。非常明显，关于给统一工会征集会员的问题是同事情的这种状况、同这一整个政策密不可分地联系在一起的。由此可见，对于我们来说，加强统一工会首先就是为准备和在企业这个基地上进行战斗而积极工作的问题。法国经济斗争的基本方面怎样呢？台尔曼同志在他的报告中已经作了一些评价，我想再补充一点，因为一系列十分有趣的事情正在发生，并且当今法国运动的经验颇为丰富，它包含着很多有益的教训。

从我们的记录来看，近一年来法国发生过1000次左右的罢工，参加者大约为50万工人。在法国北部，参加纺织工人斗争的有40000名工人，参加矿业工人罢工的有35000名工人，参加佩若各工厂罢工的有8000名工人，参加阿尔勒农业工人罢工的有5000人，参加邮务工作人员罢工的有4000人，参加波尔多码头装卸工人罢工的有3000人，据塞马尔回忆，参加奥兰码头装卸工人罢工的有6000人，在大多数本地人中，参加不久前为期一天的塞纳区挖土工人罢工的有20000人。目前我们的工会在顺利地发展并且控制着巴黎工人的雇佣事宜。换句话说，红色工会排挤了无政府主义—改良主义工会和企业主组织的工会。我们还要指出孔卡诺的罢工，在那里有12000名妇女参加。现在我眼看着铁路员工正在阿尔勒、泰尔尼耶、诺瓦西勒塞克展开阶级斗争。

我应当专门谈谈外国工人的作用，因为这是摆在我们面前的十分重要的组织任务。现在在法国有300万外国和殖民地工人。在1928—1929年罢工时期，这些外国劳动力常常比我们法国工人走在斗争的前列。这是由于他们所受剥削更加沉重得多，他们的生活条件更加恶劣得多。分析一下在最近法国工业危机即将来临的时候，这300万工人将起什么作用，我们会遇到什么困难，并且我们的任务是什么，则会是有益的。

现在罢工的特点是什么？与过去时期相比，这方面有何变化？我指出几个事实。在欧丹库尔—索绍有佩若罢工。罢工者占领了大街，赶走了国民近卫军。在孔卡诺罢工中，妇女们进行了反抗警察力量的街头战斗。妇女们本人组织了自己的罢工工人纠察队。

在雪铁龙工厂，当我们在那里开会的时候，工人群众为了保护在工厂大门口散发传单的当地工人，同警察厮打起来了；这场战斗持续了几个小时。在罗阿讷，在电车工人罢工期间，男女工人曾卧轨阻止电车行驶。塞纳的挖土工人，为了让释放被捕的同志，曾走上街头。

上面列举的几件事实说明，在法国的斗争具有政治水平越来越高的特点。对罢工的分析使我们得出这样的结论：现在法国的罢工运动还带有局部性。它没有协同一致，也没有集中起来。但是，我们正在迎着更加广泛和深刻得多的斗争阵线的形成，我们正在面临罢工的政治水平的突然提高。这是为什么呢？这是因为我们党在进行策略转变时，毅然决然强迫工会干部和党员去协助在企业里开展这些斗争。

我认为，政治提纲中的表述是正确的，在法国，我们正站在新的革命高涨的前夕。这些战斗的性质要求我们在群众中推进我们的工作。我们已经前进了几步，但是还必须十分清醒地认识，在法国，事情正在加速进展并且走在了我们的前面。现在斗争的性质要求我们必须加强党的领导作用，并且同改良主义和随着阶级斗争的尖锐程度而日益发展的机会主义进行顽强的斗争。在所有这些斗争中进行自我批评，对于我们来说，是基本的经常的武器，并且在整个这一时期我们运用了这一武器。

我们不得不克服什么流派呢？首先是国家改良主义，换句话说，是联合在总工会的一股股改良主义势力。在法国，改良主义者表面上没有掌权，可是在经济斗争中他们起着更有决定性的作用。他们在群众中不断散布关于总工会的独立性质的幻想。必须特别指出，不仅工会的改良主义领袖们，而且工会的改良主义会员已经参加对经济斗争的怠工。在我们的一切罢工运动中，工人群众不仅遇到改良主义工会机构，而且遇到无产阶级的一个已经醉心于资本主义合理化政策也醉心于资产阶级执行的战争政策的阶层。

但是改良主义不仅存在于总工会，在统一总工会里也有改良主义。工团主义路线，其政治作用在法国是尽人皆知的，不言而喻，在统一总工会中正引起一切机会主义流派的产生。但是应当说，它们同群众的联系并不太多。这不是我们应当反对的主要力量。它的明显反革命的性质正把它暴露于群众面前。目前时期，我们这里有着另外的一些流派。这些流派不承认群众左倾、否认战争的不可避免性和反对自我批评。

我们看到，我们党内的一些分子对党公开造反。当然，党会把这些分子从自己的队伍中清除出去。另外一些分子在鼓吹对镇压、对将要宣布共产党为非法而进行让步。

调和派是站在我们与这些流派之间的中间立场上。法国的调和派是受什么样的情绪支配呢？他们认为对待统一总工会中的改良主义流派不应当太严厉；在同机会主义进行的斗争中他们准备退让；他们不理解党领导工人群众斗争的新阶段；他们表现出在统一领导工人运动的旧形式中，也就是说在统一总工会与党中央1923年协议规定的管理之间正式相互关系的基础上，停滞不动的倾向。我们想要再前进一步，把对工人运动的真正领导权交到党的手中，可是我们遇到工会干部方面的一些反抗。这些干部不理解在党和统一总工会中进行的策略转变。他们建议党在参加经济斗争方面、在自我批评方面、在克服我们在动员群众、准备和领导战斗的道路上所遇到的一切困难方面都要慎重。有了任何过失，这些同志都要责备党，要党负各种责任，因而给党的工作造成了困难。

我们肯定，对于我们的运动来说，调和派是最大的危险。我们的火力主要应当对准调和派分子，因为他们当众执行模糊不清的政策并会给我们同社会民主党的实际斗争造成困难。

至今我们还沉迷于我们同机会主义派别进行斗争的最初观点。在许多月份的时间内我们曾在此基础上进行斗争。群众有没有左倾呢？在这段时间里，经济斗争不断进步并且改变了它的性质。政治性质日益明显地表现出来了，并且向深度和广度发展了。如果我们不再前进一步，我们就要再一次冒着充当运动尾巴的危险。根据党的代表大会，我们的工会代表大会应当走上新的阶段。根据什么呢？根据新的革命高涨，而不是上面所说的单纯左倾。非常清楚，我们建议的新提法又会激起一股反对的浪潮、对我们表示愤怒的新的爆发，它们在那些迄今似乎同意我们的人们中间产生新的改良主义流派。

在向最近的工会代表大会所作的关于统一总工会活动的报告中，阐明了法国工会运动的重大问题。我想指出同前一时期相比所取得的成就。关于统一总工会的活动的报告是有价值的，这不仅是按报告的篇幅来说，而且还由于其中包括强调指出我们工会的斗争前途、错误和缺点在内的分析，由于其中进行的真正的自我批评以及它是集体工作的产物、全党的事业这个事实。

尽管我们党内尚存的、我们工会运动内正在发展的一切机会主义和改良主义势力集中起来了，但是我们深信，在我们的代表大会上我们会取得胜利，并且我们能够使这一胜利深入到我们代表大会之后进行的斗争中，因为经济斗争的发展和群众本身是我们的强大支柱。

田中（日本）：

无疑日本现在正处于革命运动的新高潮。例如去年6月，受到右的工会官僚主义影响的50000名海员举行了罢工。这次罢工以失败而告终；但是由于群众的不满日增，违反领袖们的愿望而进行罢工的次数越来越多。1929年初在纺织工业中发生了一系列大的（日本全国规模的）冲突。这些冲突包括每个工厂的数千人，并且是由于实行合理化产生的。这样的冲突在东京、大阪及其他城市都有，而且是违反改良主义者和叛徒的意见而进行的。因此，我们看到了群众巨大的战斗热情。如果我们看一下东京和横滨这两个城市电车工人的罢工，那么我们就会发现来自工人方面的反攻性质。不久前，在为东京市周围12个府县供应电力的巨大水电企业里发生了冲突。有15000名工人参加这次冲突，其中一部分工人宣布了罢工。这次罢工是左翼宣布的。虽然这次冲突是以协商而告终，但它对日本工会运动有着巨大意义，是罢工浪潮新高潮的标志。

所有这些事实说明了开展革命工作的有利条件。要进行应当进行的工作，必须有相应的组织。大家知道，日本的工会运动处在涣散状态。只有不足10%的整个工业无产阶级被组织到工会中；并且这些组织起来的工人还分为三派：左派、右派和中派。因此，加强由共产党领导的左派工会是最重要的任务。为了加强我们在组织方面的阵地，我们必须把注意力集中在组织没有参加工会组织者上面。在这方面，我们党和左派工会做了一点工作，例如召开了工厂代表会议等。但这远不是我们应做的全部工作。在建立工厂委员会、外国工人小组和女工小组方面，对于共产国际和红色工会国际的指示和指令执行得还很不够。要顺利进行我们在组织没有参加工会组织者方面的工作，就必须加强企业中的党支部。现今在日本横行霸道的反动派和工会官僚们当然在阻碍着并且将来还要阻碍这一工作。但是，我们应当建立和加强企业里尤其是大企业里的党支部。围绕这些支部，我们应当为满足工厂工人的要求而展开最积极的工作，同时不能忘记把这一斗争同政治斗争结合起来。

至于说在右派工会和中派工会内部建立反对的少数派，在这个问题上我们做得不多，可是这一问题对左派工会的发展具有重要意义，因为一些右派工会在大型军事装备工厂拥有自己的基础。其次，这所以必须，是因为右派工会掌握着几乎所有在大型船舶上工作的海员。

现在谈一下日本工会运动的统一问题。我们的同志，直到最近还企图利用召开由各种工会的代表参加的会议这种办法确立工会的统一。但是现在这一策略应该改变，因为目前中派在同公开的叛徒——右派团结起来千方百计地阻碍左翼。来自下面的统一，为了对资本家进行积极的阶级斗争而统一，这才是我们的工会运动的统一。

要完成摆在工会运动面前的最重要的任务，必须迅速地圆满地贯彻为生活证实的红色工会国际第四次代表大会和共产国际第六次代表大会的决议。要使广大群众明白这些决议，必须使我们自己的队伍对于这些决议的特点和实质有明确的观念，并且没有任何的犹豫和动摇。

皮亚特尼茨基（苏联）：

在我就议程的第一项进行发言时，我曾谈到中国共产党在黄色工会中工作的问题，为的是让洛佐夫斯基同志在作工会问题报告时以及中国同志发言时能够对这个问题发表意见。今天，中国的邓同志在这里发了言，遗憾的是他没有谈到这个问题，他与洛佐夫斯基同志完全一样，他也忽略了这个问题，只是顺便提到中国近来的罢工是受了中国共产党的思想影响。可是对中国共产党来说，这是最重要的问题之一。如果在这次全会上对中国共产党在国民党工会中的工作不做出专门的决议，那么在这次全会结束以后，或者在工会委员会中，就应当赶快研究并且解决这个问题。

在我就议程第一项发言之后，我收到了一位刚从中国来的同志根据国民党的官方材料编写的罢工综合报告。从这个综合报告可以看出，在中国毫无疑问已经出现工人运动的高涨，可是在这些罢工中几乎看不见我们党的领导。党的领导或者是没有，或者是不大明显。

这就是关于近来罢工运动的一些材料。1928年在上海一个地方曾有120次罢工，参加的男工有68728人，女工有122807人，童工22431人，参加罢工者总计为213966人。罢工者提出的要求的特点是：24次罢工是反对解雇工人，13次是反对虐待工人，1次是反对罚款，7次是声援被捕工人，6次是声援其他企业的工人，3次是由于工人与警察的冲突而发生的，2次是由于对工会委员会不满而进行的，我所列举的有特点的材料只是那些不属于经济要求范围的材料，但是在罢工的时候也曾提出过有关增加工资、有关缩短工作日等专门的要求。再重复一遍，我列举的都是最有代表性的事件，我挑选的都是具有绝对政治性质的罢工。这些报道是官方的，它们是国民党公布的。我深信，罢工次数曾被国民党大大缩减。

进行罢工的究竟是些什么样的企业呢？这些企业按其在业人数可划分如下：

31家企业	拥有工人	10—100人
63家企业	拥有工人	101—1000人
21家企业	拥有工人	1001—10000人
2家企业	拥有工人	10000人以上

1928年的这120次罢工分别发生在以下各国人开办的企业：96次罢工发生在中国人开办的企业，8次发生在英国人开办的企业，7次发生在日本人开办的企业，9次发生在其他外国人开办的企业。

根据国民党公布的关于1929年1月的罢工资料，可以得出这样的情况：12次罢工波及512个企业，参加者有6469名工人。除了这12次罢工之外，在1929年1月还发生了65次冲突，有来自1051个企业的20049名工人参加。同年5月上海发生了一系列罢工，进行罢工的是码头工人、铁路工人、缝纫工人、服装商店店员等。同年6月天津电车工人进行了罢工。各发电厂都来支援电车工人。工人们提出10项要求，其中包括实行八小时工作制，召回被解雇的工人，生病期间工资照发，节日上班发给双薪，解除外国监工和俄国白匪监工的职务。电车工人的情绪很好。他们抓获了工贼的子女，抄走了无数的铜板，痛打了那些企图勾结工贼组织复工的比利时工程师。无论1928年还是1929年所有的罢工都是自发地开始的，绝大多数不是在红色工会和中国共产党的领导下进行的。

那么是谁领导了罢工？如下所述，罢工是自发地开始的，但在罢工开始之后，国民党的工会控制了罢工。那时国民党在工人群众中的影响还很大。不仅如此，而且1928年和1929年所有的罢工几乎都是通过国民党的仲裁结束的。当然，这时已经闪现出一线光芒，它清楚表明国民党对工人的影响正开始消失。

今年5月安葬孙中山的那一天被宣布为全国纪念日，在这一天，2000名兵工厂工人拒绝佩戴黑纱并且继续工作，不愿承认这一天是自己的纪念日。

试问，如果中国共产党在工厂中、在拥有广大工人群众的黄色工会中进行工作的话，那么它能不能把这些没有共产党人帮助而提出的政治要求并且尽管是在白色恐怖笼罩之下而举行罢工的群众争取过来呢？我想，它能够把这些群众争取过来。无论如何，即使它没有完全掌握住罢工的领导权，那么也会加强它在国民党工会中的地位。在群众中间进行工作是可能的，而且机会很多，下面的事实就可以证明一点：5月30日即1925年枪杀示威群众的周年纪念日，尽管国民党禁止罢工、集会和游行，尽管中国警察和英国警察做了一切准备，但是在中国共产党的领导下，邮政工人、码头工人、许多纺织厂工人、店员等还是举行了罢工，并且几万名工人和学生在上海各主要街道上进行了几个小时的游行示威。示威群众捣毁了国民党的两家报社，砸坏了电车和外国汽车的玻璃。这些游行示威和罢工所以能够成功，是因为做了很好的准备。共产党利用英国士兵枪杀一名中国人的事件开展了反帝国主义斗争。不仅如此，而且还成立了一个援助被害者家属的专门委员会。尽管国民党禁止，这个委员会还是在市邮政总局大楼里召开了有60个工会组织和学生组织的代表参加的会议，会议作出了号召举行"五卅"罢工和游行示威的决议。同国民党有内在联系的邮政工人工会，在5月30日以后被国民党解散并改组了。凡是有学生参加"五卅"游行示威的大学都被封闭了。

这证明在中国的群众中进行工作是完全可能的，只是在他们中间没有进行任何系统的工作。

我原来相信邓同志会对是否需要和怎样在黄色工会中进行工作的问题作出回答。但是，很遗憾，他的发言只是把这个问题搞得复杂化了。现在必须向共产党提出一项任务，那就是要在群众中、在黄色工会中和国民党的群众性工会中立即开始进行有力的工作，因为在其中进行工作是可能的。

这里就涉及一个关于合法工会和秘密工会的问题。这个问题要区别对待。在共产党处于秘密状态而广大工人组织却合法存在的那些国家里，平行地建立秘密的红色工人组织是不适宜的，因为共产党能够更方便得多、更有效得多地在合法存在的群众性工人组织中进行工作。在我看来，保加利亚和芬兰的工会工作经验证明了这种见解的正确性。我想，中国共产党的工作经验也会证明这种见解是正确的。

这当然并不是说，如果现有的黄色工会或改良主义工会不是群众性工会，秘密的共产党在适当时机不应该组织合法的平行的工会，或者不应该在那些根本没有工会组织的生产单位组织合法工会。而在任何工人的阶级组织都不能合法存在的国家里（如意大利），那就是另一回事了。在这样的国家里必须建立秘密工会。凡是有秘密工会的地方，都必须保住它们，因为法西斯制度一发生动摇，它们就会起重大作用。不仅如此，而且意大利的秘密工会还有一项任务，那就是应当在工厂的法西斯工会会员中做工作，因为他们很了解工资率、保险、劳动条件和一般日常生活的问题，比较容易反对法西斯工会官僚。

但是，如果一方面有广大的合法工会，那么就不可能使工人大批地参加秘密工会，至少我们不知道实践中有过这种例子。即使有工人参加秘密工会，那也仅仅是些接近共产党的分子。他们是共产党所依靠的积极分子，共产党应该把这些积极分子派到广大的合法工会中去。洛佐夫斯基同志昨天提出了这个问题，虽然他提得很慎重，但总的来说，我同意他的意见，他说共产党无论如何应该竭力保住现有的广大的合法工会，在不能合法存在的地方则竭力保住半公开的工会，只是在万不得已时，甚至连半公开的工会都绝对无法存在的地方，才转入秘密状态。秘密的工会积极分子，比如说在意大利就有吧，在情况发生变化的时候，他们就会公开露面并夺取工会运动的领导权。

一般说，秘密工会问题与秘密党的问题密切联系在一起。我们有一些党是具有一定群众性的合法的机会的。与此相关，产生了歪曲正确路线的两种倾向：一方面，是过分害怕那些在公开的群众组织里工作的共产党员隐蔽很深或处于党领导范围之外可能犯机会主义错误，另一方面，是一些在公开的群众组织里工作的共产党员，真正机会主义地脱离党的领导的布尔什维克路线。例如近来就有一个最大的关于批准俄罗斯—芬兰—挪威工会协定的问题（这个协定是在英—俄委员会分裂以后签订，并在当时具有重大的国际意义），在芬兰共产党领导与国内工作的共产党员之间发生了意见分歧。芬兰共产党中央委员会曾给在工会里工作的共产党员发出在代表大会上批准这个协定的指示。但是很多代表所追随的共产党员（在代表大会上只有23%的投票者追随社会民主党人），虽然在代表大会上执行关于批准协定的原则决定，但是借口社会民主党人正在分裂工会，如果这个协定代表大会立刻批准，他们就同意将实施这个协定问题的最后决定权转给工会中央理事会去斟酌，这样一来实际上是拒绝执行这个协定。现在摆在芬兰共产党面前的任务是摆脱在工会中工作的党内右派分子和动摇分子，并且避免可能发生的与群众的脱离，假如芬兰共产党无法保持自己对芬兰工会运动的影响的话。在所有各国，右派分子都正在形成独立的组织，而调和分子至今都不明确说出他们是跟党走或者是跟右派走。如果说在合法的共产党内我们能够容易地公开坚决地反对右派分子和调和分子，那么在秘密的共产党内进行这种斗争就比较困难了。因此，在右派形成之前，秘密的共产党就应当采取一切措施，利用同右派分子和调和分子进行无情斗争的办法，通过以坚定的共产党员代替在合法群众组织工作的动摇的共产党员的途径，使自己不脱离广大的工人运动。

现在我来谈谈昨天台尔曼同志在报告中一带即过的一个问题——关于保证书的问题。他是这样提出问题的：保证书问题当前只有在德国可以被接受，但它是否在所有城市和所有情况下能够被接受，还是个问题。他提出这个问题时认为，如果工会官僚让共产党员在反对党或反对整个革命运动的字据上签字，共产党员最好拒绝签字，因为签字会损害共产党的威信。在值得我们注意的工会决议中有一段话，是关于保证书的，我们决定从这个决议中删掉，因为保证书问题不是所有国家都能同样地解决。这是完全不能同意的。比如说，假使国民党工会领导人向那些想被选入工会领导机构的人提出这样的问题：凡是提出作为领导机构候选人的人都必须立下字据说明他不是共产党员，而如果中国共产党决定要夺取这些工会及其领导机构，那么中国共产党党员能不能说他们不是共产党员呢？能够！一般说，共产党员对资产阶级不负也不能负任何责任。而改良主义工会、黄色工会、国民党工会、天主教工会等都是资产阶级的附属品。只要是为了我们能够在群众中进行工作，我们对它们说什么都行。如果在德国提出签署保证书的问题，即使德国共产党面临着工人运动的强大高涨，那么现在它能否在一切城市和一切工会都同样地解决这个问题，即不答应改良主义者提出的签字要求呢？为什么不能呢？这是为了把不论什么样的工会的会员争取到工会反对派方面而更加顺利地工作。工人们会理解这样的共产党员。但是，如果共产党员是著名人物，比方说有这种情况：柏林党组织提出把皮克同志选入某工会代表大会，而为了这一点就要求他放弃共产主义，那他会说，他是共产党员，决不签署反对自己党的任何字据，因为这样他能给工会工作和整个工人运动带来更大的好处。

问题是，在每个国家可能有不同的情况，有时在每个城市对这个问题的提法也可能不一样，如果都用共产党员不能签署保证书这种办法来解决这个问题，那就不对了，那就是胡说。假使我是一个工人，去某工厂办公室请求雇用，那里对我说，他们不雇共产党员来工作，那么为了雇用，我就要隐瞒我是共产党员这个事实。为了有可能在资产阶级工厂办公室里工作，我愿意签10张字据。未必会有谁反对工人给厂主签字。关于签署保证书的问题，对改良主义者应当这样提出，因为他们完完全全倒向了资产阶级。对于共产党员来说，关于签署保证书的问题，则不能对一切国家和一切情况都作同样的规定。共产党应该根据具体情况来解决这个问题——为的是能够更加扩大和加强共产党在工人阶级中的影响——签字或者拒绝签字并以此来获得继续工作的可能。关于保证书问题，必须这样提出。对我们来说，这不是原则性问题。

关于斗争委员会问题。埃尔科利同志在这里的提法不像他向主席团提的时候那样。在那里，他对问题直截了当提出：斗争委员会应当是常设机构。在主席团里，我们不同意他。今天他已经是从另一角度提出这个问题了，即认为在某种情况下斗争委员会可以变为工厂委员会。大概，如果斗争委员会同企业主签订合同，并且工人委托这个斗争委员会执行合同，那么，这个斗争委员会就已经变为，比如说，工厂委员说，这个工厂委员会的职能则已经不是斗争委员会领导罢工时它们的那种样子了。是不是如此？它有了另外的职能，就是说斗争委员会已经具有完全不同的性质。在提纲中指出，委员会应当准备斗争。它们的职能是训练工人准备斗争，收集材料，进行宣传和鼓动。但是罢工一开始，工人就要退出罢工委员会（斗争委员会）。当然工人可以委托斗争准备委员会进行罢工，但是这个委员会的职能是什么呢？是进行斗争。当然它也应当进行鼓动，但是鼓动的性质已经完全不同。它不仅应当进行鼓动，而且应当派出纠察队，命令关闭工厂，解雇哪类工人等。罢工委员会的职能已经不同于斗争准备委员会。而当罢工结束并成立斗争善后委员会的时候，它应当帮助那些在斗争中蒙难的工人，在鼓动被解雇的工人返回工作岗位等。这种委员会的职能已经完全不同于斗争准备和领导委员会的职能，无论埃尔科利同志，也无论蒙穆索同志都不理解这一点。蒙穆索同志的意见也是：斗争委员会应当是常设的，而常设的委员会，在罢工结束时，它又不从事其他工作，没有经常的工作，就必然得解散。1919—1923年共产国际执行委员会和红色工会国际的决议还清楚地留在蒙穆索同志的记忆里。在那些决议中曾提出在工厂建立斗争委员会。它们是建立了，但是它们又消失了，因为它们没有任何行动，甚至这些委员会的成员都忘记了他们是什么时候、由谁选举的、是谁去参加委员会的等。正如经验证明的，不能这样提出问题：使斗争委员会变成具有同样职能的常设机构。

关于争取机构。从前，在红色工会国际第四次代表大会期间，谈过争取改良主义工会机构的可能性。但是在红色工会国际第四次代表大会之后有过这种情况：当共产党争取了个别地方工会组织时，工会的上级领导机构霸占了财产、金库等。那么，在有了这些事实以后，现在，我们还能否坚持说可以争取工会机构呢？不能，实践证明了另外的情况。但是我坚决反对这样提出问题：无论在什么情况下并且无论在什么地方，我们都不能提出争取大多数工会会员和工会机构的任务。我坚决反对像洛佐夫斯基同志和其他同志那样对问题的提法。问题在于，机构不仅是指上层，而且在工会基层也有机构。作为改良主义工会下层机构的，工厂里的工会代表机构能不能争取呢？能。改良主义工会要派自己的代表来代替我们所掌握的、由工厂全体工会会员选出的工会代表——那好极啦，我们将要鼓动大家反对指派来的人，而拥护选出的工会代表。这样我们就能迫使改良主义工会官僚在工厂里的工会群众面前失去信用。而个别地方工会组织能够争取到吗？能。在德国是有个别工会地方分会领导机构和共产党人占多数的工会理事会的。德国共产党争取到的这些地方工会组织可以进行反对工会官僚的斗争。不能像洛佐夫斯基同志在红色工会国际那样尖锐地提出关于不可能争取到工会机构的问题，也不能像从前格伊同志那样提出关于能够争取到工会机构的问题。这个问题既不能按洛佐夫斯基同志的方案，也不能按格伊同志的方案提出。幻想以为，共产党能够争取到德国任何工会的中央机构。德国共产党一获得某个工会中的多数，改良主义者就要分裂这个工会。机构、金钱、房屋等都留在他们那里，多数工会会员就要从德国共产党那里走开。但这还不意味着，德国共产党不能争取到地方工会领导机构和企业的工会代表机构。

最后，我谈谈红色工会国际的工作问题，我的话快要结束了。

共产国际——政治书记处和主席团——近来常常研究工会运动问题。它通过了许多好的决议，如果现在让我评价它们，那我会举双手赞成。但是这还不够。做决议和只给书面指示的办法过时了，如果在共产国际第六次代表大会做出决议之后，中国共产党至今还在讨论如下问题：要不要在群众性黄色工会中进行工作，如果共产党人去黄色工会中工作，结果会怎样，工人能跟着我们走吗？那么在这方面造成过错的首先是红色工会国际，其次才是共产国际，因为工会工作是由红色工会国际领导的，并且应当由它来领导。

法国红色工会领导人，自从我们在共产国际执行委员会第七次全会上提出他们工作不佳的问题（当时蒙穆索同志及其他法国同志坚决反对，还责备我们为了发言利用法国共产党反对派提供的材料等）之后过了3年才来这里，并且重述了当时我们讲过的有关法国红色工会不佳的那些话。在这一点上，难道不是红色工会国际的过错吗？

在结束发言时我要说：红色工会国际的工作方法必须改变。红色工会国际应当实实在在地领导法国、捷克、中国及其他国家的全国性红色工会。

红色工会国际不仅应当在中央机构里有红色工会的代表，而且应当关心地方上红色工会的工作。它应当进行相应的指导，派出人员，具有真正的联系，发出自己的指示等。

拉米雷斯（拉丁美洲）：

我谈几句拉丁美洲的状况。目前拉丁美洲各国工会运动状况的突出特点是，具有明显政治性质的罢工的浪潮。我指的特别是哥伦比亚、巴西和阿根廷的罢工。你们知道，属于美国帝国主义的企业里的工人在那些地方举行了罢工。冲突所以尖锐起来，是由于代表这些帝国主义利益的政府立刻干涉罢工，因而这些罢工便成了工人与保护帝国主义利益的政府之间的政治冲突。

可以说明我们运动的另一因素是工人群众集中在新革命工会里。与此相联系，应当指出一个很有趣的特点，就是加入新革命工会的工人，他们大多数为农民出身。这个运动使我们拉丁美洲各党有了同无政府工团主义思想进行斗争的极大可能。

今年5月在蒙得维的亚召开的工会代表大会对拉丁美洲的广大工人群众产生了巨大影响。这一点可由以下事实证明：在代表大会之前，革命工会在一些拉丁美洲国家还不存在，而在代表大会之后，在两三个国家——秘鲁、厄瓜多尔和阿根廷——有了统一委员会，其任务是建立新的中央革命同盟。到蒙得维的亚代表大会时，在墨西哥、哥伦比亚、巴西和乌拉圭都成立了这种组织。

蒙得维的亚代表大会的另一个特点是，它帮助工人从思想上明确认识了阶级斗争。大家都清楚地知道，在拉丁美洲工人运动中存在着两派：站在阿姆斯特丹方面的一派和站在泛美劳工联合会方面的一派。此外还有所谓政府工人领袖，也就是说为拉丁美洲各国的政府服务的领袖，他们无非都是工人运动队伍中的改良主义分子。蒙得维的亚代表大会同这些改良主义流派进行过严肃的斗争。在拉丁美洲，阿姆斯特丹方面拥有争取工人群众的坚实基础。它在阿根廷的基础是阿根廷劳工联合会——拥有8000名会员的改良主义的中央铁路工人工会参加了阿根廷劳工联合会。加入泛美劳工联合会并拥有大约30万有组织工人这一队伍的墨西哥劳工联合会也倾向于阿姆斯特丹方面。有些同志以为这一组织已成僵尸，那是错误的——它还活着并起作用，在我们能够把它消灭以前，我们还不得不同它认真较量一下。

在蒙得维的亚代表大会上研究的问题中，有一个问题使我们感兴趣，因为它同种族问题有关。黑人在拉丁美洲许多国家里占有很大比重。种植园主从这些国家输入廉价劳动力。他们将黑人工人从牙买加和海地输入古巴，叫黑人在甘蔗园里做工，现在也把黑人运到哥伦比亚，去替换印第安人做工。给帝国主义者提供廉价劳动力的这种帝国主义伎俩，造成了这两个种族之间的仇恨。

在蒙得维的亚代表大会上讨论的其他问题中，还有一个移民问题是我们非常感兴趣的。为了从欧洲向拉丁美洲尤其是向阿根廷、巴西和智利移民，现在正在进行一场运动。从欧洲各国——意大利、波兰、西班牙、葡萄牙、巴尔干国家、捷克斯洛伐克和波罗的海沿岸国家——向外进行有组织移民的这种制度，注定要使移民们陷于被奴役的境地。蒙得维的亚代表大会指出，欧洲各国的我们所有的党和欧洲革命工人运动都必须研究这一问题。移民被送往南美洲的种植园工作，可是这件事还完全没有同土著居民商量好。很快到了南美的一个港口，比如说里约热内卢，他们一下子就被送到种植园，所以当他们已经出现在指定的地点时，巴西、阿根廷和智利的工人才知道外来移民的到达。

洛佐夫斯基同志声称：墨西哥党对红色工会国际的工作懈怠。洛佐夫斯基同志所以会这样说，只是因为他没有掌握西班牙语。假如他会阅

读西班牙语文,那么**他就会**从党的出版物中知道墨西哥党是为了贯彻红色工会国际的路线做了工作的。**组织新工会中央联合会的工会全体负责工作人员都是党员。**我要用共产国际有关工会问题的提纲草案中的下面一段话来回答洛佐夫斯基同志在这方面对我们党的批评:

"目前时期向共产国际提出的不是退出改良主义工会或人为地建立新革命工会的政策,**而是争取工人阶级大多数的斗争**——既在改良主义工会内,也在一些组织内,这些组织依靠着同革命工会具有同样任务的更广大的群众(斗争委员会、工厂委员会),但要用自己特有的办法去实现这一任务"。

墨西哥的党正是这样行动的。

史密斯(美国):

迈纳同志和白劳德同志都强调指出,美国共产党欢迎红色工会国际和共产国际的决定。他们还强调指出这样一个事实:这些决定已经提供若干成果,并且使党员群众队伍增添了新的生气和活力。因此,他们完全正确地认定,美国代表团在全会上同意洛佐夫斯基同志和台尔曼同志提出的提纲。

我只想谈一个问题,即关于汽车工业中形势的问题。这是个很大的问题。汽车工业中的形势是个有国际意义的问题。在我们美国党最近一次代表大会之前,关于把汽车工业中的成千成万工人组织起来的问题是完全被忽视的。从那以后,主要是由于红色工会国际的努力,中央委员会才比较注意这一运动。中央委员会充分理解了它的全部重要性,并打算赋予它以组织形式。

这个工业部门的产量,不妨拿1929年头5个月来看,是远远超过了该部门历史上的任何时候,这一点是真的。还有一点也是真的,那就是,如果说起这种工业的国内市场,则这个市场正在大幅度地迅速地缩小。

如果我们认真地仔细地分析汽车工业的状况，那么我们就会发现资本家阶级正在自觉地把这种工业慢慢地但是不断地改组成军事工业。从不久前美国参议院作出的声明中便能够看出，这种工业，可以说，在一夜之间就会被改造成军事工业，它本身已经被进行研究，当然在这样的形势下也将会适当地被利用。

根据以上所述，必须认为，关于把这些工人组织起来的问题，例如在拥有近30万汽车工业工人的密歇根地区，是对整个共产国际有头等重要意义的问题。在整个汽车工业，工资曾被缩减20%—40%。但是还不是全部情况。我们发现，在这个工业部门中劳动强化到如此的程度，以致它严重地伤害了工人的健康和生命，引起工人的强烈不满，并且成为各车间许多局部罢工的原因。因此，工人都把自己的视线转向迄今组织他们和在他们的斗争中领导他们的汽车工人工会。

近来我们组织了工厂委员会，在福特工厂也组织了地方工会分会。汽车工业是世界上最合理化最集中化的部门，有人对其他国家的工人和资本家说这个部门里没有劳动问题，可是它不仅对于在业工人，而且对于寻找工作的工人，对于失业工人来说，都成了问题，因为，由于采用越来越新的机器而使这个部门合理化、集约化和不断革命化，数以千计的工人被抛出汽车工业之外。所以，在我们反对战争危险的运动中，无论在这个部门之内，或是在这个部门之外，把我们的工作组织起来的问题现在和将来无疑都应当结合在一起。

我们对于汽车工业的纲领可以概括如下：在进行争取把汽车工业中未参加工会组织者组织起来的运动时，行动纲领有着巨大意义，因为至今我们还没有一个明确的纲领，因为谈论的是左翼，是这个工业部门中的先进分子。的确，这个运动中最重要的工作是稳定、建设和进一步组织企业里的基层组织，而这个工业的各企业里的基层组织将成为开展这一运动的最重要的工具。在各工厂大门旁的群众大会,应当在全国各地进行组织,而行动纲领应当与那些同各该企业的劳动条件密切相关的正确的口号和要求相联系。为了组织工厂委员会,应当在这些企业的特别是战略据点的工人群众之间进行有条不紊的分配传单和书籍的运动。为了吸引汽车工业工人注意这个工业正发展为军事工业的重要事实,必须在全国范围内进行巨大的宣传鼓动和教育运动。还必须强调指出,汽车工业中的运动同在美国建立红色工会国际领导下的革命工会的运动相联系的问题。必须对改良主义分子和美国劳工联合会的官僚主义领导进行无情的斗争,必须进行反对帝国主义战争危险和保卫苏联的有条不紊的运动。

我坚定地认为,随着党对这一新的方针和路线的理解,中央委员会正在共产国际的领导下在美国顺利地进行新工会运动的建设,而这也是美国共产党的基础,并能协助它使它成长为群众性的无产阶级的美国共产党。这个党将是由主要的巨大的工业资本主义生产部门的在业工人组成的,它不会追随那些开始反对共产国际的领袖。我相信,中央委员会与共产国际和红色工会国际一起,为了群众性的战斗,为了工人阶级的群众运动,能够把美国共产党组织和动员起来。

米夫(苏联):

我讲几句只与皮亚特尼茨基同志的发言有关的话。皮亚特尼茨基同志在他的发言中谈到有关中国工会运动的那些,大部分我是同意的。其中他指出中国共产党必须竭力开展群众工作,必须在群众性黄色工会中进行比以往更多得多的工作,我完全同意。但是,皮亚特尼茨基的发言中的一些结论,在我看来,是不正确的。皮亚特尼茨基同志在这里列举的仅仅是有关中国罢工运动的若干数字。这是必要的,但很不充分。特别是,我应当指出,关于中国罢工和罢工者的数字,国民党社会调查局所公布的甚至都大于皮亚特尼茨基同志在这里宣布的。皮亚特尼茨基同志所作的统计，显然不正确。我可以举出这样一个事实：1928年参加罢工的人数，不是像他所说的21.3万，而是23万，这还不是一整年的，而只是1928年头9个月的，并且也不是中国全国的，而只是上海一个地方的统计数字。这是根据国民党社会统计局的资料得出的。我已经报道过这些资料，并且按我的统计，如果把1928年中国全部领土上发生的罢工运动都计算在内，参加罢工的工人大约有40万。这个数字证明中国的工人运动有巨大发展，特别是考虑到前不久工人运动曾因革命失败而遭受严重破坏的情况。

我想谈谈在中国革命刚刚失败之后的局势中所表现出来的中国工人运动的特点。在1927年和1928年上半年，中国爆发了自发的罢工，这些罢工的特点是大多数都没有清楚地提出罢工工人的要求。在任何时候，在任何一个国家，我们都还没有见到过这种在罢工时不提任何一项要求、乍看起来感到奇怪的情况。这说明什么呢？这说明很多很多。任何一个工人或任何一个共产党员，只要在大会上向罢工者讲话时提出某一具体要求，他就完全可能立刻被凶恶的反动派逮捕起来，并且在第二天就被处以死刑。在这种情况下，能否指责共产党完全脱离群众、不去领导这一罢工运动呢？我想，如果不注意上述白色恐怖的情况而做出这种结论是有欠斟酌的，因为白色恐怖在整个中国十分猖獗，并且现在还继续制造血腥屠杀。

我应当再说几句，并请注意下述情况：由于极其残酷的白色恐怖和党的机构遭到彻底破坏，共产党本身在某种程度上不可能不同工人阶级失去组织上的联系。我们看到这样的事实：在上海，三任支部书记都先后被杀害。在武昌、汉口、长沙和其他大的经济中心，党委会大概接连遭到12次搜捕，并且被彻底破坏。只要新的党委会一成立，党委委员立刻被抓走并且被杀害。大家都清楚，我为什么要列举这些事实。我不再进一步阐述我们已经知道的1928年年中的中国局势了，我所以列举这些事实，只是希望某些同志和皮亚特尼茨基同志本人放弃那种认为党对工人阶级失去了思想影响的错误观点。

现在中国的形势可以这样来表述：在那里，我们的罢工运动在不停地发展。这是因为，在中国，工人阶级遭受着双重剥削——本国资本家的剥削和帝国主义者的剥削。

第一，我们看到中国无产阶级的经济斗争正在转变为政治斗争。第二，在这种自发的工人运动的压力之下，国民党不得不在它对工人运动的政策中耍弄某种手腕。其中包括国民党准许工人在罢工时提出自己的要求。因此，目前为共产党的工作展现出更加有利得多的前景。现在就能够向中国共产党人提出更多要求了。第三，我们看到近来党的影响有着完全不容争辩的增长。我们知道最近在香港发生了16次罢工，它们都是在共产党领导下有组织地进行的。我们知道，在这之后，天津举行了6次罢工，东北及其他地方举行了18次罢工。所有这些罢工都是在共产党领导下进行，而且它们之中的很大一部分是以工人的胜利而结束的。

在中国革命高潮时期，中华全国总工会在工人群众中间树立了很高的威望，它发动了一系列总罢工，并且它的影响已深入到中国无产阶级极为广泛的群众中。现在，中华全国总工会还在进行大规模的组织工作，来维护和扩大它在先前的阶级斗争中所赢得的威信。

我的具体意见是：第一，必须保住一切革命的工会中心，并且力求达到工会本身的巩固；第二，必须最大限度地加强群众工作，尤其是要利用刚刚出现的在黄色工会中工作的特别有利的机会；第三，凡是黄色工会拥有广大工人群众的地方，必须力求做到把这些工会中的先进工人吸引过来，以便这些先进分子在黄色工会中结成一派，使他们不至于涣散，而自行组织起来并在组织上同党发生联系；第四，党应该利用目前工人群众与资本家之间、帝国主义者与中国劳动群众之间的一切冲突，为的是扩大这些冲突，加强自己在劳动群众中的影响和巩固自己的领导作用。

普尔曼（波兰）：

　　在红色工会国际第四次代表大会之后的这段时间，在波兰我们经历了革命运动迅猛高涨的时期。这里的革命运动，正像鲁尔战斗、捷克斯洛伐克的纺织工人和雇农的罢工斗争、孟买的大罢工、法国及其他国家的广泛的群众性罢工运动一样，证明红色工会国际第四次代表大会和共产国际第六次代表大会关于下述情况的决议是正确的：在战后资本主义危机的第三时期——在日益腐朽的稳定基础上阶级矛盾急剧尖锐的时期——工人阶级越来越坚决地抵抗资本家的进攻，并且把它转变为对残酷的剥削企图和资本主义合理化的反攻。工人群众这种日益增长的左倾的明显例子之一，是波兰纺织工人的英勇斗争，尤其是罗兹纺织工人的斗争。罗兹纺织工人的斗争演变为波澜壮阔的总罢工。这次总罢工给革命战斗的战略提供了光辉的范例，同时也证明有一系列重大错误，证明为了克服在这一运动中采取工会合法主义形成的右倾危险，党还应该进行极其严肃的斗争。

　　我想对台尔曼同志做出的结论补充一些最主要的意见，它们是与这一斗争有关而在这里没有给予充分注意的。应当强调指出，在长达3周左右的反对集体合同斗争之前，曾有过我们人数不多的罗兹组织动员和领导的罗兹纺织工人的十分激烈和顽强的斗争。这一斗争是反对实行工厂罚款登记的，厂主及其管事对厂内工人群众实行最粗暴无理的压制是作这种规定的目的。以工人局部胜利（因为罚款登记的规定被废除，虽然罢工未能变成反对集体合同的斗争）而结束的这一斗争，已经暴露出它的一切积极方面和消极方面。我们的同志把反对罚款登记规定的斗争同反对法西斯专政的斗争巧妙地结合起来了；他们显示出联系群众和占领街道的本领；他们对罢工做了认真的准备，并且揭露了法西斯的仲裁口号和社会法西斯分子的叛卖作用，这样便为9月初在我们领导下开始的大规模斗争打下了基础。可是，在这一斗争阶段上，我们的同志犯了一些对斗争结局有决定性影响的错误。台尔曼同志说，似乎罢工领导者曾等待法西斯工会领导机构对宣布罢工斗争的批准，这台尔曼同志就错了。实际上不是这种情况。罢工第一次是不顾工会上层的叛卖行为而宣布的，第二次则是在工会上层叛卖性服从的情况下宣布的。但是我们同志的一个重大错误是，他们不仅默许社会法西斯分子施展伎俩，而且在犯了这一错误之后还不同那些人作无情的斗争，这样一来便在斗争的第二阶段上轻易地重复这一错误。

但是，断言罗兹纺织工人斗争的结局意味着罗兹无产阶级的失败，那就错了。这是像对鲁尔斗争或柏林五月事件所作的失败主义评价那样在同样程度上的错误。在多年沉寂之后，罗兹无产阶级在这一斗争中第一次拿起了总罢工的武器。近几年来党在罗兹第一次同进行斗争的广大群众有了联系，并且在这一斗争中揭穿了法西斯主义、它的仲裁这类虚伪欺骗的口号以及它的帮凶社会法西斯分子。我们认为，罗兹纺织工人的斗争虽然犯有严重错误，但它是波兰工人阶级和我们党的巨大成就，其最好的证明是在这次斗争之后我们的罗兹组织扩大了百分之百以上。波兰工人阶级左倾的表现，是在罗兹罢工以后发生了一系列长时间的顽强的罢工斗争。

所有这些罢工都具有愈益明显的阶级反对阶级的性质，在这里法西斯专政的国家机器、工厂主、社会法西斯的和法西斯的工会机构联合起来反对无产阶级。因此，在这些罢工中，工人的斗争越来越具有政治性质；因此可以说，目前时期波兰的每一次经济罢工同时针对着法西斯专政。群众转入反攻，明显地表现在我们近来看到的以下一系列政治罢工中：罗兹的反对破坏工人游行示威的金德勒罢工，华沙的反对接受著名的战斗队员亚沃罗弗希克①进入工厂的奥布雷姆斯基罢工，华沙的一些工厂反对罚款登记的罢工，反对解雇奥多良纳制砖厂代表的罢工等。而无产阶级群众广泛参加罢工和他们在五一游行中的战斗激情是当前工人阶级斗争的政治性质最鲜明的表现。工农群众不仅大批参加五一游行，而且在游行中还为通过大街、保护旗帜、反对警察设立岗哨和障碍进行了顽强不懈的斗争。这一切证明他们拥护共产党提出的口号；这一切证明群众反对法西斯专政的意志日益坚强，群众斗争正转入革命准备的更高阶段。这就要求党把工人阶级的经济斗争同政治斗争最紧密地结合起来。这是波澜壮阔的罢工斗争和由于危机与生产合理化而使人数日增的失业工人行动的征兆。目前时期，纺织工人已经站在群众斗争的前列，并且将越来越向前。

他们愈益坚决激烈反对的不仅是资本家，而且是整个法西斯专政制度。最近在帕比亚尼采发生的战斗——当时克鲁舍安得尔工厂的4000名工人，尽管受到裁减和同盟歇业的威胁，依然奋起反对工厂主、警察和法西斯主义的联合进攻来保卫被解雇的自己的代表，最好不过地说明了即将来临的战斗具有深刻的革命性质。法西斯政府立即进行有利于帕比亚尼采资本家的干涉，内务部部长斯克拉德科夫斯基给资本家派人进行镇压，这表明我们党领导下的这次战斗在多大程度上把它的锋芒指向法西斯专政。在这种情况下，应当把无产阶级、革命农民群众和被奴役的人民的全部力量集中起来，去帮助推进到第一线上正在战斗的纺织工人，为的是在党的领导之下阻挡法西斯政府对他们的镇压，支援波兰工人阶级的斗争。不仅是纺织工业中无产阶级的斗争急剧尖锐了，而且争取提高工资的华沙五金工人、栋布罗瓦矿区和上西里西亚的矿业工人的

---

① 亚沃罗弗希克分子是脱离波兰社会党的公开的法西斯皮尔苏茨基集团。

斗争也更加激烈。在上西里西亚雇农的斗争也愈益尖锐，比如这次全会期间在西乌克兰发生的斗争——在那里得到革命贫农支援的罢工的雇农，包围了派去帮助叛徒的大队警察。在群众的革命战斗热情增长之后，党应该不顾集体合同的期限，而只考虑罢工的准备情况和工人举行罢工的决心，去规定斗争开始的时刻。在以难于想象的自发性和猛烈程度为特色的所有这些战斗中，党应该注意不要落后于群众，相反，而应该永远是一股领导力量、组织力量，何况在这个时期社会法西斯主义越来越要竭力抓住群众的战斗情绪，以便破坏工人群众的斗争，使斗争遭受挫折。用假民主和反对派的辞藻掩饰其社会法西斯嘴脸的波兰社会党的作用，这时对于工人阶级来说，是最主要的危险。我们党应该动员工人群众注意反对这种危险。

　　工会官僚同法西斯专政机构越来越紧密的结合和工会的法西斯化，不仅表现于罗兹罢工，在那里社会法西斯分子靠我们的错误得以破坏了英勇的斗争；而且表现于上西里西亚矿业工人罢工，在那里斗争在萌芽时就被借助于强加给群众的仲裁而消灭了；还表现于华沙缝纫工人的罢工，在那里社会法西斯官僚曾运用各种恐怖手段帮助警察破坏罢工。社会法西斯主义的这种作用的政治表现，是最近的一次社会法西斯工会代表大会。这次代表大会是由指定的人参加的，并且表明这些工会在法西斯化方面又前进了几步。经济民主，工人参加政府，在社会法西斯分子帮助下实行政府仲裁，为了破坏罢工使工会集中化，这一切都是社会法西斯主义的叛卖作用的明显例证。这次代表大会的决议，如要求政府建立像国家经济委员会，有工人组织、劳动室等参加的各种工业委员会的法西斯机关，也可以证明这一点。

　　社会法西斯分子在代表大会期间还表现出法西斯主义帮凶的作用，因为他们在手枪射击的帮助之下，不允许由全国的群众选出的150名工会反对派代表参加代表大会。党所领导的因工会代表大会而掀起的运动,如同五一的游行示威一样,是我们工会运动中的一个重大事件。工会反对派的代表经常从工人那里得到反对社会叛徒工会官僚的嘱托;并且在茹拉夫斯基的卫队借助手枪和警察而不许他们参加代表大会之后,虽然警察要驱散他们,他们还是在自己的代表会议上选出了工会反对派的领导机构。随着群众左倾程度的提高,社会法西斯分子以很巧妙和狡猾的伎俩利用假革命的蛊惑人心的宣传来欺骗工人群众的危险日益加重。社会法西斯分子代表大会关于实行七小时工作制的决议就是这种欺骗的表现。他们实际上献给资本家八小时工作制,并且帮助资本家去实行10小时—12小时甚至16小时的工作制,希望这样来阻挡群众免受共产党员的影响,因为共产党员正在推广已经实行七小时工作制的苏联工人阶级的成就。基于共产党的合法化,尤其是在被压迫民族间的日益普及,崩得社会法西斯分子提出了使共产党合法化的要求,这同样是一种蛊惑宣传。当社会法西斯在自己的代表大会上,在蛊惑人心的反对派的漂亮辞藻掩盖下贯彻自己的决议的时候,法西斯专政机构因亚沃罗夫希克分子工会代表大会而召开了自己公开奴仆的代表大会。这两个代表大会又一次证明,社会法西斯分子对法西斯专政的效劳与法西斯分子对法西斯专政的效劳之间没有原则区别。可是,当亚沃罗夫希克分子代表大会公开宣布与政府合作的口号时,波兰社会党代表大会则是用反对派的漂亮辞藻掩盖这种合作的。所以,为了使党能够独立地领导无产阶级即将进行的战斗,党应该竭力根除认为波兰社会党会进行反法西斯专政斗争的任何幻想,根除作为当前主要危险的工会合法主义,并去反对任何的犹豫和动摇,以及对党的正确路线的任何违背。在全国范围内所犯的一系列右倾机会主义错误都说明这种危险的存在。这类错误有:在工会管理、伤病互助会、地方自治等方面与社会法西斯分子搞共同的名单,一些决议要征得社会法西斯分子的同意,共产党员散发社会法西斯分子的传单,允许社会法西斯分子领导罢工,面对亚沃罗夫希克分子的法西斯化，为了反对亚沃罗夫希克分子以维护工会的"阶级"性而提议与社会法西斯分子建立统一战线等。尤其是在工会工作中，党应该特别加强对一切机会主义错误的斗争并密切注意这些错误，直至最近在一些同志的发言和文章中所表现出来的、在对波兰社会党的态度上的错误立场，因为这种立场不仅不能帮助党克服这些右倾错误，而反倒是支持了这些右倾错误。因此，克服工会合法主义是同克服对社会法西斯主义的作用和性质的这些错误观点紧密相连的，而今后党在执行其当前主要任务即独立领导无产阶级战斗方面的作用，又以克服所有这些错误观点为转移。尤其重要的是，在法西斯专政准备反苏战争时期，当社会法西斯主义是最危险的战争工具的时候，工会反对派的任务是在工人群众面前大力揭露社会法西斯主义，并且指出，社会法西斯主义就是在准备反苏战争方面法西斯专政手中最凶恶的工具。

　　对于被压迫被奴役的各民族来说，社会法西斯主义是特别大的危险。在那些民族中间，社会法西斯分子在反对派的革命的辞藻掩盖之下加紧活动。在西乌克兰，社会法西斯分子正在帮助为进行反苏维埃乌克兰的战争而把乌克兰资产阶级团结在自己周围的法西斯专政；他们正在与乌克兰社会法西斯分子一起建立民族的工会分会，组织波兰—乌克兰雇农、林业工人和贫苦农民工会，正在利沃夫成立民族中央委员会作为华沙中央委员会的代表机构，正在利用民族自治的骗人口号，正在分裂西乌克兰的革命工会。

　　在我们党将要在工会反对派帮助下领导的当前的战斗中，未参加工会组织的工人群众将要起特别大的作用，因为工人阶级的80%是处于工会之外。因此，党为了领导这一斗争只有从下面在工厂中建立统一战线机构，并在这些机构的领导之下把加入和未加入工会组织的广大群众团结起来，它才能贯彻执行红色工会国际第四次代表大会和共产国际第六次代表大会的决议。

工厂委员会和代表团应当在从下面建立统一战线中起主要作用。工厂委员会和代表团的掌握、扩大和积极行动，工厂全权代表组织的建立，就是今天最主要的任务。

群众自己为了贯彻行动而建立的行动委员会，对于独立领导斗争具有特殊意义，因此我们应当竭尽全力使这些行动委员会在准备斗争的过程中建立起来。我们的党组织当然对于我们的这一整个活动起着主要作用。而且罗兹罢工的经验证明，如果没有工厂里的巩固的党支部，没有工会中正确建立起来的共产主义党团，党就不能领导斗争并打退社会法西斯主义的一切复杂和危险的伎俩。

最后我想谈一下关于建立新工会的问题，这个问题曾在我们党内引起很大的意见分歧并造成许多糊涂观念。中央委员会最近一次全会通过一些决议，认为在这方面我们犯了一系列严重错误，这些错误表现在中央委员会一月全会和工会会议的指示和决议中。关于保留革命工会的决议是正确的。革命工会曾因建立平行的工会而被社会法西斯分子排斥于中央委员会之外。在社会法西斯领袖根本不许建立工会的地方建立地方工会的指示是正确的。由于群众运动，在工会官僚的叛卖作用充分揭露的地方，在社会法西斯工会在群众中丧失威信并且群众脱离社会法西斯工会的地方，在工会左派不仅能够影响群众而且在群众中建立了据点如工厂委员会、罢工委员会等的地方，在那里应当建立革命工会的规定同样是正确的。但是，关于建立革命工会的**总方针**是错误的，断言在当前建立革命工会是历史的必然，建立革命工会是在资本、法西斯主义和战争的进攻面前保卫工人阶级的唯一办法，对于工人阶级的斗争和社会主义来说拯救工会运动的唯一办法，正如一月全会和工会会议的决议所断言的那样，是错误的。实现这些指示就会导致整套革命工会的建立，因而也就意味着我们离开和辞去社会法西斯工会里的工作。这些决议也说明混淆了革命工会与斗争机构的作用，说明对这种机构的作用估计不足。工会会议认为，由于法西斯政府力图把革命工会赶到地下，我们能够建立群众性的秘密工会。这种武断也是错误的。不去加强我们为革命工会运动的合法形式而进行的斗争，在工会反对派为群众性的合法工会而斗争的时刻，这些决议就意味着支持我们队伍中那些沿着逃避这些困难任务的路线走的情绪。在我们的工会实践中，我们正确地保护了被中央委员会开除的革命的化学家工会。我们正确地建立了华沙的缝纫工人工会，当这个工会最主要的支部被社会法西斯分子开除的时候。我们同样正确地建立了华沙的电车工人工会，当佩佩埃索夫工会中发生分裂之后我们能够争取到大多数工人的时候。可是，关于建立一些新工会特别是华沙的五金工人工会和在建立群众性工会的准备工作明显不足的地方，建立铁路工人工会的决议则是错误的。新工会是在极左词句的掩饰下帮助机会主义逃避同最凶恶的敌人——波兰社会党的斗争的，因而建立新工会的方针受到最近这次全会坚决彻底的严厉批评。实际克服所有这些错误可以使党更注重同社会法西斯主义和法西斯主义的斗争，而这是在即将到来的大的战斗中波兰工人阶级取得成绩和彻底胜利的基本条件。

沃尔夫（匈牙利）：

由于在工会中的工作，洛佐夫斯基同志在他的报告中批评了我们匈牙利共产党的活动。他说，我们同离开工会的法西斯分子的领导形成了统一战线。如果这符合实际的话，这就是我们方面的严重错误。但这不是真情。并且我反对向共产国际提供不正确的情报，因为由于这种情报会产生不良的决议和错误的路线。

值得注意的是，库恩·贝拉同志——尽管他从我这里得到了情报——对于在伤病互助会选举之前，在我们的书记处有依然处于少数的反对派这件事，默不作声。库恩·贝拉同志现在还想把右倾错误也妄加于我们。他，在我们党内对右派起着调和作用，现在拼命地用放大镜寻找"偏向"，并因而在他的分析中得出这样的结论：似乎连我们也在打算对法西斯领袖们施加压力。

维特科夫斯基（红色工会国际共产党党团）：

我同意台尔曼同志和洛佐夫斯基同志的报告。我想仅就几个问题作一点发言。

第一个问题是罢工委员会与工厂委员会之间的关系问题。这个问题在这里已经涉及。诚然，这个问题在提纲中是这样说的：罢工委员会应当是临时机构，罢工结束后，就该解散。在红色工会国际第四次代表大会决议中的说法与提纲中的说法有点矛盾。决议中说的是：虽然在有工厂委员会的国家，如德国，不能把工厂委员会的作用与罢工委员会的作用混为一谈，但是另一方面也要强调，罢工委员会不是向工会组织过渡的某种暂时的形式。可是，如果我们实际上提出在比如说法国这样的一些国家争取建立工厂委员会的问题，那么我们应该了解，只有罢工浪潮的高涨才为建立工厂委员会创造适宜的条件，并且正是罢工委员会能够成为——像红色工会国际第四次代表大会决议中所说的——工厂委员会的这种原始形式。

我们看到在波兰，现在，例如在罗兹，斗争进行了几个月，争取建立工厂委员会的运动在进行，并且在斗争期间，这些工厂委员会应该同时起到罢工委员会的作用。因此，不应像在这里提过的那样，公式化地提出问题。应该理解，在工厂委员会作为工人由于革命斗争所获得的一种组织形式而存在的国家，比如说德国，情况是完全不同的，而在没有工厂委员会存在的国家，又完全是另一回事。这是第一个问题。

在这里我想谈的第二个问题是保证书问题。我认为台尔曼同志在这里发挥的那个观点是正确的。台尔曼同志说，在德国现有的具体情况下，不要签署让工人、让我们的同志拒绝同共产党联系的保证书。皮亚特尼茨基同志说，不必为所有的国家都解决这一问题。不应该不管具体条件考察问题，是完全正确的。我们不会有什么规章，它们告诉我们在什么地方、什么时候我们应该签署什么保证书。但是，我认为，现时的保证书问题，是德国的保证书问题，或者运动处在德国的那个阶段上的国家的并且处在我们在德国的运动所处的那种具体条件下的保证书问题，当时我们克服了右派和调和派对新工会策略的反对，当时党顺利地引导了鲁尔运动，而后来又引导了工厂委员会选举运动，并且当时改良派对我们的这一新策略的回答正是要求签署保证书，这个要求也是群众的要求。这里我们的指示、我们的路线应该是明确的，因此我认为，皮亚特尼茨基同志所建议的那些，在这种场合是不适用的，这就是所以不适用的缘故。改良派是向谁建议签署保证书呢？向所谓工会工作人员建议。所有这些人或者是共产党员，或者是接近我们的人，工会反对派的成员，工人把他们作为共产党与之交往的人。对于中国、对于秘密情况可能是正确的东西，在德国却不会有什么用。如果我们也给在德国的同志发出某一指示，假定说，我们的同志签署了保证书，而在最近期间他们并没有履行保证。镇压没有因此而减少，这就会使广大工人队伍迷失方向，使他们完全不明白为什么我们要发出这种指示。

现在，关于新工会问题我想说上几句。我认为提纲中有关这个问题的总方针是正确的，这里指出了可以建立新工会的条件，这里劝告采取慎重的策略。但是我想使对问题的这一提法也适用于波兰的具体条件。虽然我认为波兰党有过巨大偏差，虽然信奉一些不正确的说法，虽然依据工会会议离谱过远的表述，发生并且实际发生了错误，在我们党的队伍中有放弃在改良主义工会里工作的意图，但是我认为，不能因此就走向另一个极端。应该明确地说，在波兰的具体条件下，当个别工会已经法西斯化的时候，就应该担起倡导建立新的革命的工会的责任。比如说,在栋布罗瓦矿区矿工工会中存在什么具体条件呢?我们在栋布罗瓦矿区矿工中间具有压倒一切的影响。关于这一点,我们拥有众多的征兆,选举期间,在那里我们获得工人阶级的绝大多数选票。但是与此并列,在栋布罗瓦矿区还存在一个甚至不到一千而只有几百名会员的小型工会,除了在几年内起着阻止一切经济斗争的官僚机构的作用之外,这个工会不起其他任何作用。在栋布罗瓦矿区,建立革命工会是必要的。另一个问题是,应选在什么时候建立革命工会。显然,应选在我们遇到高潮、我们遇到经济斗争的时候。这是摆在我们党面前的任务;建立运输工人工会也是摆在我们面前的任务。

由于我们揭露了改良主义者,有一大批人退出纺织工人工会的时候,正如在最近一次纺织工人罢工中发生过的那样,这时候建立新工会的任务便摆在我们的面前。这不是我们的工会干部的逃走,这不是我们党的党员的逃走,这是群众逃离这个工会。因此,建立新革命工会的任务在那里便具体地摆在我们面前,这当然也同经济斗争有关,当然也是在群众斗争高潮之中。

我想,如果我们对波兰讲这些偏差,这些可能具有极左性质的倾向,那么我们总不应该无视,我们波兰工会运动中的主要危险不是这些倾向,而是右倾和罗兹罢工期间在我们的一部分工会积极分子中表现出来的工会合法主义。这是一方面。而另一方面是在佩佩埃索夫工会分裂时的错误态度,对所谓茹拉夫斯基工会的、对官方佩佩埃索夫工会的错误态度。还有一些表述错误的口号,它们会被群众理解成是我们对于反对露骨的社会法西斯分子的佩佩埃索夫分子的支持。

别韦尔(共产国际执行委员会):

我认为,维特科夫斯基同志有关新工会问题的发言是同提纲草案发生矛盾的。诚然,维特科夫斯基同志开始发言时声明,他同意提纲,但是后来他说，在栋布罗瓦矿区，需要建立新工会来领导经济斗争。这是同我们的提纲直接相矛盾的，因为我们说，为了领导斗争，需要建立斗争委员会，而不是新工会。这种论断同提纲发生矛盾。

再者，米夫同志在这里谈了中国红色工会的工作，关于这一点，我想讲两句话。首先我应当把注意力放到米夫同志提出的四点具体意见中没有包括一项对红色工会的指示上。他建议加强党的群众工作，建议在国民党工会中工作，但是丝毫没有说出红色工会应该做什么。可是，证明工会运动新高潮到来的事实在中国已经存在，这点皮亚特尼茨基同志说过。米夫同志说，他拥有关于中国罢工运动蓬勃发展的更加令人信服的材料。这尤其说明党在群众中有进行工作的可能，组织群众性行动的可能等。可是，这时候中国共产党中央委员会的正式文件却说，现在红色工会在大多数场合没有进行任何工作，它完全是由党员组成，并且甚至还没有把所有的党员都联合起来，对此必须补充一句：共产国际第六次代表大会之后，中国共产党失去了数量很大的工人党员。显而易见，这种情况丝毫也不能证明党同工人群众的联系加强了，并且中共中央自己也说党同工人阶级的联系削弱了。这种情况非常严重，显然无论共产国际，也无论红色工会国际，都应当最认真地帮助中国共产党。

最后，我想把注意力放在发过言的同志们没有涉及的一个很大的问题上。它就是为了反对企业主和警察企图破坏罢工及无产阶级战斗机构而组织无产阶级自卫的问题。在这方面，波兰共产党具有丰富的经验，因而让波兰共产党把自己的经验介绍给整个共产国际是非常重要的。这个问题十分尖锐地摆在许多党的面前。比如，我们收到的最近一号《人道报》报道，在法国的一些大工厂门前，工人与全副武装的警察发生了大规模的冲突。警察局派出自己的警察分队到工厂门前，企图驱散群众大会和飞行集会等。工人赶走了警察队。新的警察部队来支援原来的警察队，工人也从厂内调来增援力量。在雪铁龙汽车厂前终于发生了一场大搏斗。因此，组织无产阶级自卫的问题一定要写进提纲。

莱纳（红色工会国际共产党党团）：

我想谈的第一个问题是有关斗争准备的形式和方法的问题。在大多数场合，对于罢工斗争的准备都极不充分。我认为，在决议中对这一点反映得很少。我认为，详细谈谈关于组织斗争准备委员会或反同盟歇业委员会的问题是非常重要的，正如在斗争之前和斗争时期必须动员共产党党团和工会反对派一样。还有很重要的一点，是及时召集妥善组织起来的工人和工作人员会议。台尔曼同志曾多次有根有据地提醒我们注意这个问题。作为一个好的例子，他援引了鲁尔斗争的准备情况。根据我们掌握的大量材料，还是应当说，即使在鲁尔，斗争的准备也仍然带有颇为机构的、上层的性质。它并没有广泛深入到工人群众的下层，我们的要求没有为大家充分理解，也没有围绕这些要求将大批工人真正动员起来。

在汉堡情形要坏得多——就这方面来说——并且在图林根已经非常糟糕。这是有关德国的情况。而关于法国、关于美国以及关于其他国家，可以说也是这样，只不过细节有点变化。波兰是个例外——就是罗兹罢工进行过长时间的准备。

我想谈的第二个问题，是格伊同志关于以工厂委员会的形式保留罢工委员会的意见。在我看来，这个意见完全不能接受。不能把罢工委员会看成工厂委员会的幼芽，虽然像他所说，在工会运动分裂的国家——例如在法国，要成立工厂委员会，一般说是困难的。我认为，全会应该坚决表示反对这种意见。经验证明，在斗争特别尖锐紧张时刻选出的罢工委员会，当斗争完结、高潮下落的时候，大多数会进入某种停滞不振的状态。当罢工委员会在正确利用它们的情况下，报告自己的工作、对斗争进行总结、揭露改良主义者的政策和策略的性质等的时候，由特殊的事件和条件引起产生的机构能够转成工厂委员会吗？我认为，应该坚决否认这一点。工厂委员会，除了自己大量的革命政治任务以外，应当日复一日地捍卫工人的经济利益。而罢工委员会呢，是在不同阶级力量相互斗争和激烈搏斗的烽火中组织起来的，它无论如何也不能完成这些任务。

我认为，有一个重要问题很少被涉及。它就是关于罢工委员会和红色工会和革命反对派之间相互关系的问题。

鲁尔的特别是汉堡的那些生动的例子，这是一方面，另一方面，法国的、英国的和美国的一些罢工表明，保护罢工委员会、力求使它多延长一些时间、慑于群众主动精神的顽强趋势是存在的。

我认为，在决议上，对于视为消极和令人不快的这一点，也是应该特别热心地强调指出的。不能忘记，罢工委员会是巨大的新鲜力量的源泉，是勇敢、坚定和富有战斗力的新干部的集结点。鲁尔的经验恰恰证明了这一点。正是在鲁尔，在许多单个地区，由于组成了罢工委员会，革命反对派迄今从未表现出那么多的新的力量，现在显现出来了。要对工人群众的阶级敏感和才干给予更多的信任！

关于把未参加工会组织的人们组织起来的问题，是工会委员会里争论最多的问题之一。在这个问题上特别集中了人们的注意，并且它也非常强烈地吸引过共产国际执行委员会的工会委员会参加者这些同志们的关注。洛佐夫斯基同志做得不错，他拒绝了常常是不断向他提出的像互相保障会、互助储金会等这样一些荒谬的工人组织形式。他拒绝了这些，但是另一方面，对于把那些还未找到通向工会组织以及诸如国际支援革命战士协会、红色前线战士会尤其是国际工人援助会这些靠近党的组织之路的工人们加紧组织起来的必要性，强调得不够。这后一种组织，就其目的、任务和工作性质来说，最能促使男女工人倾向于工会。我想，这一点也应当在决议中反映出来。

关于保证书，我讲两句话。我觉得，台尔曼同志对于在什么时候、在什么样的情况下能够而在什么时候不能够签署保证书这个问题不是十分清楚。我没有说过**在任何时候和在任何条件下**都不能签署保证书。我只是说，需要认真考虑情况，因为不常有交给敌人的无害的契约。应当使参加全会的人对于在什么场合、在什么条件下、在什么情况下可以签署保证书不产生丝毫疑问。

再用两分钟谈谈罢工期间设立援助基金的问题。假使我没有理解错台尔曼同志的话，那么我觉得，他有点矫枉过正。右派和调和派硬说离了补助金就无出路，就不能开始斗争。必须千方百计反对和揭露这些人，是完全正确的。但是如果台尔曼同志为了反对他们而建议拒绝建立援助机构，那么这就不对了。

还有一个关于组织工会反对派的问题。这个也是在工会委员会上争论得很热烈的问题，在向全会提出的提纲草案中没有得到反映。

当时我觉得，革命工会运动中的一些曲折、缺点、错误和不足大都是因为工会反对派迄今还是某种松散、不成形、没有组织骨干、没有基础的东西。这种状况应该坚决改变；工会反对派应该是在广泛的基础上即是因现在迫近的大规模斗争而组织起来。关于这一点，我们还要在委员会上谈谈。

现在我来谈最后一个问题——关于女工的问题。可以毫不夸张地说，关于女工的问题是第一次这样具体明确地提出，并且提到这样的原则高度，因为我了解共产国际所有代表大会和全会的历史。这特别是反映在台尔曼同志的发言里。他最密切地注意了在这一时期和这一段时间——巨大的阶级冲突和正在来临的帝国主义战争就在眼前——女工问题的全部复杂性以及全部尖锐迫切性。

可以列举出几十次、几百次罢工和同盟歇业，在那里女工不仅同罢工男工携手前进，不仅表现出斗争的惊人毅力和意志以及真正的战斗力，**而且在一些重要的战斗中她们首先举起了斗争的旗帜**。在塞格德（匈牙利）、在里戈工厂（英国）的情况是这样，在美国、波兰和德国等国纺织工人的一些罢工中情况也是这样。她们往往不仅反对改良主义领袖，而且不顾女工队伍本身中的阻力，**自己**出来胜利地领导了斗争。

近五六年积累了大量资料，它反映出女工站在欧洲、美洲和在东方——在德国、法国、英国、波兰、匈牙利、保加利亚、希腊、美国、意大利、日本、印度——的前沿阵地，在劳动极其繁重的租让制工厂和在稻米、茶叶和香蕉种植园等地方的次数非常之多的斗争。反对警察和密探、反对正规军和土匪，在工业中心的大街上、在电车轨道和火车轨道上，女工和男工妻子对作战总有真诚的准备并要斗争到底。看不到这一点，不能考虑并且为了革命斗争的胜利最深刻全面地利用这一点，那就意味着是个瞎子。应当说，围绕女工，为了争取她们的"心灵"，无论资产阶级的机构，还是改良主义的机构，都正在进行大量工作。在某一些国家，这种工作进行得远不是不顺利的。例如在英国、德国、美国和奥地利，有数以十万计的女工处于改良主义的、宗教的、民族的工会之中，并且受到和平主义—蒙德主义的阶级调和理论的哄骗。

应当从我们的队伍中连根铲除关于说什么女工生来落后和没有阶级觉悟这种流行的所谓已经解决的"真理"。在数量足够的例子——鲁尔、汉堡、罗兹、孟买、阿洛讷等——中表明其巨大战斗力的大量没有参加工会组织的工人群众中间，就其人数和阶级的情操来说，女工都居于首位。

至于说吸收女工群众和使她们积极起来的问题，依我看，应当用对一般没有参加工会组织的工人采用的同样方式方法来解决。从这种意义上说，很重要的是第十次全会以它具有的全部威信在自己的决议中强调指出，必须断然根除现在日益显露的、女工大批参加罢工斗争与她们参加工会特别是对斗争的政治和组织领导之间的不相适应、不成比例的现象。并且实际上，在罗兹罢工委员会中，或在阿洛讷罢工、慕尼黑—格拉德巴赫罢工及其他罢工期间（在那里女工均占在业纺织工人的多数），妇女在罢工委员会中的人数是多了吗？应当坚决消除那种毫无用处地照顾和不相信包括女工在内的工人群众的主动精神和阶级嗅觉的现象。当然应该挑选最积极最坚强和头脑清晰的女工，应该挑选她们并且让她们去工作去斗争。最后，应该从言论到行动。当然非常重要的是，为了在女工中间工作要造就一大批干部，但是为了这一点，还必须把最有毅力最富革命精神的女工大胆地坚决地提拔到从上到下一切工会机构中去。要以苏联为榜样，在那里有数以万计的女工积极负责地参加着对工会的领导。现在，面对未来的战争和巨大的阶级搏斗，女工在毫无例外的一切生产中将起头等的作用，这尤其重要。

红色工会国际第四次代表大会通过了关于在女工中间工作的政治和组织性质的决议，同时制定了社会和经济要求的专门纲领。遗憾的是，必须说，迄今还没有共产国际和红色工会国际的一个支部是按这个决议生活的。然而整个情况要求我们必须急剧改变现状。我还想指出，在全会，恰恰就是这次全会的决议中，对于从政治上说吸收女工的必要性讲得这么多，但是却没有鲜明突出地提出在女工中间工作的问题。因此，我建议作一些相应的补充。

我觉得，只有大胆而坚决地实现这次全会上所规定的在政治和组织上把女工吸引到革命工会运动中来，才能有助于我们将千千万万女工群众吸引到强有力的全阶级的轨道和斗争中；而这又有助于我们更迅速更容易地争取和确立世界无产阶级专政。

皮亚特尼茨基（苏联）：

显然米夫同志不理解摆在这次全会面前的任务，以及我为什么已经就中国共产党在国民党群众性工会中工作的问题进行几次发言。他在这里讲了些什么呢？1927年，中国出现过罢工，但是罢工者没有提出任何要求，因为他们害怕笼罩在蒋介石统治地盘之上的地狱般的恐怖。1928年，上海一个地方就有四分之一的无产阶级罢了工，我在这里宣布过了有关罢工的详细统计资料，所以就无须重复了。1927年和1928年之间的区别是有目共睹的，甚至连瞎子也能知道。1928年，罢工者不仅提出了经济要求，而且他们还公开声明支持被捕者，提出了一系列政治要求。这证明群众已经很坚强，他们连提出政治要求都毫不畏惧了。

米夫同志不是明确迅速地给予指示，指出不能放过在中国已经出现的或者无疑增长的工人运动高潮，而是对我提出这个问题正确与否、就这个问题的表态正确与否进行争辩。糟就糟在这里。提出这个问题，我想说明什么呢？难道我是想要破坏中国共产党的威信吗？我丝毫也没有这种想法。中国党的一些优秀分子遭到屠杀，来了一些新的同志，他们还没有经验，共产国际和红色工会国际的任务就是要帮助他们，及时地指示他们应当去做什么。共产党员应当在群众性黄色工会中组织共产党党团，应该领导这些工会的工作，把领导权掌握到自己手里，在这些黄色工会内同国民党分子进行竞争，并尽力把他们从那里排挤出去。

维特科夫斯基同志把事情说成是我要德国共产党员签署改良主义者塞给他们的一切保证书。不，我没有这样说。

假如台尔曼同志这样提出问题：此时在德国，在一切场合都不能签署任何保证书（他没有这样提出问题），那我也不会同意他。

莱纳同志根本反对共产党员签署任何借据。这种观点我还没有听任何一个共产党讲过。莱纳同志，我劝你把《共产主义运动中的"左派"幼稚病》中的一章通读一下。

（莱纳："读过了。"）

"是否需要在反动工会中工作"——我相信您没有读过这一章，否则您不会讲出这种胡言：无论在什么情况下共产党员都不能签署保证书，也就是说来自企业主组织的文件。因为现在我不能把改良主义工会与企业主组织区分开。他们——改良主义者——比企业主更坏，因为工人知道每一个企业主都是剥削者，但不是全体工人都已经看透了改良主义工会领导人。我想，共产党员可以根据情况来确定是否签署保证书。

维特科夫斯基同志不理解，既然在某些场合我们赞成签署保证书，怎么能在工厂委员会中执行新的策略——他把两个问题搅在一起了。在工厂委员会选举中，如同在议会和公社选举中一样，共产党员总是公开展示他们的名单，虽然共产党事先知道名单中的这些共产党员会被解除工作。我赞成德国的有关工厂委员会选举的新策略。当时我知道，列入平行的共产党名单中的那些党员将被开除出改良主义工会。这种开除已经开始了，并且不仅把他们开除出工会，而且还开除出工厂，所根据的指责是革命工会委员会没有从事自己的工作。如果为了有工作和掌握工会的某个分会或争取某个工会地方分会多数会员的可能，改良主义者不知道的共产党员给改良主义者签署保证书，则是另外一回事。在这种情况下，共产党员是否应该签署这种文件呢？依我看，在这种情况下，共产党员应该、有责任给改良主义者签字、签保证书，并且如果共产党员中有谁不这么做，谁就是对工人阶级的犯罪。根据这一点，我绝不是想说，在任何时候和任何情况下都必须签署保证书。不是这么回事！

（莱纳："并且我也没有这么讲过。"）

不，您讲过不论在什么样的情况下都根本不能签署保证书。看看您的速记记录。保证书问题在现时的德国不起任何作用，但是，比如说，对荷兰共产党员，对英国共产党员来说，保证书现在有或将来有意义。总之，我主张改良主义者不知道的共产党员，把自己属于党这一点隐瞒起来并去签署各种文件，为的是他们能够顺利地争取到工会中的工人群众。

穆索（印度尼西亚）：

经验证明改良主义工会没有引导革命罢工，而实际上是在从事破坏罢工的勾当。因此，共产党的策略不在于强迫工会官僚进行斗争，而在于当工人群众进行违反这些官僚的意志和愿望的斗争时去领导工人群众，把这些官僚从工会运动中驱逐出去。红色工会国际第四次代表大会，曾经不顾提出"迫使工会官僚去斗争！"口号的德国右派的反对，强调过这一策略。

头脑十分清醒的共产党员，再不会相信改良主义者还有进行革命斗争的意图和愿望，与此相联系，共产国际认为最好摆脱那些还继续相信可以迫使改良主义者斗争的共产党员。终究在一系列罢工中我们看到了许多不健康之点，它们表明同志们没有充分理解红色工会国际第四次代表大会和共产国际第六次世界代表大会所作决定的意义。

正如台尔曼同志在他的报告中所强调的，罗兹罢工之所以遭到失败，是因为我们的同志没有很好地理解独立领导意味着什么，以及在罢工斗争期间应当建立什么样的统一战线。

当罗兹罢工已经开始并且工人已经选出罢工委员会的时候，佩佩埃索夫工会派自己的代表到罢工委员会，还声称它要掌握斗争的领导权。我们的同志惊慌了，忘记了独立领导的策略，似是而非地理解统一战线。由于这种糊涂，佩佩埃索夫工会在罢工委员会中获得了多数席位。用台尔曼同志的话说，22名有意破坏罢工的改良主义者进驻了委员会。这是罗兹罢工结束的开始。

我们的波兰同志犯的错误与其说是地方性的，倒不如说是国际性的。我们的同志在波尔多还是犯了码头工人罢工时那样的错误。那里有两个工会，一个是只有150名会员的改良主义工会，一个是有300名会员的革命工会。跟在这两个工会的会员们后面有几千名宣布罢工的工人。罢工期间，统一革命联合会的领导人不知所措，同意和社会党人市长及改良主义工会首领们建立统一战线。

可是，幸亏我们的同志及时地从统一总工会来进行帮助，使与改良主义者的统一战线分裂并把对罢工的领导权掌握在自己手中。这次罢工进行到底了。

孟买纺织工人的罢工，从改良主义者进入罢工委员会的时刻起，开始低落了。

在共产国际第六次代表大会以后发生的一些罢工中已经显露出来，我们的同志尚未充分理解如何进行独立的斗争，需要建立何种统一战线，尤其是在斗争炽烈的时候。

在各殖民地，社会改良主义的法西斯倾向迅速加强了，甚至比我们预料的还快。托马在上海之时，他说了什么呢？在这里我找到国际社会民主派法西斯性质的最好证明。托马声称："**国民党和国际劳工局在追求同样的目的**"，我们在《太平洋月刊》第 27 期上读到这句话。在印度尼西亚，改良主义迄今还未使当地工人群众屈服于自己的影响。恰恰是在红色工会国际第四次代表大会和共产国际第六次代表大会之后，工会运动在印度尼西亚迅速活跃起来。

正如你们所知道的，1926 年起义之前，印度尼西亚的工人群众是由共产党员把他们组织起来的。在这些组织消灭之后，荷兰政府使社会民主党人和民族主义者有了把处于瓦解状态的工人阶级重新组织起来的一切可能。因此我们才看到，**伊斯兰联盟**怎样得以把码头工人、赶车工人、当铺工人以及其他政府企业和垄断组织的工人重新组织起来。

印度尼西亚国民党把泗水电车公司的一些工人团体以及一些五金工人又组织起来了。

独立工会有着巨大意义。现在，这些独立工会是印度尼西亚最大的组织并且得到当地工人阶级的同情。这些工会几乎在所有各个资本家企业和政府企业的各类工人中间都有自己的组织，并且在整个印度尼西亚已经建立自己的分会。

伊斯兰联盟组织起来的工会日益反动。1919年爪哇糖厂和甘蔗园工人总罢工的一度英勇的领袖**苏利奥普罗诺托**，以及1922年当铺工人总罢工的领袖之一——**雷克索迪普特罗**，1929年2月在当铺工人代表大会上宣布，他们是工人新罢工的反对者，因为有着去改善工人劳动条件的许多其他办法。他们同样地加紧劝说工人与企业主合作。当代表大会讨论建立工会中心的时候，伊斯兰联盟工会的领袖拒绝让独立工会参加工会中心。

印度尼西亚国民党在当年5月举行的代表大会上，通过了在工人和农民中间加强自己组织的决议，据报道，印度尼西亚国民党领袖**苏加诺**，曾同独立工会的杰出领袖**马祖迪**举行会议，并且建议在独立工会与印尼国民党组织起来的工会之间建立统一战线。

荷兰政府对日益兴起的工会运动的目前政策是什么呢？荷兰政府是持观望态度，尽管这时候所有各个资本家企业和政府企业中的工人几乎都已组织起来。政府暂且还不采取任何阻止工会继续发展的措施。从当年6月国民会议开幕期间总督的演说来看，荷兰帝国主义者正在打算给社会民主党人在这些工会中间扩大其影响而提供可能，这是无疑的。根据荷兰社会民主党的恳求，政府派了伊斯兰联盟的杰出领袖之一——**奥古斯特·萨利姆**作为荷兰工人代表团的顾问去参加日内瓦会议。

这一步可以看成是印度尼西亚社会民主党在使国民党人屈从自己影响的尝试方面的一次成功。

在发言结束时，我建议共产国际第十次全会最后要对印度尼西亚采取某些具体措施，以便为正确领导在极其艰苦条件下工作的我们当地同志创造可能。

优素福维奇（红色工会国际共产党党团）：

在这里回忆一下正是在红色工会国际第四次代表大会上，尤其是在此后，右派加入了同党、同共产国际和红色工会国际的斗争，竭力破坏新策略的贯彻实行，不会是多余的。

这决非偶然。红色工会国际第四次代表大会决议已经载明了整个政策路线上和革命工会反对派在改良主义工会与革命工会中实行行动上深刻而急剧的转变；决议意味着突破工会合法主义框框，不再总是瞧着改良主义者、跟在他们身后；决议标志着伟大主动精神和毅力的表现，对于自己的力量、对于把希望完全寄托在自身力量的必要性的认识。

这些决议来源于摆在革命先锋队面前的基本战略任务——**争取到工人阶级中的决定性阶层**、工人阶级大多数的**任务**。而这一点，如果没有经济斗争的正确策略，没有对现今改良主义工会机构作用的正确估价，没有争取使工会官僚脱离群众并被驱逐的正确方法，没有对于未参加工会组织者作用的正确估价，没有革命工会运动在反对资本家及其在工人阶级中的走狗——改良主义者的斗争中对革命杠杆的广泛利用，则是不能达到的。

要知道，红色工会国际第四次代表大会决议所突出的全部问题，最终基本上归结为**夺取通往无产阶级革命的要冲的问题**。正因为如此，右倾机会主义者及其调和主义的掩护人才根本不会认真研究独立的革命行动和对阶级战斗的领导，在党和工会运动中革命的一翼**开始实际地真正地执行**并实现红色工会第四次代表大会和共产国际第六次代表大会决议的时候，才如此猛烈地反对这些决议。

也正因为如此，他们才这样接连不断地反对斯特拉斯堡有关罢工策略与战略的国际会议的决议。这次国际会议已经根据经济战斗中（在鲁尔、罗兹、阿洛讷及其他地方）执行新策略的丰富经验发展了并具体化了这些决议和指示。

右派，以及追随其后作为社会民主派和改良派之继续的调和派，是开展阶级斗争、使群众摆脱改良主义影响和聚集在革命领导之下道路上的障碍。

这个障碍——机会主义的一切变种——应当清除。这项任务是同国际改良主义斗争总任务的一部分，是争取到无产阶级中的决定性阶层的**前提**。

从一些例子来看，可以深刻了解右派正把革命的工会运动引向何处。他们在斯图加特五金工人工会中的举动，他们在索林根的破坏工作，在争夺汉诺威五金工人工会领导权时他们对改良主义者的直接帮助，在捷克斯洛伐克纺织工人和农业工人罢工时他们同警察的合作和破坏罢工的作用，他们呼吁政府机关实行仲裁来消灭已经爆发的保加利亚烟草工人罢工，他们拒绝同军事独裁进行坚决斗争并号召转向南斯拉夫改良主义工会，在德国马具匠代表大会（哈尔姆）上拒绝对改良主义机构持反对态度等——这一切都表明右派及其掩护人调和派的立场归根结底是站在哪里，他们起着什么作用——他们起着社会民主派和改良主义工会官僚的走狗作用，在同积极性愈强和革命性日增的工人阶级斗争中资产阶级奴仆的作用。

所有这些表明**革命工会运动与机会主义之间**的主要斗争焦点恰恰集中于工人阶级日常经济斗争（在目前阶段它正转变为政治斗争）中的因素，**要求共产党、要求共产国际最高度地注意革命工会运动的工作，注意无论在个别国家或在国际范围内都全力支持这一运动**。现在，只有关于必须加强工会工作的一般决议，已经显得不够了。

现在需要一切共产党都**对这段工作投入新的积极的力量**，一切党都严肃认真地担负起这一极重要的任务。需要在每一次罢工，在革命工会运动为排挤出改良主义者和掌握群众而进行的革命斗争的每一阶段，革命工会运动都根据新策略来组织和领导工人的日常斗争。这样的每一步都是全党的事业。党要为了这一事业而动员**自己的一切力量**，党要用自己的全部威信来支持这一事业。

现今，再也不能把工会工作看成所谓只有工会工作人员应当从事的管理性质的问题了。这种观点无非是机会主义的残余。机会主义不理解正在发生的进展，不理解当今形势下当今经济斗争的新性质，不理解争取这些斗争的领导权的巨大意义，而这些斗争是争取到工人阶级大多数及其准备决定性革命斗争的前提。**必须彻底铲除这种观点。**

我认为应当申明和强调指出：现今，**在目前阶段上必须全力巩固和加强红色工会国际。**

联共（布）第十五次代表大会有关这一问题的决议，共产国际第六次代表大会的决议，应当在整个共产国际及其各别支部的日常工作中实际反映出来。根据这种观点，必须欢迎作为共产国际最大支部之一的德国共产党第十二次代表大会的著名决议。决议中说："向工人说明共产国际这个无产阶级经济斗争的实践和理论上的国际领导机构的意义，是革命反对派的一项极其重要的任务。"

在同红色工会国际建立密切联系和合作方面，德国党也迈出了坚实的步伐。必须使其他党仿效共产国际德国支部的榜样。

我们的工会积极分子在数量上还不大，政治上和组织上的准备也还不足。关于这一点我们应该坦率而坚决地讲明。因为日常需要操心的事情较多，又因为斗争中的负荷过重，我们党和革命工会运动往往没有察觉出来，我们的干部开始落后于向我们提出的大量任务，新干部的培养成长太慢，其速度不适应斗争的开展。

我们必须使群众清醒地认识到工人阶级所面临的形势和任务，我们必须指导和带领最广大的群众，千方百计深入到群众中去。**为此，就必须有一大批在各方面都熟练、准确执行革命路线并且能够从中选拔出领导整个运动的朝气蓬勃分子的、中层和下层工会的积极分子。**

同时，**关于更新革命工会运动干部**，从下面提拔摆脱了任何机会主义——社会民主主义和无政府工团主义——残余的无产阶级**新生**力量的问题，非常严肃地提出来了。捷克斯洛伐克的，现在还有法国的经验，完全令人信服地证明，我们的工会积极分子有一大层受到了旧传统和机会主义的熏染，他们难以摆脱掉这些，并且这些在明显地妨碍他们去接受和**始终不渝地**贯彻执行新的策略。

因此，积极分子的成长和更新、工会积极分子的培养和再培养具有重大意义，并且应当被看成不仅是一项组织任务，而且是一项异常重要的**政治**任务。组织有良好安排和分支机构的工会积极分子培养和再培养的学校网，创作使工会积极分子能够用来学习和从中获取必要实际工作知识的通俗易懂的工会读物，普遍提高革命工会积极分子的理论水平，大大改进我们革命工会的出版机构，把它们从枯燥无味的管理机构变为迅速而鲜明地反映工人阶级斗争、对当前事件作出反应、依靠**大批**来自企业的男女工人通讯员的真正群众性的生气勃勃的机构——这就是无论如何应当实际用于教育自己干部的手段和途径的**一部分**。

把矫正实际工作中还会存在的许许多多毛病，同**有关开展大胆而坚决的批评和自我批评**，以及将其贯彻到我们各个支部和整个共产国际的日常生活和工作中去的问题联系起来，在进行经济斗争期间，在大量有时是全部歪曲基本路线期间尤其重要。

在法国统一总工会中间，我们看到个别同志显然是反对开展自我批评的。

他们表示原则上**赞成**自我批评，但是又非常坚决地**反对**普遍而公开地采用它，因而竭力想方设法限制它并且实际上**把它化为乌有**。虽然有这种反对存在，但是我们的法国同志在开展自我批评方面进行了大量工作，使自我批评取得了十分积极的成果。

在经济斗争期间，在工人阶级的群众性发动期间，以及在这些斗争和发动结束**以后**运用自我批评的锐利武器来揭露我们的错误并在将来改正错误,是特别重要的。

这次全会是在工人运动日益高涨的情况下进行工作的。它要求我们在提出新的、斗争形势要求提出的问题和解决这些问题方面要有最大的革命的敏锐性、灵活性与勇气。在解决新的大量的问题时,在我们自己的队伍中还往往表现出迟缓和犹豫。在解决诸如把未参加工会组织者组织起来这样一些问题时,在整个形势要求的地方,在情况有利的地方,在可能和完全必要的地方建立新革命工会的问题上,过去和现在我们都看到了迟缓和犹豫。当然,这时应当表现出必要程度的谨慎,不允许发生现在看到的偏激和错误。

关于争取改良主义工会机构的观点仍然并不稀罕。这种观点无疑阻碍着我们革命的反对派走上争取工人阶级决定性阶层、争取摧垮工会合法主义、争取独立领导经济斗争的康庄大道。

只有当我们对贯彻执行新策略、贯彻执行共产国际第六次代表大会和红色工会国际第四次代表大会决议表现出足够的革命勇气时,当我们的革命干部**深信**这些决议所指出的道路的完全正确并且**毫不怀疑毫不动摇地**去贯彻执行这条路线时,我们才能消除改良主义工会官僚日益强烈的影响,争取到工人阶级的大多数。

尤·费伊(红色工会国际共产党党团):

自从共产国际第六次代表大会以来,中国工会运动经历了一个从很深的地下转向公开的时期,在这一期间,在上海的自来水工人、电车工人和邮政工人罢工之后,在北方,京奉铁路、开滦煤矿和北京制毯业的工人,在南方,沪宁铁路的工人,都开展了罢工。在镇江、蚌埠、汕头和杭州等城市,人力车夫举行了罢工。这一时期中国工会运动发展的特点是,**工人阶级从很深的地下转上进攻性斗争的道路;此外,代替迄今**

存在的白色工会，所谓黄色工会开始成立，它们很快就展露出自己的工贼面目，后来已具有半黄半白的性质。这个时期，共产党员在工人运动中的领导作用也略有增长。

现在，国民党的工人政策的核心依然是白色恐怖。但是这一时期的特点是，国民党一方面利用所谓黄色工会、关于工人立法的宣传和工人参加分红等，另一方面与国际联盟、与曾到中国大肆进行宣传活动的阿尔贝·托马之流的欧洲改良主义者开始密切接触。国民党派代表参加国际联盟劳工局会议，并与阿姆斯特丹国际、日本和印度的改良主义者一起，企图召开泛亚工会代表会议，来与太平洋工会书记处相对抗。

我们不能否认，黄色工会对工人阶级的某些阶层具有一定的影响。但是，中国的政治、社会和经济的矛盾，使国民党无法实现任何缓和工人斗争的改革。因此，改良主义在中国，没有像在欧洲具有的那样良好的经济基础。在上海邮政工人罢工期间，国民党当局人士曾请求英国、美国甚至日本的军队占领各邮政局、破坏罢工。在邮政局中，邮政工人曾被剥掉制服，并被赶到街上。罢工之后，国民党发表了一个宣言，声称工人的生活比农民好得多。工人应当为了实现三民主义而作出牺牲，因而工人不应该罢工。这些具有说服力的事实逐渐撕扯掉了国民党分子的假面具。

在中国工人重新抬起头来的时刻，中国共产党在争取群众的工作方面的中心任务之一，就是系统地揭露那些用伪善的改良主义的宣传掩盖其残害工人阶级的真正实质的国民党分子，向工人揭露所谓黄色工会和"第三党"改组派[①]的叛卖行径，坚决反对阿姆斯特丹国际、阿尔贝·托马、泛亚工会代表会议及其他帝国主义走狗在中国工人运动中的活动，以便使中国工人群众摆脱形形色色的改良主义者的影响。

---

① 原文注释为：国民党左翼。

为了顺利开展中国红色工会工作，必须同中国工会运动队伍中的右倾危险作无情的斗争。在空前未有的白色恐怖的情况下，有些同志看不到革命前途，便要求"降低共产党的政治口号"，并且**有一种要合法地进行工作的倾向**，等等。这种右倾危险的发展会导致1926—1927年在中国共产党中曾经出现的机会主义。而这种机会主义会将中国共产党和中国革命工会运动置于听任中国资产阶级摆布的地位，并阻碍工人运动新浪潮的到来。

把没有组织起来的工人组织起来，争取所谓黄色工会中的工人，是共产党刻不容缓的任务。我们应该深入到拥有群众的黄色工会中，利用工人的一切不满情绪来开展斗争。在所有的罢工中，都必须尽力揭露黄色工会领袖对工人的欺骗，并把罢工委员会的领导权抓到自己手里。在罢工斗争中，必须建立坚强独立的红色工会小组和共产党支部。要把工作重点转移到企业中去。在每个企业，都一定要建立坚强的秘密党组织和工会组织，把该企业的全体工人团结在这些组织的周围。

在群众准备进行新的革命战斗中，应该特别注意把力量集中于最主要的工业部门和农业工人组织，而不要像在1925—1926年和1927年革命时期那样。因此，现在我们应该牢牢记住这两个工作领域。在新的革命浪潮中，在规模较大的阶级搏斗中，主要的工业部门（例如铁路、海运、矿山、纺织工业和公用事业等），将起决定性作用，谁掌握这些部门中的大多数工人，谁将是胜利者。在轻工业部门，我们应该特别注意在女工和青工中间进行工作。

农业工人是城市无产阶级在农村的支柱，是工人和农民之间的桥梁。他们协助工业无产阶级实现其对农民的领导权。工人运动和农民运动的发展的不平衡是1925—1927年中国大革命失败的原因之一。在工人运动发展的时候，农民运动却瓦解了，相反地，在农民运动迅猛发展的地方，却根本看不到工人运动。因此，在工人运动和农民运动之间没有丝毫联系，没有任何合作。在东方，在农民占人口85%以上的中国这个半殖民国家，工人运动没有强大的农民运动的支持，是不能取得胜利的。中国共产党的任务是总结这一经验，加紧进行组织农业工人的工作，以便通过他们使工人运动和农民运动结合起来。

此外，农业工人不仅对于中国，而且对于太平洋沿岸各国，都是非常重要的，因为在像日本、印度等这些国家里，至今也很少注意这些工作领域。

现在我来谈谈印度问题。

1928年，印度发生了200次罢工，有50万工人参加。在这一年，罢工浪潮发展得既深入又广泛，并且它像中国1925年的上海事件。但是只有10%的印度无产阶级参加了工会。现在运动虽然得到群众的热烈支持，但是它拥有的有组织的力量较小。在这方面，印度的运动也同1925年的上海事件相似。在这种情况下，如果我们不加紧从事组织工人的工作，那么反动势力一旦抬头，运动将会很快瓦解。1925—1927年中国大革命的经验已经证明了这一点。印度的同志们在自己的斗争中需要加强的正是组织工作，以免重犯中国的错误。

现今印度的运动与1925—1927年中国革命的区别在于，改良主义的势力在印度大于在中国。英国改良主义者不止一次地把自己人送到印度去做宣传工作。工党掌权激起了印度无产阶级的若干阶层对英国改良主义的幻想。不久前渗入工人运动的所谓"左"的民族主义者，企图使工人的阶级利益服从民族利益。这些民族主义者是印度资产阶级真正的代理人和走狗。印度的同志们应在工人群众面前揭露英国改良主义者的真正帝国主义本质，消除关于麦克唐纳政府的一切幻想，说明所谓"左"的民族主义者的背叛作用。此外，我们应该反对像罗易理论这样的一些机会主义理论。这一切是印度战无不胜的革命的必要前提。

此外，在殖民地和半殖民地国家，反对帝国主义这一工作具有特别重要的意义。中国过去的经验证明,我们能够把广大群众吸引到反对帝国主义的运动中来。在外国企业里,工人群众受外国资本家的压迫特别沉重,因而他们关心反对帝国主义的斗争。这样也就产生了把反对帝国主义这一工作同日常斗争结合起来的必要性。这一点,对于印度工人运动来说,也是非常正确的。

(闭会)

第二十一次会议

(1929 年 7 月 19 日)

洛佐夫斯基的结束语。台尔曼的结束语。各个委员会的报告和各项决议的批准。会议主席埃尔科利的闭幕词。

洛佐夫斯基的结束语

在全会上以及后来在工会委员会上的讨论表明,关于各个主要问题大家的意见是完全一致的,关于我们策略的具体实际问题存在一些分歧。关于经济斗争时期领导群众的方式方法的基本问题,完全没有什么分歧,同时在讨论中显示出不同国家领导方式方法上的若干特点,以及为了不再重复和不削弱我们对群众的影响,我们应当指出的我们策略的一系列因素、缺点。

你们知道,在罢工策略方面有着正面经验和反面经验。我想拿美国的几个例子来说明若干反面经验,为的是指出在领导经济斗争方面执行错误路线有多么大的危险。在美国的一些罢工中,我们看到过这种斗争方法,就是左派工会的领导人为了使警察不致妨碍他们,而去贿赂警察。1926 年,纽约缝纫工人工会在一次大罢工中,为了使警官不加害于他们,曾花费了 50 万美元。在美国,往往采用这种办法。无疑,这是能把我们的工会误导得很远的一条十分危险的途径。

我想请你们注意的第二点是,甚至在最近的一些罢工期间美国还存在的白人沙文主义方面非常危险和有害的倾向。那时候身为罢工领导人的共产党员把参加罢工的黑人看成被社会遗弃的人，一如在开大会时，他们把白人工人与黑人工人分开，并且有些共产党员还为此而寻找若干论据。

在目前全世界进行的战斗中，在我们各党应当负起领导责任的战斗中，正如我们已经规定的，共产党员能够而且应当通过罢工委员会来实现这种领导。如果拿经济斗争期间革命工会的作用怎样这个问题来说，假定这是在工会处于我们领导之下的法国、捷克斯洛伐克、美国或其他有革命工会运动的国家，那么在我看来，最复杂最重要的是，在革命工会与罢工委员会之间确定这样的相互关系，**在这种关系之下罢工委员会真正把全体工人群众团结起来并领导罢工运动，而革命工会和它里面的共产党党团是整个罢工斗争的推动者。**

在罢工期间和罢工刚刚结束之后，我们各党的任务是加强革命工会，并在某次罢工胜利时刻把事情推进到使罢工委员会和革命工会同企业主签订协定。

（马尔丁诺夫："革命工会？"）

是的，革命工会。完全不同的策略——并且这是十分自然的——应当是，群众选出来的罢工委员会，一方面有企业主，另一方面有改良主义工会反对自己。这里的任务是，**叫罢工委员会抵制改良主义工会**，使**罢工委员会签订协定**，同时罢工委员会应当争取**在罢工结束之后，在企业里建立一些监督已签订协定执行情况的机构**。这些机构将是工资委员会、专门的监督委员会或警惕委员会（如在某些场合这些委员会的叫法）或内部委员会、工厂委员会等。机构的名称没有丝毫意义。重要的是，使罢工委员会做到，在罢工结束后让工人建立起来——并且这是罢工委员会的一项最重要的义务——一个对签订的协定进行监督的机构，因为在该生产单位没有能够担负这种职能的革命委员会。在这方面，我觉得我们还是有一点在改良主义工会内部进行工作的国家把斗争引向胜利结束的经验。我们的经验不多，但是罢工毕竟表明，在正确领导罢工时，怎样才能把组织起来的和没有组织起来的工人动员起来，并且依靠没有组织起来的工人打退改良主义官僚对罢工委员会的攻击。我觉得，这方面最复杂、最困难、最重要，因为我们领导罢工，是为了在斗争过程中加强我们的党组织、我们的工会组织和革命阵地，是为了把斗争进行到底。而在没有独立的革命工会的国家，把斗争进行到底，就必须考虑，最后谁来监督使胜利经过一两个月而不是变成失败。由此自然就产生一个问题，这个问题对于有革命的工厂委员会存在的国家，可能由革命工厂委员会监督合同执行情况的办法来解决。在有革命工会的地方，革命工会将从事这项工作。而在既无革命工厂委员会又无革命工会的地方，为了对签订的协定进行监督就必须在企业里建立专门的机构。

再论法西斯恐怖国家里的秘密工会

有着非常重大意义的第二类问题，是关于法西斯恐怖国家里我们的秘密工会的问题。我们面对的情况是在意大利、南斯拉夫、罗马尼亚的革命工会已经解散。并且在意大利，除了秘密工会之外，只有法西斯工会，而在南斯拉夫和罗马尼亚的情况又与意大利不同。在南斯拉夫和罗马尼亚，除了被解散的革命工会之外，还有改良主义工会，并且——正如博什科维奇同志在这里对我们说的——在南斯拉夫，这些改良主义工会同法西斯专政达成了协议，如此地满足了法西斯专政的要求，以致法西斯分子放弃成立自己的工会，在革命工会刚被解散之后，摆在我们的南斯拉夫和罗马尼亚同志面前的问题是怎么办——建立秘密工会并且争取它的公开存在呢，还是劝说工人加入改良主义工会，或者在中立和公开声明工会与共产党、与共产国际和红色工会国际毫无共同之处的基础上设法使工会合法呢？在革命工会解散后，南斯拉夫有这样一些派别。有些同志建议加入改良主义工会，另一些同志建议沿着公开中立主义路线也就是沿着公开背叛的路线走下去。但是党曾经主张，并且是完全正确地主张保持秘密工会，主张扩大和加强它，因而还要反击一切企图在法西斯专政压力下投降以及在中立主义旗号下开创似乎是新工会运动的人们的各种取消主义倾向。

保持、加强和扩大秘密工会的问题，不仅对这些国家来说很重要，而且对于革命工会受到驱逐和解散威胁的国家来说也是极其重要的，捷克斯洛伐克和法国就属于这类国家。**保持秘密的革命工会机构不应当把我们的工作仅仅局限在受我们影响的积极分子和工人阶级的革命优秀分子之内**。在这里，我们的任务是：第一，**把最大数量的非党工人吸收到这些工会里来**，第二，**为每一个阵地、为每一寸土地、为摆脱地下状态而竭尽全力地百折不挠地斗争**。在这里需要利用各种各样的掩护，各种各样合法的和半合法的社会团体如体育协会、歌咏团、图书馆和自然科学小组等，在任何掩护下都必须竭力从地下出来，以便使最大数量的工人聚集在革命工会、聚集在我们党的周围。如果在这些国家我们沿着，比如说，南斯拉夫的取消主义右派分子劝我们走的道路，即沿着放弃地下工作的道路走的话，那么这就不仅是政治上的投降，不仅是实际支持社会民主派，而且是某种大的错误。这就会夺去党在争取公开存在方面、在摆脱地下状态方面增加自己压力的可能。要牢牢记住：在法西斯专政的这些国家里，**只有在罢工浪潮高涨中，在罢工运动浪潮中，才能摆脱地下状态**。

成立罢工委员会的问题，对于这些国家有着异常重大的意义，因为这些国家的罢工委员会应当最为广泛，以便把尽可能多的工人拉来参加这些委员会本身的选举，这可以为党和秘密工会保证最广泛的支柱，并且在最小可能性的情况下，使在某个法西斯专政的国家里成立的罢工委员会（或其他斗争机构）变为党和秘密革命工会全部工作的据点。在这里向取消派分子让步，是极端危险、极端有害的，因为他们要缩小我们党的工作范围，并夺去党在为革命工会公开存在而进行的斗争中应当使用的工具之一。问题不是要法律承认，而是要在任何情况下，在最艰难的情况下摆脱地下状态，并公开地未经官方许可地进行工作。这应该是一切秘密党、一切秘密工会的中心任务。并且这是能够办到的，只有在目前日益高涨的罢工运动浪潮中才能办到。

殖民地和半殖民地国家的工会运动

除了资本主义国家的工会运动之外，除了年深日久的工会运动之外，我们还有殖民地国家的新兴的工会运动，并且可以把这些殖民地和半殖民地国家分成几类。在一些国家，战争刚刚过去，工会运动就出现了，在另一些国家，工会运动仅仅在两三年前才出现。

最后，我们可以根据各个殖民地和半殖民地国家的政治和经济状况，而把殖民地国家分成几种不同的类型。

举例说吧，有一些国家，那里有合法的改良主义工会公开存在，同时也有左派革命工会公开存在，虽然后者常常受到警察和帝国主义等的打击。例如印度、突尼斯、阿尔及利亚等是属于这一类国家。还有另一种类型的殖民地国家，例如中国，在那里有秘密的革命工会存在，同时也有政府和警察操纵的黄色工会存在。在这类国家中，极其秘密的党和极其秘密的工会与政府和警察操纵的黄色工会之间进行着争夺群众的斗争，并且这些国家的斗争异常激烈，例如在中国，革命工会运动和共产党为这一斗争作出了重大牺牲。有许多国家，那里的工人运动最近才登上历史舞台，中非的许多国家，那里没有工会，但在经济斗争过程中产生了领导经济斗争的半政治半经济的联合组织，并且因帝国主义的压制而遭到破坏的这些组织转入地下。还有许多殖民地国家，那里只有改良主义工会，正因为它们是殖民地国家，所以那里的改良主义工会具有反帝国主义性质。例如在非洲西海岸的塞拉利昂，就是这样的殖民地，还有一些殖民地国家，那里有白人工人组成的改良主义工会和黑人工人组成的革命工会，例如在南非就是这样。还有一些国家，那里一方面有公开活动的民族主义工会，另一方面有独立工会，第三方面还有秘密工会即秘密工会小组。印度尼西亚就是这样的国家。菲律宾也可列入第一类国家。在菲律宾，革命工会和改良主义工会同时存在。

在殖民地国家工会运动非常复杂的情况下，在工人运动政治水平不同的情况下，领导罢工斗争的问题，我们的党和我们的工会在这些斗争过程中的形成，当然就具有特别重大的意义，因为对许多国家来说，正是在这些经济斗争的过程中分散的工人才变成了工人阶级。在印度我们看到了这一情况颇为集中的表现，那里一年前，罢工还是自发进行，而表面上是由改良主义工会领导的。**在纺织工人反对改良主义工会的斗争过程中产生了左派工会；这个工会联合了十倍于改良主义工会的工人。**目前，在改良主义或者说民族资产阶级与政治上尚未定型、组织上还较软弱、隐藏在左派工会内部的共产主义之间，已经进行着争夺罢工运动领导权的激烈斗争。

在这方面，最近一年印度的经验是非常有意义并值得严重注意的。我们认为这一殖民地国家的经验是：在罢工运动的基础上，党日益发展，左派工会日益发展，我们的据点在反对帝国主义和民族资产阶级的斗争中不断发展和巩固。

在殖民地国家我们应当采取什么样的策略呢？要为所有国家制定一条共同路线，那当然是不可能的。总的说来，同志们，殖民地国家远不是都一样的，它们只是在遭受帝国主义压迫这一点上相同；但是这些国家的政治发展水平、工业发展水平、工人运动水平和工人运动经验都是各不相同的，所以我们必须对每一个殖民地国家采取不同的策略。

那么，在殖民地国家我们的直接任务是什么呢？很明显，既然党和工会在经济斗争中诞生了，我们的任务就是：**不错过建立**受我们领导的**真正阶级性工会的时机。**

在已经积累了一些经验的国家，在党已经在斗争中得到锻炼的国家，例如在中国，以及在同政府的、警察的、挑拨的、黄色的、半改良主义的工会相对立、还存在秘密工会的国家，必须加强这些秘密工会，开展它们的工作，为的是在这些殖民地国家采取在法西斯恐怖国家、在资产阶级国家应当采取的策略，也就是说，在任何情况下，在罢工运动浪潮中都要从地下走出来，创造各种掩护，冲破一切坚固的罗网，无论如何要领导起群众运动，并且在群众运动的基础上，使一批又一批的干部成长起来，扩大自己的影响，从而争取公开存在的权利。

但是在公开存在之前，还未争取到公开存在的时候，我们应当在这些国家千方百计地加强革命的秘密工会，其中尤其要加强中国的秘密工会。

邓同志引用的实际材料证明中国党内一些同志**有不愿意在黄色工会中工作的倾向**。这是一种危险的、有害的、非布尔什维主义的倾向。

但与此同时，还有另一种在异常恐怖的基础上产生的倾向，这种倾向认为我们应当**只在黄色工会中**工作，我们应当尝试一下合法化。这是十足的取消主义，它来自厌倦情绪，它不仅会导致取消秘密工会，而且会导致取消秘密党。

正如米夫同志在《共产国际》杂志3月号上非常正确地指出的，在中国共产党内，如果一方面有些同志，他们说："我们不应该为局部要求而斗争"，而另一方面又有些同志，他们说："我们应当只在黄色工会中、在合法工会中工作。必须完全放弃运动的多余的政治色彩，必须放弃过激的口号"。总之，他们说的那些话酷似我们俄国的取消派在

1908—1914年间放弃"三台柱"（革命口号）的那种论调。我认为这种倾向是极其危险的。

再论新工会

下一个问题是关于新工会及其扩展的方式方法问题。白劳德同志和其他同志曾在这里指出，美国的新工会、英国的新工会，其会员人数都不多。而埃尔科利同志在这里向你们作了激动人心的通报。他说："革命工会的非群众性是洛佐夫斯基大概想要建立这些工会的原则。"虽然埃尔科利同志不是喜欢强烈激动的意大利人中最强烈激动的，可是他以"突然的"方式想出并在这里向你们报告了他自己的两点发明，那就是：(1) 我想使工会只由干部组成，(2) 我想"到处建立新工会"。当然，这是难以证明的，但是无论如何埃尔科利同志从执行委员会的讲坛上把"到处"抛给了我。埃尔科利同志忘记了这种断言要求证据。关于是否需要和需要以什么形式把德国没有组织起来的工人联合起来的问题，在全会召开之前我们已在工会委员会上有过争论，但是从这里至"到处"、在一切国家以及建立只有干部的新工会是有很大距离的。在共产国际我们时常争论，然而不是关于这一问题，埃尔科利同志，那是关于许多党在需要建立工会的地方却迟迟不去建立的问题。我提醒你们，在共产国际我们有过关于苏格兰矿工工会问题的争论。在英国同志去建立这个工会之前大约一年，在这个问题上我们与我们的英国同志是有分歧的。在共产国际和红色工会国际我都提出过这个问题，并且是在工会还没有大量群众的时候提出的。英国同志组织了新工会，但这是在由于我们的缓慢旧工会已经失去四分之三会员的时候。根据这一事实，能够说我想"到处"建立新工会吗？在当时的情况下，共产国际认为我们的同志没有积极性，而是表现出投降主义。

我们也与我们的墨西哥同志争论过是否必须把革命工会联合起来反对改良主义的联合会。在奥布雷贡被害之后,当墨西哥地区工人联合会开始完全瓦解的时候,他们终究这样做了。关于时间,我们同他们争论过。他们不想早些这样做。我们催促过他们。这就意味着"到处"吗?在具体情况下——在墨西哥必须这样做。

在匈牙利我们也就这个问题争论过。在一定具体情况下、对于一定的时间、在一定事件之后、当佩佩埃索夫工会分裂为公开法西斯工会和隐蔽法西斯工会的时候,我们与波兰同志就这个问题有过争论。就所有这些问题我们争论过。即便在某一场合我错了,但这能意味着我有"到处"建立新工会的愿望吗?要知道我们是为了某种情况、为了某一工业部门、在某种条件下就每一具体工会而争论的。所以我觉得,埃尔科利同志至少是夸大其词了,我没有充分了解近一年来的情况。坎贝尔同志曾在这里发言,证明英国共产党和对罢工运动领导的软弱无力是由于红色工会国际在它的第四次代表大会上通过了关于成立罢工委员会的决议等,但是他却忘记了英国的决议中关于这一点说过什么。竟然是我们有极大的疏忽:在总决议中我们坚定而明确地说过,而在有关英国的专门决议中我们没有讲这一点。至今我们认为,总的基本的决议是大家都必须执行的。比如我们曾认为我们的国际有局限性,难道是吗?坎贝尔同志认为,在每一项总决议中我们都必须说明,本决议,除其他国家之外,也适用于英国。坎贝尔同志在英国看到什么软弱无力之处呢?你们想,他认为那里的软弱无力在于缺乏积极性,在于那里的共产党员同库克的联系太多,在于我们党内有投降主义情绪?他忘记讲投降主义,而讲了他们有冒险主义和无论如何要建立新工会的意图。因此坎贝尔同志指出在英国主要是这些"左"的错误。但是,他们在建立新工会方面的冒险主义在哪里呢?如果有两三个同志就这个问题发表了意见,难道对英国来说这就是有决定意义的现象?对英国来说有决定意义的现象是党本身做得少,是党在苏格兰贻误了许多时间。要点是在这里,而不在于有两三位同志他们在文章中或给编辑部的信中讲了某种不正确的想法。我本人坚持,英国的错误主要还是右的,而不是过左的。

关于工会机构

由于建立新工会,自然就摆在我们面前一个关于在改良主义工会中继续顽强工作等的问题。同志们,我应当指出,差不多在所有的党内都还存在一种下意识的观念,即认为改良主义工会终究是比希尔施—敦克尔工会和自由主义工会好些。继续将改良主义工会与其他流派的工会加以区别,这在政治上是错误、在实践上是有害的。在改良主义工会、在希尔施—敦克尔工会、在自由主义工会,不管它们的政治标签如何,只要是有工人的地方,我们都应当工作。重述一下,这是起码的布尔什维主义真理。

但是由于这些工会里的政治工作,便提出一个有关争取改良主义工会机构的可能性的问题。我们在主席团内讨论过这一问题,并且对它有意见分歧。我个人发表过并且继续发表的意见是:争取工会机构是空想,而且是机会主义空想。对此应当如何理解呢?这就是说,我们应该放弃争取工会中选任职位的斗争?丝毫不是。如果我们参加议员、自治市政府委员的选举,而不在有工人的一切地方最积极地参加任何工会机构的选举,那我们就是十足的白痴。在进行选举时,我们在工会内部斗争,提出自己的候选人,把某个叛徒—改良主义者驱逐出去,这是完全自然的。但是必须充分看清,争取到整个改良主义工会机构是空想。所以是空想,是因为这种机构同资产阶级国家结合在一起,改良主义工会实行了国家化,并且这不仅包括人数很少的上层,而且包括改良主义工会的大量干部。即使争取到某个地方分会,也不大能争取到整个改良主义工会机构，正如即使争取到一二十个自治市政府，也难以争取到资产阶级国家一样。

在改良主义工会内部的斗争，我们应当以最快的速度来进行。这一切都必须在从工人阶级队伍中赶走叛徒和资本代理人的口号下来进行，在我们的阶级敌人（因为改良主义者是我们的阶级敌人）的进攻面前，丝毫都不能表示投降，并且为了经常不断地贯彻自己的路线，要利用即使是最小的机会，合法的、半合法的、法定的、半法定的，但一步也不能从自己的阵地上退却。问题**不在于在改良主义工会内部怎样工作；问题在于把没有组织起来的人们组织起来并且利用他们打退改良主义工会机构的攻击。**

如果这是正确的：我们同你们一致认定没有组织起来的人们正表现出巨大的积极性，没有组织起来的人们多于组织起来的人们，并且因资本主义合理化使没有组织起来的人们数量在不断增加，在生产中熟练程度较低阶层——女工、青工的人数正在增加等，那么十分显然，我们就必须考虑，在反对改良主义工会机构、反对改良主义者的斗争中怎样利用这些大量的妇女和青年无产阶级群众、大量没有组织起来的群众。无论如何必须在斗争中把改良主义工会之内的那部分工人阶级同改良主义工会之外的这部分工人阶级联合起来。任何时候我们都不应忘记，改良主义工会中的组织起来的工人，只有在群众运动的震动之下才能摆脱改良主义影响，在这方面没有组织起来的工人能起巨大作用。只有进行大量群众性的经济斗争和政治斗争，才能战胜改良主义，正因为如此，细心准备和巧妙进行这些斗争才是根除改良主义对群众影响的最有效方法。

斯莫良斯基同志的烦恼

最后我应当谈一下发言者在这里提出的几个有争论的问题。

心绪很平静的斯莫良斯基同志大概是最激烈的辩论家。斯莫良斯基同志为要更加鲜明地表达他的论战思想,"证明"我怀有某种极其见不得人的意图,希望他纠缠到右倾—调和主义偏向中去,总而言之,希望他在法国革命期间进行很快的混合,也就是说,使纯洁的斯莫良斯基同志与右倾—调和主义阵营的不纯洁的人们混合起来。我应当说明,我没有这种见不得人的险恶的意图。我只是想要强调,站在正确立场上的很好的同志有时也会糊涂,并且就这一点我举过例子。

我同斯莫良斯基同志争论的是什么呢?我是就一个对大家来说都明白的问题同他发生了争论。斯莫良斯基同志在《关于第三时期的工会问题》这篇文章中写道:"斗争委员会既不能服从工会,**也不能与工会相对立**,也不能变成向工会过渡的人为的组织形式。"

这里有什么不正确和与现在我们通过的决议发生矛盾之处呢?断言斗争委员会不能够也不应该与工会相对立,这不正确吗?**它们应该与改良主义工会相对立,而不应该与革命工会相对立。**这个?我想,我的表述是正确的,而斯莫良斯基同志的表述不正确。不必急躁。

无论如何,我总觉得在这一争论问题上斯莫良斯基同志大声吵闹是完全徒然的,因为决议和向你们提出的提纲都强调指出了使斗争委员会与改良主义工会相对立的必要性。

我们的"自我批评"

对自我批评,正像你们所知道的,有些同志的理解是他们批评你们，而不批评自己。例如皮亚特尼茨基同志大概就是这样理解自我批评的。

（皮亚特尼茨基："不完全是这样。"）

他不讲共产国际的弱点，而大谈红色工会国际的弱点。

（皮亚特尼茨基："两者我都讲了。"）

我丝毫也不否认红色工会国际的极大弱点，但是我想，这是我们共同的过失，并且当然我们将要一起纠正红色工会国际的错误。

格伊同志也谈了自我批评，但是他未能谈完。谁曾妨碍他就所有各种路线——既就组织路线，也就政治路线——进行自我批评了呢？我不知道。

（皮亚特尼茨基："主席妨碍了。"）

假如他叙述一下他的发言的这一部分，那会是非常有趣的。但从格伊同志的发言中得出的是，法国人叫"迪斯库尔-安特列"，也就是，倒着进去而无法出来的话。因此我们不知道从格伊同志的发言中能得出什么，不过有一点是清楚的，即他渴望批评别人，而非自己。

至于皮亚特尼茨基同志的批评，是指我们——红色工会国际——的过错在于，我们没有采取足够的措施来纠正捷克斯洛伐克、法国和意大利等国家中的路线。

我不能对你们说我们采取过一切措施，这样说就可能是夸大其词，因为如果采取了一切措施的话，那会有更大的成果。但是在纠正缺点和弱点方面我们采取过相当多的措施，这一点，皮亚特尼茨基同志是知道的。对捷克斯洛伐克、法国、中国以及其他许多国家，我们都采取过很重要的措施。

（皮亚特尼茨基："这不是最近一年的事，而是去年的事，我们批评的时候，你们就可以掩盖。"）

按皮亚特尼茨基同志的说法，原来是我们有这样的分工：皮亚特尼茨基同志批评，而我掩盖。(笑声)但是皮亚特尼茨基同志的这种最新发明是毫无根据的。大家都知道，有关一切重大问题的一切最重要的决议都是在共产国际及其领导机关直接参与的情况下通过的，因此，如果我承担60%的过错的话，其余的同志也要承担40%。但是皮亚特尼茨基同志想要玩弄的这套把戏：说什么他批评，而我们掩盖。它是要露出马脚，并且从这里得不到什么的。这样做的结果不是自我批评，而是企图用别人的工作缺陷来解释自己的弱点。我觉得，无论在法国、中国和其他国家，不仅工会，而且共产党，在工作上都有缺点。我们之中谁不知道，只有在我们使共产党内的工作状况转变之后，只有在这之后，我们才能使工会内的工作状况转变。难道说我们没有按照纠正捷克斯洛伐克、法国、德国和其他国家共产党的错误这一路线行事吗？我们纠正了各国共产党工作中的弱点和缺点，而且只有在修正路线、消除共产党工作中的弱点、驱逐机会主义分子之后，我们才能在更广大的战线上——在工会中、在群众性组织中转入进攻。

从皮亚特尼茨基同志的发言可以得出这样的印象：似乎在法国，一切如故，一切不佳。我认为对法国的状况采取**这种态度**是不正确的。近一年半来，我们在法国是快步前进的。大家都知道，我们消除了法国共产党工作中和统一工会中不少的缺点和弱点。在统一劳工联合会里形成了右翼，但是右翼在领导机构中并不占多数(不像在捷克斯洛伐克那样)，并且我认为这方面的一些功绩而且是不小的功绩也属于红色工会国际。这当然不是说，我要否认我们在法国的许多弱点和错误。

瓦西里耶夫同志和舒宾同志也以自我批评的方式引用了为工会太平洋代表大会准备的决议。引用，他们是引用了，但不是需要引用的那些条。他们想要证明，在这些决议草案中忘记了黄色改良主义工会中的工作。遗憾的是，他们没有把整个草案读完。然而，正是在这个草案中——恰巧它甚至还未在委员会中传阅一遍——专门有一个第8条，现

在我把这一条读给你们听:

"当情况需要的时候,建立新工会,无论如何也不应当造成革命分子放弃在改良主义工会之内工作的后果。相反,革命分子应当加强自己在改良主义工会之内的活动,动员普通群众去反对官僚及其妥协政策。在被从改良主义工会开除的时候,革命分子应当为返回工会进行坚持不懈的斗争。在现有的改良主义工会里,特别是在这些组织是群众性组织(例如上海的7个大的工会,印度和日本的改良主义工会)的地方,应该继续工作并使工作深入。"

我劝瓦西里耶夫和舒宾两位同志,首先要把想引用的东西从头至尾读一读,然后再去进行辩论。那时候就不会有一些不恰当的话了。在奢望证明难以证明的事情的情况下,不恰当的话则可能出现。

最后和主要的问题

同志们,在我们的工会运动中——并且在共产党、革命工会和革命少数派的工作中——我们有极大的弱点;目前我承认这一点,关于这一点,我们在红色工会国际第四次代表大会上也讲过。在工会运动中我们工作的基本弱点是,在许多国家,革命工会政治影响的范围远远地超出了这些工会在组织上包括的工人。一方面,工会的影响超出组织的范围,当然很好;但是我在这里讲的是,**我们没有充分利用每次冲突、每次罢工、每次发动**,而当时我们的影响是使我们能够利用它们在组织上把新的工人阶层包括进来的,并且因此,工会往往狭小、群众性不足。

试以法国为例。对于法国,可以认为工会是群众性的,因为它们包括本企业15%—20%—30%的工人。但是如果回忆一下,我们的统一劳工联合会联合着法国5%—6%的全体工人。那么在濒临战争的情况下,在有巨大的社会冲突和变动的情况下,无论如何也不能认为统一劳工联合会是真正群众性的组织。那里有着包括某个企业大多数工人的群众性工会,但总的说来,那里的进展应当比现在快上10倍,我们的这个最大弱点——组织影响与思想影响的脱节——即便表现在,当有百万选民时,法国共产党只有45000名成员;无论在法国或殖民地内,巨大群众性运动都是在共产党的口号下进行的;几乎任何的运动都是在共产党的思想影响下、在共产党的口号下进行,而党却不大。对于最近时期来说,这是极其危险的,因为在一些国家我们正遭受帝国主义的巨大压迫,在一些国家我们正面临党刊和我们的一切组织被禁止的事实(有报道说:在捷克斯洛伐克10种党报就被查封8种)。在我们党同企业里的群众联系不够的情况下,资产阶级就可能在一段时间内把我们的组织赶到地下。这是共产国际和红色工会国际组织工作的弱点,必须坚决消灭这些弱点,并且在消灭这些弱点中给予我们的同志最大的帮助。

结 尾

最后,包括埃尔科利同志和蒙穆索同志在内的一些发言者讲:提纲太"德国化",国际经验的总情况和多样性在这些提纲里都没有让人感觉到。我们在工会委员会上曾使这些提纲"不再德国化",并且我认为,这将有利于整个的国际革命工会运动。现在,在提纲中,一方面考虑了德国共产主义运动的大量正面经验,另一方面也考虑了其他资本主义大国和殖民地大国工人运动的经验,并且为了领导经济斗争、进行经济斗争、在经济斗争中取得成就、使经济斗争政治化,然后通过扩大我们党和工会组织来巩固这些成就,关于按照什么路线前进这些方面都给各国的党发出了指示,至少是一般指示。

我认为,这次全会的决议,将是在形成整个共产主义先锋队的策略和确切规定经济斗争期间如何行动、在国际工人运动日益高涨情况下如何利用经济斗争和如何领导群众方面前进的一大步。

台尔曼同志的结束语

我希望你们特别注意我们一般讨论中的若干积极因素和消极因素。一个积极因素是在进行革命工会工作过程中我们各党均有发展，我们看到在第六次世界代表大会之后，对经济斗争的领导了解更多了，这方面的独立性更大了，并且各党都在有效地运用新的策略方法。遗憾的是，在讨论中对斗争机构问题注意得太少，对开展罢工斗争和把罢工斗争变成政治斗争的问题注意得太少。后来我们对工会运动中革命工作最重要方面的决议的具体化也做得不够。

现在我来谈谈应当怎样使一般决议具体化的问题。埃尔科利同志说：提纲草案，乃至个别代表团和工会委员会对它作的一些修正，**太德国化了**。他不止一次地指出，一些报告人，尤其是我，比在应有的程度上更多地期望于德国的方法。这使我想起了从前对俄国方法在世界各国共产党工作中指导作用的异议。使用"德国方法"这个术语是不正确的：可以讲在根据共产国际第六次世界代表大会和红色工会国际第四次代表大会的决议，在实现新策略过程中在德国运用的方法。在所有各国实行新策略时，这些方法是绝对必需的。可是，这绝不是说，不管形势如何，不管党的力量和影响如何，这种策略可以在同样程度上运用于一切国家。但是，在德国运用这一新策略的基本倾向和方针也是其他国家运用新策略方法的出发点。这里什么是在一切国家都可以运用的呢？第一，是领导经济斗争的独立性，第二，是在某种形势下独立的斗争机构和统一战线机构的形成，第三，是借用这种战略把组织起来的和未组织起来的群众同时动员起来。埃尔科利同志在他的发言中从德国和法国这两个国家的角度阐述了未组织起来的工人的问题。这是不正确的。如果我们想要在我们同志们的大量革命工作方面帮助他们，我们就应当对所有各国阐明这一问题。同志们，在德国和法国解决这一问题时，难道组织起来的工人与未组织起来的工人相互之间的百分比有决定意义吗？无论如何也没有。当然，这起一些作用：在法国，未组织起来的工人占90%，而在德国仅占72%。但是从政治问题的观点来说，数量的比例就不起这么大的作用了——有决定意义的将是，为了革命的阶级斗争，我们能使多少名未组织起来的工人站在我们这一边。从这种观点来看，在德国和在法国运用我们策略的条件是一样的，因为变化不大。拿德国来说，在那里，我们有改良主义工会。在这些工会里，革命的反对派是真正革命的联络组，同时又是要把经济斗争的独立领导权——思想上的和组织上的——掌握到自己手中的组织核心。在法国，对经济斗争的这种领导，除党以外，是由红色工会实现的。虽然红色工会是独立的组织，而革命工会反对派只在改良主义工会范围内拥有自己的机构，但是在思想和对经济斗争的独立领导方面，这两种政治因素之间没有重大差别。埃尔科利同志错误地提出了什么样的策略问题呢？

第一个问题，关于斗争委员会是否具有暂时的性质、它们能否代替工会的问题。对于这个问题我们应当是明确的。用斗争委员会或工厂委员会去代替工会，这是根本不允许的。甚至是在白色恐怖最严重、资产阶级和社会法西斯主义加紧执行残酷镇压政策的情况下，也不允许这样。关于这个问题埃尔科利说过：

"决议中是怎么提的呢？决议中说：（1）斗争委员会不能代替工会；（2）斗争委员会是过渡性的机构。同志们，我们曾经总是按照稍微不同的方针工作的，我们总是竭力使斗争委员会具有斗争的性质、永久的性质，并且在有可能的时候，我们总是加给斗争委员会一些任务，在执行这些任务的过程中它们代替了工会。"

这是完全错误的。斗争委员会是在斗争中产生的组织，是在斗争过程中产生的，是在民主基础上在企业中选举出来的非党群众、组织起来的群众、未组织起来的群众和共产党员建立的统一战线机构。这样的斗争委员会违反改良主义工会官僚的意志而引导着罢工。我不打算评价，对于工厂委员会运动来说，将来这些斗争委员会在多大程度上或许可以利用，特别是在像法国等这样一些国家里。毫无疑问，这些临时性的、暂时性的统一战线机构，正如罢工一样，对于工厂委员会运动的开展和形成来说或许可以利用。但是，像埃尔科利同志那样，断言它们应当去揽工会的任务，它们具有非临时性质，这就意味着不理解工会决议的方针和新策略的运用。

在策略属性的第二个问题上，埃尔科利同志是在斗争委员会和发起委员会的职能之间画等号的。什么是发起委员会呢？

（洛佐夫斯基同志："是为了准备罢工在罢工前夕形成的委员会。"）

在过去的工会工作中我们或许犯了错误，但是我们曾经总是竭力使斗争委员会具有永久性质。首先，在斗争开始之前我们已经建立了斗争委员会。在提纲里，这被认为是可以接受的，因为在冲突前夕建议在工厂里建立的不是斗争委员会，而是发起委员会。名称改变了，但实质是一样的。

埃尔科利无论如何也不对。在任何经济斗争中，在党、红色工会和工会反对派有足够的力量时，总要成立准备委员会——为了组织和准备运动。但是斗争委员会本身仅仅是在斗争时候才形成的，它是在企业中选举出来的并且与准备委员会毫无共同之处。因此，埃尔科利同志是把职能弄混了。

第三个问题，埃尔科利同志说：

"谁讲我们是以时间和情况为转移而赋予斗争委员会以有限的任务，那就意味着玩弄辞藻。为了使这种组织不退出舞台，就必须加给它这些职能，因为在法国这种任务在加倍的程度上摆在我们面前，在那里我们在统一总工会中的同志们正在建立工厂委员会。我相信，统一总工会和法国党解决建立工厂委员会的问题时，不会不把这一问题同建立常设的斗争委员会的问题联系在一起，并且工厂委员会就是这样的委员会。"

斗争委员会和工厂委员会，这是两种不同的东西，也不应该把它们的职能混为一谈。不论是工厂委员会根据法律而存在，像我们在德国、捷克斯洛伐克或奥地利所看到的那样，或者它在现行立法中没有根据，而由于我们的斗争，由于在我们的支部、斗争机构或红色工会领导下产生的革命主动性而选举出来，正如我们在法国及其他国家所看到的那样，工厂委员会有着工会决议中所说的职能。把斗争委员会的职能与工厂委员会的职能混为一谈，这是完全不能容许的。

最后，埃尔科利同志认为，在某种情况下，工厂委员会能代替工会。例如，埃尔科利同志把签订工资合同的任务加给工厂委员会。我以为，在这方面应当帮助我们在法国和其他一些国家的同志；与德国不同，我们不能要求他们在最短时间内去完成这项任务。在这些国家成立工厂委员会是异常困难的。因此，在有关非永久性机构——斗争委员会、行动委员会和其他的委员会以及取消这些委员会的问题上，我们应当非常慎重。在就这一问题进行讨论时，出现了一些不同意见。但是不能讲在什么地方在某种程度上拿工厂委员会或斗争委员会去代替工会。在任何时候、在任何情况下都不能！

建立斗争委员会的任务，是一个不仅把未组织起来的群众组织起来而且使企业里组织起来的群众和未组织起来的群众结成革命统一战线的问题，是一个独立领导经济斗争并将这种斗争变为政治斗争的问题。关于未组织起来的群众的问题不能局限于把他们吸收到工会中去的任务，这个问题具有极大的意义。基本任务是能够把广大群众也就是说组织起来的和未组织起来的群众组织在一起，在革命工会反对派和红色工会独立领导下，在我们的口号下把他们吸引到政治斗争中来，在这里，斗争委员会具有极大的意义。它是阶级团结的机构，是组织起来的群众和未组织起来的群众的统一战线机构。但是在任何情况下，它都不能代替工会——无论是改良主义的工会，也无论是革命的工会。关于没有组织起来的人们与组织起来的人们之间的相互关系，斯莫良斯基同志讲得不错，但是他所引用的数字不符合实际。例如，德国矿业企业中组织起来的人们的百分比不是75%，而至多是30%。现在我们来看看军需工业、化学工业、电力工业最重要的部门以及冶金工业。可以认为有这样一个完全判明的事实：在鲁尔斗争中，在这一斗争的所有参加者中间，没有组织起来的人们占75%。**在最重要的大企业，特别是在军需工业，没有组织起来的群众占绝大多数。**

与此相联系，我想在这里纠正对事情的两种错误态度。莱纳同志声称：“斗争委员会不能够看成是工厂委员会的萌芽形式。"（莱纳："这不对。"）在速记记录上是这样写着的，这不正确，可这是速记记录有的。同志们，这种态度是不正确的。在联系到埃尔科利同志的发言时我已经谈到这一点。

第二种错误态度是戈西普同志的态度，他反对把没有组织起来的人们选入斗争委员会。这种态度是与我们的原则路线根本矛盾的。在坚决否定和反对这种态度之前，英国党和少数派运动迁延得太久了。这也证明对于红色工会国际第四次代表大会制定的新策略理解得不够。

现在讲一下成立新工会的问题。如果埃尔科利同志以为我否认成立新工会是一项紧迫任务，那他就是没有理解我。我只是谈到德国目前形势时才这样说过，因为实际上新工会的成立尚未提上议事日程。

（呼声："正确。"）

格伊同志也不对，因为他说成立新工会问题我们只是放到一般政治方面，而不是组织方面。即使在美国，难道关于成立新工会的问题我们没有放到组织方面吗？放到了。而对于波兰呢？当然也是这样。但是格伊同志要求我们把成立新工会的问题放到组织方面，像通常那样；要求我们在这个问题上扩大我们的任务范围。实际上，关于成立新工会问题的提出，是以一般政治情况和其他一系列因素为转移的。斯大林曾说我们决不是根本反对成立新工会的人。他的这一论点现在也还是有效的。但是这并不意味着，在一切国家，成立新工会的任务都作为具体的组织问题摆在我们面前。例如在德国，矿工工会里的情况就很严重，许多支付单位已被社会法西斯分子开除；在柏林，管道敷设工、镟工、钳工已经相继被开除；在哈雷，改良主义分子正在分裂五金工人组织。继续收取会费，在工会群众选出的革命领导机构的帮助下把这些生产小组和支付单位联合起来的重大任务，正摆在我们面前。在德国，以个别形式被开除的人数现在达到 1500—1700 名，我们还是不应在那里建立新工会。对于革命工会工作中这样严肃的问题，不应超越阶段。在工会运动方面运用我们的革命策略时，我们应当发展机动能力、革命的智慧和灵活性，为的是让无产阶级理解，凡是感到有阶级斗争的地方，我们都在为工会运动的革命统一而进行着斗争。

现在谈一下保证书问题。即使这样简单的问题，在全会上也有许多人并不清楚。莱纳同志坚持任何保证书都不能签订的意见。

（莱纳："这是荒谬的——我从来没有讲过这一点。"）

但是这是速记记录上写的，至少没有修改过。

我引证如下：

"我觉得台尔曼同志没有把这个问题讲清楚。我认为，在任何情况下都不能签订保证书。"

（莱纳："这是荒谬的。"）

完全正确——这是荒谬的。但在速记记录上是这样写的。同意这是荒谬的。皮亚特尼茨基同志对这一问题采取另外的态度。他说：能够造成可以签订保证书的情势。这是正确的。但是后来他犯了错误，因为他说要求皮克同志签订保证书是不可能的，而要求企业中的工作人员在某些情况下签订是可能的。难道说皮亚特尼茨基同志认为，革命工人或共产党是在他不受欢迎时就应排除在外？在多数场合可以断言：改良主义工会官僚把他们列入黑名单、寻找机会要把他们排除于保证书之外的一切革命工人和共产党员，是都有成百成千工人追随的。领导着党的同志，与站在工会或企业任何岗位上的同志之间，在这方面几乎没有丝毫差别。

问题应当根据保证书的内容来解决。如果签订保证书等于拒绝执行我们的政治路线，如果保证书规定签订保证书者从革命一开始就被排除在外，那么在此情况下就不能签订保证书。如果在革命反对派与改良主义工会官僚之间的斗争尖锐化过程中，在工会法西斯化过程中，向我们提出的保证书不会妨碍革命工作，那么我们就签订。但如果这些保证书会使我们无法在工会中进行革命工作，我们就不要签订。问题只能这样处理。

现在来谈一个极其重要的问题，也就是关于争取工会的问题。应当怎样对待这一问题呢？能否把无论任何地方的工会运动都作一样的评价呢？不能。各个地方的工会法西斯化过程并不相同。当然，由于工会法西斯化，争取工会群众的问题起着巨大作用。共产国际中的某些同志不久前还对争取甚至中央范围内工会机构的可能性抱有幻想。在德国，不仅争取中央工会机构而且争取下层工会机构都不可能。现在拿英国来说，那里的情况有些不同，那里的可能性就不同，这是由于我们在少数派运动方面的工作，由于群众的压力，我们能够争取一些地方工会机构。我要强调，只是在很少的场合有这种可能。现在来看一下法国的情况。在法国，问题完全不同。在那里我们执行了已经保证我们能够在许多罢工中获得成功的正确英明的策略，我们正在竭力加强革命工会，办法是在斗争和罢工高潮时解散地方改良主义组织或者把它们改变成革命工会。从上述三个例子——法国的、英国的、德国的——我们可以看出，提出争取工会问题的不同时机是如何显露出来的。一般地说，在我们自己的队伍中不应当对于即使在遥远的将来争取中央工会机构的可能性抱有幻想。当然，同时也不应当忽视偶尔争取微小工会阵地的可能性。最重要的问题是争取工会负责机构和企业里工厂委员会革命成员的问题。争取企业罢工的负责机构，可以为更加有力地动员群众、为压制特别是地方支付单位和各种生产联合会周围的组织、为反对社会法西斯分子执行开除和分裂政策创造一定的前提。在这方面，工会委员会正确地提出了问题：为了反对共产国际中暴露出来的各种倾向，它通过了这样的条文：

"同时如果认为在目前条件下我们可以争取改良主义工会机构——甚至在它后面还有工会会员群众的时候，那就是一种有害的机会主义的幻想。但这丝毫也不意味着，在工会领导的选举中共产党员和革命反对派可以消极。相反，为了从工会中驱逐一切官僚和资本家代理人而进行的斗争，为了工会的每一个选任职位而进行的斗争，特别是为了基层工会全权代表而进行的斗争，应当成为我们掌握的揭露社会法西斯工会官僚的作用和反对这些官僚的强大武器。"

（斯莫良斯基："我还要添上'一些斗争'。"）

这一条文一致通过。我们共产国际在这个问题上的基本方针就是如此。

目前发展阶段的特点是到处都有小型战斗和局部战斗。但是这种状况会迅速改变，因为在资本主义合理化条件下采用了骇人听闻的剥削方法，因为全世界的资产阶级相互疯狂地竞争和角逐，最后，还因为无产阶级的阶级斗争在发展。这样一来，战斗便具有日益尖锐的性质，罢工的规模在扩大，并且变为政治斗争，因而就向我们各个党，至少是向那些或多或少切实扎根于群众的党，提出一项基本任务，那就是要加大鼓励局部战斗，着意把它们变成大规模的群众性的战斗。同时，我们不应忽视阶级敌人的策略。阶级敌人会企图竭力分裂我们的力量并在小型战斗中把我们的力量消灭。

在这种发展情况下，也可能出现倒退倾向。并非一切罢工都会以胜利而告终。但是，一般说来，应当执行加强战斗的方针，首先应当按各地区提出问题。在具有良好前提条件的地方——在最重要工业部门——我们应当向那里派遣我们的精锐部队。我们的任务就是开展新的战斗。每一次多少大些的斗争都等于资本主义稳定的进一步松垮和资产阶级在资本主义合理化方面采取的全部措施的受阻。

该不该说，我们应当为独立领导经济斗争提出一定的策略任务？例如在法国，经济斗争的发生有一半使革命工会感到非常突然。对斗争形势过迟干预，从纯策略观点来说，就等于巨大疏忽。我们各个党都应当重新学习，都应当彻底重新布置。同志们，敌人正在集中全力对付我们，他在随着**我们**攻击的加强而加强**自己**的攻击。在一切经济和政治斗争领域，我们都应当以我们革命力量的集中来反对敌人的反动力量的集中。举国际历史上的两个例子：在工厂委员会运动现在已经具有革命性质的德国，资产阶级正改变他们对付工厂委员会的策略。毫无真正的理由，仅仅是因为捍卫了工人的利益，资产阶级便根据劳动案件法庭非常令人难以置信的裁决，在很短时间内作出从企业永远开除8—10名工厂委员会委员的决定。反动派进攻的下一步措施会是取缔罢工委员会和斗争委员会并逮捕这两个委员会的成员。假如我们不得不秘密地选举他们，那他们就会被捕入狱，就像现在一些法西斯国家和捷克斯洛伐克那里的一样。正如在法国已经进行准备和蒙穆索同志在这里十分正确地提醒的。资产阶级进攻的另一种办法是封闭革命工会。在一切方面转入进攻的反动势力现在已经在进行总集中。我们也应当在最大程度上把我们的力量动员起来，使之积极起来，在我们已有所谓统一工会运动的，也就是说，存在改良主义工会而没有革命工会的那些国家，我们的基本任务是通过把没有组织起来的大量工人吸引到这条战线上的办法，来加强和组织革命工会反对派。在红色工会已经存在的那些国家，我们的基本任务是在组织上加强革命工会，在经济和政治斗争的一切方面把更大的主动精神调动起来。在国际范围内：**加强红色工会国际——不仅是组织上的加强，而且是共产国际及其一切支部在所有各个领域在政治上积极支持它**。在如此严峻的形势下，红色工会国际需要得到比较目前所得到的更重大更有力得多的支持。

由于工会的法西斯化和资产阶级统治形式、资产阶级国家政权的变化，我应当再讲一个问题。我认为，还必须更加有力地揭露改良主义工会和阿姆斯特丹国际的反革命实质。在这方面我们都做到了吗？对于工会法西斯化的速度问题，我们的队伍都很清楚明白了吗？我们是否已在应有程度上把群众动员起来去反对改良主义工会官僚的反革命领导？在没有革命工会的国家里，我们能否把斗争局限于只是反对改良主义官僚、反对对工会的改良主义领导？无论如何也不能。我们应当处处，即是说在全世界，去揭露阿姆斯特丹国际和第二国际的同流合污。

在动员、教育群众和使他们参加政治生活的问题上，我们各国党没有做完必须做的工作。拿不久前公布的、在布拉格通过的阿姆斯特丹国际的经济纲领来说，这个纲领中只字未提阶级斗争，只字未提社会主义。这些阿姆斯特丹国际的人们不讲阶级斗争，却在鼓吹自然而然的发展，和为了保持竞争能力去争取降低成本。他们不讲社会主义，却鼓吹什么"公正的经济制度"。这个纲领十分明确地赞成世界资产阶级和个别国家资产阶级所实行的资本主义合理化。在经济纲领——第2部分——在全国范围内的一些要求中写道：

"（1）建立防止合理化被滥用的保证。工会应当有助于工业的有计划发展、工业合理地联合为更大的单位，有助于财务集中以及陈旧的机器和技术方法代之以新的设备和技术方法。重要的是，与此同时采取必要的保护措施来对付对工人的剥削，使生活水平随着生产率增长而相应地提高。"

如果不是阿姆斯特丹国际支持资本主义合理化和世界资产阶级的经济政策，不仅在国际规模上，而且从各国利益的角度，那这意味着什么呢？他们向资产阶级提出了什么社会要求呢？在没有疏忽"全民利益"时，他们提出了关于劳动保护、关于提高实际工资、关于缩短工作时间等，关于把失业者调到另外一些工业部门的问题。但实际上，他们反对为实现这些社会要求而进行的阶级斗争。

什么是这一纲领中具有决定意义的东西呢？任何时候也还没有像在这一纲领中对工会与金融资本和与国家机构的结合如此毫不掩饰和恬不知耻地加以认证。作为最近的一项措施，要求在一切国家成立全国经济委员会，是阿姆斯特丹国际所鼓吹的整个法西斯化纲领的最为突出之处。

纲领中说：

"重要的是，在还没有全国经济委员会的地方，建立一个有工会代表参加的这种委员会。这个委员会应当执行计划经济政策，关心将全部国际经济协定和协议作必要的公布，对政府施加相应的影响，以便这些协定和协议能够真正实现。建议各个工会中央联合会在还没有这种机构的地方，把建立这种机构放在其经济纲领的首位。"

这样一来，纲领中便提出全国经济委员会的要求，也就是工会在一切领域绝对同化于资产阶级经济政策中，也就是工会与金融资本加速结合的要求，正如在这一条文中明显表现出来的那样。

这样一来，就超过了经济民主的政治口号（第二国际和阿姆斯特丹国际的口号）。在纲领中还有控制国内和国际范围内生产的要求，也有白里安提出的泛欧口号，也有同国联及国际金融资本的其他国际联合组织的合作。为什么我要稍微详细地谈这个问题呢？因为这个经济纲领将要在个别工会、工会组织的分支机构和工厂委员会方针中起些作用；它将会给确定方向定调子并影响国际范围内工会群众的思想。

应当用什么来对抗阿姆斯特丹国际提出的这个法西斯化的纲领呢？我们应当拿出由红色工会国际提出的进行不调和阶级斗争的纲领来与它相对抗。这是一个不仅要争取提高资本主义制度下工人阶级生活水平而且要争取彻底推翻资本主义制度的斗争纲领。在当前形势下，能否制定一个专门的行动纲领呢？我认为，发展是这样的迅速，以致红色工会国际不能提出专门的行动纲领。这并不是说，为了争取提高无产阶级的生活水平，为了改善劳动条件，为了把经济斗争变为群众性政治斗争，我们不应在个别国家提出局部的要求和某些特定的政治口号。但是在反对资产阶级专政的斗争中，我们争取改善工人生活状况和一切最切身的要求时，应当与此同时宣传我们的最终目标——推翻资本主义并确立无产阶级专政。我们用这个纲领来对抗阿姆斯特丹国际的经济纲领。

当然，革命工会和革命工会反对派，只有与各国共产党密切联系并在它们的领导之下，才能够进行这种斗争。

至于说党与工会之间的关系，在许多国家还不够协调，我并不是要断言，在个别国家这种关系很不协调，以致不得不作出完全另样的政治结论。但是，甚至在全苏工会中央理事会内也出现了工联主义倾向。全苏工会中央理事会的上层内反对党的路线时，托姆斯基及其一伙必然要弄到使工会对抗党的地步。党和广大的工会积极分子群众曾给予工联主义倾向以应有的回击。现在，对工会的领导是在社会主义建设蓬勃发展时期党和工会一致完成各项重大任务的保证。

在法国革命工会上层，也有许多领导成员不相信新策略的正确性，也不表示执行新策略，这不是偶然的。我们应当彻底铲除一切工会中立主义或者革命运动两个中心的理论。在这方面有着良好客观条件的一切地方，在尚未形成改良主义工会运动传统的一切地方，比如说殖民地国家，我们应当为工会奠定革命基础，并使工会同党建立最紧密的联系。

在殖民地和半殖民地国家，革命工会需要得到比过去更大得多的支持。我们的任务是，不仅要更强有力地更积极地支持殖民地的工作，不仅批评红色工会的工作，而且尤其是要从中国、印度及其他殖民地国家的党的方面支持、帮助这一工作，并对这些国家的革命工会工作表现出很大的主动精神。

当一些新问题摆在我们面前时，我们往往把旧问题忘得一干二净。在讨论中几乎没有谁提出过失业问题。当我们在决议中确认世界上有1300万失业者时，这一经常大量失业时期便向我们提出，除了正在企业中工作的工人之外，把失业者吸引到阶级阵线上的问题，并且这一问题显得异常重要。法西斯分子也在碰运气，要把失业者拉到他们的思想体系那一边。

我使全会特别注意在许多大企业明显出现工厂法西斯主义的情况。除了社会法西斯组织之外，除了社会法西斯思想体系之外，法西斯分子，尤其是德国的民族法西斯分子，为了争取工人，也企图在企业里采取新的政治和组织办法。在参与工厂法西斯主义、工厂狂热运动和工厂合作方面，他们异常积极。

由于失业问题，我们认为，正在从事生产的工人与失业工人之间组织上和政治上的联系应当格外紧密和巩固，尤其是在失业工人数以百万计的国家，更应如此。

最后，我认为，全会在使革命工会工作具体化部分做了大量工作。自从红色工会国际第四次代表大会以来，在执行红色工会国际的决议方面我们前进了一大步。许多糊涂观念消除了，许多问题阐述得更加明晰了。对经济斗争的独立领导取得了丰硕的成果。但是，就我们在全世界范围内的巨大革命工作来说，也还有不少的缺点、漏洞和错误。几乎在世界各国，我们的工会工作已成为全党的事业。红色工会和革命工会反对派的工作，虽然有这样那样的缺点，也还是更加扎实了。我们上了一所良好的工作学校，我们的新策略就是一所列宁主义的认真的学校，在运用列宁主义策略制定反对资产阶级和社会法西斯主义的、新工作方法和新组织形式的过程中，我们的革命工作有了更深更广的发展。本着这种精神，我们应当更加毫不调和地进攻社会法西斯主义，更加积极有力地继续从政治生活的各个方面去反对资产阶级。如果我们善于利用罢工浪潮，将罢工提高到更高政治水平，将更多雇农更多后备军吸收到我们所领导的革命阶级阵线中来，那么，我们今天的胜利，就会成为导致无产阶级专政在许多国家取得胜利的革命发展速度加快的前提。受这种思想所鼓舞，我们正在向着伟大的目标前进。（暴风雨般的掌声）

主席：

这样，议程的第三个问题就结束了。让我们来表决在我们委员会里制定的那些文件的最后文本，以及一些决议。为了通报工会委员会的工作，由斯莫良斯基同志发言。

斯莫良斯基（《共产国际》编辑部）：

受工会委员会委托，我来提交有关经济斗争与共产党任务的问题的提纲的最后草案。工会委员会对提交主席团的提纲初稿作了许多修正。这些修正的结果是给提纲增加了一些新的章节，作了一些补充，并且使之有了相当大的改变。关于争取改良主义工会机构、关于殖民地国家和半殖民地国家的秘密工会和工会运动这些章节是新的。关于把被开除者组织起来和关于"斗争委员会"这一条,在政策上作了大的补充和改变。特别是在提纲草案里,关于斗争委员会原先曾说:斗争委员会不能代替工会也不能由工会所代替。根据意大利代表团的意见,工会委员会通过了这样的决议:由于改良主义工会机构的法西斯化和暗中破坏经济斗争,斗争委员会在可能和适当的时候,可以并且应当**反对**改良主义工会机构;斗争委员会不仅应当**领导**罢工,而且应当**保障**斗争的成果,它可以同企业主签订工资协定及其他协定,并且设立监督机构来监督同企业主签订的这些工资协定及其他协定的执行情况。

斯莫良斯基同志进而列举了工会委员会通过的一些原则性补充,并代表工会委员会将提纲提交全会批准。

主席:

现在对提纲进行表决。谁赞成?谁反对?谁弃权?一致通过。①

为了通报一下政治委员会的工作,由库西宁同志讲话。

库西宁(芬兰):

受政治委员会的委托,我应将最后的并且已经分发给你们的第一项议程的提纲文本提请全会批准。我们在很大程度上胜利地完成了我们在校订提纲方面的任务,我想,这首先应当说是因为我们进行了真正集体的工作,而且其集体性的程度远远越过了以往任何时候。关于第一项议程的报告本身就已经是集体的……说实在的,我们有了一系列的报告,而不仅是两个正式报告。实在说,莫洛托夫、皮亚特尼茨基、台尔曼这

---

① 见本卷收录的《经济斗争和共产党的任务》(提纲)。——编者注

些同志的发言也应当列入这类报告之内。各个代表团踊跃参加讨论，就预先使政治委员会的工作更容易进行，工作成果是有目共睹的。正如你们可以看到的，对初稿未作任何重大的修改。只是使个别地方和个别思想更加明确，此外，因为觉得可以这样，就没有太多地扩大草稿的篇幅，也没有改变它的结构，而是采纳了一些补充。我们认为，比较简短是提纲的一个优点，提纲将要由许多党小组去认真阅读。从政治委员会和全会上都可以看出，对于所有问题，尤其是对于有关目前时期及其革命前途的性质问题，意见是完全一致的。

接着库西宁同志列举那些提到政治委员会上的最重要的修改、更准确的说明和补充。最后他说：

我建议全会赞同这个提纲草稿，不仅赞同，而且要使它实现，对它的实现进行组织，同时对监督它的实现进行组织。

主席：

对提纲进行表决。谁赞成？谁反对？谁弃权？一致通过。① 为了提出关于布哈林同志的问题的决议，我建议由雷梅尔同志发言。

雷梅尔（德国）：

同志们！在共产国际执行委员会第十次全会之前，所有各个支部都期望在我们这里同右派和调和派尤其是同调和派进行一场论战。库西宁同志在他的结束语中已经指出，调和派沉默了；可他们依然大喊大叫，就像对着最有力的扬声器一样，但是什么也没有讲出来。正如从决议中可以看到的，无论对右派，也无论对调和派，我们只是作了些必要的评论。关于右派，说得很少——大家知道，关于死人，如果不能说出他们

---

① 见本卷收录的《国际形势和共产国际的任务》（提纲）。——编者注

有什么好的地方，就不应当讲了。因为我们无法说出他们有什么好的地方，为了不浪费紧迫工作所必需的时间，我们就几乎没有涉及这个问题。对待调和派，我们也是这样。我们只是驳斥了他们的错误观点。各代表团代表会议认为，我们应当通过一项关于布哈林同志的问题的决议，因为在共产国际和联共党内布哈林同志都起过巨大作用，而且各党无疑都期待着对于在这方面提出并在辩论中起过作用的一切问题作出回答。因此，一些大党的代表们建议做出一项决议，在决议中说明布哈林同志及其同伙们的倾向的要点。提交全会的决议草案，在若干点上可能还需要稍加研究。因此，建议拿草案做基础，并且委托政治书记处对这个草案，像对别的草案那样，去作最后的校订。

主席：

现在我们进行表决。赞成拿这一决议做基础的请举手。没有人弃权，没有人反对。一致同意拿决议①做基础。

现在我们转入关于塞拉同志的问题。为了通报情况，由加兰迪发言。

加兰迪（意大利）：

我代表意大利代表团首先声明：当意大利共产党中央委员会知道了塞拉同志提交的文件的内容时，它就说明和谴责他站在了彻底右派的立场，从这种立场很容易滑向反革命立场。现在我所掌握的意大利共产党中央委员会的会议速记记录证明，意大利共产党的领导同志们曾经怎样坚决地、激烈地和一致地进攻过塞拉的立场，同时指出这种立场是同共产国际纲领明显矛盾的。我们承认，意大利共产党中央委员会犯了错

---

① 见本卷收录的《关于布哈林同志》的决议。——编者注

误，因为它虽然从思想上和政治上谴责了塞拉同志，但是没有合乎逻辑地根据这种谴责作出组织上的措施，并且还把塞拉同志留在政治局内。我们还认为，已经开始的反对塞拉立场和共产国际内右倾危险的思想斗争，应当更加广泛更加坚决地在党内进行，也要把它公诸于广大群众。

加兰迪同志进而建议，关于塞拉同志做出一项由全会一致批准的**简短的决议**①，并且作出把决议文本发给所有各个支部中央委员会使之了解的决定。

柯拉罗夫（保加利亚）：

研究关于被美国共产党和捷克斯洛伐克共产党开除的洛夫斯通和伊莱克的问题，还摆在我们面前。他们是执行委员会的成员，按共产国际章程规定，只有执行委员会才有权开除自己的成员。

在共产国际主席团就美国问题作出决定之后，洛夫斯通曾数次最粗暴地违犯国际的党的纪律。第一，他没有服从共产国际执行委员会主席团的决定，因此，他应当被解除在美国共产党内的工作。他回到自己的党内之后，就开始去干使美国共产党脱离共产国际和分裂美国共产党的事情。美国共产党开除了洛夫斯通，可是洛夫斯通曾利用自己表面上的权利在共产国际执行委员会里进行申诉。

因此，建议共产国际执行委员会通过以下决议。（宣读决议正文）

史密斯（美国）：

关于就洛夫斯通问题做出的决议，我只作一点说明。不怕有任何反

---

① 在《共产国际文件集：共产国际代表大会、执行委员会全会决议、提纲、号召书（1919—1932）》中没有相关决议文本。——编者注

对意见，我可以说，过去6年在我们党内存在的派性气氛消除了，我们将有一个美国工人阶级革命部分的统一的党。

关于洛夫斯通的问题，不是昨天才在我们党内产生的。每一个留心我们党的情况的人都会承认，从第六次代表大会的时候起，洛夫斯通总在企图用一切组织办法来损害第六次世界代表大会的威信和路线。对最近一次党代会的组织和动员就是这方面的最好的证明。

在这次全会上需要明确指出：我党六大，就其成分来说是无产阶级的，代表大会的代表真诚地认为，他们是按照执行委员会的指示和根据执行委员会的路线被领导的。但是，如我们所知，情况并非如此，代表大会曾被滥用，无产阶级的大会代表在代表大会上曾被洛夫斯通用来反对执行委员会的路线。佩珀与洛夫斯通一起曾在幕后组织和动员代表大会反对执行委员会。去参加共产国际执行委员会会议的代表团，从无产阶级代表那里得到过有关美国问题的指示：不管执行委员会的决定如何，任何时候，在任何情况下都不许反对。现在我们知道，在洛夫斯通的领导下，这个代表团中的多数人反驳执行委员会的决定，一些代表甚至还声明他们将反对执行委员会的决定。

所以，出席这次全会的美国代表团，在知道洛夫斯通十分严重地违犯了执行委员会纪律、回到美国又不顾执行委员会指示而去进行反党反执行委员会的组织活动这一事实之后，便拥护并请求全会通过一项关于开除洛夫斯通并令其离开执行委员会的决议。

主席：

关于洛夫斯通的决议，进行表决。一致通过。[1]

---

[1] 见本卷收录的《关于共产国际执行委员会委员杰伊·洛夫斯通反对将他开除出北美合众国共产党的上诉》的决议。——编者注

柯拉罗夫（保加利亚）：

建议全会作出以下关于把伊莱克开除出捷克斯洛伐克党的决议①。（宣读）

主席：

关于开除伊莱克的决议，进行表决。一致通过。关于从加拿大共产党开除原执行委员会委员斯佩克特，由本内特同志发言。

本内特（苏联）：

共产国际第六次代表大会的决议，明确地讲："凡参加托洛茨基反对派和宣传其观点的人，都不能**留在**布尔什维克党内。"这一决议曾在第六次代表大会上一致通过。这就是说，在赞成这一决议的人们之中也有斯佩克特。

根据斯佩克特本人的建议，他被加拿大代表团提出，以便选入共产国际执行委员会。

第六次代表大会之后，很快，即1928年10月11日，斯佩克特就声明，并在声明中讲了下面这些话：

"1. 不久以前所发生的一切（苏联内部和国际形势方面）证明，托洛茨基是绝对正确的。其例子是：

（1）由于加重对贫农的剥削，富农成为农村生活中占统治地位的因素；

（2）正因为如此，在农民那里获得粮食像在沙皇时那样；

（3）为了打破对外贸易垄断制，同德国工业家进行了谈判；

（4）共产党员坚决离开外交机构，而代之以白卫军分子。"（参看1928年11

---

① 见本卷收录的《关于将伊莱克开除出共产国际执行委员会》的决议。——编者注

月 5 日加拿大共产党政治委员会会议记录。）

在 11 月 4 日和 5 日加拿大共产党政治委员会会议上，斯佩克特明确表示赞同托洛茨基反对派。就在这次会议上他被逐出执行委员会，并把问题转到了 11 月 11 日召开的党的扩大的执行委员会会议上。在 11 月 11 日的会议上大家一致通过了以下决定：

"赞成执委会关于解除斯佩克特同志职务的行动；加拿大共产党扩大的执委会这次紧急会议决定把斯佩克特开除出党。"

我建议大家赞成加拿大共产党执委会的这项决议。赞成将意味着使斯佩克特也离开共产国际执委会。

主席：

这个建议①一致通过。

皮亚特尼茨基（苏联）：

一些大党的代表建议把塞拉、吉特洛、布哈林（关于他，全会今天已经通过决定）和安贝尔-德罗几位同志开除出主席团。伊莱克由于被开除而退出主席团。

此外，一些大党的代表还建议把阿梅里科·莱多、加兰迪、哥特瓦尔德、伦道夫、古谢夫几位同志补进主席团，连斯基同志从主席团候补委员提升为正式委员。捷克斯洛伐克的雷曼同志选为主席团候补委员。其余所有的人仍如以前。

---

① 见本卷收录的《将斯佩克特开除出共产国际执行委员会》的决议。——编者注

主席：

对皮亚特尼茨基同志提出的主席团组成的变化进行表决。谁赞成？谁反对？谁弃权？一致通过。

有人建议将这次会议上通过的一切文件，特别是关于开除出共产国际执委会者和调任主席团委员者的决定委托执委会政治书记处进行最后校订。进行表决。一致通过。

为了提出1928年的财务决算，建议乌布利希同志发言。

乌布利希（德国）：

批准共产国际执委会政治书记处提交的1928年财务决算书这件事还摆在全会面前。主席团专门的委员会同国际监察委员会代表一起审查了财务决算书，并认为可以将整个财务决算书送交全会批准，而现金出纳总表应予公布。

主席：

对乌布利希同志的建议进行表决。一致通过。①

全会的议程进行完毕。请允许在简短的闭幕词中对全会进行一些总结。

主席埃尔科利致闭幕词

我们结束了共产国际执行委员会第十次全会的工作。在这次全会上，我们仔细分析了一系列与总的经济政治形势和这种形势向我们党提

---

① 在《共产国际文件集：共产国际代表大会、执行委员会全会决议、提纲、号召书（1919—1932）》中没有相关决议文本。——编者注

出的任务有关的、对发展我们的运动具有非常重大意义的问题。我们从第六次世界代表大会作出的各种决定的角度分析了所有这些问题。并且共产国际执行委员会第十次全会证明第六次世界代表大会的一切决定完全正确。

同时，在这次全会上，即在实验、工作和斗争一年之后，第六次代表大会各种决定所包含的思想及其深刻意义都表现出来，可以说，比一年前表现得更加充分、更加清楚。这些决定使我们有了一个国际共产主义运动发展新时期的起点。在这个时期内，更加巨大的任务将提到世界无产阶级及其先锋队的面前。

从第六次世界代表大会以来，我们各国党都取得不少经验。而经验最丰富的当然是联共（布）这个领导共产国际的党。联共（布）在社会主义建设方面取得的成就，是把越来越广大的无产阶级群众吸引到这种工作中来。这些成就，一方面大大加强世界无产阶级革命的力量，另一方面，也是对那些诽谤者的有力驳斥，他们欺骗性地和令人不能容忍地描绘似乎威胁着苏联社会主义建设的惨剧前景。我们的敌人这样描绘前景，甚至在我们的队伍中，机会主义分子、右倾分子、散布惊慌情绪者也提出了这样的看法。另一方面，可以说，这次全会的结果完全驳倒了共产主义运动的反对者、叛徒和形形色色机会主义者过去和现在散布的关于共产国际内部瓦解，关于我们的运动正在解体、其基础日益毁坏的一切武断。

诚然，近几年来，许多党经历了党内斗争其至尖锐危机的时期。但那是增长的危机，并且不仅是增长的危机，而且是清理的危机。我们摆脱的分子是属于那些不能同我们一致行动的人。那些不相信无产阶级力量、不相信革命力量、被从我们队伍中清除出去的分子，丧失了在革命阶级的斗争中运用我们方法的能力。在革命高涨时期，在要求共产国际、要求我们所有各党、要求革命无产阶级为达到比昨天达到的高度目标而全力以赴的时刻，他们已经不能在无产阶级先锋队里前进。我们抛在后面的分子，不是今天就是明天将被无产阶级和革命的敌人——社会民主党人所收留。摆脱那些分子的党加强了。同这些党一起，国际共产主义运动加强了。永远，而特别是在目前形势下，危机和党内斗争，有助于共产主义运动摆脱公开的和隐蔽的机会主义，有助于揭露和根除同机会主义调和的一切倾向、在反右倾斗争中的各种动摇，因而是具有拯救性的必然现象。为了把我们的党锻炼成我们竭力以求的革命的党、布尔什维主义的世界党，危机和党内斗争是必需的。

这次全会上的讨论证明，无论在苏联，还是在各资本主义国家，在各殖民地，共产国际的力量无疑有了增长。它是共产国际的思想体系威力的证据，它是我们的革命思想成熟的证据、我们准备行动的证据和我们的力量团结一致的证据。

再加上我们对客观形势的分析，我们确认，我们已经不是处在只能预见日益成熟的革命高涨的时期，而是我们已经直接临近新的革命高涨的开始。在这个革命高涨过程中，我们的力量有什么用，对此我们应当提出具体证据。在一切国家，在全世界，在印度、德国、波兰、法国，在拉丁美洲，在英国，广大的工人群众都投入运动。他们不仅是为捍卫自己的切身利益而斗争，而且正转入反攻，竭力要打破资本主义制度的框框。这些群众需要领导，他们希望有一个有觉悟、有纪律、有力量的先锋队来领导，这个先锋队能够完成摆在它面前的任务——领导斗争直至胜利。这次全会的决定和决议应当教会我们去完成这项任务。

关于准备红色纪念日——8月1日问题的讨论，在我们的讨论中占有显著位置。在我们工作的开始，分析这个问题后，我们就有了一致意见：红色纪念日不应当是一般的和平示威、单纯检阅我们力量的日子。我们大家都同意，这一天应当是斗争日，应当标志我们各党领导工人群众向反对资本主义制度、压迫和战争制度的更高斗争水平的转变。

在我们讨论之后，新的事件发生了。中国强盗对苏联的进攻，变成为我们为红色纪念日运动奠定基础的理由，变成为强烈迫切性的理由。强盗对苏联的进攻证明，防止战争危险的任务，无产阶级准备反对战争保卫苏联的任务，不是明天或者后天的任务，而是今天具体的、迫切的、近在眼前的任务。从我们的讨论开始的时刻起，事件便不断发展。在资本主义国家，反动派对我们的党发动了进攻。在法国、捷克斯洛伐克，共产党的合法组织遭到打击。在那里，反动派竭力阻碍革命的准备，破坏党同群众的联系，把党赶到地下。反动派的力量联合起来、集中起来是反对我们的。我们可以大胆地说，斗争不仅是摆在面前，而且斗争已经开始。

所以，同志们，我们要振作起精神，要有坚强意志，要充分相信我们的力量、革命无产阶级的力量、我们各国党的力量、共产国际的力量、世界革命的力量，去迎接斗争。

共产国际万岁！

世界无产阶级革命万岁！

（全会闭幕）

第二十一次会议的附件

库恩·贝拉的声明

沃尔夫同志在他就工会问题的发言中，谈到了关于匈牙利共产党工会策略的一些情况。这不能不予以回答。所以必须对这一发言作出回答，是因为，第一，它包含有一些不能容忍的机会主义偏向，第二，其中有明显错误的武断。按沃尔夫同志的说法，在社会保险局的选举中，匈牙利共产党的领导一级同社会法西斯分子结成了统一战线，这完全不符合实际。

如果我们拿匈牙利共产党中央书记处外国委员会的提纲来说，那么根据这些提纲我们可以确定：

由于党领导的只能说是最机会主义的策略错误，在患病职工补助会选举中同明显的社会法西斯分子建立了统一战线。并且正如提纲规定的，在我们的选举名单中，社会法西斯分子占优势。

由于五金工人工会的分裂和建筑工人工会中的危机，我反对工会问题上的策略，因为这种策略不能说明别的，只能说是不惜任何代价来追求统一。红色工会国际机关赞同我的立场。在选举前不久，我们党的领导机构采取了同所谓不问政治的人也就是说同社会法西斯分子搞上层联合的策略，而对于动员群众和揭露这些法西斯分子，则毫无作为。这种策略的后果是，我们失去了选举胜利的可能，损害了党在群众眼里的名声，并使自己的队伍发生混乱。

如果沃尔夫同志或者同他意见一致的其他人，想用捍卫这种策略来表明他们是"左派"，那么这只能证明他们没有原则性。与这些极右倾相反，与认为那些处于法西斯影响下的工会官僚能够压制群众的观点相反，我站在过去总是站在并且将来还要站在的、对待机会主义倾向的立场上。

沃尔夫同志的发言，因为具有捍卫机会主义政策的一切特征，使我无须对于包括他试图评价我的行为的声明在内的、他的其余一切声明进行争论了。什么是我们党内右的危险呢？依我看，在许多别的流派中间是右倾，并且沃尔夫同志在这里捍卫的那一种恰恰是最危险的右倾。

柯拉罗夫的声明

桑托同志在他就工会问题的发言中，批评保加利亚工会运动的缺点和在近来大的经济斗争时期领导的错误时，是夸大其词了。因为他的批评是以保加利亚同志所作的自我批评为基础，所以这种批评是对的。在斯利文的工人举行罢工期间，当警察要把被捕的同志带往警察局的时候，斯利文的罢工工人没有以自己的力量解救被捕同志，而仅仅是在被捕同志已被带近警察局的时候，警察迫于群众的压力才把他们释放。当桑托同志将这一事实描写成"民主的幻想"时，不能认为就是严重批评。显然，在有关在哪里和怎样解救自己同志的问题上，桑托同志与斯利文罢工工人意见不同，桑托偏向于在街上，而工人是在警察局之前的广场上办的事。这是兴趣问题。"民主的幻想"就不用再说了。

桑托同志断言，罢工工人曾低三下四地得到改良主义者和社会民主党人的物质援助。

关于这一点，我知道是这样的：社会民主党为罢工捐了一点钱，但它是把这点钱转交给自己的一个组织，再由这个组织自己斟酌在它的拥护者中间进行分配。桑托同志断言罢工工人曾从改良主义合作社那里得到帮助。并且他认为这是对革命斗争的背叛、机会主义等。但是当时应当说最坏的机会主义者是苏联的代表——食品工人，因为他们建议阿姆斯特丹工会让食品工人为保加利亚罢工拨出 15000 法郎。

在桑托同志的发言中，还有其他类似的夸大之处。这些夸大不是加强而是削弱了对保加利亚罢工期间表现出来的实际错误和缺点的批评。

共产国际执行委员会第十次全会
提纲、决议和决定

国际形势和共产国际的任务

（提　纲）

共产国际执行委员会指出，第六次世界代表大会以来的局势发展完全证明了第六次代表大会对世界经济和政治形势的分析，以及大会为国际共产主义运动制定的路线的正确性。

同社会民主党和唯他们马首是瞻的右倾分子和调和分子的预言相反，资本主义的稳定不仅并不牢固，反而日渐摇摇欲坠。第六次代表大会认为，现在是战后资本主义的第三时期，是它的总危机不断增长的时期，是必然导致帝国主义战争、最重大阶级冲突以及主要资本主义国家中涌现新的革命高潮、各殖民地国家中发生伟大的反帝革命的帝国主义各种主要内外矛盾加速激化的时期。第六次代表大会这个评价的正确性日益得到明白无误的证实。

一、资本主义主要矛盾的尖锐化

1. 世界大战结束后的十年中，资产阶级在第二国际各党的积极和直接协助下不断用神话欺骗劳动群众，声称1914—1918年的战争是"最后的战争"，在击溃了德国并解除其武装之后，从现在起将在资本主义各国之间建立起稳固的和平（国际联盟是"和平的工具"；资产阶级"解除武装"的种种方案；带着和平主义伪善面具的凯洛格公约；作为"和平解决"赔款问题及战后再度燃起的帝国主义之间许多矛盾的办法的杨格计划)。实际上从1914—1918年的战争结束以来,帝国主义新世界大战的威胁从来不曾像现在这样强烈过。争夺市场、原料来源地、输出资本及其使用范围的斗争将不可避免地导致帝国主义列强为争取扩大自己的经济领地、重新瓜分世界而开战。作为英法帝国主义工具的国联正在积极准备战争。国联拒绝了苏联普遍实际裁军的方案,从而暴露了他自己正是准备战争的工具。凯洛格公约打着"拒绝战争"的伪善面具,实际上掩盖了美帝国主义保证自己拥有最后决定战争时间的权利和能力的企图。帝国主义各国正在疯狂地扩大军备,并结成新的军事—政治同盟(英法、英日、法国—波兰等),这再一次证明,较之1914—1918年的战争规模更大、更具破坏性的帝国主义新战争日益临近。杨格计划提出的解决赔款问题的新办法完全不像改良派断言的那样,削弱了帝国主义之间的矛盾,反而会导致帝国主义阵营中冲突(英美之间对赔款银行的争夺、法德之间的对抗)的进一步尖锐化,与此同时,由于加紧拉拢德国加入帝国主义的反苏军事政策,对苏联的金融封锁和武装干涉的危险正在增加。殖民地和半殖民地各国中以日益加剧的英美竞争为背景的"小型战争"(中国:南京同桂系、冯玉祥)是美英之间争夺世界霸权的一场大战的前奏。巴黎和会之后,赔款问题日益尖锐,其中交织着居于统治地位的各资本主义强国的主要矛盾,而且同各帝国主义集团和强国为争夺市场、原料来源地和输出资本的不断尖锐化的斗争联系在一起。金融资本垄断团体在国际上的交叉纠结(国际卡特尔、贷款公司、杨格的超级赔款银行)不仅不能削弱战争威胁,反而加重了这种威胁,为将正在迫近的战争转变成世界大战、重新瓜分世界的战争创造了前提。而且尽管在帝国主义阵营内部存在竞争和激烈斗争,资本主义世界同苏联作为两种根本对立的经济—政治制度之间的主要世界性矛盾正在不断激化。帝国主义对苏联的进攻是主要危险。足以为证的是建立和扩大反苏军事集团的新企图,疯狂武装苏联的各个邻国(改组罗马尼亚的军队、在法国总参谋部的援助下加紧武装波兰、在英国的参与下阿富汗发生反动政变等），通过攻击苏联的外交代表机构不断挑起同苏联的冲突。帝国主义列强挑动中国反革命分子攻击苏联驻哈尔滨领事馆，粗暴地违背同苏联的条约关系，中国军阀强占中东铁路，大规模逮捕并虐待苏联职工，这都是国际金融资本在直接挑动对苏战争。帝国主义新战争的这种种准备是在各个"社会党"（其"左翼"扮演着最可憎的角色，用和平主义的词句掩盖这种战争的准备活动）积极协助和全面参与下进行的。

2. 与此同时，资产阶级指望苏联向资本主义蜕变，使他逐渐屈服于资本主义世界，进而将苏联变成国际资本的殖民地的企图完全是枉费心机。虽然存在巨大困难（历史遗留下来的经济技术落后、农民经济的水平低下、资本主义的敌对包围），苏联在联共（布）领导下开展了对城乡资本主义分子的胜利进攻，保证了社会主义经济形式大大超过了资本主义成分。在提高技术基础之上的、声势浩大的群众性农业集体化，建立国营农场、集体农庄、机器拖拉机站，以及社会主义工业的蓬勃发展，为工人阶级同农民的结合奠定了新的生产形式，巩固了无产阶级专政的基本阵地。无产阶级建设社会主义的热情现在越来越强烈地表现为开展社会主义竞赛、提高劳动产率、增加工业产品、加强反对官僚主义的斗争，从国家机关中清除苏维埃政权的异己分子等。以加快苏联社会主义工业化速度，高速发展生产资料生产，坚决加强城乡社会主义成分，削弱资本主义成分，大大提高农业以便将百万农民吸收到社会主义建设中来，大大提高农村中无产阶级和劳动群众的物质生活水平和文化水平的社会主义建设五年计划，不仅是苏联劳动群众而且是全体国际无产阶级的最伟大成就。这项伟大计划的开始并实现将加强无产阶级专政的社会主义基础，提高国防能力，从而巩固世界无产阶级革命运动的斗争阵地。苏联沿着社会主义道路顺利前进是破坏资本主义稳定、激化资本主义总危机的最重要因素。

3. 资产阶级在主要资本主义各国建立"工业和平"的打算也无果而终了。在广大群众联合起来的条件下，资产阶级面临着无法解决的市场问题，市场问题日趋尖锐不单是由于生产部门的扩大，而且是由于垄断的托拉斯和卡特尔规定的高价、关税壁垒、经济落后国家的工业发展、殖民地局势总体的不稳定等。资产阶级试图用广泛实施资本主义合理化的办法来避开这个决定性矛盾，可是却不见成效。实施合理化更加深了这个矛盾。资产阶级合理化提高了资产阶级经济部门的生产能力，将千百万工人排挤出生产过程，加紧了世界市场上的竞争，激化了社会冲突。他将全部重压推到工人阶级身上，降低了工人的生活水准，而延长工时和采用传送带使劳动的疲惫达到了极限。工人阶级经过几十年斗争，特别是1918—1920年革命战争时期获得的全部社会成果（八小时工作制、社会保险、失业救济、工人立法、工会权利、罢工权利）或者被取消，或者有被取消的危险。有些国家无产阶级的社会政治成果由于社会民主派打出新"改革"（法国的社会保险立法和住房立法）的伪善面具而丧失了。资产阶级在英国打出"工业和平"、在德国打出"经济民主"、在意大利等国打出法西斯的"强制仲裁"的旗号，在社会民主党和改良派工会贵族的支持下极其残酷地推行对工人阶级明目张胆的奴役和野蛮压迫。资产阶级合理化的后果就是失业人数急剧增加（主要资产阶级国家中有1200万—1300万失业者）。资本主义国家中中间阶层的破产和裁减员工扩大了城市贫困人口。基本农民群众的地位不仅没有改善，中农和贫农反而日益赤贫化。这些农村阶层的地位由于日渐加深的农业危机和反动势力的猖狂而更加恶化。美国资产阶级宣扬的、臭名昭著的口号"繁荣"已逐渐破产。资产阶级为了承受住欧洲的竞争，有计划地进攻美国工人阶级的生活水平，扩大失业人员（美国有300多万失业者）。调和分子关于资本主义各国的国内矛盾正在化解以及在保留世界市场的无政府状态下,有可能安排国内市场的观点被近年来资本主义发展的全过程所推翻,实际上表明了他们向改良主义思想的投降。

与实行经济上扼杀工人阶级的政策的同时,政治上的反动势力日渐抬头:资产阶级国家机关的法西斯化,加紧镇压和白色恐怖,在世界资本主义支持下的法西斯政变(南斯拉夫),大范围逮捕工人(法国、波兰等),查封革命团体(德国取缔红色前线士兵协会),枪杀游行罢工的工人(印度、美国、柏林),经过和不经审判就枪杀革命者,判处多年苦役(意大利、巴尔干各国、波兰等),对工农运动实行疯狂的白色恐怖(墨西哥、古巴、哥伦比亚、委内瑞拉等拉美国家)。在帝国主义矛盾加深和阶级斗争尖锐的情况下,法西斯主义逐渐成了资产阶级广泛使用的统治方法。在社会民主党势力强大的各国,法西斯主义的特殊形式就是社会法西斯主义,它日益变成资产阶级瓦解群众反对法西斯独裁制度的斗争积极性的手段。资产阶级企图用得到国际社会民主党支持的这种骇人听闻的政治及经济压迫制度来长久消除无产阶级的阶级革命运动。可是即便在这方面,他的用心也注定是不能得逞的。工人阶级的战斗积极性不断提高,革命工人运动一浪接一浪的新高涨表明,被国际社会民主党恬不知耻地宣称为"繁荣民主"和资本主义长入"社会主义"时代的这种对劳动群众实行闻所未闻的剥削和暴力的制度必然崩溃。

4. 资产阶级镇压殖民地革命运动的企图也不能得逞。帝国主义和殖民世界的对抗在主要殖民地和半殖民地国家中表现得日益尖锐。中国的工农革命运动遭遇了暂时的挫折后,经济利益同各帝国主义国家(美国、英国、日本)的金融资本有最密切关系的中国资产阶级和封建反动势力一起在保卫中国独立的事业中遭到彻底破产,实际上已经转到了敌视独立的帝国主义敌人一边。现在,作为不同帝国主义政府工具的中国三个军阀集团正在进行内战,这清楚地表明,中国各个统治集团的利益和中国民族统一的利益是完全背道而驰的。中国的统一和摆脱帝国主义的桎梏是同土地革命和消灭种种封建残余紧密相连的。但是资产阶级民主革命的这些主要任务只有在工人阶级领导的工农革命强有力的新高潮的基础上才能解决。这个新高潮的条件无疑正在成熟，它必将导致建立作为无产阶级和农民群众革命民主专政机关的苏维埃。

现在一个强有力的革命运动正在印度展开。孟买无产阶级的英勇罢工、劳动群众反对赛蒙委员会的斗争、街头游行和战斗、高涨的土地运动——这一切都说明，印度正在变成殖民地革命的一个重要立足点。印度资产阶级公开背叛民族独立事业（自治主义者全国代表大会关于印度争取自治领地位的决议）和积极协助对罢工工人的血腥镇压揭露了印度资产阶级的反革命嘴脸。这就是说，印度的独立、工人阶级地位的改善、土地问题的解决，只有通过无产阶级领导下的工农革命斗争，反对英帝国主义、印度封建主和民族资本才能获得。印度革命的任务只有在苏维埃的旗帜下开展实现无产阶级和农民群众的革命民主专政的斗争才能解决。

与印度的革命高潮的同时，殖民地和附属国（摩洛哥、刚果、拉丁美洲各国等）中反对外国奴役者的斗争也在展开。宗主国中革命工人运动日益高涨，苏联日益巩固，在这种条件下殖民地的革命运动将以迄今为止最快的速度不断壮大，推动整个资本主义制度的崩溃。

二、第二国际的各执政党

5. 资产阶级无力在日益激烈的内外矛盾中找到出路，必须用准备新的帝国主义战争、最大限度压制工人阶级的办法保证后方稳定作为摆脱困境的"出路"。它不可能仅仅依靠自己的力量而不借助社会民主党来完成这些任务，加之必须用民主与和平主义的旗帜来掩盖这种政策——这就使资产阶级必须同第二国际各党公开合作。由此而出现了执政的德国社会民主党和英国的"工党"。麦克唐纳和弥勒政府的政治使命就是执行资产阶级预定的方针,在国内最大限度地压制工人阶级,对德国工人阶级因为赔款而实施双重压迫,在英国实行合理化;在外交上准备新战争,加紧对殖民地的压榨。

在德国,我们有了第二国际最强大的党(社会民主党)执政的新经验。

德国工人群众根据自身的经验抛弃了对社会民主党的幻想。社会民主党原来是一个执政之后用强制仲裁的绞索扼杀罢工、帮助资本执行同盟歇业、清除工人阶级的成果(八小时工作制、社会保险等)的政党。它建造铁甲列车,正如通过自己的军国主义纲领一样,同社会主义的战前传统彻底决裂,准备战争。社会民主党和改良主义工会的领导骨干执行资产阶级的任务,借韦尔斯之口,用不加掩饰的法西斯专政威胁德国工人阶级。社会民主党禁止五一游行,查封了工人阶级报纸《红旗报》,取缔了群众性革命团体,打算禁止德国共产党活动并用法西斯手段镇压工人阶级。

这就是德国联合执政的社会民主党走向社会法西斯主义的道路。这就是第二国际最大政党的执政总结。

"工党",特别是近年来的全部政策表明,麦克唐纳政府将和执政的德国社会民主党走相同的道路。它将强制实行资产阶级的合理化,镇压各种罢工活动。将扼杀殖民地国家首先就是印度的民族革命运动。将用和平主义的词句为掩护,推行帝国主义的侵略战争政策,首先是反对苏联的战争政策。麦克唐纳政府同美国的任何谈判甚至协定都不仅不能消除美英之间不可避免的武装冲突,而且如同帝国主义列强在1914—1918年的大战前夜达成的协议那样,在一步步准备战争。对英国工人传播的幻想,说是"工党"政府一旦执政就意味着工人阶级掌握了政权,将会被麦克唐纳政府的帝国主义政策和反工人政策吹得烟消云散。

现在群众中开始出现迅速的政治分化，他们开始摆脱资产阶级的"工党"。英国共产党越是坚定地清除自己队伍中机会主义右倾的种种残余，执行正确的布尔什维克政策，加强工人反对所谓"工人"政府的斗争，英国工人就会越快地看到，在最近的选举中只有英国共产党的政策，"阶级反对阶级"的政策，才是唯一正确的政策，只有这样的政策才能使广大工人群众摆脱议会—和平主义的幻想，指出工人阶级取胜的切实道路。

共产国际执行委员会全体会议指出，在战争日益迫近、工人阶级苦难日益深重的情况下，第二国际最大的几个党现在出面组阁为无产阶级群众内的社会民主主义走向最深刻的危机创造了条件。这种危机表现为加速了广大工人群众的激进化。必然导致社会民主党失去对广大工人群众的影响，从而为得到广大工人拥护的共产党取胜创造有利条件。

共产国际执委会全会责成共产国际的所有支部加强反对资本主义重要支柱的国际社会民主主义的斗争。

共产国际执委会全会建议特别注意加强对社会民主派"左翼"的斗争，因为他散布"左翼"对处于领导地位的社会民主党的政策持反对态度的幻想，而实际上却全力支持社会法西斯主义，从而阻碍社会民主主义的崩溃过程。

三、革命的工人运动新高潮日益高涨

6. 第四次世界代表大会以来的新情况就是国际工人阶级的急剧左转和革命工人运动高潮的日益高涨。由于资本主义剥削的加剧使工人阶级处境的恶化，公开同资产阶级一起反对工人阶级、执行社会法西斯主义政策的社会民主派的自我暴露，共产主义在工人群众中影响的扩大，使得工人群众采取了更积极的方法开展反对资产阶级的斗争。资本主义的进攻遭到工人阶级更为有力的反抗。阶级斗争由资产阶级进攻逐渐转变为无产阶级的反攻和部分直接进攻的斗争。

诸如表现了参加者高度阶级觉悟和革命积极性的罗兹总罢工，工人阶级对资本主义国家、企业主和改良主义官僚三方联合进攻进行坚决顽强反抗的鲁尔斗争，以及德国共产党在工厂委员会选举中取得重大胜利，表明革命新高潮正在日益高涨。战争赔款的沉重负担在德国使阶级斗争迅速加强，一方面表现为企业主毫不留情的进攻，另一方面则是无产阶级的大规模发动。德国无产阶级肩负的双重负担：支付战争赔款和本国资产阶级对工人阶级的加紧压榨，加速了德国革命危机的成熟。到处都是风起云涌的罢工浪潮：在法国有矿工、纺织工人、码头工人、邮政工人的罢工；在美国是纺织工人罢工，群众斗争发展到工人和警察发生武装流血冲突的地步；澳大利亚发生了大规模的罢工运动；南美洲（阿根廷、巴西、乌拉圭、巴拉圭、哥伦比亚）的罢工；德国有港口工人罢工、鲁尔的同盟罢工、长达数月的纺织工人斗争；波兰有罗兹总罢工、农业工人罢工；希腊发生了总罢工；捷克斯洛伐克有农业工人大罢工；保加利亚有烟草工人总罢工；印度发生了强大的罢工浪潮；中国新的罢工斗争日趋活跃。现在几乎没有一个国家在1929年初的几个月内无论罢工数量还是参加罢工的人数不曾超越过去几年的。在这种罢工运动中，未参加组织的群众起了巨大作用，他们就其斗争激情而论，往往超过改良主义工会组织起来的工人。

出现了许多同情罢工和抗议反动派迫害工人的罢工。同时在一些国家中被压迫民族和农民的革命情绪高涨，一些国家中表现为群众性示威和武装冲突（农民参加五一游行，西乌克兰和波兰的农村贫雇农罢工和革命活动，希腊因税负而引发的农民骚动，罗马尼亚的土地运动，南斯拉夫和意大利一些地区的农民骚动，捷克斯洛伐克、荷兰、法国等国的农村工人罢工等）。

面对企业主团体、改良主义工会机构和资产阶级国家三者不断加快的融合进程，在阶级矛盾十分尖锐的条件下，现阶段的经济斗争在许多情况下转变成了群众性的政治罢工（罗兹、孟买）。这一切迫使工人群众将经济斗争同反对整个资本主义制度的斗争联系起来。资产阶级使用了资本主义国家的全部镇压手段（逮捕、开除、枪决）来对付罢工者。这引起了并将继续引起带有鲜明政治色彩的、更大的抗议罢工和同情罢工。这就向共产党提出了在近期内将群众性政治罢工作为具有决定意义的问题。使用群众性政治罢工的手段有助于共产党把（工人阶级）分散的经济发动联合成更多的统一行动，广泛发动无产阶级群众，尽力增加他们的政治经验，带领他们走向争取建立无产阶级专政的直接斗争。

7. 在罢工斗争和新革命高潮日益蔓延的情况下，柏林无产阶级五月一日的活动具有重大意义。这次活动不仅体现了德国无产阶级的斗争主动精神，而且表现了德国共产党的影响力，尽管有策吉贝尔和改良主义工会的禁令，德国共产党还是将20万工人带上了街头。面对反动势力，党并没有后退一步，也没有给资产阶级挑起武装冲突的机会，而在当时的情况下，一旦发生武装冲突，党就会被孤立，革命先锋队就会被抛到身后。柏林的五月活动是德国阶级斗争的转折点，加快了德国工人运动革命高潮的速度。它不仅不像共产主义的各种失败主义者和叛徒断言的那样，是德国无产阶级的失败，相反，它展示了共产党斗争策略的成功，同自己队伍中的种种尾巴主义倾向进行了无情斗争。柏林无产阶级行动的政治意义在于它粉碎了资产阶级和社会民主派剥夺工人阶级庆祝自己的五一节的企图，迫使德国资产阶级及其社会民主派在禁止游行问题上向工人阶级的反击投降，这也表现在其他国家争取走上街头的斗争中，使德国以外的无产阶级群众站立起来，用群众性游行展示自己同德国无产阶级的团结一致。由于这次发生在其他各国（波兰、法国、孟买）的五一游行和罢工的斗争性较之过去几年有所提高，它表明无产阶级群众的经济运动正有向更高形式的革命斗争转变的趋势。

共产国际执委会全会同柏林英勇的无产阶级——诺伊科隆和韦丁街垒的保卫者——站在一起，表示自己完全赞同德国共产党柏林活动时期的策略路线。

四、共产国际和共产党当前的任务

8. 革命工人运动新高潮的增长、德英两国社会民主党的执政向共产国际及其各个支部特别尖锐地提出了坚决加强反对社会民主主义尤其是其左翼的斗争的任务，因为这是工人运动队伍中最危险的敌人，提高工人群众斗争积极性的最主要障碍。因此，在党内政治方面，共产国际的中心任务就是反对机会主义的斗争，因为它向工人阶级传播资产阶级影响，向共产主义运动传播社会民主主义倾向。不清除公开的和隐蔽的机会主义分子，共产党就不能在解决新任务的道路上胜利前进，这些新任务是在工人运动新阶段由阶级斗争尖锐化提出来的。

对于共产党而言，这个新阶段的意义就在于它有助于在开展阶级斗争的过程中揭露在这些斗争中扮演过工贼角色的、腐朽的机会主义分子。这就证明，共产国际第六次代表大会关于共产党内现在的主要危险是右倾机会主义的指示是正确的。

9. 共产国际执委会全会满意地指出，过去这段时期内共产国际的影响扩大了，它的各个支部在组织上和思想上也巩固了，清除了机会主义分子（布兰德勒、海斯、洛夫斯通）。受到小市民附和的右派叛徒关于共产国际已经瓦解的呻吟，无非是证明了共产主义运动的这种清洗对于防止机会主义分子的腐蚀活动、保证共产党的真正布尔什维克化有多么重要。许多共产党的布尔什维克化，首先是德国、法国、波兰，其最重要成果业已显现出来了：清除机会主义分子提高了共产党的战斗力，推动各党更好地完成领导无产阶级经济斗争和政治斗争的任务；选拔了在工人阶级积极性不断提高的条件下，在同机会主义的斗争中成长起来的、政治上成熟的新生力量；在更充分地开展党内民主中增强了布尔什维克的纪律性；共产党的领导干部工人化了。全会指出各国共产党在第六次代表大会政治路线和策略路线的基础上加强了团结。共产国际执委会全会指出，以政治书记处和主席团为代表的共产国际领导正确执行了六大决议的路线，及时对重大政治事件作出了反应，成功开展了反对右倾和调和主义的斗争。为了可靠地执行共产国际的决议，全会委托主席团通过吸收各支部新成长起来的党务干部和清除机会主义分子，加强共产国际执行委员会的机构。

在共产国际执行委员会的领导下，德国共产党根据执委会的公开信从思想上和政治上粉碎了布兰德勒—塔尔海默叛徒集团，彻底消除了该集团对工人的影响。捷克斯洛伐克共产党在共产国际执委会的积极参与下迅速处理了海斯及其同伙分裂捷克斯洛伐克红色工会运动的企图，在同取消派的斗争中，从思想和政治上巩固了党。在共产国际执委会的领导下，美国共产党成功消除了无原则派别活动和机会主义派别领导者（洛夫斯通、佩珀）对党的干部的腐蚀作用。

殖民地各国的共产党也必须加强反对右倾的斗争，因为机会主义分子传播资产阶级和小资产阶级对无产阶级的影响，阻碍其阶级斗争。

共产国际执行委员会全体会议完全赞同共产国际执委会主席团关于美国问题的决议、关于德国问题的决议、致德国共产党的公开信、共产国际执委会主席团关于捷克斯洛伐克问题的决议，认为个别党员维护右倾观点是同共产党员的身份不相符的，因为右倾被共产国际谴责为一股敌视无产阶级革命运动的利益的反党潮流。

同时全会指出，调和主义是一种掩盖公开的取消主义的、怯懦的机会主义，近来已经在共产主义运动的所有主要问题上滑到了右倾立场上,在共产国际内部承担了右倾的角色。右倾取消派被开除后,调和主义就成了吸引共产党内各种右倾分子的中心、各种失败主义情绪和机会主义观点的传声筒。有鉴于此,共产国际执委会主席团要求:

(1) 调和分子公开而坚决地同右倾分子划清界限;

(2) 他们不是在口头上而是实际上积极开展反对右倾分子的斗争;

(3) 他们绝对服从共产国际及其各支部的各种决议,积极贯彻这些决议。

不执行其中的任何一个条件的违纪者都将被开除出共产国际。

共产国际执委会全会认为,不执行这些决议,不粉碎右倾和"左派"(托洛茨基派)取消主义者,不坚决克服调和主义,就不能完成共产国际及其支部在新高潮条件下同战争危险作斗争和保卫苏联的任务,就不能完成同社会民主主义特别是同其左翼作斗争的任务,不能完成使共产党和工人阶级准备迎接即将来临的革命斗争的任务,也不能完成挑选出能够毫不犹豫地、勇敢地率领无产阶级进行推翻资本主义、建立无产阶级专政而斗争的工人阶级真正领袖的任务。

10. 反对取消主义和对取消主义持调和态度的斗争对共产党完成争取工人阶级大多数的任务具有特别重大的意义。这些人削弱反对社会民主主义的斗争,对其力量估计不足,贬低共产党的作用,破坏党争取工人阶级多数的活动,阻碍工人从社会民主主义转向共产主义运动并最后走向共产主义的道路。共产国际执委会全会指出右倾机会主义分子的工贼角色,号召共产国际各支部集中力量,争取工人阶级的多数。共产国际执委会全体会议强调,在革命工人运动的新高潮日渐成熟的条件下,争取工人阶级的多数是共产党的中心任务。这项任务要求共产党取得工人运动中的领导地位,即领导工人阶级的一切活动:经济罢工、上街游行、工厂委员会,从而保证共产党在无产阶级决战中的领导地位。

为了完成这项中心任务,共产党必须在无产阶级的重大阶级斗争中，采用自下而上的统一战线新策略，广泛吸收未曾参加组织的群众参与斗争（鲁尔的罢工委员会、德国的工厂委员会选举、在巴黎和柏林筹备五一罢工的各企业工人代表会议）。为了达到这个目的，他们必须把自己的全部力量都放到企业中去，使每一个企业都成为共产主义的堡垒。必须从原有干部中挑选优秀人员，用从自下而上的阶级斗争中、从群众中涌现出来的新生力量充实他们，有计划地不断开展自我批评，这种自我批评是使党的干部接受革命改造、经受布尔什维克化锻炼的最重要的手段。从完成中心任务（争取大多数工人站到共产主义一边）的角度看，必须采取各种措施从组织上加强共产党的政治影响。

考虑到许多迄今为止在合法条件下工作的共产党有被剥夺合法性的危险，共产国际执委会第十次全会责成这些党立即无条件地采取一切政治上和组织上的必要措施，竭尽全力开展反对这种威胁的群众斗争，保证在非法的环境中也能继续甚至扩大群众工作，随时准备将地下工作同合法工作结合起来。

在反对战争威胁、反对企业主的进攻及反对改良主义者的诽谤活动的斗争中，所有共产党都应当开展广泛活动，介绍苏联社会主义建设的巨大成就（五年计划）。应当把使无产阶级日益贫困的资本主义合理化同苏联正在进行的、保证提高苏联工人阶级和农村劳动群众的物质和文化生活的强大动力的社会主义改造加以对比。

11. 与此同时，所有共产党都应当坚决加强改良派工会中共产党员和革命的工会反对派的活动，而在工会运动已经发生分裂的国家中，全力加强红色工会的工作。

为了在反对企业主、法西斯主义和改良主义的斗争中，巩固企业中共产党员的影响，为红色工厂委员会的工作奠定更为广泛的基础，使工人阶级的所有斗争都更具有组织性，必须建立企业中由工人选举产生的革命代表的骨干队伍。

共产国际各支部应当完成根本性转变，在无产阶级最受压迫和剥削的阶层中，在女工、青年工人和农业工人中开展工作时，彻底改变工作方法。

针对劳动青年特别是因战争威胁而日益增长的作用，对青年工人群众的革命动员和掌握问题具有极其重要的意义，要求各共产党加强对青年运动的关注，切实支持青年共产国际的工作。去年青年共产国际在反对右派及调和分子的斗争中执行了共产国际的路线，完成了任务。但是，共产主义青年团的群众工作状况和组织发展仍旧不能令人满意，十分需要进行青年共产国际第五次世界代表大会要求的那种群众工作的转变。

在发展了革命农民的民族解放运动的国家中，主要任务除了争取工人阶级的多数外，还有巩固该运动中无产阶级的领导权和共产党的领导地位。

整个共产国际的任务是，要在殖民地大力促进建立和巩固作为无产阶级政党的群众性共产党，它是未来的革命斗争中的先锋队和领导力量。

12. 必须对建立群众性政党采取坚定的方针，既反对宗派主义和社会民主主义传统的残余，也反对无原则的小团体主义残余，因为他们在一些党（例如美国党）内既阻碍党的继续发展，而且是妨碍党发展成为群众性党的原因之一。

共产国际的一些支部（如瑞典支部）中右倾动摇依然严重，而且成了实际工作中的重大危险。不同这些机会主义的动摇作斗争，不坚决克服这些动摇，共产党将不能积极完成自己所面临的革命任务。

最后，共产国际执委会全会指出，革命工人运动的敌人正在加紧实施使共产党脱离无产阶级广大群众（方法是将共产党员开除出工会、解除他们的工作、禁止共产党的书刊及其组织等）的企图，执委会号召积极开展同这些企图的斗争。共产国际执委会全体会议认为,现阶段最大的危险是共产党落后于群众性革命运动的发展速度(尾巴主义)。共产国际执委会全会号召共产国际的所有支部坚决反对尾巴主义的倾向,因为它是社会民主主义残余的反映,不克服这些残余,共产党就不能履行自己工人运动先锋队的角色,率领工人阶级迎接新的革命斗争和胜利。

经济斗争和共产党的任务

(提　纲)

一、现代阶级斗争的性质

1. 共产国际第六次代表大会和红色工会国际第四次代表大会以来的时期,其特点是阶级矛盾**不断增长**,阶级斗争战线不断扩大。两次代表大会之后过了不到一年,德国的工人阶级除了许多重大的经济斗争之外,还经历了鲁尔无产阶级的强大运动,波兰发生了10万罗兹工人声势浩大的总罢工,法国爆发了群众性的经济冲突,而且从一个地区蔓延到另一个地区(近来每月发生不少于100次罢工冲突),奥地利发生了第一次反对资本主义推行的合理化及工厂法西斯化的罢工,美国出现了群众性的自发罢工运动(特别在南部各州)。值得注意的是,自1929年初以来,发生了许多局部罢工。英国从1926年工人阶级遭到失败之后,罢工运动一直处于低潮,可是欧洲(捷克斯洛伐克、波兰、法国)出现的农业工人多次罢工具有深刻的政治性。现在罢工斗争的特点还有工厂内甚至车间内小型局部罢工的巨大增长,而其根源在于资本主义合理化的压榨日益加重。最后,现阶段的特点在于这种不断增长的罢工浪潮蔓延到越来越多的殖民地和半殖民地国家(孟买14万纺织工人罢工、哥伦比亚香蕉园工人总罢工、法国殖民地港口工人罢工),其斗争规模和尖锐形式都是前所未见的。这一切都表明,工人阶级向左转的**速度加**

快了，而且**越来越具有国际性**。

2. 现时工人运动高潮的这些特点反映了世界资本主义经济主要矛盾继续激化。壮大了的生产力同萎缩的市场之间的主要矛盾日渐增长、日益尖锐。资本主义各国的整个经济政策现在都指向争夺资本输出、销售和原料市场，通过资本主义的合理化加强对无产阶级的剥削。现在无产阶级改善生活水准的任何努力都遭到企图根本扼杀工人运动的整个企业主阶级的反击。资本主义合理化不仅不能克服生产能力同市场容量之间的矛盾，反而使这个问题变得越来越尖锐而无法解决。合理化增加了产品总量，但同时又加剧了失业，引起无产阶级社会成分的结构性深刻改变，由于劳动强度加大而进一步降低了无产阶级的生活水平及其工资在劳动产品中所占的比重。

在这个背景下，成为工人阶级沉重负担的**资本主义**国家的合理化同苏联**社会主义**合理化之间的区别就显得特别突出，苏联的社会主义合理化是清除资本主义残余和保证尽快提高苏联无产阶级的物质和文化水平的强大武器。

3. 由于托拉斯资本同国家机器纠结在一起，提高无产阶级生活水平的斗争正在转变成反对资本主义制度的根基和资产阶级国家的斗争。现代资本主义已经走到了所有制关系同提高工人阶级生活水平完全不能相容的时期（虽说在个别情况下，有可能暂时部分提高工资），工人阶级面临的日益紧迫的任务就是将自己的日常斗争同反对整个资本主义制度的斗争联系起来。在新的条件下，无产阶级的经济斗争越来越具有鲜明的**政治性**。这并不是说，无产阶级领导经济斗争问题的意义较前有所削弱。在现阶段，革命工会运动的作用首先在于组织争取**局部**要求的斗争——**从长远看是争取政权的斗争**。当前经济斗争深刻的政治含义反映了工人阶级向左的转变。

4. 当前经济斗争的政治性质也是由主要资本主义国家中的资产阶

级在镇压工人阶级时转而采用新的、法西斯主义的方法决定的。这种法西斯化在经济斗争方面首先就表现为剥夺工人联合起来的权利和罢工的权利,从而剥夺无产阶级进行经济斗争的合法阵地。为此使用的手段不仅有实行强制仲裁,还有公开使用恐怖手段和国家强制机关,直至解散革命工会、罢工委员会、罢工集会,大规模逮捕和使用资产阶级国家的军事机器(捷克斯洛伐克的农业工人罢工)。还需要**特别**指出的是,改良主义的工会机关直接参与了对斗争工人的镇压,直接参与了发展工厂法西斯主义。

5. 广大的工人群众,他们遭受着世界范围内资本的进攻而带来的日益加重的剥削,在合理化了的现代资本主义工厂苦役般的工作使他们提前衰老,早早地被抛进"被榨干"的资本奴隶的行列,失业增加,工作时间延长,生活水平降低,无依无靠迅速增长,这些加强了工人群众对资本进攻的反击,更经常地并且更勇敢地转入**反攻**。经济斗争的新性质在于这些斗争越来越具有**迎击**的性质,许多情况下甚至是无产阶级在**进攻**。最近半年所有的经济斗争,首先就是罗兹罢工、鲁尔同盟罢工和孟买纺织工人总罢工,几乎全是这种性质。

6. 在现时的经济斗争中很能说明问题的是:尽管改良主义的工会机构在前所未有的范围内扮演了工贼的角色,尽管有右派的背叛和调和主义者的破坏,尽管革命工会运动自身和共产党犯了错误,没有学会切实地**独立**领导罢工斗争,尽管遭遇了一些失败,无产阶级的斗争精神却并未减退。例如,鲁尔结成同盟的工人实际上并没有实现自己的要求,可是工人群众的斗争精神并没有丝毫衰退,而这次大规模冲突的经验成了**进一步发动群众的动力**。这一切都毫不留情地驳斥了改良主义者和右倾取消派的理论,仿佛无产阶级最近的一切斗争,甚至是提高工资的要求,都不过仅仅是防卫战。

7. 然而,对于评估新的经济斗争最典型的、表明工人运动日益高涨的例证，就是**没有参加组织**的工人表现出越来越高的积极性。特别有力地推动这种积极性的因素是，由于合理化，工人阶级的成分发生了深刻的结构性变化。构成改良主义工会主体的熟练工人的数量在迅速减少。鲁尔同盟罢工时，参加者有四分之三是不曾参加组织的工人。罗兹参加运动的人中有 80000 名纺织工人，其中只有 4000 多人是工会会员。保加利亚参加罢工的 3000 名烟草工人中 95% 是未参加组织的工人。法国 90% 以上的无产者根本没有组织起来。甚至在罢工只是地区性、局部性运动的英国，最明显的是参与其中的大量不曾参加组织的人（汽车工业的罢工）。在印度孟买，从参加大罢工的大量无组织的纺织工人中诞生了一个强大的左翼工会，拥有 65000 人，占全孟买纺织工人的 40%。最后，近来的经济斗争中很有说服力的是大都没有参加组织**妇女无产者**和**青年**急速地向左转，他们所表现出来的积极性和阶级支持。特别要指出的是，在许多重要生产部门（纺织工业、机械制造业、电器工业、化学工业、食品加工业、缝纫业、人造丝工业等）中，骨干女工占到了半数，甚至占到了在业无产者的多数。他们是没有组织起来的工人群众的主体。

没有组织起来的工人的积极性表明，群众自发的不满情绪正在增长，冲破了工会的合法框架，吸引了改良主义工会的会员去参加斗争，这些斗争不仅没有改良主义工会机构的参与，而且是**反对**改良主义工会机构的。

8. 因此，共产国际第六次代表大会和红色工会国际第四次代表大会以来，表明工人运动革命新高潮的因素正在壮大，阶级斗争表现出如下特点：

（1）由局部的小斗争转向**更大**的、更具**群众性**的斗争；

（2）工人群众越来越经常地转入**反攻**；

（3）**没有组织起来**的群众的积极性日益增长；

（4）突破了工会的合法主义；

（5）罢工斗争日益**政治化**和革命化；

（6）运动的**国际性**；波及殖民地国家和一直落后于时代的英国。

9. 经济斗争的新形式，其规模因地而异。例如，在德国我们见到现代资本主义稳定中的种种矛盾的典型表现，这些新形式找到了其最鲜明的样式。在其他国家，例如英国，工人阶级刚从 1926 年的总罢工被粉碎和 1926 年矿工罢工失败中恢复过来，资本主义合理化的进程（同德国和美国比）也仅仅处于起步阶段，目前只是群众性斗争大爆发的前夜。工党执政必然导致这些斗争的成熟和尖锐化，因为工党政府将日益暴露自己资本主义合理化的执行者和加紧剥削无产阶级的直接工具的真面目，从而击碎群众中的改良主义幻想。最后，意大利的群众性罢工斗争在国际工人运动史上是史无前例的，各种新形式在这里找到了也许是最尖锐的表现。哥伦比亚香蕉园工人罢工期间的急剧阶级分化也是有典型意义的，那里动用了全部军事—行政机器，而资产阶级也采取了统一行动。

10. 共产主义先锋队和革命工会先锋队同社会法西斯主义工会的官僚集团之间的斗争现在不仅存在于工会内部，而且涉及全体工人群众。这场斗争首先就是争夺罢工运动中对工人群众的领导权。共产主义先锋队和革命工会的先锋队（尤其在德国五一游行后）创造了新的、更为有利的条件来争取工人阶级的多数。因此尚未组织起来的工人具有重大意义。由此产生了**工厂委员会改选**中的新策略。由此共产主义先锋队和革命工会先锋队在罢工斗争中排除和反对改良主义工会机构、进行**独立**领导就具有决定性意义。由此产生了和我们自己队伍中的机会主义的**工会合法主义**作毫不留情的斗争，实行自下而上的统一战线策略。

二、工人阶级向左转和改良主义的工会

1. 工人阶级继续向左转和阶级斗争尖锐化导致改良主义工会运动的危机**加剧**。共产国际第六次代表大会和红色工会国际第四次代表大会已经指出，改良主义的工会机构同资产阶级国家和大垄断资本纠结在一起了。最近一年由于阶级斗争的开展，这个过程走得更为深远。正如社会民主主义经过社会帝国主义走向社会法西斯主义，在镇压日益高涨的工人阶级革命运动中走进了现代资本主义国家的斗争先锋队行列一样，社会法西斯主义的工会官僚阶层在日益尖锐的经济斗争中完全站到了**大资产阶级一边**，坚持强制仲裁，力图给工人阶级套上资本主义合理化的笼头，将改良主义的工会机构变成**工贼活动的组织者**。公开谈到这些的有法国改良主义总工会的"新纲领"、德国和英国（汉堡、斯旺西）最近的工会代表大会的决议。体现了改良主义者和资本家共同对工人阶级施加压力的"经济民主"现在成了阿姆斯特丹国际的官方口号。工贼的这项国际纲领，其基础是通过改良主义的工会机构同企业主的直接合作（"和平的"税率协议、参加托拉斯的观察委员会等），以及同资产阶级国家机构的合作（"经济委员会"、国际联盟的经济机构、强制仲裁机构等）积极推行资本家的经济政策。与此同时，国际改良主义加紧扼杀无产阶级在殖民地中的革命—阶级运动。阿尔贝·托马同国民党刽子手的黄色工会领导人称兄道弟。在他的领导下，日本帝国主义的间谍铃木文治正在推动召开所谓泛亚洲工人代表大会的反动阴谋。在改良主义的工会机构迅速法西斯化并同资产阶级国家加紧勾结的过程中，阿姆斯特丹国际的所谓"左翼"（库克、费明等）扮演着特别危险的角色，他们打出反对阿姆斯特丹国际反动领导人的旗号，企图向工人掩盖这个过程的真实含义，成为社会法西斯主义体系中一个积极的有机环节（绝

不是最差的环节)。

工人在经济斗争中不得不处于被政治上反动的工贼头目领导之下,这种地位当然让他们不堪忍受。当资本扩大并加紧进攻以便加强对工人的剥削时,工会头目的这种叛徒工贼的策略就成了改良主义工会运动日益增长的危机的主要根源。

2. 这种日益增长的危机在许多国家中表现为改良主义的工会停滞不前(英国)和革命工会的迅速成长(印度、拉丁美洲、美国)。这种危机也表现为工会群众对改良主义工会官僚的极不信任,表现为工会的社会法西斯官僚对革命的工会反对派的进攻,表现为越来越多地将革命反对派的成员开除出改良主义工会并威胁还要开除"几万人"(柏林五金工人改良主义工会主席的声明)。被社会法西斯官僚掌握的改良主义工会越来越多地转变为**资本主义经济**纯粹的**辅助**工具,改良主义工会不断增长的危机就会越**严重**,工会官僚对革命的工会反对派的攻击也就越是强烈。现在改良主义工会的内部斗争已经空前尖锐化了。工人群众对基层工作人员的强大压力往往迫使改良主义工会的基层起来反对工会的上层管理人员,因为后者企图将工会变成工贼的团体和维系资本主义稳定的工具,执行阶级分裂政策,将优秀的革命分子开除出工会,取消最后的一点工会民主,向革命的反对派提出**最后通牒**,奉行将工会法西斯化的方针。

3. 改良主义工会内部发展的现阶段同阶级力量对比的**过渡**时期是相适应的。工人阶级已经**相当**壮大了,经常转入**反攻**。工会官僚对工人的某些阶层仍旧具有影响力,但革命工会以及革命的工会反对派越来越能够吸引改良主义工会中的广大工人群众。这就决定了共产党员在改良主义工会中的全部任务:不是退出改良主义工会,而是在坚决领导无产阶级阶级斗争的基础上,大力促进改良主义工会运动的广大群众加速革命化。

三、经济斗争和革命工会运动

1. 共产国际执委会第九次全会和红色工会国际第四次代表大会向共产党和革命工会运动提出的任务不仅是独立领导罢工斗争,而且还要**最有组织地准备**好这种斗争,自下而上(企业)实现工人阶级的**统一**。当时就已经指出,革命工会运动不断增大的政治影响同其组织规模**不相适应**。为此建议在改良主义工会的基层成立共产党团,以及(在工会运动已经分裂的那些国家)以生产为基础改组革命工会,实现民主集中制,建立工厂委员会作为革命工会的基础。同时还指出了社会民主主义传统和工会合法主义的危险,工会合法主义当时特别明显地表现在没有独立的革命工会的国家(德国)中,其口号是"**推倒工会官僚**",还表现在革命工会领导人同改良主义工会领导人之间的**上层巧妙的勾结**。

2. 这种危险在其后经济斗争不断增长、空前尖锐的时期,可能而且必然变得特别严重。正是在日后的这个时期,在清除了反列宁主义分子和机会主义分子的基础上,出现了(而且不可能不出现)共产国际力量的团结。这样的改组也同样出现在革命工会运动中(捷克斯洛伐克的海斯及其一伙、德国共产党工会部部分骨干的分裂活动等)。共产国际和工会国际的决议并没有徒劳无功。共产党和革命工会运动(无论在有统一工会还是工会运动发生了分裂的国家)在这段时期都取得了巨大成绩。同过去的罢工相比较,现在组织得更好,统一战线的策略也执行得更好,同工会合法主义的斗争也真正取得了成就,贯彻共产党的**经济和政治**口号也取得了进展。经验表明,在这段时期革命工会运动取得的**成绩**与**这些决议**的执行成**正比**。

3. 在没有独立的革命工会的那些国家,迄今为止革命工会运动的最大弱点就是**工会合法主义**,害怕跨越工会章程的框架。因此不敢对抗工会官僚的进攻（开除），不敢积极工作，争取下层工人群众（德国的工厂委员会改选中实行新策略、成立斗争委员会等）。例如，在罗兹1928年秋天总罢工期间，革命反对派巧妙地准备了斗争，利用了工人对实行工厂新规章和罚款细则的愤怒时机，正确地否决了一些共产党员关于提前宣布罢工的提议，围绕罢工开展了广泛的活动，将经济斗争同反对法西斯制度的政治斗争巧妙地结合起来。不过与此同时，罢工委员会的红色党团错误理解了我们的统一政策，结果产生了波兰社会党的拥护者占多数的失败主义罢工委员会。

4. 这些国家的另一个缺点是革命的工会反对派害怕**采取新策略**会削弱自己**在改良主义工会内**的地位。现在右派和调和主义者正是利用这一点打击我们，正如他们早先（在建立鲁尔斗争委员会期间）故意将共产党和革命的工会反对派抹黑成"流氓无产阶级"的组织一样。

5. 这里的一个重大缺点依然是工会中共产党团的结构和工作性质。共产党团在改良主义工会中成功地争取群众，其必需的前提条件是有巩固的共产党团，善于在工会中执行党的路线，彼此之间有联系，而且在相应的党委领导下工作。全会再次指出，共产国际关于工会中共产党团的许多决议，执行情况不能让人满意。按照第二次国际组织会议的决议应当成立工会共产党团的地方，并非所有地方都成立了，而成立了共产党团的地方，也并非组织得很好。在一些存在非法共产主义运动的地方（波兰），和共产党团同时存在的还有红色党团。而且红色党团和共产党团之间也没有明确的分工。红色党团应当最广泛地团结那些同情共产党团并且组织在共产党团周围的工人群众。但是红色党团绝不可以取代共产党团，而共产党如果不能保证在红色党团中建立共产党团的领导作用，就不应当建立红色党团。

6. 最后，共产党自身至今还没有充分认识到在发展的现阶段上工会工作的特殊意义。工会工作被看成是"**一个部门**"的日常工作。党没有集中自己的**全部**注意力，尤其是工厂党小组的注意力，去关注日常的工会工作，首先是领导经济斗争的准备工作。这说明，对革命的工会工作及现在的经济斗争的**政治意义估计不足**。

7. 在那些开展独立的革命工会运动的国家（法国、捷克斯洛伐克），主要缺点是革命工会的部分积极分子迄今对**群众的激进化和工会改良主义的新性质认识不足**。法国总工会就被**运动打了个措手不及**（运动是越过了总工会而发生的，我们的组织表现得不够主动，蒙穆索在总工会理事会十月全会上这样说）。

捷克斯洛伐克红色工会领导中的取消派的策略是同改良派工会组织的领导人玩弄上层路线的鬼把戏，同腐朽的改良派工厂委员会合作，将统一战线的策略曲解为对资产阶级国家政权持合法主义方针，机会主义地对待罢工策略，特别是对待不曾参加组织的群众。这就在一旦出现大的经济冲突、共产党和革命工会转而采取新的罢工策略时，取消派就会说成是分裂革命的工会运动。

这些国家中，一个重大的危险还是合法主义、对资本主义法律的尊重。革命工会应当竭尽全力争取每一个合法的机会，但同时不应对资产阶级的国家和资本主义的合法性抱有任何机会主义幻想。红色工会的力量和影响力完全取决于是否积极组织无产阶级的经济斗争和独立领导这些斗争。革命工会的主要缺点之一就是深入企业不够，缺乏工厂特派员制度（或者作用极其微弱）。

8. 这种错误方针和缺乏主动精神的直接后果就是革命工会同群众的联系很薄弱。法国共产党中央委员会关于法国共产党人的罢工策略的决议也指出了这一点（例如，卢瓦尔矿工罢工期间罢工者同领导几乎没有任何联系）。因此统一战线策略中就产生了**机会主义错误**（波尔多）。因此就不理解**不曾参加组织**的工人问题的**政治**意义。结果是革命工会的部分领导人对经广泛选举产生的工厂委员会持**否定**态度，其理由是既然存在积极领导罢工斗争的革命工会，这种罢工委员会就纯属多余。这种观点同工联主义的局限性**正好相反**（对革命工会而言），它不理解现时代的主要任务和争取工人阶级大多数的途径。在工会运动发生分裂的国家中，迄今为止的重大缺点是共产党和革命工会之间的关系不正确。对现阶段最有害的观点是把经济斗争看成仅仅是革命工会活动的范围，而政治斗争则归共产党。这种"分工"一方面导致革命工会中的共产党积极分子脱离革命政治斗争的许多大问题（鲜明的例证是工会的官僚分子如叛徒海斯），另一方面则使党的广大实际工作者脱离工人阶级的日常斗争，从而也脱离群众。

9. 最后，无论是这里，还是在有统一工人运动的国家，在罢工准备时期整个工作的主要缺点是**宣传鼓动工作多于**组织工作。然而，只有事先做好大量的组织工作才能切实准备好罢工。

四、工会和斗争委员会

1. 共产国际第六次代表大会以来的罢工斗争经验完全证明了共产党人独立领导罢工斗争的路线是正确的。独立领导罢工斗争和吸引不曾参加组织的工人首先就要经过全厂男女工人（参加工会和未参加工会的工人）的选举，成立广泛的委员会（罢工委员会、反同盟歇业委员会等）。在发生经济冲突时期，斗争委员会是主要领导机构，工人群众根据政治纲领和经济纲领团结在斗争委员会周围。在任何情况下，罢工或同盟歇业期间一旦提出成立斗争特别委员会来领导罢工，与同盟歇业作斗争，这个口号就能得到广大群众的热烈响应，使共产党和革命工会的拥护者可以根据革命斗争的纲领，把很大部分群众有时甚至是罢工群众**中有决定意义**的多数团结在自己周围。正是成立不听命于改良主义工会机关的、独立的委员会的口号使得共产党和革命工会运动的拥护者得以从组织上团结广大的无产阶级群众，反对社会民主主义的和改良主义的工会机关，就如鲁尔发生过的那样。

2. 领导群众经济斗争和政治斗争的斗争委员会应当是非党的广泛的群众性组织，因为他们的使命是团结属于不同党派、不同工会组织甚至是未曾参加工会的男女工人。不过，尽管委员会是非党的，他们在政治上却不能是中立的、冷漠的或者非政治的。罗兹的经验表明，斗争委员会中如果存在资本家的改良主义代理人（波兰社会党）有多么危险。斗争委员会的政治纲领由工人群众在运动（例如，反对资本主义合理化的斗争、反对强制仲裁的斗争、反对法西斯主义的斗争、反对资产阶级和资产阶级—社会民主党结盟的斗争等）中提出的政治口号构成。同时斗争委员会应当将这些口号同工人阶级的直接经济要求紧密联系起来。被选入斗争委员会的应当是拥护这个政治纲领的男女工人。

3. 斗争委员会团结广大工人群众时，应当不分职业，只是作为一种半正规的临时组织。

这些委员会不能像改良主义者所做的那样，自上而下地委任（任命工会罢工委员会），而应当由全厂男女工人大会和代表大会选举产生。

4. 斗争委员会是临时机构，所以共产党员应当根据无产阶级群众运动的情况，在无产阶级民主制的基础上主动担负起组织工作。斗争委员会不应当受斗争地域的限制，要努力扩大斗争，将经济斗争转变为政治斗争。斗争委员会在斗争结束并作出总结后，即行解散。

5. 由于改良主义的工会机构越来越法西斯化，任何群众运动，无论是经济的还是政治的，都遭到改良主义工会机构同样的抵制，就像遭到企业主和资产阶级国家抵制一样。因此，不仅从将斗争进行到底的意义上来说，还是通过签订工资协议、巩固斗争成果并创议在企业内部建立工资委员会和所签协议执行情况的监督机构的角度来说，在罢工委员会领导的无产阶级发动起来时，将罢工委员会置于改良主义工会的领导层的对立面，这是必须的，也是可能的。在近来的罢工斗争期间，斗争委员会同改良主义工会的官僚之间为争夺对工人群众的领导权有过斗争（德国）。斗争委员会在某些情况下甚至代表工人同资本家签订了合同。斗争委员会正在变成揭露改良主义工会官僚、其背叛行为及其同资本家合作的真正为工人群众的利益而斗争的群众性的民主机构。

6. 争取改良主义工会普通会员的重要斗争手段（在没有独立的革命工会运动的那些国家中）就是**按照革命反对派的纲领**，加紧**吸收**那些不曾加入工会而在群众运动中团结在斗争委员会周围的新工人**加入工会**。共产党争取不曾加入工会的工人是最近的一项重要斗争任务，它应当一方面通过夺取和建立工厂委员会，通过将工厂委员会团结在斗争委员会（以及各种革命的群众团体，如国际工人救济会、国际革命战士救济会、红色前线士兵同盟等）周围，另一方面，在那些工会运动发生了分裂的国家，通过革命工会将他们组织起来。但是，共产党应当特别注意在经济斗争时期吸收优秀分子加入共产党和革命群众团体。在（那些没有独立的革命工会的国家，如德国和英国）争取未参加工会者时，成立一些半职业性的中间形式（"互助会"或者"反同盟歇业协会"）只会阻碍革命工会运动切实争取无组织工人的进程。

7. 斗争委员会是无产阶级群众性的行动机构。这就是斗争委员会的主要阶级价值。斗争委员会中应当有该次冲突涉及的**工人群众**的代表，这些代表无论参加了组织还是没参加组织的，一律都不问其党派和工会的隶属关系。因此只有当群众自身根据亲身的斗争经验，确信这种领导形式能够保证阶级阵线的**一致性**和经过考验的阶级路线时，斗争委员会才能争取到对工人群众的领导权。

8. 作为无产阶级群众性行动的统一领导机构的斗争委员会，其发展在很大程度上受到共产国际各个支部和革命工会运动落后于群众积极性的阻碍。这种落后的原因是存在工会合法主义的残余，尤其在准备罢工时，共产党的组织工作薄弱，还有对现阶段经济斗争的性质，以及未参加组织的工人问题的意义认识不足。只有通过集中力量加强反对右倾和调和分子的斗争，才能克服并消除这个重大缺点。这就是当前的最重要问题。

五、工会和工厂委员会

1. 工人群众向左转和他们积极性的提高、阶级冲突的增长和加剧、共产党在工人群众的威望提高，为顺利实现共产国际关于争取从改良主义者手中夺取工厂委员会（在没有工厂委员会的地方建立工厂委员会），并将其从企业主和社会民主党的工会官僚手中的阶级合作机构转变为阶级斗争的工具的决议创造了条件。

2. 工厂委员会可能也应当是企业中自下而上的阶级统一的自然基础。工厂委员会和斗争委员会不同，它不是临时性的，而是经常起作用的机构。工厂委员会不能取代工会，也不会被工会所取代（因为没有按照生产原则来组织工会）。夺取工厂委员会（或者工厂代表团）是共产党和革命的工会运动走向重要的工业地区和生产部门的重要途径之一。在阶级斗争十分尖锐的现阶段，夺取工厂委员会的问题就是直接在企业中执行"阶级反对阶级"的策略问题，就是发动群众进一步开展经济斗争的问题。工厂委员会应当成为企业中发动群众、开展反对工会官僚斗争的杠杆。我们策略的要点就是在工厂委员会改选时广泛发动群众。这种改选（最近一年中，改选是由改良主义工会组织并在其监督之下进行的）应当像选举斗争委员会一样，吸收全厂群众，包括参加工会的和未参加工会的男女工人。由此得出的策略结论是：坚决拒绝同改良主义者一起搞什么选举**花招**，要提出自己**独立的名单**，不要顾及改良主义工会制定的种种规则。在竞选时期应当成立由全厂会议（选举委员会）

提出的临时群众性组织。

3. 在德国工厂委员会改选中，共产党人所取得的成功表现了工人的强烈不满情绪。工人对工厂委员会实行的政策强烈不满，工厂委员会变成了由改良主义工会机构控制的阶级合作机构、变成了实行"工业和平"和"经济民主"的机构。革命的反对派要夺取工厂委员会，创造条件打破合法的条条框框，将工厂委员会变成负责为争取无产阶级日常的经济利益、在企业中开展政治斗争（反对战争、反对法西斯主义、组织无产阶级自卫队等）的机构。革命的工厂委员会在将两种斗争形式（政治斗争和经济斗争）结合起来的条件下，能够成为存在共产党员影响的其余工厂委员会的榜样，成为在全国范围内将工厂委员会联合起来的中心。为此，革命的工厂委员会应当通过按地区和生产部门召开的会议建立彼此之间的联系。

4. 德国工厂委员会改选的教训说明，革命反对派也像在罢工斗争中一样，凡是**坚决执行新策略**的地方，就取得最大的成功。而在共产党员和革命反对派同改良派一起提出联合候选名单的地方，群众就最难以分辨孰是孰非，因而基督教工会和希尔施—敦克尔工会的名单就意味深长地获得了相对多数票。这就说明，群众在这种情况下不信任共产党员和革命反对派的策略。这里也和斗争委员会的发展一样，工厂委员会的革命化由于共产国际各支部和工会中的革命反对派落后于群众的积极性而受到阻碍。这里又一次表现出了合法主义的方针和机会主义的被开除的担心。经过长期准备之后，原本应当根据原则观点做出实际的结论，可是掌权的共产党的积极分子却开始怀疑和动摇。这里还出现了这种情况：由于多年来形成的同工会上层谈判和玩弄手腕的传统，缺少**真正群众工作**的实践。这是由于对革命反对派在群众中的影响估计不足。往往是事先进行交易，然后只是提出独立的名单，而不是在全厂群众民主投票的基础上拟定候选人名单。

5. 但改选时发动群众仅仅是工作的一半。近期德国的最主要任务是教育工厂委员会中的革命分子，以及将工厂委员会转变成名副其实的**阶级斗争**的机构。共产党员在工厂委员会改选中取得的成功表现了群众自觉性的增长，以及他们对建立由工人自己选举产生的、具有斗争性的领导机构的必要性的认识。为了建立革命工会（法国、捷克斯洛伐克等）同会员群众之间、革命反对派（德国等）同企业全体工人之间的紧密联系，必须在每个企业主动设立由所有车间的工人选举的特派员制度。这些特派员应当推动工厂委员会的工作，促进工厂委员会的革命化，并在没有工厂委员会的地方建立工厂委员会。革命反对派和革命的工厂委员会的纲领的基础应当是**阶级斗争的具体口号**：为改善无产阶级的生活条件而**坚决斗争**，反对资本主义的合理化，反对**强制仲裁**和企业主的**恐怖行动**，要求罢工和联合自由，建立以生产为基础、开展革命的阶级斗争的统一工会，要求企业的工会及其他组织保障**工人民主**，反对将革命者开除出工会。被革命反对派夺取过来的工厂委员会是无产阶级斗争力量的汇聚地，是**切实保卫工人阶级利益的机构**，应当执行与改良主义工会针锋相对的政策。革命反对派应当从工厂委员会中坚决清除社会民主党的传统，反对工厂委员会从属于改良主义工会。

6. 德国工厂委员会的这项经验应当尽快推广到那些拥有类似德国工厂委员会的国家（奥地利、捷克斯洛伐克）。那些没有类似的工厂委员会的地方，必须抓紧建立不经官方批准的工厂代表处。引起群众性骚动（大规模不幸事件等）的经济冲突、剥削工人的重大事件为成立工厂委员会创造了有利条件。尤其是在经济冲突期间成立的运动领导机构（罢工委员会、反同盟歇业委员会等）可能被转变并扩大为革命的工厂代表处（特派员工厂委员会等），履行特殊的职能。革命工会主动建立的工厂委员会（法国）应当最坚决地回击将工厂委员会视为某种**议会代表处**、说它应当"在企业主面前保卫工人的利益"（克罗泽在法国共产党代表大会上的理论）的机会主义倾向。应当坚决回击我们队伍中那些认为"工厂委员会不承担政治任务，而只做国家规定的事情"的机会主义分子。这是直截了当地灌输"经济民主"。同时，将工作重心从**直接组织**工厂委员会转移到谈论工厂委员会在直接革命时期的角色（托马西）是一种抽象的工团主义残余。在法国这样的国家，现在的问题不是革命斗争时期工厂委员会将是什么样子，而是在斗争过程中尽快地、更好地组织工厂委员会。为此既不要等待企业主和资产阶级国家的特别批准，也不要他们"承认"工厂委员会。阶级斗争日益高涨的浪潮为建立工厂委员会创造了特别有利的条件。

六、在什么条件下必须建立新工会

1. 工会改良主义的新性质、改良主义工会机构同资产阶级国家公开融合在一起使得我们在改良主义工会内部的策略问题再次显得尤为迫切。共产国际执委会第十次全会重申，社会法西斯工会官僚执行的分裂工会运动（将共产党员及革命反对派成员开除出改良主义工会、保证书等）的政策在任何情况下都不应当削弱争取**工会群众的工作**，更不能号召工人退出改良主义工会。相反，这项工作应当加强。"要想善于帮助'群众'，赢得'群众'的同情、爱戴和支持，就必须不怕困难，不怕那些'领袖'对我们进行挑剔、捣乱、侮辱和迫害（这些机会主义者和沙文主义者多半都直接或间接地同资产阶级和警察有勾结），**哪里有群众，就一定到哪里去工作**。"（列宁《共产主义运动中的"左派"幼稚病》第六节：革命家应当在反动工会里做工作）①

2. 工人运动的不断增长和改良主义工会危机的日益加深表明拒绝

---

① 中译文见《列宁全集》中文第2版第39卷第33页。——编者注

在改良主义工会工作是一种危险倾向。同时，工人运动的日益增长又提出了在一定阶段上、条件具备时建立新的革命工会的任务。

3. 第一种倾向是对不曾参加组织的工人问题理解错误，将工会混同于斗争委员会，对通过掌握工会群众夺取工会的可能性估计不足（人为地建立向新工会"过渡"的组织形式）。这些倾向直接违背了共产国际一再通过的、关于争取工会中的工人群众的决议。改良主义者旨在分裂工会运动、表现为开除共产党员和革命反对派成员的挑衅日趋严重，但这并不能成为重新审议关于要在没有独立的革命工会的国家的改良主义工会中开展工作的决议的借口，也不能证明削弱争取工会群众的工作、人为地建立新工会的方针就是正确的。现阶段共产国际的政策不是脱离改良主义工会，或者人为地建立新的革命工会，而是既在改良主义工会内也在依靠更为广泛的群众的组织（斗争委员会、工厂委员会）内开展**争夺工人阶级多数的斗争**，这些组织与革命的工会运动追求相同的目的，但完成这个任务的途径却有其特殊的方式。

4. 认为在现有条件下，甚至在会员群众跟着改良主义工会走的时候，我们能够掌握改良主义工会，这是一种有害的机会主义幻想。可是这丝毫也不意味着共产党员和革命反对派在选举工会领导时就无所作为。相反，将全体官僚分子和资本家代理人驱逐出工会的斗争，争夺每一个选举产生的工会职务的斗争，尤其是争夺基层工会特派员的斗争，都应当是我们手中揭露和反对社会法西斯官僚的强大武器。

5. 与此相关的是反对社会法西斯主义的工会官僚的分裂政策。这场反对开除及其他分裂措施的斗争应当是反对工业和平的改良主义政策、要求工会在阶级斗争的基础上实现统一、要求无产阶级民主的斗争。改良主义领导的分裂活动追求的目的是在工人群众争取经济和政治要求的斗争中，削弱他们有组织的力量，在有组织的工人群众中孤立共产党员和革命反对派。因此重要任务之一就是发动广大工人群众起来反对社会法西斯主义的工会官僚的分裂活动。同时必须展开坚决斗争，反对各种投降行为。向工会官僚的投降不仅意味着革命反对派的声名扫地，而且是他们的垮台。

对于整个工会组织被开除，必须以继续积极工作、加强这些组织来回答，同时在阶级斗争的基础上、在统一的口号下开展重新接受加入工会的斗争。这些被开除的工会组织不应当成为其他工会组织被开除的工人的集聚中心。如果革命工人被个别开除，就应当全力以赴，发动群众反对改良主义者的分裂活动。争取被开除工人重新入会的斗争应当高举为革命反对派争夺处于改良主义者影响之下的工人的口号。

在这些国家中，反对工会官僚主义领导分裂政策的斗争，**不是要将被开除的共产党员和革命反对派成员组成新工会，而是加强争取工会中无产阶级民主，反对改良主义，要求清除改良主义的工会官僚**。一方面是改良主义的工会机构同资产阶级国家机器的结合，另一方面共产党在工人群众中的影响不断扩大，这就不但扩大了反对改良主义专政的可能性，而且使动员群众、打碎改良主义工会的章程、同合法主义决裂更为必要。

6. 革命反对派不能听任越来越多被改良主义工会开除的群众**四处流散**。因此革命反对派必须加强同被工会开除的革命反对派成员的联系。但这不是为了成立新组织（例如，通过向被开除人员收取专门的**会费**，发放专门的会员证），因为新组织有可能变成走向新工会的、人为的"过渡形式"。

7. 不过共产党员不会在**原则上反对工会的分裂**。共产国际第二次代表大会的决议指出，共产党员支持分裂的条件如下："如果拒绝分裂意味着放弃在工会中开展革命工作，放弃组织受剥削最重的那部分无产阶级，共产党员就不应当面对工会组织的分裂而裹足不前。"共产国际第六次代表大会以来罢工运动不断高涨，反对社会法西斯主义的工会上层的斗争日趋激烈，这些上层官僚采用开除和解散整个组织（德国总工会）的手段，通过车间的刁难，有意缩小参加工会的无产阶级人数（最鲜明的例子就是美国劳工联合会），他们毫不掩饰的工贼活动在许多国家创造了个别情况下必须成立新的革命工会的条件。共产国际执委会第九次全会和共产国际第六次代表大会为美国共产党拟定了方针：首先在那些完全没有工会组织的生产部门，其次是在由于工人的革命活动、由于工会官僚上层的背叛行为致使工人群众抛弃了工会而出现了工会运动溃散的情况下，建立新工会。这项工作已经开始，党应该花更多的精力，将美国大量无组织的群众吸引到新工会中来。英国的情况也与此相类似，建立了缝纫工新工会和苏格兰矿工新工会。波兰也是这样。在罗兹大规模罢工和波兰社会党分裂的基础上，必须根据革命的阶级斗争（罗兹），提出建立统一的新纺织工会的问题，还有矿工（栋布罗瓦区）的问题。墨西哥也是同样的情况，那里根据工人群众的激进化和墨西哥地区工人联合会的反动的蜕化变质，成立了新的革命劳动联盟，会员约 10 万人。

8. 但是共产党员应当懂得，工会分裂不是机械地组成新工会。应当坚决反对不分青红皂白将工会简单分裂的方针。只有在罢工浪潮高涨时，只有政治斗争十分尖锐、大部分无产阶级明白了改良主义工会官僚的社会法西斯本质而且积极支持建立新工会时，才可以成立新工会。但是即便具备了上述各种条件，在那些至今都没有独立的革命工会运动的国家（如德国）中，也只能按照客观情况，分别建立新工会。

七、关于在工会运动处于非法状态的国家中的工作

阶级斗争日渐尖锐化迫使统治阶级采取严厉措施来镇压和粉碎革命工会。在革命工会仍旧公开存在的地方（法国、捷克斯洛伐克等国），

他们都受到被解散的威胁。在这种情况下，主要任务就是不让公开存在的组织被赶入地下。在那些资产阶级伙同社会法西斯分子已经将工会赶入地下但革命工会还在地下继续工作的国家（意大利、南斯拉夫等国），最重要的任务就是巩固非法的工会，尽可能多地吸收无党派工人入会，在罢工浪潮不断增长的基础上开展工作。应当同借口不可能存在非法工会因而要求收缩非法工会工作的各种投降主义和取消主义倾向进行毫不妥协的斗争。对于存在非法工会运动的国家而言，建立广泛的斗争委员会来领导经济斗争具有特殊意义。这些斗争委员会可能成为突破警察—法西斯全部禁令、使非法工会走出地下转到公开活动的舞台的最有效手段。争取走出地下转入公开活动的斗争应当是革命工会关注的中心，只有把非法工会与争取工人的日常需求的斗争以及对经济斗争的切实领导结合起来，斗争才能取胜。

巩固非法工会、对罢工运动实行革命的领导、走出地下转到公开活动舞台的前提条件是**在企业中为建立工厂的党支部、以企业为基础建立工会的全部工作不断进行顽强的工作。**

八、殖民地和半殖民地各国的工作

最近这一年的特点是所有殖民地和半殖民地国家，尤其是印度的经济斗争有巨大增长。这种罢工浪潮甚至波及到最落后的无产阶级队伍（赤道非洲），并证明工人运动的高潮已经远远越出了老资本主义国家的范围。殖民地和半殖民地国家（印度、中国以及印度尼西亚、锡兰、缅甸、非洲国家等）中近来罢工的特点表明，即便在罢工运动自发地发生的地方，也具有深刻的革命性质。这就为在那些还没有共产党和革命工会的殖民地国家中巩固和发展共产党和革命工会创造了有利的基础。这些国家的所有共产党员和革命工人的最重要任务就是保证工人对一切经济斗争的领导权，清除罢工机构中的民族资产阶级和社会改良主义分子，将工人的经济行动提高到更高的斗争层次。

殖民地和半殖民地各国的工会组织具有各不相同的形式，这就要求这些国家的共产党员和革命工人更加灵活地执行独立领导经济斗争、在罢工中争取广大群众、将工人的经济斗争同无产阶级普遍的阶级任务紧密联系起来的方针。

这些国家成立的斗争委员会在没有阶级同盟的地方应当被用于建立革命的阶级同盟，并使处于地下的工会转为公开的组织。

孟买吉尼—坎家纺织工人的左翼工会的经验提醒我们，群众性左翼工会运动团体中的革命者，在领导罢工斗争中广泛采用新的组织形式（罢工委员会）和在企业开展工作（工厂委员会），可以迅速取得多么牢固可靠的成绩。

最重要的是它巩固并发展了非法的和合法的革命工会。在工人运动高涨的基础上，地下工会必须利用一切可能来克服自身存在的某种脱离广大群众的现象，争取开展群众工作，争取公开生存。必须不断地继续在各种群众性的改良主义工会和黄色工会中的工作，目的在于争取这些组织中的工人站到革命的阶级斗争一边来。共产党的任务是利用罢工高潮撕破帝国主义和民族资产阶级给阶级的工会组织设置的种种障碍。帝国主义各国的共产党应当积极地、系统地帮助殖民地各国的罢工运动，随着经济斗争的开展，使反对帝国主义、争取殖民地独立的斗争更加尖锐。必须特别注意帮助中国和印度的工人运动，因为这两个国家的革命胜利将给予世界帝国主义制度致命的打击。

九、最重要的实际任务

1. 吸引了千百万工人参加的现代阶级冲突的政治性质十分紧迫地

呈现在各共产党的面前，在共产国际的决议中曾反复强调过各地方党组织必须**就近**领导经济斗争。共产党已经开始摆脱对罢工的旧领导方法，将领导权转交给党的工会部和工会共产党团。可是这方面还需要迈出若干坚定的步伐。随着工人运动的高涨，对经济斗争的领导应当成为全党的事情，应当集中全党的力量，使整个党组织都适应这项工作。

2. 最近一年罢工斗争的经验表明，共产党和革命工会运动最薄弱之处就是对共产国际第六次代表大会和工会国际第四次代表大会的决议贯彻得不够有力。直到今天，在党内特别是在党的基层和革命工会的积极分子中贯彻这些决议时还遭到抵制。共产党和革命工会运动面临的主要任务是采取一切措施，无论如何都要尽快贯彻这些决议。工会国际第四次代表大会标志着国际革命工会运动的一次重大转变。共产国际及其支部都应当全力促进扩大工会国际的影响，推广其决议，不断巩固工会国际及其附属机构。

3. 因此，党的工作重心较之以前更应当**直接**集中**在企业**。斗争委员会、革命的工厂委员会和生产协会——这才是无产阶级在共产党的领导下组织自己的队伍开展群众性斗争最需要的。所有这些基本组织都应当以企业为基础。因此，在企业中成立党支部，而在有党支部的地方加以巩固，现在比过去具有无可比拟的重大意义，而且成了党的全部工作的主要环节。

4. 更新和培养罢工斗争的领导干部在这里具有决定性意义。无须多说，机会主义倾向和官僚主义在共产党的工会积极分子中找到了最友好的土壤（这方面最鲜明的典型就是捷克斯洛伐克），而领导经济斗争中**最严重缺点**就是革命工会积极分子中某些阶层的**保守主义**。这些人**理论上**、口头上完全接受共产国际的新策略和决议，而**实际上**却完全**不能**贯彻执行。特别要将最大注意力放在对工会中共产党团的领导层的检查上，以便充分保证执行正确的政治路线。

5. 共产党员和革命反对派的最重要任务应当是把力量和注意力集中在阶级冲突中具有**决定**意义的主要生产部门和企业。

6. 无论如何应当尽快消除日渐尖锐的女工参与经济斗争的规模同共产党和革命工会运动对女工的领导之间的矛盾。共产党和革命反对派掌握的基层党组织、企业党支部和工厂委员会应当以自身的行动吸引远比现在广泛得多的女工，反映并保护她们的利益。必须大胆而坚决地将积极的、有革命热情的女工提拔到领导岗位上，尤其在女工占多数的企业中。必须在共产党和革命工会中消除对女工工作估计不足的现象。

7. 对青年工作也应当这样做。绝大部分青年工人没有参加组织，所以被改良主义工会所忽视。这个事实使我们必须为在革命反对派纲领的基础上吸收青年参加工会而奋斗。如果工会拒绝将青年组织起来，或者根本没有工会，就应当建立专门的青年工人经济协会，这是临时性的组织，为实现青年的要求、争取他们加入工会而奋斗。争取在工会中成立青年分会，争取青年工人和成年工人享受平等权利对于加强革命反对派具有重大意义。革命工会必须立即采取措施建立这样的青年分会。这里也和对待女工一样，应当大胆而坚决地执行提拔方针。

8. 进行经济斗争要求建立无产阶级自卫机构，保护和组织工厂集会，保护罢工纠察队，反对工贼行为、工厂法西斯主义、形形色色的黄色团体等。

9. 由合理化引起的失业增长从革命反对派中找到了第一批牺牲品。工会官僚利用一切机会假借革命反对派成员中的失业者，不让他们在改良主义工会中参加工会工作。革命反对派应当竭尽全力在改良主义工会内部保卫失业者的权利，即使他们在革命分子的公开领导下组成失业者团体（英国）或其他联合形式（例如德国）时，也应当这样。

10. 必须用比此前更多的精力发动群众参加争取七小时工作日（地下工作、危险工作和不满18岁的工人为六小时工作日）的斗争，使其成为反对资本主义合理化的中心口号。

11. 各共产党的中央委员会应当向正在酝酿冲突的地区派出领导干部，一方面让他们报告当地局势，另一方面帮助地方组织开展最有效的准备工作。全部准备工作必须立足于企业本身。在这方面必须执行以下任务：

（1）巩固这些企业的党支部，

（2）出版工厂小报，

（3）成立发起小组，将非党的先进人物，如果可能，还有男女工人、社会民主党人、工团主义者等，都吸收进来。筹备选举罢工委员会。企业中罢工委员会选举的筹备工作应当在一旦有利的客观形势出现时就立即开始。

12. 共产党和革命的工会运动顺利领导经济斗争的重要前提是自下而上地开展大胆的、布尔什维克式的自我批评和革命主动精神。必须尽力加强对革命工会运动成员特别是革命工会的积极分子的国际主义教育。

13. 至于组织罢工的实际方法，共产国际执委会第十次全会建议各共产党遵循斯特拉斯堡国际罢工会议制定的决议。

反对帝国主义战争的国际斗争日

为执行第六次世界代表大会关于组织反对帝国主义战争的国际斗争日的决议,共产国际执行委员会主席团批准布鲁塞尔13个共产党代表会议关于将这一日期定在8月1日的决议,完全赞同执行委员会政治书记处就反对帝国主义战争国际斗争日给共产国际各支部发出的指示。

今年五一游行的斗争性质,特别是柏林无产阶级5月1日在街垒上的英勇战斗,在印度民族革命运动日益高涨的条件下孟买无产阶级的斗争,工人阶级不断开展的经济斗争使8月1日反对帝国主义战争及反对派的国际活动超越了工人阶级反对战争的通常游行的范围。

8月1日的行动应当最紧密地同工人阶级的整个经济斗争和政治斗争联系起来,同工人阶级反对资本主义、法西斯主义和社会法西斯的社会民主主义其中包括反对麦克唐纳政府即战争和资本主义合理化政府的革命斗争联系起来。这次行动应当成为在国际范围内团结无产阶级反对资本主义的各种革命行动的强大手段。考虑到8月1日对于反对帝国主义战争、保卫苏联的重大意义,共产国际执委会主席团向共产国际各支部提出以下建议:

1. 采取一切必要的准备措施,赋予国际无产阶级8月1日反对帝国主义战争、保卫苏联的行动以**战斗检阅无产阶级革命力量**的性质。

2. 为此必须广泛发动工人群众,根据在企业自下而上建立工人统一战线策略的新形式,加强建立工人委员会和召开工厂当选的代表会议的工作,准备8月1日的行动及8月1日以后继续反对帝国主义战争的运动。

3. 为此各共产党应当在8月1日之前，立即开展工人群众的斗争，争取工人上街游行的自由，在所有国家组织群众集会、群众游行，如果有些地方警察不允许，则召开非法的飞行集会和游行。

4. 开展广泛的群众斗争，反对资产阶级因8月1日的行动而采取的镇压和恐怖措施，如取缔工人组织、迫害和查封共产主义刊物、解散共产党等。

5. 利用今年一些国家举行的有农民积极参加的五一游行的经验，设法吸引农业工人和农民群众参加8月1日反对帝国主义战争的行动，将这次行动同农民和农业工人群众的直接需要和要求结合起来。

6. 毫不留情地揭露社会民主党及其在准备战争中的角色，尤其是社会民主党的"左翼"，它是社会帝国主义最危险的变种，用和平主义的词句作掩护，希望借此麻痹无产阶级群众的警觉性，掩饰资本主义各国的备战活动。特别是必须组织共产党员积极分子小组去参加社会民主党8月4日的集会。

7. 同和平主义幻想作最坚决的斗争，现在由于英国麦克唐纳政府执政而变得更为紧迫了。必须向广大群众说明，麦克唐纳政府执政是掩盖准备帝国主义新战争的方式之一。

8. 共产国际执委会全会向共产国际所有支部建议，8月1日活动的形式是在一切可能的地方举行政治罢工；到处都必须不顾警察的禁令，举行群众大会、街头游行，吸引士兵、水兵、妇女和青年、战争的前参加者、残疾人、儿童等参加游行和集会。由于反动势力日益嚣张，特别是警察和法西斯分子有可能采取挑衅行动，所有共产党都应当立即采取措施首先是在企业建立并巩固无产阶级的自卫组织。

9. 8月1日之后也要继续进行反对帝国主义战争和反动势力的运动，保卫苏联；必须通过召开各工业地区企业的非党代表会议，执行召开全国工人代表大会、反对帝国主义战争的方针，从组织上巩固8月1日反战日所取得的成果。

10. 共产国际执委会全体会议号召殖民地和半殖民地的劳动群众全力支持国际无产阶级反对帝国主义战争的活动，责成共产国际所有支部加强对殖民地和半殖民地劳动群众的工作，正如在帝国主义占领军中开展反军国主义工作一样。

共产国际执委会全会指出个别支部对筹备国际反战日不够积极，共产党内个别人表现的这种消极态度是机会主义总倾向的表现，对战争危险估计不足，对战争持宿命论态度，对无产阶级的力量估计不足，贬低共产党在无产阶级阶级斗争中的作用。全会号召共产国际所有支部最坚决地反对机会主义分子的消极态度和悲观主义，指出在工人革命运动新高潮不断增长的情况下，工人群众对战争危险认识的提高、群众斗争积极性的增强、共产主义在工人阶级中影响的扩大有助于国际斗争日取得全面成功，共产党在8月1日前余下的一周内应当集中全力，准备好国际斗争日。

全会呼吁工人——工会会员和革命群众组织，最积极地参与准备和开展国际反对帝国主义战争斗争日。在工会和革命群众组织中工作的共产党员应当竭尽全力吸引这些组织以及失业工人参与准备和开展8月1日的群众活动。

关于布哈林同志

共产国际执委会全体会议知悉了联共（布）中央委员会和中央监察委员会联席全会4月23日关于撤销布哈林同志在共产国际工作的决定，重申如下：

共产国际第六次代表大会之前，就已经发现布哈林同志同联共（布）的总政治路线有分歧，这些分歧在布哈林同志及其同伙反对党的政策过程中形成了一个特殊的机会主义纲领，实际上就是右倾纲领。

联共（布）根据对苏联国民经济进行社会主义改造的任务，执行国家工业化的方针，胜利地开展了对资本主义成分的进攻，在发动贫农、广泛实现无产阶级同贫农、中农群众结合的新生产方式的基础上，加强了对富农的斗争，保证了在国民经济最落后的部门——农业中发展社会主义经济形式的坚决转变。在农民经济顺利实现大规模集体化、大规模建设国营农场、大量组建机器拖拉机站等条件下，执行加紧向资本主义成分进攻、将他们排挤出去的做法在现阶段不可能不导致阶级斗争尖锐化，表现为资本主义分子加强了对社会主义改造的反抗以及小资产阶层的动摇加剧了。右倾分子（布哈林同志转到了他们的立场上）提出了与联共（布）的这项政策针锋相对的另一条路线——放弃对资本主义成分的进攻，否认加强对富农斗争的必要性，压缩建设的社会主义形式，这实际上就是向资本主义成分投降。布哈林同志和联共（布）的路线相反，滑到了对新经济政策作出自由主义的解释，打着解除对商品流通的束缚的旗号，让资本主义成分在国内自由发展，放弃对搞恶意粮食投机的富农分子施压，否认对富农个别征税的必要性，反对对资本主义分子加强征税的现行政策等。这就是说，布哈林同志滑到了对资本主义分子采取阶级合作的政策，用"富农长入社会主义"的政策取代了无产阶级的阶级斗争政策。

与布哈林同志的这个错误方针密切相关的是他主张减缓党执行的国家工业化的速度。当联共（布）坚持执行作为胜利建设社会主义的基础的扩大国家工业化的路线时，布哈林同志及其同伙向困难投降，在建设社会主义的这个基本问题上放弃了无产阶级的立场，反映了小资产阶级自发势力对党的某些阶层施加的压力。当联共（布）率领意气风发地建设社会主义的工人阶级、将越来越多的劳动群众团结在自己身边时，布哈林及其同伙却散布小资产阶级的悲观主义，不相信工人阶级的力量。不克服这些观念就不能保证社会主义建设的成功。

最后，在评价联共（布）党内的形势及其领导方法时，布哈林同志和他的集团只是重复托洛茨基的陈词滥调。当联共（布）在自我批评和扩大党内民主的口号下顺利地发动广大群众开展反对官僚主义、清除队伍中的腐化分子时，布哈林及其同伙用反对官僚主义的词句作掩护，同时却反对在党的领导下进行的、在大力加强同群众联系的新形式的基础上对党组织、工会、合作社和苏维埃机关的整个工作的改造，因此反映了抵制党的路线的顽固分子和官僚主义的情绪。

布哈林同志在联共（布）政策方面的错误同他在国际政策上的错误路线是紧密相连的。布哈林对联共（布）执行的对破坏资本主义稳定的因素展开社会主义进攻的方针估计不足，他和安贝尔-德罗、塞拉、埃韦特等人一起实际上是从思想—政治上论证整个共产国际中右倾分子的政策。布哈林同志违背党的路线，滑向机会主义地否认资本主义的稳定越来越摇摇欲坠的事实，结果必然要否定革命的工人运动新高潮正在酝酿。布哈林同志这种立场的根源在于他借助在世界市场上完全保留资本主义的无政府状态的词句贩卖的反马克思主义"理论",认为资本主义的内在矛盾正在日渐消退。这种"理论"是共产国际内全体右倾分子的思想基础,它受到资本主义的全部发展进程的驳斥,实际上是向改良主义思想(希法亭的"资本主义健全化"理论)投降。

布哈林同志的文章《有组织的经营混乱的理论》(6月30日《真理报》)表明,他不仅没有放弃自己关于资本主义的内在矛盾正在日渐消退的反马克思主义"理论",反而继续加深了自己的错误。

因此非常清楚,布哈林同志及其同伙叫嚷共产国际正在"瓦解"是对右倾分子支持的一种胆怯的方法,而同右倾分子的斗争过去是、现在依然是共产国际的中心任务。清洗共产党中的社会民主主义分子的健康过程,在革命浪潮不断高涨的条件下是特别需要的,布哈林同志和他的集团鼓吹悲观主义、颓废观念和不相信工人阶级的力量,不但促使各种反列宁主义的思潮活跃起来,而且破坏了布尔什维克的纪律。

布哈林同志的这些机会主义的徘徊犹豫使他企图背着党同前托洛茨基分子结成无原则的同盟,反对联共(布)和共产国际。

有鉴于此,共产国际执行委员会全会确认联共(布)中央委员会和中央监察委员会联席全会关于撤销布哈林同志在共产国际工作的决定,决定解除他共产国际执行委员会主席团委员的职务。

关于共产国际执行委员会委员杰伊·洛夫斯通反对将他开除出北美合众国共产党的上诉

共产国际执委会为了巩固北美合众国共产党，决定撤销洛夫斯通在北美合众国共产党的职务。洛夫斯通逃避履行共产国际执委会的决定，严重违反了共产国际的纪律。他还以自己的行动加深了错误，回到美国后，他不顾中央委员会必须遵守共产国际执委会决定的号召，开展了罪恶的活动，准备分裂北美合众国共产党。全会最严厉地谴责在共产国际队伍内部不能容忍的、洛夫斯通的反党活动，认为不能取消北美合众国共产党中央委员会关于将他开除出党的决定，因此洛夫斯通也被开除出共产国际执委会。洛夫斯通向共产国际执委会提出上诉，不过是他玩弄的手腕。他根本不打算留在党内，因为他已经罪恶地破坏了党的统一。这从他的政治方针中可以看得很清楚。共产国际执委会主席团作出揭发他的右倾错误、谴责他的宗派活动的决定后，洛夫斯通走上了公开分裂北美合众国共产党和共产国际的道路，将第六次世界代表大会的纲领和决议同他自己的、美国情况特殊论的机会主义纲领以及自己对纪律的社会民主主义理解对立起来，从而完全滑进了共产主义叛徒（布兰德勒、海斯等）的营垒。

但是他既然向共产国际执委会提出了上诉，全会责成执委会在最短期内在洛夫斯通出席时审议他的上诉，并就他的上诉作出最终裁决。如果洛夫斯通在审议他的上诉时拒绝出席，全会将认为洛夫斯通已被彻底开除出了共产国际和共产国际执行委员会。

关于将伊莱克开除出共产国际执行委员会

共产国际执行委员会第十次全会批准捷克斯洛伐克共产党中央委员会将伊莱克开除出捷克斯洛伐克共产党的决定,全会决定将伊莱克开除出他迄今为止担任其委员的共产国际执行委员会。

鉴于伊莱克集团在其反对捷克斯洛伐克共产党的斗争中与社会民主党和资产阶级政党在政治上毫无差别,鉴于伊莱克集团在其召开的代表会议上决定事实上建立一个新党,加紧反对捷克斯洛伐克共产党的斗争,共产国际执行委员会主席团决定认为归属于这个业已成立的新党,以及思想上、政治上同已被开除的伊莱克集团保持一致的捷克斯洛伐克共产党员,同他们归属于捷克斯洛伐克共产党和共产国际是不能相容的。

将斯佩克特开除出共产国际执行委员会

共产国际执行委员会第十次全会批准加拿大共产党关于将共产国际执委会委员斯佩克特开除出党的决定，理由是他同美国的托洛茨基分子集团有联系，企图在加拿大共产党内进行托派宣传。全会因此认为，斯佩克特已被开除出共产国际执行委员会。

图书在版编目（CIP）数据

共产国际执行委员会第十次全会文献（2）/陈新明主编.
—北京：中央编译出版社，2012.12（2019.8 重印）
（国际共产主义运动历史文献/王学东主编；50）
ISBN 978-7-5117-1543-2

Ⅰ.①共…
Ⅱ.①陈…
Ⅲ.①共产国际-扩大会议-会议文献
Ⅳ.①D165

中国版本图书馆 CIP 数据核字（2012）第 292658 号

共产国际执行委员会第十次全会文献（2）

出 版 人：刘明清
出版统筹：薛晓源
责任编辑：苗永姝
责任印制：尹　珺
出版发行：中央编译出版社
地　　址：北京西城区车公庄大街乙 5 号鸿儒大厦 B 座（100044）
电　　话：（010）52612345（总编室）　　（010）52612335（编辑室）
　　　　　（010）52612316（发行部）　　（010）52612346（馆配部）
传　　真：（010）66515838
经　　销：全国新华书店
印　　刷：北京环球画中画印刷有限公司
开　　本：710 毫米×1000 毫米　1/16
字　　数：420 千字
印　　张：32.75
版　　次：2012 年 12 月第 1 版
印　　次：2019 年 8 月第 2 次印刷
定　　价：190.00 元

网　　址：www.cctphome.com　　邮　　箱：cctp@cctphome.com
新浪微博：@中央编译出版社　　微　　信：中央编译出版社（ID: cctphome）
淘宝店铺：中央编译出版社直销店（http://shop108367160.taobao.com）
　　　　　（010）55626985

本社常年法律顾问：北京市吴栾赵阎律师事务所律师　　闫军　　梁勤
凡有印装质量问题，本社负责调换，电话：（010）55626985